राधाकृष्ण मूल्यांकन-माला

महादेवी

चिन्तन व कला

महादेवी

चिन्तन व कला

सम्पादक

इन्द्रनाथ मदान

राधाकृष्ण प्रकाशन

ISBN : 978-81-8361-299-9

महादेवी (आलोचना)

पहला संस्करण : 1973
नौवाँ संस्करण : 2018

मूल्य : ₹ 595

प्रकाशक
राधाकृष्ण प्रकाशन प्राइवेट लिमिटेड
जी-17, जगतपुरी, दिल्ली-110 051

शाखाएँ : अशोक राजपथ, साइंस कॉलेज के सामने, पटना-800 006
पहली मंजिल, दरबारी बिल्डिंग, महात्मा गांधी मार्ग, इलाहाबाद-211 001
36 ए, शेक्सपियर सरणी, कोलकाता-700 017

वेबसाइट : www.radhakrishnaprakashan.com
ई-मेल : info@radhakrishnaprakashan.com

मुद्रक
बी.के. ऑफसेट
नवीन शाहदरा, दिल्ली-110 032

MAHADEVI
(Criticism) Edited by Indra Nath Madan

संपादकीय

महादेवी के काव्य का संतुलित मूल्यांकन जितना अपेक्षित है, उतना ही वह उपेक्षित रहा है। इसका कारण समझ में नहीं आ रहा है। इनके काव्य के स्वरूप के सम्बन्ध में अनेक असंगत धारणाएँ भी रूढ़ हो चुकी हैं, अनेक भ्रांतियाँ भी फैल चुकी हैं। इसके आंशिक मूल्यांकन से इतना स्पष्ट हो जाता है कि इसका विवेचन आरोपित धारणाओं का शिकार रहा है। आलोचकों ने इनकी रचनाओं से गुजरने की बजाय या इसकी राह से गुजरने की बजाय इस पर अपनी राह को लादना आवश्यक समझा है जिससे किसी भी काव्य का वास्तविक स्वरूप स्पष्ट नहीं हो सकता। महादेवी के काव्य के बारे में इन प्रश्नों का उठाना असंगत न होगा। क्या यह छायावादी बोध से अनुप्राणित है या रहस्यात्मक छायावादी बोध से या रहस्यवादी बोध से ? एक के अनुसार यह छायावादी बोध से रिक्त है और दूसरे के अनुसार यह इससे स्पंदित है और तीसरे के अनुसार इसमें दोनों की मिलावट है और इसलिए इसमें रहस्यवादात्मक छायावादी बोध है। इस तरह का मूल्यांकन अराजकता तथा संकुलता की स्थिति को ही गहरा करता है। इस स्थिति के मूल में महादेवी की काव्य-शैली है जो प्रतीकात्मक है। जब तक इनके प्रतीकों को एकत्रित नहीं किया जाता और गीतों के संदर्भ में इनका विश्लेषण नहीं हो पाता तब तक इनके काव्य का वास्तविक स्वरूप स्पष्ट करना कठिन है। इन प्रतीकों के आधार पर यह कहना संगत होगा कि महादेवी की अनुभूति लौकिक है या अलौकिक, इनके प्रेम का स्वरूप लौकिक है या अलौकिक। इनके इने-गिने प्रतीकों तथा पंक्तियों से यह अनुमान लगाना कठिन है कि इनसे आध्यात्मिक ध्वनि निकलती है या सामाजिक चेतना का भान होता है। इनके गीतों में असीम-ससीम की बात बार-बार कही गई है, चित्र और रेखाक्रम, संगीत और स्वरसंगम, दर्पण टूटने के संकेत भी दिए गए हैं, इनके प्रिय को तम में आना भाता है और इसलिए वह क्षण-भर के लिए आकाश की दीपावलियों को बुझ जाने के लिए भी कहती हैं। शुक और पिंजर, बीन और रागिनी आदि प्रतीक-विधान भी इनके गीतों में उपलब्ध है। इसलिए

आलोचकों को इनमें आत्मा और परमात्मा के पारस्परिक सम्बन्ध का भान होने लगता है और वे महादेवी के काव्य को रहस्यवादी होने की संज्ञा दे डालते हैं। इसके विपरीत यह भी कहा गया है कि बुद्धिवाद के इस युग में एक बुद्धिजीवी के लिए रहस्यानुभूति पाना असम्भव है। यह मध्यकालीन युग में सम्भव था। महादेवी के काव्य में अज्ञातप्रिय के प्रति निवेदन एक स्वकीया का है और इसमें काम का स्पन्दन है। पहला मूल्यांकन सौष्ठववादी आलोचना-पद्धति का परिणाम है और दूसरा मनोवैज्ञानिक आलोचना-पद्धति का और दोनों आरोपित होने का आभास देते हैं।

महादेवी के गीति-काव्य की राह से गुजरने पर यह स्पष्ट हो जाता है कि इनके पहले गीतों में बिम्बों का अधिकांश है और बाद के गीतों में प्रतीकों तथा रूपकों का। इनका चिन्तन जिस अनुपात में गहराने लगता है उसी अनुपात में प्रतीकों का अधिक प्रयोग होने लगता है जो सृजन-प्रक्रिया की दृष्टि से स्वाभाविक है। इनका चिन्तन तथा प्रतीक-विधान परम्परा से जुड़ा होकर उससे कटा हुआ है, परम्परा की नयी व्याख्या करता है, छायावादी युग-बोध के साँचे में ढलने लगता है। छायावाद में अन्य कवियों ने भी वेदान्त या अद्वैतवाद का आश्रय लिया है और इनकी छायावादी व्याख्या की है। अन्य चिन्तकों ने भी वेदान्त तथा अद्वैतवाद को युग-बोध के साँचे में ढाला है। वह चाहे रामकृष्ण परमहंस हों या विवेकानन्द या अरविन्द घोष और हिन्दी के कवियों में वह निराला हों या पन्त। जयशंकर प्रसाद ने समरसता सिद्धान्त को युग-बोध के साँचे में ढालकर इसकी व्याख्या की है। पूंजीवादी संस्कृति में व्यक्तिवाद की परम्परा से जोड़ने की कोशिश है और आधुनिकता की प्रक्रिया से सामंजस्य स्थापित करने का प्रयास किया है। इसलिए छायावादी कवि संत या भक्त की तरह अपने अस्तित्व को खोना नहीं चाहता, आत्मा-परमात्मा में लीन होने से कतराता या परहेज करता है। यदि महादेवी को अनुभूति की अभिव्यक्ति कबीर से विभिन्न होने का आभास देने लगती है तो यह असंगत नहीं है। यह क्या है और कैसे है—इसका मूल्यांकन अभी नहीं हो पाया है। इस सम्बन्ध में एक और प्रश्न भी उठाया जा सकता है। क्या महादेवी का व्यक्तित्व विभाजित है जो इनकी गद्य रचनाओं में सामाजिक चेतना को आत्मसात किए हुए है और काव्य-रचनाओं में पलटा खाकर असामाजिक या आध्यात्मिक रूप धारण कर लेता है? क्या इनका व्यक्तित्व अद्वैतवाद और बौद्ध मत के परस्पर-विरोधी तत्त्वों से निर्मित है? क्या महादेवी की सृजन-प्रक्रिया इन विपरीत स्थितियों में तनाव में गतिशील है? यदि इनका व्यक्तित्व खण्डित नहीं है तो इनके काव्य में प्रतीक-विधान का विश्लेषण इनके गद्य के सन्दर्भ में अपेक्षित हो जाता है। इसी संदर्भ में इनके 'दुखवाद' या 'पीड़ावाद' के स्वरूप को भी स्पष्ट किया जा सकता है। इनकी कविता का मूल्यांकन अब रूढ़ होने का आभास दे रहा है और इस रूढ़िगत मूल्यांकन से छुटकारा पाना इसलिए आवश्यक हो गया है कि युग-बोध बदल चुका है और इसके बदलने पर हर कृति या हर साहित्यकार को फिर से आँकने की आवश्यकता अनुभव होने लगती है। महादेवी का काव्य भी इसका अपवाद किस तरह हो सकता है?

महादेवी की कविता की राह से गुजरने पर यह लगता है कि इनके गीतों में भी आधुनिकता की प्रक्रिया कभी गतिशील है तो कभी स्थितिशील। जब यह गतिशील है तो यह आधुनिकता से सामंजस्य स्थापित करने का प्रयास करती है और जब यह स्थितिशील है तो यह मध्यकालीनता से जुड़ने लगती है। आधुनिकता भी कृति नहीं बना सकती। इसके आधार पर किसी कृति का मूल्यांकन करना भी असंगत है; परन्तु इससे अवगत होने पर इनके प्रतीक-विधान का युगीन स्वरूप स्पष्ट हो सकता है। इनका काव्य एक ओर पलायन का सूचक है तो दूसरी ओर जीवन से जूझने का। वह जब विरह में चिर रहने की बात कहती हैं तो वह वस्तु-स्थिति को झेलने का संकेत देती हैं। इनकी रचनाओं में 'कौन' उस जिज्ञासा को अभिव्यक्ति देता है जो युग-चेतना का परिणाम है, यह 'कौन' प्रश्नचिह्न की निरन्तरता को सूचित करता है जो आधुनिकता की चुनौती की देन है। यह ब्रह्मविद्या को पाने के लिए नहीं है जिसे नचिकेता के प्रश्नों में आँका जा सकता है। महादेवी उत्तर की बजाय प्रश्न को अधिक महत्त्व देती हैं, इनका प्रश्न उत्तर से बड़ा है, इनकी समस्या समाधान से अधिक व्यापक है। वह प्रसाद की तरह समस्या को उठाकर समाधान देने से परहेज करती हैं। इसलिए इनके गीतों में असंगतियाँ तथा विसंगतियाँ हैं, मिलन तथा विरह है, अस्तित्व को खोने तथा पाने की बात है। क्या असीम तथा ससीम मुक्ति तथा बन्धन के संकेत देते हैं, भारतीय नारी की सामाजिक मुक्ति या बंधन को ध्वनित करते हैं या आत्मा-परमात्मा के सम्बन्ध को—इस विषय में अन्तिम मत देना इसलिए कठिन है कि इनके प्रतीक-विधान का अभी तक विश्लेषण नहीं हो पाया है। महादेवी ने बहुत कम गीतों की रचना की है। कुल मिलाकर इनकी संख्या २३६ बनती है। एक-एक गीत संश्लिष्ट रचना है। इनमें बहुत कम गीत हैं जिनमें कलात्मक रचाव को ठेस लगी हो या आन्तरिक संगति टूटी हो। यह महादेवी की कविता की असाधारण उपलब्धि है। इनकी अवहेलना शायद इसलिए हो गई है कि गीत कहानी की तरह छोटा होने के कारण उपेक्षित रहा है। इनका गीति-काव्य इसलिए भी उपेक्षित रहा है कि यह नारी की देन है। महादेवी की यह भी एक विशेषता है कि सृजन-प्रक्रिया के अवरुद्ध होने पर इन्होंने 'दीपशिखा' के बाद काव्य-रचना को विदा देना उचित समझा है। यह इसलिए भी संगत है कि आठ यामों के बाद, 'नीहार' से लेकर 'दीपशिखा' तक समस्त जीवन के आँकने तथा चित्रित करने के बाद शेष क्या रह जाता है जिसे कहा जाये। इस तरह महादेवी दोहराने-तिहराने से बच निकलती हैं। इनके गीत-काव्य का मूल्यांकन करने के लिए कुछ प्रश्नों को उठाने की कोशिश की है। प्रश्न मेरे हैं, उत्तर आपके होंगे, समस्याएँ मेरी हैं, समाधान आप ही दे सकते हैं।

क्रम

महादेवी का काव्य

श्री सुमित्रानन्दन पन्त

अब हम छायावाद के वसन्त वन की सबसे मधुर, भाव-मुखर पिकी महादेवीजी के काव्य पर आते हैं। यद्यपि छायावादी युग में 'कामायनी' के समान एक उत्कृष्ट महाकाव्य की भी सृष्टि हुई, पर मुख्यतः वह प्रगीत-प्रधान युग रहा, जिसकी सुनहली परिणति कला-बोध, भाव-व्यंजना तथा रस-मूल्य की दृष्टि से निश्चय ही महादेवी के गीतों में हुई है, जिन्हें छायावादी भाव-साधना के युग की प्रेम-साधिका मीरा भी कहते हैं। उनकी अभिव्यक्ति का क्षेत्र सीमित एवं भाव-संस्कार-जनित सूक्ष्मता का द्योतक होने के कारण उसमें अन्तःसलिला धारा का-सा प्रच्छन्न प्रवेग तथा भावना की निगूढ़ गहराइयाँ मिलती हैं। उनका भाव-जगत् प्रसाद का-सा हिम-विद्ध समरस-शृंग या निराला का-सा महा-प्राणता से उद्वेलित सागर नहीं है। वह अन्तर्मुखी भाव-साधना के पवित्र अश्रुओं से धौत, तपःपूत, स्फटिक-शुभ्र प्राण-चेतना का रश्मि-कलश मन्दिर है, जो स्वयं उनके हृदय के भीतर का उनका सूक्ष्म रस-हृदय है। वह प्राणों की संवेदना से सौरभ-गुंजरित मनोरम सृष्टि है, जिसका चांदनी का प्रांगण चन्दन की भाव-भीनी गन्ध से सिंचित है। प्रसाद मानव-भावना के चिरन्तन संघर्ष को युग की पीठिका में उतारकर, मानसी गौरी की भाव-भंगिमाओं की शोभा पर मुग्ध हो उसका समाधान समन्वित ज्ञान-शृंग पर अवस्थित आनन्दवाद की उच्च एकान्त व्यक्तिमुखी भूमि पर दे गए। उन्होंने निराकार चिति को भी साकार सगुण शिवत्व के ही माध्यम से अभिव्यक्त किया। शिव के व्यक्तित्व में साकार-निराकार स्वरूप अधिक स्पष्ट संयोजित होने के कारण उन्होंने सीधा निराकार निःसीम सौन्दर्य-स्पर्श को मुख्यतः बौद्धिक दृष्टि से नवीन प्रतीकों-बिम्बों के माध्यम से व्यक्त किया और महादेवी जी ने भी निराकार के ही बोध को प्रधानतया भावात्मक दृष्टि की सूक्ष्म संवेदना तथा सुख-दुःख के सौन्दर्य की रंगीनी के माध्यम से गीतिमय मार्मिक अभिव्यक्ति दी। उनके भावनाकाश की मेघ-वृत्तियों को बेधकर, अन्तर्बोध का रश्मि-बाण, आर-पार व्याप्त होकर, अपने प्रकाश के विद्युत्-क्षण बरसाता रहा है। दूसरे शब्दों में, जिस निराकार दृष्टि को निराला ने बुद्धि से ग्रहण कर अपने काव्य-पट में अवतरित किया, उसी को महादेवी ने भावना-द्रवित हृदय की झंकार द्वारा कला-वैभव-मण्डित तथा प्रतीक-बिम्बित किया। उनकी अभिव्यक्ति मीरा की-सी सीधी या निराला की-सी शक्ति-प्रेरित

न होकर, प्रतीकों-बिम्बों के सौन्दर्य-गुण्ठन से अप्रत्यक्ष कटाक्ष करती है। प्रसाद ने भावनाओं का निरपेक्ष रूप से सूक्ष्म विवेचन तथा मूर्तीकरण किया, महादेवी ने भावना के संवेदनों का सूक्ष्म विश्लेषण तथा उनके सुख-दुःखमय और अधिकतर दुःखमय स्पर्शों के दंश का चित्रण किया है। महादेवी का काव्य मुख्यतः भाव-संवेदना-प्रधान है, अपने दर्शन-बोध या मूल्य-बोध को उन्होंने भावनाओं के आरोहण-अवरोहण के लिए सोपान-मात्र बनाया है। उनमें मध्ययुगीन रहस्यवादी अभिव्यक्ति का जो सबसे अधिक प्रभाव मिलता है इसका मुख्य कारण उनका नारी-हृदय का सहज-संकोच तथा वर्तमान सामाजिक परिस्थिति की पृष्ठभूमि में नारी-जीवन की सीमाएँ ही हैं। इन कृच्छ्र परिस्थितियों में अपने भीतर भावात्मक अन्तःसंतुलन भरने की साधना से अधिक उपयोग उन्होंने रहस्यवादी प्रणाली का अभिव्यंजना के लिए ही किया है। जो घनीभूत पीड़ा या वेदना प्रसाद के मस्तक में स्मृति-सी छायी थी वह महादेवी के भावना-जगत् में अधिक गहरी, तीव्र तथा मर्मस्पर्शी होकर व्याप्त मिलती है। उनके काव्य का सर्वप्रमुख तत्त्व वेदना, वेदना का आनन्द, वेदना का सौन्दर्य, वेदना के लिए ही आत्मसमपर्ण है। वह तो वेदना के साम्राज्य की एकछत्र साम्राज्ञी हैं और कोई सुख उन्हें आत्म-विस्मृत या आत्म-तन्मय होने को नहीं चाहिए। सुख तो क्षणजीवी है, वेदना ही चिरस्थायी, चिरव्यापी एवं चिर-स्पृहणीय है। उनकी काव्य-सृष्टि के अन्य आयामों पर विचार करने से पहले हम उनकी इस वेदना-मूर्च्छा की आत्म-जागृति पर विचार करेंगे।

महादेवी जी ही छायावादियों में एकमात्र वह चिरन्तन भाव-यौवना कवयित्री हैं जिन्होंने नये युग के परिप्रेक्ष्य में राग-तत्त्वों के गूढ़ संवेदन तथा राग-मूल्य को अधिक मर्मस्पर्शी, गम्भीर, अन्तर्मुखी, तीव्र-संवेदनात्मक अभिव्यक्ति दी है, जिसका कारण जैसा मैंने अभी कहा है, स्पष्टतः उनका नारी-व्यक्तित्व है। इसका सम्बन्ध उनके निजी वैयक्तिक जीवन से उतना नहीं है--उनका व्यक्तिगत जीवन तो सामाजिक दृष्टि से तथा स्वभाव से भी सन्तुलित ही रहा है। वह एक सम्पन्न घर में पैदा हुईं, उनके माता-पिता तथा परिवार का वातावरण भी शिक्षित-संस्कृत ही रहा। उनकी स्वतन्त्र व्यक्तिगत आकांक्षाओं की पूर्ति के पथ में भी कोई ऐसे दुर्लंघ्य व्यवधान या बाधाएं नहीं उपस्थित हुईं, फिर यह अकल्पनीय वेदना का संसार उन्होंने अपने हृदय में क्यों बसा लिया? उनका-सा विनोदी परिहास-प्रिय छायावादियों में दूसरा नहीं मिलता, उनकी निश्छल, भावाकुल हँसी प्रसिद्ध है। किसी विनोदप्रिय अवसर या घटना के हल्के-से स्पर्श से ही उनकी हृत्तन्त्री बज उठती है और वह हँसी से लोट-पोट हो जाती हैं। क्या वह उनके हृदय की वेदना के मुख का बाह्य अवगुण्ठन मात्र है? ऐसा तो नहीं जान पड़ता। वह एक प्रख्यात महिला-शिक्षा संस्थान की अत्यन्त कुशल, सेवा-परायण संचालिका हैं। उन्हीं के अविराम प्रयत्नों तथा आत्म-त्याग से उस संस्था का उद्भव तथा विकास हुआ। अनेक संस्था-सम्बन्धी संघर्षों का उन्हें साहस के साथ सामना करना पड़ता है। जीवन-यथार्थ के प्रति, लोकाचार तथा सामाजिक व्यवहार के प्रति उनकी दृष्टि प्रबुद्ध है। वह कोई स्वप्नों में खोयी वीणा की रागिनी नहीं हैं, फिर यह क्या बात है कि उन्होंने इस विराट युग की विविधमुखी जीवन-परिस्थितियों से केवल वेदना को ही अपनी अनन्य संगिनी चुना? और उसे अपने तन-मन

से अश्रुओं से नहलाकर अपने सम्पूर्ण उत्सर्ग से उसमें प्राण भरकर, समस्त सहानुभूति की उसे व्यापकता प्रदान करके तथा अपने कवि-हृदय के असंख्य स्वप्नों और अकलुष सौन्दर्य-बोध से उसका शृंगार-सजाव करके उसको छायावादी काव्य के अनिन्द्यकला-बोध के ताजमहल के भीतर एक अदृश्य निराकार प्रीति-प्रतिमा की तरह प्राण-प्रतिष्ठित कर दिया। निश्चय ही यह व्यावहारिक यथार्थ के जगत् के प्रति कर्तव्यनिष्ठ महादेवी का रूप नहीं है—यह उनके सूक्ष्म अन्तर्जगत् के चेतन, उपचेतन, सूक्ष्म-चेतन स्तरों में व्याप्त उस चिरन्तन भारतीय नारी, उस आने वाली विश्व-नारी का रूप है, उस अजेय राग-तत्त्व की अन्तस्तप्त, स्वप्न-सौन्दर्य-भूषित, विरह-दग्ध, तपःशुभ्र, सूक्ष्म-सूक्ष्मतम परमाणुओं से निर्मित विराट् प्रतिमा का रूप है, जो विश्व की या सृष्टि की प्राण-पीठिका पर अनादि काल से प्रतिष्ठित है। जहाँ प्रसाद के रूप में छायावाद ने भारतीय संस्कृति का अमृत-घट इस युग को दिया, निराला ने समस्त देह-प्राण-मन तथा जागतिक द्वन्द्वों से ऊपर की आत्म-ज्योति का निराकार स्पर्श दिया, वहाँ महादेवी ने इस युग के लिए इन सबसे अधिक महत्वपूर्ण उस राग-मूल्य की प्रच्छन्न, गूढ़ अन्तः-सत्ता की ओर इंगित किया जिसके बिना आने वाले युग के यथार्थ का अस्थिपंजर प्राण-रस-सौन्दर्य तथा मानव-हृदय के प्रेम-स्पन्दन से वंचित रहकर केवल एक किमाकार दानव-सा ही नवीन युग की पीठिका पर अट्टहास करता होता। भले ही महादेवी ने उस मूल्य को केवल संकेतात्मक और कहीं-कहीं पर निवृत्तिमूलक या निषेधात्मक अभिव्यक्ति दी हो। सूक्ष्म, भाव-प्रवण, महत् राग सम्मोहनमयी महादेवी की इस वेदना के मूल भारतीय संस्कृति में गहरे, अत्यन्त गहरे, फैले हुए मिलते हैं। हमें अपने मध्ययुगों के जीवन में एक संक्षिप्त दृष्टि डालनी होगी कि कैसे यह राग की आह्लादिनी-शक्ति अकथनीय, अगाध वेदना-दर्शन में बदल गई और इसके क्या कारण थे ? किस हद तक मध्ययुगीन जीवन या काव्य, राग-चेतना के विकास में सहायक हो सका, और कहाँ उसके लिए परिस्थितियों के लौह कपाट अवरुद्ध मिले।

प्रथम चित्र हमारे सम्मुख राम-युग की सांस्कृतिक मान्यताओं का आता है, जिसमें वनचर और अहेरियों के जीवन की तुलना में कृषि-जीवन के स्थायी परिवेश में र. मूल्यों के लिए एक सामाजिक मर्यादा, एक स्त्री-पुरुष के सदाचार आदि की भूमिका मिलती है, जिसने राग-भावना के विकास, वितरण तथा परितृप्ति के लिए एक व्यापक, मुक्त, नैतिक-पीठिका प्रस्तुत की। सदियों तक यह नैतिक-सन्तुलन मानव-समाज के उन्मद गयंद को अपनी मान्यता के अंकुश से प्रशस्त राजपथ पर परिचालित करता रहा ! सीता-राम की युग्म भावना के पावन सात्विक स्फटिक प्रांगण पर राग-चेतना अपने शील-नम्र, लज्जारुण चरण बढ़ाती रही। उस युग के नियन्त्रण की राजयष्टि इतनी निर्मम थी कि दन्तकथा ही सही, पर एक धोबी के शंका प्रकट करने पर, भारतीय गृहस्थ-जीवन-मर्यादा की रक्षा के लिए श्रीराम ने निष्कलंक सीताजी का भी परित्याग कर दिया। यह वाल्मीकि रारायण का चित्रपट है। किन्तु कृष्ण-युग में न जाने कहाँ से और कैसे एक अविजेय, हृदय मन्थित करने वाली, मर्ममधुर वंशी-ध्वनि सुनाई पड़ने लगी। सम्भवतः तब कृष्ण-युग अपनी आर्थिक, राजनीतिक, सांस्कृतिक, दार्शनिक सौन्दर्य-बोध, शौर्य-वीर्य आदि की सात्विक, राजस मान्यताओं में पूर्ण विकसित एवं पुष्पित

पल्लवित हो चुका था और राग-भावना राम-युग के नैतिक प्रांगण की सीमाओं के भीतर भाव-क्रीड़ा तथा लीला-नृत्य करती हुई अब अपने विकास तथा अभिव्यक्ति के लिए दूसरी भाव-भंगिमा तथा सौन्दर्य-प्रेरणा की प्रतीक्षा में थी—क्योंकि निरन्तर अनन्त विकास-क्षमता ही का नाम जीवन है,—कि सहसा रस-पुरुष कृष्ण का व्यक्तित्व भारतीय संस्कृति के राज-प्रासाद में जन्म लेता है और राम-युग की मर्यादाओं के तटों को डुबाते हुए, राग-भावना, सौन्दर्य-बोध तथा रसाह्लाद का एक अभूतपूर्व नवीन प्लावन भारतीय नर-नारियों के जीवन में उपस्थित होता है। गृहस्थ की देहरी से बाहर निकलकर, गायों-सी रंभाती हुई, गोपियों-सी तन-मन की सुधि भूलती हुई, नई वंशी-ध्वनि पर मुग्ध, राग भावना, वृन्दावन के सीमित क्षेत्र ही में सही, महाभारत से लेकर जयदेव के 'गीतगोविन्द' तक और पीछे रीति-काव्य के युग में मुखर अभिव्यक्ति पाती रही। किन्तु वह विश्व-व्यापी राग-सिन्धु का उद्वेलन क्या उस युग के घट में समा सकता था? कृष्ण तो उस युग के एकीभूत अन्तःस्थित व्यक्तित्व थे। उनका चैतन्य तो लोक-जीवन की सिद्धि या व्याप्ति बन नहीं सका था। निश्चय ही, वह राग संचरण आत्मा और जीवों के रूप में बँधकर कृष्ण-गोपियों की लीला के रूप में सामंजस्य पाकर, एक वैयक्तिक साधनागत, सांस्कृतिक एवं आध्यात्मिक मूल्य बनकर रह गया। राम जिस प्रकार सामाजिक-परमबोध या सामूहिक मूल्य के प्रतीक हैं, कृष्ण उसी प्रकार परम व्यक्ति-मूल्य के प्रतीक हैं। साथ ही उस रागोत्थान को तत्कालीन बाह्य परिस्थितियों की सीमाओं के कारण एवं समदिक् लोक-जीवन में अभिव्यक्ति न मिल सकने के कारण उसका एक दूसरा पक्ष चिर विरह-मूर्ति राधा के रूप में हमारे सामने उपस्थित होता है। कृष्ण-युग के राग-पावक को विगत देह-मूल्यों के तृण के दाने में सँभालकर रखना सम्भव नहीं था—क्योंकि अपने विकास के शिखर पर भी कृषि-युग की बहिरन्तर परिस्थितियों की सीमाओं में प्रकारान्तर उपस्थित नहीं किया जा सकता था। अतः कृष्ण-युग ने रागतत्त्व के आध्यात्मिक मूल्य-संकेत को तो स्वीकार किया, पर जीवन तथा प्राणों के स्तर पर उसका उपभोग करने के लिए उसे सामूहिक के बदले वैयक्तिक ऊर्ध्व-प्रेम साधना का विषय बना दिया, और राग-चेतना के विश्व-रूप एवं परम चेतना के एकान्वित, तद्गत अन्तःस्वरूप के प्रतीक या द्योतक होते हुए भी कृष्ण और राधा के व्यक्तित्व में कृषि-युग के परिस्थिति-सीमित देह-मूल्य को भी स्वीकृत करना जैसे उस युग की विवशता एवं बाध्यता थी; नहीं तो रागशक्ति के अदम्य वेग को न रोक सकने के कारण लोक-जीवन में घोर अनाचार फैलने की अनिवार्य सम्भावना थी। फिर भी एक दूसरे ही परिप्रेक्ष्य में कृष्ण और गोपियों की क्षेत्रीय भूमिका में, उस रागतत्त्व की दिव्यता, पावनता एवं विश्व-मूल्य को प्राणों के स्तर पर भी उस युग को स्वीकृति देनी पड़ी, और व्यक्तिगत रूप से उस परम राग-संवेदना या 'रसो वै सः' कृष्ण तत्त्व की प्रेमसाधना के लिए जीवन की भूमिका के बदले महाभाव की भूमिका ने जन्म लिया।

महाभारत के बाद भारतीय संस्कृति में ह्रास-विघटन के चिह्न उपस्थित होने लगे थे। बुद्ध के उदय तक भारतीय चैतन्य कर्मकाण्डों, विधि-विधानों की संकीर्णता में जड़ीभूत हो गया था। बुद्ध का निर्वाण एवं उन्नत नैतिक आत्म-साधना का पथ इसी के प्रति विद्रोह था। बुद्ध के आगमन के बाद ही भारत-भूमि जिन अवांछनीय वात्याचक्रों की आक्रमण-

भूमि बनकर पराधीनता के पाश में फँस गई, और कब और कैसे उसकी नारी समस्त रागभावना की विभूति को समेटकर, मध्ययुगीन गृहस्थ के कटघरे में गुंठित होकर, फिर भूगर्भ में चली गई, कब रीति-काव्य की भूमिका में परकीया, अभिसारिका, विप्रलब्धा, खण्डिता आदि नारी-रूपों में उसने पुनः जन्म लिया और प्रेम की प्रतीक्षा में रत कृशांग, उत्तप्त, उच्छ्वसित, विरहिणी के अस्थि-पंजर ने सौन्दर्य-भावना को अधिकृत कर लिया, इस सबसे आप अच्छी तरह परिचित हैं। यही मध्ययुगों से भारतीय राग-भावना का विरह कृच्छ्र एवं देह-बोध गुण्ठित साहित्यिक स्वरूप तथा इतिहास रहा है और इसी रागतत्त्व के मर्मदंशी उद्वेलन एवं जागरण की प्रतिनिधि गायिका, वेदनामूर्ति, कवयित्री महादेवी हैं, जिन्होंने विश्वमय प्राण-पुरुष की गोपन रहस्यमयी वंशी-ध्वनि का आमन्त्रण स्वीकार करके रस-सागर की उत्ताल तरंगों में डूबती-उतराती, अदृश्य-स्पर्श से रोमांचित होती हुई भारतीय मध्ययुगीन राग-चेतना राधा की विरह-दग्ध, पीड़ा-विष-मूर्च्छित, वेदना की आनंद-मूर्ति, निष्कलुष 'दीपशिखा' की तरह अहरह जलती हुई प्रीति-साधना को पुनः अपने काव्य के चित्रपट में अभिव्यक्ति दी है और यह राधा की प्रेम-वेदना जिसे न वह छोड़ सकती है, न भुला सकती है, न जीत ही सकती है, प्रत्येक भारतीय नारी के भीतर, युग-नारी तथा विश्व-नारी के भीतर आज नवीन संवेदनों में प्रकट हो रही है। भारत ही नहीं, समस्त विश्व में, काव्य और साहित्य में ही नहीं, आधुनिक मनोविज्ञान और दर्शन में भी, एवं फ़ायड आदि के उपचेतन-अचेतन मन के शक्ति-प्राण ज्वारों तथा लिबिडो के स्तरों, ग्रंथियों आदि के विश्लेषण में भी यह राग तत्त्व नये विकास, नये सामाजिक वितरण, नये स्त्री-पुरुष के सम्बन्धों के निरूपण में प्रकट होने के लिए अपने सत्व को घोषित कर रहा है। उन्नीसवीं सदी का स्वच्छन्दतावाद भी इसी से प्रेरित है। रागतत्त्व का नया मूल्यांकन, नई नारी का उदय, भविष्य की अवश्यंभावी सम्भावनाओं में से है। राग-मूल्य की भावी अवधारणा, उसकी सामाजिक परिणति, उसके आध्यात्मिक, नैतिक, प्राणिक एवं मनोवैज्ञानिक पक्षों का पुनः मूल्यांकन, स्त्री-पुरुष के भावी वैयक्तिक-सामाजिक सम्बन्ध आदि ऐसे गंभीर तथा व्यापक महत्त्व के प्रश्न इस युग के उत्थान के साथ उदय हुए हैं कि जिनके बारे में विस्तार से कहने और उस विस्तार का स्वरूप एवं मूल्य-निरूपण करने में अभी अनेक दशक और संभवतः शती निःशेष हो जायगी। इसका संक्षिप्त चित्रण मैंने आज की युगदृष्टि से जहाँ तक सम्भव हो सका है, 'लोकायतन' में भी किया है; किन्तु यह सब कहने से मेरा तात्पर्य यह है कि भाव-प्रवण महादेवी की काव्यात्मक वेदना का कारण हमें आत्मा-परमात्मा में न खोजकर वर्तमान अविकसित संकीर्ण मरणोन्मुखी सामाजिक यथार्थ के निर्मम-दंश में तथा भावी आदर्श के स्पर्श में खोजना चाहिए। उनकी कवि-दृष्टि अत्यन्त संवेदनशील तथा काव्य-साधना अत्यन्त प्रच्छन्न रही है। काव्य-भूमिका की दृष्टि से वह हमारे युग की प्रेयसी हैं, जिन्होंने राधा तथा मीरा की तरह नये चैतन्य-बोध का स्पर्श पाने तथा उसमें तन्मय हो जाने के लिए भावनिष्ठ हृदय से, वेदना की घूंटें पीकर, प्रेम-साधना की है। यदि आप महादेवी को बौद्ध भिक्षुणी या क्रिश्चियन नन, या कृष्ण-युग की गोपिका या मध्ययुग के गृहपिंजर में बद्ध अवगुण्ठिता, देह-बोध भीमत सती नहीं बनाना चाहते, जिसे तुलसी-'मानस' में अनुसूया उपदेश देती हैं, और जिस मध्ययुगीन गृहस्थ की सीमा में न अँट सकने

के कारण उन्होंने स्वत: उससे बाहर निकलकर, उस प्रेम या राग-भावना की पीड़ा-शीतल चन्दन-चर्चित आराधिका बनना स्वीकार किया, जो गत युगों के इन सभी नारी-रूपों या राग-मूल्यों का अतिक्रमण करके नर-नारी के जीवन के लिए नया सामाजिक परिवेश प्रस्तुत करना चाहती है, और यदि हम उनकी काव्य-चेतना को या उन्हें एक स्वस्थ, नव-जीवन-उन्मेष से भरी, युग-प्रबुद्ध, आने वाली नारी के रूप में देखना चाहते हैं, तो आपको यह मानना ही पड़ेगा कि उनकी इस निगूढ़ नि:सीम भाव-वेदना का कारण निश्चय ही इस विश्व-व्यापी राग-संवेदना का नवीन आह्वान तथा उद्वेलन है—उसने सामाजिक श्रृंखला की कड़ियों के दु:सह बोझ के कारण भले ही कैसी ही प्रच्छन्न अभिव्यक्ति उनके काव्य में पायी हो। जिस प्रकार उनके समस्त या अधिकांश काव्य का आलोचकों ने मध्य-युगीन रहस्यवादी निवृत्तिमुखी दृष्टि से मूल्यांकन किया है उसे मैं इस जीती-जागती मानवी के लिए, जिसके हृदय का प्राणवान स्पन्दन अतीत के सब रूढ़िग्रस्त बन्धनों को छिन्न-भिन्न करने की क्षमता रखता है, निश्चय ही महान् अन्याय समझता हूँ। उन्हें हमे मध्ययुगों की पीठिका से हटाकर इसी युग के बाहरी-भीतरी बौद्धिक, हार्दिक, सामाजिक तथा सांस्कृतिक, सशक्त, मर्मस्पर्शी, लोकव्यापी प्रभावों की संश्लिष्ट संग्रथित भूमिका पर खड़ा कर देखना चाहिए।

यह ठीक है कि उन्होंने यत्र-तत्र मध्ययुगीन रहस्यवादी अभिव्यक्ति के प्रभावों का ग्रहण करके उन्हें छायावादी युग के अनुरूप नये प्रतीकों एवं बिम्बों में ढालकर अदृश्य मूल्य के प्रति अपनी खोज, उसके अभाव की पीड़ा और आगे चलकर उसके भीतर से एक नई आस्था, आशा तथा अपने ध्येय की विजय को वाणी दी है, पर इससे उन्हें कबीर या मीरा की पंक्ति में उतने पीछे नहीं बिठाया जा सकता। जागरण की बेला में ऐसे प्रभाव सभी छायावादियों में कम-अधिक मात्रा में पड़े हैं, जो महादेवी में अधिक दिखाई देते हैं; पर इसे इस तरह समझ सकते हैं कि उन्होंने अत्यन्त गूढ़ और गुह्य भी समझे जाने वाले राग-संवेदन या प्रेम-संवेदन को अपनी काव्य-वस्तु के लिए चुना— और नारी होकर वह न चुनतीं तो और कौन चुनता? फिर उनकी इसी नारी की स्थिति ने उस अभिव्यक्ति को और भी रहस्यमयी बना दिया। उन्होंने अज्ञात प्रियतम की बात कही है, उसके लिए उनके प्राणों में व्यथा भी मिलती है, उसका स्वप्न-दर्शन या स्पर्श भी उन्हें कभी मिला है, और बीच में वह स्पर्श खो भी गया है, पर यह अज्ञात प्रियतम तो वह प्रेम-मूल्य या राग-मूल्य है, जिसे उन्होंने निवृत्ति के आनन्द से मण्डित न करके प्रवृत्ति की पीड़ा के माध्यम से व्यक्त किया है, जो उनके युग का आग्रह था। और आप यदि इस व्यापक यथार्थ की दृष्टि से कबीर, मीरा आदि सन्तों तथा मध्ययुगीन भक्तों के काव्य-तत्वों, प्रतीकों, बिम्बों का विश्लेषण करें तो उन्हें और ऋण-रूप में नये कवियों को भी आप इसी रस-मूल्य की साधना में निरत पाएँगे, जिनकी अनिवार्य उपयोगिता व्यापक लोक-जीवन तथा विश्व-मंगल के लिए है; जिसके आनन्द, सौन्दर्य, रस-स्पर्श के बिना इस महान् वैज्ञानिक युग का आर्थिक, सामाजिक ढांचा भी अपनी ही बुद्धि-विश्लेषण की चकाचौंध में अंत:संगति, अंत:-प्रेरणा, अंतर्गति, अन्तर-आह्लाद तथा अन्त:सन्तुलन के अभाव में, कभी भी अपने ही खोखलेपन के कारण, किसी अणुयुद्ध से ध्वंस हो सकता है। विश्व-जीवन में प्रसरित

उसको गति देने वाली, उसमें संयोजन भरनेवाली अन्तरात्मा का ही नाम रस-चैतन्य या रागतत्त्व है। यह दूसरी बात है कि मध्ययुगीन निष्क्रिय सामन्ती जीवन-परिस्थितियों के कारण, जब तक कि विज्ञान ने जड़ की ग्रन्थि नहीं खोली थी, रस-ईश्वर को, जो अपने में पूर्ण, किन्तु अपनी सृष्टि में विकास के पथ में है, जो सृष्टि न रचकर स्वयं सृष्टि में प्रसरित है, जो कृष्ण-चैतन्य से भी विकसित तत्त्व है, उसे विश्व-जीवन में संयोजित एवं मूर्त करना तब सम्भव नहीं था। ईश्वर या परमात्मा या परात्पर आदि ब्रह्म के रूपों को विश्व-जीवन से विच्छिन्न मानकर केवल आत्मा के धरातल पर उन्हें परम लक्ष्य के रूप में मानना तथा निवृत्ति-पथ की साधना से उस चरम बोध-बिन्दु के स्पर्श या साक्षात्कार को जीवित रखने की व्यक्तिवादी पद्धति मुख्यतः बुद्ध के निर्वाण-दर्शन की भारतीय दर्शनों में परिणति के स्वरूप में तब प्रचलित हो गई थी, किन्तु सार्वकालिक सार्वभौम लक्ष्य इन साधकों और सन्तों का भी उस उच्चतम सत्य को विश्व-जीवन की संगति में परिणत करने का ही रहा है जिसे वे भले ही तब न जानते हों। बाह्य जीवन-गति में ईश्वर को प्रतिष्ठित न करने की असमर्थता के कारण, उस आत्म-बोध को पीढ़ी-दर-पीढ़ी जीवित रखने के लिए ही वे प्रकाश-वाहकों की तरह केवल उच्चतम परोक्ष-बिन्दु के रूप में उसका प्रचार करते रहे। मैं युग-युगों के संस्कारों की धूल से भरी इस नैतिक-जतन से ओढ़ी गई सामन्ती-मूल्यों की चदरिया को ज्यों-की-त्यों नहीं छोड़ देना चाहता। इसे व्यापक प्रकाश में धोकर नये युग के अनुरूप राग-भावना में रंजित देखना चाहता हूँ। वैसे भी स्वकीया-परकीया से परे सामाजिक शील-सौन्दर्य की भूमि पर प्रतिष्ठित स्त्री-पुरुष की प्रीति-मुक्ति की रस-प्रतिमा को अवश्य नया सामाजिक संस्कार तथा मूल्य देना है। यह एक दीर्घ प्रक्रिया भले ही है और इसकी कई स्थितियाँ भी हों, पर गत सामाजिक विधान में जड़ीभूत राग-चेतना को नवीन रूप से जीवन-सक्रिय होना है, और नयेविश्व को नवीन सौन्दर्य-बोध तथा शक्ति से प्रेरित करना है, इसमें मुझे सन्देह नहीं। महादेवी के काव्य का उद्देश्य निवृत्तिमूलक आत्मा-परमात्मा के मिलन को मानना उनके प्रेरणा-स्रोतों को बिलकुल ही न समझने के बराबर है। उनकी-सी पीड़ा मीरा-कबीर किसी में इतनी मात्रा में इसलिए भी नहीं है कि चाहे ज्ञान-पथ से हो चाहे भक्ति-पथ से, वे केवल व्यक्ति-मुक्ति चाहते रहे हैं और महादेवी का युग लोक-मुक्ति का, दारिद्र्य, दैन्य, दुःख, अशिक्षा, अन्धकार तथा सशंकित स्त्री-पुरुषों की परस्पर सहानुभूति से पीड़ित, असंख्यों की संख्या में विदीर्ण, लोक-जीवन की मुक्ति एवं पुनर्निर्माण का युग है, इसलिए उनकी प्रेरणा का स्रोत मध्य-युगीन जीवन-दृष्टि में होना सम्भव नहीं हो सकता। इसका अर्थ है वह मध्ययुगों की केवल अनुगूंज या प्रतिध्वनि भर रहीं। मध्ययुग या इस युग के जीवन-दर्शन को सम्यक् दृष्टि से समझने के लिए सामाजिक परिस्थितियों एवं परिवेश का ज्ञान अनिवार्य है, उसके बिना दर्शन का सत्य जीवन-शून्य रिक्त प्रकाश भर है।

महादेवी ने अपनी भूमिकाओं तथा विवेचनात्मक गद्य में छायावाद, रहस्यवाद तथा अपनी अनुभूति के बारे में जो कुछ लिखा है, उसे ध्यान में रखते हुए भी, मैं उनके भाव-तत्त्व एवं काव्य-वस्तु के प्रति अपना एक पृथक् दृष्टिकोण रखता हूँ तथा उसे यथार्थ पर आधारित मानता हूँ। यह सम्भव है कि रागात्मक मूल्य की दृष्टि उन्होंने घनीभूत

वेदना के रूप में उसके बौद्धिक मूल्य के प्रति अपरिचित रहकर केवल अपनी अन्त:प्रेरणा से की हो, इसलिए उनके प्रतीक-विधानों में, थोड़ी-बहुत सजाव सम्बन्धी कृत्रिमता होते हुए भी, उनकी रहस्यमयी वेदना की अभिव्यक्ति में गहरी स्वाभाविकता मिलती है। उच्च-कोटि की सृजन-प्रक्रिया के लिए मूल्य का बोध अनिवार्य आवश्यकता नहीं भी हो सकती, युग-चेतना के वातावरण में ऐसे अनेक सूक्ष्म-स्थूल तत्त्व व्याप्त रहते हैं जो स्रष्टा या कलाकार को अज्ञात रूप से लक्ष्य की ओर प्रेरित करते रहते हैं। और यह कवि की सूक्ष्म-भाव-प्रवणता तथा गहन संवेदना-शक्ति पर निर्भर करता है कि वह युग की अन्तश्चेतना के संकेत को कितनी गहराई तथा व्यापकता से ग्रहण करने की क्षमता रखता है और उसका कला-बोध उसे कितने सशक्त सम्प्रेषणीय उपकरणों के माध्यम से मूल्य की अन्तरात्मा को अभिव्यक्ति के सौन्दर्य से वेष्ठित करने में सफल होता है। बहुत सम्भव है, अपनी बहिर्जीवन की व्यस्तता एवं व्यग्रता के कारण वह सूक्ष्म प्रकाश बिम्ब अथवा ज्योति-बिन्दु अब बाह्य जीवन-प्रभावों के धूम से आच्छादित होकर सृजन-सक्रिय भी न रह गया हो अथवा उसकी छाप अन्तर पट से मिट भी गई हो, पर ऐसा प्रतीत नहीं होता। सम्यक् अन्त:परिस्थिति तथा एकाग्र एकान्त मिलने पर वह पुन: अधिक प्रभावोत्पादक रूप से जाग्रत एवं रचनाशील हो सकता है। यह जो भी हो, छायावाद को और विशेषत: महादेवी की रहस्यमयी अभिव्यक्ति को मध्ययुगीन निवृत्तिमुखी-वैयक्तिक साधना की रहस्यवादी भूमि पर रखकर देखना समीक्षकों की अपने युग के प्रति अप्रबुद्धता तथा मध्ययुगीन मान्यताओं से आच्छादित मस्तिष्क एवं बुद्धि का ही द्योतक है। मध्ययुगों में, पिछले युगों से अर्जित भारतीय चैतन्य का जीवन्त स्रोत सूख गया था और उसके स्थान पर केवल विधि-विधानों के तटों के बीच चेतना-धारा के गतिरुद्ध, शुष्क चिह्न ही शेष रह गए थे। मनुष्य केवल अहं-केन्द्रित देह-मूल्य का प्रतीक, व्यक्ति-मात्र रह गया था और व्यक्तिगत पाप-पुण्य की भावना से पीड़ित एवं महत् सामाजिक विकास की भूमि से विच्छिन्न होकर, आत्ममुक्ति, परलोक तथा स्वर्गकामी बनकर, विश्व-जीवन से असम्बद्ध परोक्ष सत्य की ओर उन्मुख हो गया था। निश्चय ही अपनी समस्त करुणा, वेदना, संवेदना, आत्म-विसर्जन अथवा मर-मिटने की भावना को लेकर भी महादेवी की काव्य-दृष्टि इसी महान् विश्वचेतना से स्पन्दित लोक-मंगलोन्मुखी तथा समाजोन्मुखी है। उसमें एक प्रच्छन्न आशा का सन्देश तथा नये जीवन-प्रभात की अरुणिमा का भी सौन्दर्य है। वह विगत सामाजिक राग-मूल्यों के बन्धनों, जर्जर-रूढ़ियों की शृंखलाओं से मुक्ति भी चाहती है, जो उनके काव्य से अधिक, जिसमें वह नारी-मर्यादा के प्रति अधिक असशंक हैं—उनके गद्य में सबल, साहसी वाणी पाती है। उन्होंने अपने काव्य में जिस गहन-गूढ़ रागात्मक द्वन्द्व की मर्मभेदी वेदना को अभिव्यक्ति दी है उसके बिना नये मूल्य का एक आयाम ही अधूरा रहता। उनके काव्य से प्रसाद की-सी मादकता, निराला की-सी शक्ति का परिचय न मिलता हो, पर उनमें जो एक अन्तश्चेतन पीड़ा (साइकिक पेन) की अनुभूति है वह राग-चेतना तथा प्रेम-भावना के प्रति पर्वत-मूक, अकथित तथा सिन्धु-अतल, गोपनीय सत्य को अन्त:स्पर्शी, मार्मिक वाणी देने में सफल हुई है। महादेवी भारत में पैदा हुई और उन्होंने प्रेम को अन्तर्मुखी अभिव्यक्ति दी, वह पश्चिम में होतीं तो सम्भवत: इस युग में मिसेज़ ब्राउनिंग के-से प्रेम

प्रगीत लिखतीं, जिससे राग-तत्त्व के गम्भीरतम अन्तर्मूल्य पर—मैं आध्यात्मिक मूल्य जान-बूझकर नहीं कह रहा हूँ कि उससे फिर रहस्यवादी भ्रम न फैले—प्रकाश नहीं पड़ता। पश्चिम की बहिर्मुखी प्राणों की भूमि पर प्रतिष्ठित राग-मूल्य का अन्तःसंस्कार होना है, नहीं तो वह फ्राएडियन उपचेतन, अवचेतन, अन्धकार के गर्तों में गिर सकता है। रागात्मक सत्य के नये मूल्य तथा नई सामाजिक मान्यता के अभाव के कारण आज हमें बीटनिक्स, हंग्री जनरेशन्स तथा अन्यथा कवितावादी आदि का अधोमुखी-विद्रोह देखने को मिल रहा है। उनमें युग-तथ्य का भले ही एक अंश वर्तमान हो, पर इसमें संदेह नहीं कि उनकी आस्था दिग्भ्रान्त है। रागमूल्य को देह की संकीर्णता से ऊपर उठाकर, व्यापक सामाजिक भूमि पर प्रतिष्ठित करना है, जिससे उसका बहिःसंस्कार हो सके। सभी छायावादी कवियों ने अपने-अपने ढंग से राग-मूल्य के उन्नीत सौंदर्य को अपनी काव्य-वस्तु में अभिव्यक्ति दी है। उन्होंने नारी को उसका प्रतीक बनाकर, उसे मध्ययुगीन देह-बोध तथा राग-द्वेष की संकीर्ण, कामांध, नैतिक कारा से मुक्त कर, नवीन राग-चेतना की सौंदर्य-शिखा के रूप में अपने मुक्त, उन्नत, भाव-स्वप्नों से उसकी नवीन मूर्ति निर्मित कर, व्यक्ति-मोह के धरातल से उठाकर, विस्तृत सामाजिक धरातल पर लोक-जीवन-मंगल कर्म में संलग्न मानवी के रूप में प्रतिष्ठित किया है। छायावाद की यह अमूल्य देन लोकमानस के लिए है—वह केवल रोमेण्टिक स्वच्छन्दतावादी प्रेम-मुक्ति का ही सन्देशवाहक नहीं रहा, उसने उस मुक्ति को एक उच्च सामाजिक धरातल भी प्रदान किया है। जैसा सम्भवतः मैं पहले भी कह चुका हूँ, महादेवी के काव्य में छायावादी अभिव्यंजना तथा भाववस्तु ने अपनी पूर्णता प्राप्त की, उसमें छायावादी स्वप्न-दृष्टि का सौन्दर्य तथा छायावादी गूढ़ भावोच्छ्वसित हृदय की धड़कन अधिक सूक्ष्म होकर अधिक स्पष्ट सुनाई पड़ती है, यद्यपि उसमें ह्रास के चिह्न भी उतने ही स्पष्ट दिखायी पड़ते हैं। उनके काव्य के और भी अनेक पक्ष हैं पर उनकी मुख्य देन की ओर मैं ऊपर संक्षेप में संकेत कर चुका हूँ। अन्य छायावादियों के प्रति उनके प्रतीक, बिम्ब-विधान, लाक्षणिक संकेत तथा प्रकृति-चित्रण के अनेक आयाम रहे हैं, जिससे कभी तादात्म्य प्राप्त करके, कभी उसे उपकरण बनाकर, उन्होंने अपनी अभिव्यंजना को सौन्दर्य-दीप्त तथा मर्मस्पर्शी बनाया है। उनके काव्य में विश्व-नारी के अतृप्त-प्रेम, अविकसित राग-भावना की विशुद्ध हृदयानुभूति है। उनकी दृष्टि अन्तर्मुखी तथा वैयक्तिक ही है, जो उनकी भाव-वस्तु के लिए सर्वाधिक उपयुक्त है। सामूहिक जीवन को गहनतम एवं उच्चतम संवेदनों का वैभव विकसित उन्नीत व्यक्ति-दृष्टि ही प्रदान कर सकती है। महादेवी की काव्य-दृष्टि का भी विकास हुआ है। 'दीपशिखा' में उनकी 'यामा' की वेदना चिन्तन-गम्भीर तथा आशादीप्त हो गई है।

काव्य-कला

महादेवी

सत्य पर जीवन का सुन्दर ताना-बाना बुनने के लिए कला-सृष्टि ने स्थूल-सूक्ष्म सभी विषयों को अपना उपकरण बनाया। यह पाषाण की कठोर स्थूलता से रंग-रेखाओं की निश्चित सीमा, उससे ध्वनि की क्षणिक स्थिति और तब शब्द की सूक्ष्म व्यापकता तक पहुँची अथवा किसी और क्रम से, यह जान लेना बहुत सहज नहीं। परन्तु शब्द के विस्तार में कला-सृजन को, पाषाण की मूर्तिमत्ता, रंग-रेखा की सजीवता, स्वर का माधुर्य सब-कुछ एकत्र कर लेने की सुविधा प्राप्त हो गई। काव्य में कला का उत्कर्ष एक ऐसे बिन्दु तक पहुँच गया, जहाँ से वह ज्ञान को भी सहायता दे सका, क्योंकि सत्य काव्य का साध्य और सौन्दर्य उसका साधन है। एक अपनी एकता में असीम रहता है, दूसरा अपनी अनेकता में अनन्त, इसी से साधन के परिचय-स्निग्ध खण्ड रूप से साध्य की विस्मय-भरी अखण्ड स्थिति तक पहुँचने का क्रम आनन्द की लहर-पर-लहर उठाता हुआ चलता है।

इस व्यापक सत्य के साथ हमारी सीमा का सम्बन्ध कुछ जटिल-सा है। हमारी दृष्टि के सामने क्षितिज तक जो अनन्त विस्तार फैला है वह मिट नहीं सकता, पर हम अपनी आँख के सामने एक छोटा-सा तिनका खड़ा करके उसे इन्द्रजाल के समान ही अपने लिए लुप्त कर सकते हैं। फिर जब तक हम उसे अपनी आँख से कुछ अन्तर पर एक विशेष स्थिति में, उस विस्तार के साथ रखकर न देखें तब तक हमारे लिए वह क्षितिज-व्यापी विस्तार नहीं के बराबर है। केवल तिनका ही हमारी दृष्टि की सीमा को सब ओर से घेरकर विराट् बन जाएगा। परन्तु उस तृण-विशेष पर ही नहीं, लता, वृक्ष, खेत, वन आदि सभी खण्डरूपों पर ठहरती हुई हमारी दृष्टि उस विस्तार का ज्ञान करा सकती है। बिना रूपों की सीमा के उस असीम विस्तार का बोध होना कठिन है और विस्तार की व्यापक पीठिका के अभाव में उन रूपों की अनेकात्मकता की अनुभूति सम्भव नहीं। अखण्ड सत्य के साथ हमारी स्थिति भी कुछ ऐसी ही रहती है। उसका जितना अंश हम अपनी सीमा से घेर सकते हैं, उसे ऐसी स्थिति में रखकर देखना आवश्यक हो जाता है जहाँ वह हमारी सीमा में रहकर भी सत्य की व्यापकता में अपनी निश्चित स्थिति बनाये रहे।

व्यक्ति की सीमा में तो सत्य की ऐसी दोहरी स्थिति सहज ही नहीं, स्वाभाविक भी है; अन्यथा उसे तत्वतः ग्रहण करना सम्भव न हो सकेगा। परन्तु, खण्ड में अखण्ड की

इस स्थिति को प्रेषणीय बना लेना दुष्कर नहीं तो कठिन अवश्य है। आकार की रेखाओं की संख्या, लम्बाई-चौड़ाई, हल्का-भारीपन आदि गणित के अंकों में बाँधे जा सकते हैं। परन्तु रेखा से परिमाण तक व्याप्त सजीवता का परिचय संख्या, मात्रा या तोल से नहीं दिया जा सकता। आकार को ठीक नाप-जोखके साथ दूसरे तक पहुँचा देना जितना सहज है, जीवन को सम्पूर्ण अतुलनीयता के साथ दूसरे को दे सकना उतना ही कठिन।

सत्य की व्यापकता में से हम चाहे जिस अंश को ग्रहण करें, वह हमारी सीमा में बँधकर व्यष्टिगत हो ही जाता है और इस स्थिति में हमारी सीमा के साथ सापेक्ष पर अपनी व्यापकता में निरपेक्ष बना रहता है। दूसरे के निकट हमारी सीमा से घिरा सत्य हमारा रहकर ही अपना परिचय देना चाहता और दूसरा हमें तोलकर ही उस सत्य का मूल्य आँकने की इच्छा रखता है। इतना ही नहीं, उसकी तुला पर रुचि-वैचित्र्य, संस्कार, स्वार्थ आदि के न जाने कितने पासंगों की उपस्थिति भी सम्भव है; अतः सत्य के सापेक्ष ही नहीं, निरपेक्ष मूल्य के सम्बन्ध में भी अनेक मतभेद उत्पन्न हो जाते हैं।

इसके अतिरिक्त मनुष्य की चिर-अतृप्त जिज्ञासा भी कुछ कम नहीं रोकती-टोकती। 'हमने अमुक वस्तु को अमुक स्थिति में पाया' इतना कथन ही पर्याप्त नहीं, क्योंकि सुनने वाला कहाँ-कहाँ कहकर उसे अपने प्रत्यक्ष की ज्ञान-परिधि में बाँध लेने को व्याकुल हो उठेगा। अब यदि वह हमारी ही स्थिति में, हमारे ही दृष्टिकोण से उसे न देख सके तो वह वस्तु कुछ भिन्न भी लग सकती है और तब विवाद की कभी न टूटने वाली श्रृंखला में नित्य नई कड़ियाँ जुड़ने लगेंगी। बाह्य जीवन में तो यह समस्या किसी अंश तक सरल की भी जा सकती है, परन्तु अन्तर्जगत् में इसे सुलझा लेना सदा ही कठिन रहा है।

इस सत्य-सम्बन्धी उलझन को सुलझाने के लिए जीवन न ठहर सकता है और न इसे छोड़कर आगे बढ़ सकता है, अतः वह सुलझाता हुआ चलता है। बाह्य जीवन में, राजनीति, समाज-शासन, धर्म आदि इतिवृत्त के समान सत्य का परिचय-भर देते चलते हैं। मनुष्य की हठीली जिज्ञासा किसी ग्रन्थि को पकड़कर रुक न जाए, इस भय से उन्होंने प्रत्येक ग्रन्थि पर अनुग्रह और दण्ड की इतनी चिकनाहट लगा दी है, जिससे हाथ फिसल भर जाय। कहीं महाभाष्य के समान बहुत विस्तार में उलझे हुए और कहीं सूत्रों के समान संक्षिप्त रूप में सुलझे हुए सिद्धान्त कभी सत्य के संग्रहालय-जैसे जान पड़ते हैं और कभी अस्त्रागार-जैसे; कहीं सत्य की विकलांग मूर्तियों का स्मरण करा देते हैं और कहीं अधूरे रेखाचित्रों का; पर व्यापक-स्पन्दित सत्य का अभाव नहीं दूर कर पाते। मनुष्य के बाह्य जीवन की निर्धनता देखने के लिए वे सहस्राक्ष बनने पर बाध्य हैं और उसके अन्तर्जगत के वैभव के लिए धृतराष्ट्र होने पर विवश।

हमारी बुद्धि-वृत्ति बाहर के स्थूलतम बिन्दु से लेकर भीतर के सूक्ष्मतम बिन्दु तक जीवन को अर्द्धवृत्त में घेर सकती है, परन्तु दूसरा अर्द्धवृत्त बनाने के लिए हमारी रागात्मिका वृत्ति ही अपेक्षित रहेगी। हमारे भावक्षेत्र और ज्ञानक्षेत्र की स्थिति पृथ्वी के दो गोलार्धों के समान है, जो मिलकर भूगोल को पूर्णता देते हैं और अकेले आधा संसार ही घेर सकते हैं। एक ओर का भूखण्ड दूसरे का पूरक बना रहने के लिए ही उसे अन्तर-

परे रेखकर अपनी दृष्टि का विषय नहीं बना पाता; परन्तु इससे दोनों में से किसी की भी स्थिति संदिग्ध नहीं हो जाती।

हमारी बुद्धि और रागात्मिका वृत्ति के दो अर्द्धवृत्तों से घिरे सत्य के सम्बन्ध में भी यही सत्य रहेगा। हमारे व्यावहारिक जीवन का प्रत्येक कार्य संकल्प-विकल्प-कल्पना-स्वप्न, सुख-दुःख आदि की भिन्नवर्णी कड़ियों वाली शृंखला के एक सिरे में झूलता रहता है। इस शृंखला की प्रायः सभी कड़ियों की स्थिति अन्तर्जगत् में ही संभव है। व्यवहार-जगत् केवल कार्य से सम्बन्ध रखता है, बुद्धि कार्य के स्थूल ज्ञान से लेकर उसे जन्म देने वाले सूक्ष्म विचार तक जानती है और हृदय तज्जनित सुख-दुःख से लेकर स्वप्न-कल्पना तक की अनुभूतियाँ संचित करता है। इस प्रकार बाह्य जीवन की सीमा में वामन जैसा लगने वाला कार्य भी हमारे अन्तर्जगत् की असीमता में बढ़ते-बढ़ते विराट् हो सकता है।

बहिर्जगत् से अन्तर्जगत् तक फैले और ज्ञान तथा भावक्षेत्र में समान रूप से व्याप्त सत्य की सहज अभिव्यक्ति के लिए माध्यम खोजते-खोजते ही मनुष्य ने काव्य और कलाओं का आविष्कार कर लिया होगा। कला सत्य को ज्ञान के सिकता-विस्तार में नहीं खोजती, अनुभूति की सरिता के तट से एक विशेष बिन्दु पर ग्रहण करती है। तट पर एक ही स्थान पर बैठे रहकर भी हम असंख्य नई तरंगों को सामने आते और पुरानी लहरों को आगे जाते देखकर नदी से परिचित हो जाते हैं। वह किसी पर्वतीय उद्गम से निकलकर, कहाँ-कहाँ बहती हुई किस समुद्र की अगाध तरलता में विलीन हो जाती है, यह प्रत्यक्ष न होने पर भी हमारी अनुभूति में नदी पूर्ण है और रहेगी। जब हम कहते हैं कि हमने एक ओर चाँदनी की धूल-जैसी झिलमिलाती बालू और दूसरी ओर दूर हरीतिमा में तटरेखा बनाती हुई, अथाह नील जल से भरी नदी देखी, तब सुननेवाला कोई प्रचलित नाप-जोख नहीं माँगता। हमने इतने गज प्रवाह नापा है, इतने सौ लहरें गिनी हैं, इतने फीट गहराई नापी है, इतने सेर पानी तोला है आदि-आदि, नाप-तोल न बताकर भी हम नदी का ठीक परिचय दूसरे के हृदय तक पहुँचा देते हैं। सुनने वाला उस नदी को ही नहीं, उसके शाश्वत सौन्दर्य को भी प्रत्यक्ष पाकर एक ऐसे आनन्द की स्थिति में पहुँच जाता है जहाँ गणित के अंकों में बँधी नाप-जोख के लिए स्थान नहीं।

मस्तिष्क और हृदय परस्पर पूरक रहकर भी एक ही पथ से नहीं चलते। बुद्धि में समानान्तर पर चलने वाली भिन्न-भिन्न श्रेणियाँ हैं और अनुभूति में एकतारता लिए गहराई। ज्ञान के क्षेत्र में एक छोटी रेखा के नीचे उससे बड़ी रेखा खींचकर पहली का छोटा और भिन्न अस्तित्व दिखाया जा सकता है। इसके असंख्य उदाहरण विज्ञान जीवन की स्थूल सीमा में और दर्शन जीवन की सूक्ष्म असीमता में दे चुका है। पर अनुभूति के क्षेत्र में एक की स्थिति से नीचे और अधिक गहराई में उतरकर भी हम उसके साथ एक ही रेखा पर रहते हैं। एक वस्तु को एक व्यक्ति अपनी स्थिति-विशेष में अपने विशेष दृष्टि-बिन्दु से देखता है, दूसरा अपने धरातल पर अपने से और तीसरा अपनी सीमारेखा पर अपने से। तीनों ने वस्तु-विशेष को जिन विशेष दृष्टिकोणों से जिन विभिन्न परिस्थितियों में देखा है, वे उनके तद्विषयक ज्ञान को भिन्न रेखाओं में घेर लेंगी। इन विभिन्न रेखाओं के नीचे ज्ञान के एक सामान्य धरातल की स्थिति है अवश्य, परन्तु वह अपनी एकता के

परिचय के लिए ही इस अनेकता को सँभाले रहती है।

अनुभूति के सम्बन्ध में यह कठिनाई सरल हो जाती है। एक व्यक्ति अपने दुःख को बहुत तीव्रता से अनुभव कर रहा है, उसके निकट आत्मीय की अनुभूति में तीव्रता की मात्रा कुछ घट जायगी और साधारण मित्र में उसका और भी न्यून हो जाना सम्भव है; पर जहाँ तक दुःख के सामान्य संवेदन का प्रश्न है, वे तीनों एक ही रेखा पर, निकट, दूर, अधिक दूर की स्थिति में रहेंगे। हाँ, जब उनमें से कोई उस दुःख को, अनुभूति के क्षेत्र से निकालकर बौद्धिक धरातल पर रख लेगा तब कथा ही दूसरी हो जायगी। अनुभूति अपनी सीमा में जितनी सबल है, उतनी बुद्धि नहीं। हमारे स्वयं जलने की हल्की अनुभूति भी दूसरे के राख हो जाने के ज्ञान से अधिक स्थायी रहती है।

बुद्धिवृत्ति अपने विषय को ज्ञान के अनन्त विस्तार के साथ रखकर देखती है; अतः व्यष्टिगत सीमा में उसका संदिग्ध हो उठना स्वाभाविक ही रहेगा। 'अमुक ने धूम देखकर अग्नि पायी' की जितनी आवृत्तियाँ होंगी, हमारा धूम और अग्नि की सापेक्षता विषयक ज्ञान उतनी ही निश्चित स्थिति पा सकेगा। पर अपने विषय पर केन्द्रित होकर उसे जीवन की अनन्त गहराई तक ले जाना अनुभूति का लक्ष्य रहता है, इसी से हमारी व्यक्तिगत अनुभूति जितनी निकट और तीव्र होगी, दूसरे का अनुभूत सत्य हमारे समीप उतना ही असंदिग्ध होकर आ सकेगा। तुमने जिसे पानी समझा वह बालू की चमक है, तुमने जिसे काला देखा वह नीला है, तुमने जिसे कोमल पाया वह कठोर है, आदि-आदि कहकर हम दूसरे में, स्वयं उसी के इन्द्रियजन्य ज्ञान के प्रति, अविश्वास उत्पन्न कर सकते हैं, परन्तु 'तुम्हें जो काँटा चुभने की पीड़ा हुई वह भ्रान्ति है' हमसे असंख्य बार सुनकर भी कोई अपनी पीड़ा के अस्तित्व में सन्देह नहीं करेगा।

जीवन के निश्चित बिन्दुओं को जोड़ने का कार्य हमारा मस्तिष्क कर लेता है पर इस क्रम से बनी परिधि में सजीवता के रंग भरने की क्षमता हृदय में ही सम्भव है। काव्य या कला मानो इन दोनों का संधिपत्र है, जिसके अनुसार बुद्धिवृत्ति झीने वायुमण्डल के समान बिना भार डाले हुए ही जीवन पर फैली रहती है और रागात्मिका वृत्ति उसके धरातल पर, सत्य को अनन्त रंग-रूपों में चिर-नवीन स्थिति देती रहती है। अतः काव्य-कला का सत्य जीवन की परिधि में सौंदर्य के माध्यम द्वारा व्यक्त अखण्ड सत्य है।

सौंदर्य-संबंधी समस्या भी कुछ कम उलझी हुई नहीं है। बाह्य जगत् अनेक-रूपात्मक है और उन रूपों का सुन्दर तथा कुरूप में एक व्यावहारिक वर्गीकरण भी हो चुका है। क्या कला इस वर्गीकरण की परिधि में आने वाले सौंदर्य को ही सत्य का माध्यम बनाकर शेष को छोड़ दे? केवल बाह्य रेखाओं और रंगों का सामञ्जस्य ही सौंदर्य कहा जाय तो प्रत्येक भूखंड का मानव-समाज ही नहीं, प्रत्येक व्यक्ति भी अपनी रुचि में दूसरे से भिन्न मिलेगा। किसके रुचि-वैचित्र्य के अनुसार सामञ्जस्य की परिभाषा बनाई जाय यह प्रश्न सत्य से भी अधिक जटिल हो उठेगा।

सत्य की प्राप्ति के लिए काव्य और कलाएँ जिस सौंदर्य का सहारा लेते हैं वह जीवन की पूर्णतम अभिव्यक्ति पर आश्रित है, केवल बाह्य रूपरेखा पर नहीं। प्रकृति का अनन्त वैभव, प्राणिजगत् की अनेकात्मक गतिशीलता, अन्तर्जगत् की रहस्यमयी विविधता

सब-कुछ इनके सौंदर्य-कोष के अन्तर्गत है और इसमें से क्षुद्रतम वस्तु के लिए भी ऐसे भारी मुहूर्त्त आ उपस्थित होते हैं जिनमें वह पर्वत के समकक्ष खड़ी होकर ही सफल हो सकती है और गुरुतम वस्तु के लिए भी ऐसे लघु क्षण आ पहुँचते हैं जिनमें वह छोटे तृण के साथ बैठकर ही कृतार्थ बन सकती है।

जीवन का जो स्पर्श विकास के लिए अपेक्षित है उसे पाने के उपरान्त छोटा, बड़ा, लघु, गुरु, सुन्दर, विरूप, आकर्षक, भयानक—कुछ भी कला जगत् से बहिष्कृत नहीं किया जाता। उजले कमलों की चादर-जैसी चाँदनी में मुसकराती हुई विभावरी अभिराम है, पर अँधेरे के स्तर-पर-स्तर ओढ़कर विराट् बनी हुई काली रजनी भी कम सुन्दर नहीं। फूलों के बोझ से झुक-झुक पड़ने वाली लता कोमल है, पर शून्य नीलिमा की ओर विस्मित बालक-सा ताकने वाला ठूंठ भी कम सुकुमार नहीं। अविरत जलदान से पृथ्वी को कँपा देने वाला बादल ऊंचा है, पर एक बूँद आँसू के भार से नत और कम्पित तृण भी कम उन्नत नहीं। गुलाब के रंग और नवनीत की कोमलता में कंकाल छिपाये हुए रूपसी कमनीय है, पर झुर्रियों में जीवन का विज्ञान लिखे हुए वृद्ध भी कम आकर्षक नहीं। बाह्य जीवन की कठोरता, संघर्ष, जय-पराजय सब मूल्यवान हैं, पर अन्तर्जगत् की कल्पना, स्वप्न, भावना आदि भी कम अनमोल नहीं।

उपयोग की कला और सौंदर्य की कला को लेकर बहुत-से विवाद सम्भव होते रहे, परन्तु ये भेद मूलत: एक-दूसरे से बहुत दूरी पर नहीं ठहरते।

कला शब्द से किसी निर्मित पूर्ण खण्ड का ही बोध होता है और कोई भी निर्माण अपनी अन्तिम स्थिति में जितना सीमित है, आरम्भ में उतना ही फैला हुआ मिलेगा। उसके पीछे स्थूल जगत् का अस्तित्व, जीवन की स्थिति किसी अभाव की अनुभूति, पूर्ति का आदर्श, उपकरणों की खोज, एकत्रीकरण की कुशलता आदि-आदि का जो इन्द्रजाल रहता है, उसके अभाव में निर्माण की स्थिति शून्य के अतिरिक्त कौन-सी संज्ञा पा सकेगी! चिड़िया का कलरव कला न होकर कला का विषय हो सकेगा, पर मनुष्य के गीत को कला कहना होगा। एक में वह सहज प्रवृत्ति मात्र है, पर दूसरे ने सहज प्रवृत्ति के आधार पर अनेक स्वरों को विशेष सामञ्जस्यपूर्ण स्थिति में रखकर एक विशेष रागिनी की सृष्टि की है, जो अपनी सीमा में जीवनव्यापी सुख-दु:खों की अनुभूति को अक्षय रखती है। इस प्रकार प्रत्येक कलाकृति के लिए निर्माण-सम्बन्धी विज्ञान की भी आवश्यकता होगी और उस विज्ञान की सीमित रेखाओं में व्यक्त होने वाले जीवन के व्यापक सत्य की अनुभूति की भी। जब हमारा ध्यान किसी एक पर ही केन्द्रित हो जाता है तब दोनों को जोड़ने वाली कड़ियाँ अस्पष्ट होने लगती हैं।

एक कृति को ललित कहकर चाहे हम जीवन की दृष्टि से ओझल शिखर पर प्रतिष्ठित कर आएँ और दूसरी को उपयोगी का नाम देकर चाहे जीवन के धूल-भरे प्रत्यक्ष चरणों पर रख दें, परन्तु उन दोनों ही की स्थिति जीवन से बाहर सम्भव नहीं। उनकी दूरी हमारे विकास-क्रम से बनी है, कुछ उनकी तात्त्विक भिन्नता से नहीं। नीचे की पहली सीढ़ी से चढ़कर जब हम ऊपर की अंतिम सीढ़ी पर खड़े हो जाते हैं, तब उन दोनों की दूरी हमारे आरोह-क्रम की सापेक्ष है—स्वयं एक-एक तो न वे नीची हैं, न ऊँची।

व्यावहारिक जगत् में हमने पहले खाद्य, आच्छादन, छाया आदि की समस्याओं को जिन मूल रूपों में सुलझाया था उन्हें यदि आज के व्यंजन, वस्त्राभूषण और भवन के ऐन्द्रजालिक विस्तार में रखकर देखें, तो वे कला के स्थूल और सूक्ष्म उपयोग से भी अधिक रहस्यमय हो उठेंगे। जो बाह्य जगत् में सहज था वह अन्तर्जगत् में भी स्वाभाविक हो गया, अतः उपयोग-सम्बन्धी स्थूलता सूक्ष्म होते-होते एक रहस्यमय विस्तार में हमारी दृष्टि से ओझल हो गई—और तब हम उसका निकटवर्ती छोर पकड़कर दूसरे को अस्तित्व हीन कहकर खोजने की चिन्ता से मुक्त होने लगे।

सत्य तो यह है कि जब तक हमारे सूक्ष्म अन्तर्जगत का बाह्य जीवन में पग-पग पर उपयोग होता रहेगा, तब तक कला का सूक्ष्म उपयोग-सम्बन्धी विवाद भी विशेष महत्त्व नहीं रख सकता। हमारे जीवन में सूक्ष्म और स्थूल की जैसी समन्वयात्मक स्थिति है, वही कला को, केवल स्थूल या केवल सूक्ष्म में निर्वासित न होने देगी। जब हम एक व्यक्ति के कार्य को स्वीकार करेंगे, तब उसकी पटभूमिका बने हुए वायवी स्वप्न, सूक्ष्म आदर्श, रहस्यमयी भावना आदि का भी मूल्य आँकना आवश्यक हो जायगा और कला यदि उस वातावरण का ऐसा परिचय देती है जो कार्य से न दिया जा सकेगा तो जीवन को उसके लिए भीतर-बाहर के सभी द्वार खोलने पड़ेंगे।

उपयोग की ऐसी निम्नोन्नत भूमियाँ हो सकती हैं, जो अपने बाह्य रूपों में एक-दूसरी से सर्वथा भिन्न जान पड़ें, परन्तु जीवन के व्यापक धरातल पर उनके मूल्य में विशेष अन्तर नहीं रहता।

हमारी शिराओं में संचरित जीवन-रस और दूर मिट्टी में उत्पन्न अन्न के उपयोग में प्रत्यक्षतः कितना अन्तर और अप्रत्यक्षतः कैसी एकता है, यह कहने की आवश्यकता नहीं। रोगी की व्याधि-विशेष के लिए शास्त्र-विशेष उपयोगी हो सकता है, परन्तु उसके सिरहाने किसी सहृदय द्वारा रखा हुआ अधखिला गुलाब का फूल भी कम उपयोगी नहीं। अपनी वेदना में छटपटाता हुआ वह उस फूल की धीरे-धीरे खिलने और हौले-हौले झड़ने वाली पंखुड़ियों को देख-देखकर कितनी बार विश्राम की साँस लेता है, किस प्रकार अपने अकेलेपन को भर देता है, कितने भावों की सम-विषम भूमियों के पार आ जाता है और कैसे चिन्तन के क्षणों में अपने-आपको खोता है, पाता है, यह चाहे हमारे लिए प्रत्यक्ष न हो परंतु रोगी के जीवन में तो सत्य रहेगा ही। चतुर चिकित्सक, रोग का निदान, उपयुक्त औषधि और पथ्य आदि का उपयोग स्पष्ट है, परन्तु रोगी की स्वस्थ इच्छा-शक्ति वातावरण का अनिर्वचनीय सामंजस्य, सेवा करने वाले का हृदयगत स्नेह, सद्भाव आदि उपयोग में अप्रत्यक्ष होने के कारण कम महत्त्वपूर्ण हैं यह कहना अपनी भ्रान्ति का परिचय देना होगा।

जब केवल शारीरिक स्थिति से सम्बन्ध रखने वाला उपयोग भी इतना जटिल है तब महत्त्वपूर्ण जीवन को अपनी परिधि में घेरने वाले उपयोग का प्रश्न कितना रहस्यमय हो सकता है, यह स्पष्ट है।

जिस प्रकार एक वस्तु के स्थूल से लेकर सूक्ष्म तक असंख्य उपयोग हैं, उसी प्रकार एक जीवन को, सूक्ष्मतम से लेकर स्थूलतम तक अनन्त परिस्थितियों के बीच से

आगे बढ़ना होता है। इसके अतिरिक्त मनुष्य के अभाव और उनकी पूर्तियों में इतनी संख्यातीत विविधता है, उसके कार्य-कारण के सम्बन्ध में इतनी मापहीन व्यापकता है कि उपयोग विशेष की एक रेखा से समस्त जीवन को घेर लेने का प्रयास असफल ही रहेगा। मनुष्य का जीवन इतना एकांगी नहीं कि उसे हम केवल अर्थ, केवल काम या ऐसी ही किसी एक कसौटी पर रखकर संपूर्ण रूप से खरा या खोटा कह सकें। कपटी-से-कपटी लुटेरा भी अपने साथियों के साथ जितना सच्चा है उसे देखकर महान् सत्यवादी भी लज्जित हो सकता है। कठोर-से-कठोर अत्याचारी भी अपनी संतान के प्रति इतना कोमल है कि कोई भावुक भी उसकी तुलना में न ठहरेगा। उद्धत-से-उद्धत बर्बर भी अपने माता-पिता के सामने इतना विनत मिलता है, कि उसे नम्र शिष्य की संज्ञा देने की इच्छा होती है। सारांश यह कि जीवन के एक छोर से दूसरे छोर तक जो एक स्थिति में रह सके, ऐसा जीवित मनुष्य संभव ही नहीं, अत: एकांत उपयोग की कल्पना ही सहज है।

जिस चढ़े हुए धनुष की प्रत्यंचा कभी नहीं उतरती, वह लक्ष्यवेध के काम का नहीं रहता। जो नेत्र एक भाव में स्थिर है, जो होंठ एक मुद्रा में जड़ हैं, जो अंग एक स्थिति में अचल हैं, वे चित्र या मूर्ति में ही अंकित रह सकते हैं। जीवन की गतिशीलता में विश्वास कर लेने पर, मनुष्य की असंख्य परिस्थितियों और विविध आवश्यकताओं में विश्वास करना अनिवार्य हो उठता है और अभाव की विविधता से उपयोग की बहुरूपता एक अविच्छिन्न संबंध में बँधी है। यह सत्य है कि जीवन में किसी आवश्यकता का अनुभव नित्य होता रहता है और किसी का यदा-कदा; परंतु निरंतर अनुभूत अभावों की पूर्ति ही पूर्ति है और जिनका अनुभव ऐसा नियमित नहीं वे अभाव ही नहीं, ऐसी धारणा भ्रांतिपूर्ण है।

कभी-कभी एकरस अनेक वर्षों की तुलना में सहानुभूति, स्नेह, सुख-दुख के कुछ क्षण कितने मूल्यवान ठहरते हैं, इसे कौन नहीं जानता। अनेक बार व्यक्ति के जीवन में एक छंद, एक चित्र या एक घटना ने अभूतपूर्व परिवर्तन संभव कर दिया है। कारण स्पष्ट है। जब कवि, चित्रकार या संयोग के मार्मिक सत्य ने, उस व्यक्ति को, एक क्षणिक कोमल मानसिक स्थिति में, छू पाया, तब वे क्षण अनन्त कोमलता और करुणा के सौंदर्य-द्वार खोलने में समर्थ हो सके। ऐसे कुछ क्षण युगों से अधिक मूल्यवान, अत: उपयोगी मान लिए जाएँ तो आश्चर्य की बात नहीं।

वास्तव में जीवन की गहराई की अनुभूति के कुछ क्षण होते हैं, वर्ष नहीं। परंतु वे क्षण निरंतरता से रहित होने के कारण कम उपयोगी नहीं कहे जा सकते। जो क्रूर मनुष्य सौ-सौ शास्त्रों के नित्य मनन से कोमल नहीं बन पाता, वह यदि एक छोटे-से निर्दोष बालक के सरल और आकस्मिक प्रश्न-मात्र से द्रवित हो उठता है, तो वह क्षणिक प्रश्न शास्त्र-मनन की निरंतरता से अधिक उपयोगी क्यों न माना जाय! एक बाण-विद्ध क्रौंच से प्रभावित ऋषि 'मा निषाद प्रतिष्ठां त्वं अगमः' कहकर यदि प्रथम श्लोक और आदिकाव्य की रचना में समर्थ हो सका, तो उस क्षुद्र पक्षी की व्यथा को, मनीषी की ज्ञान-गरिमा से अधिक मूल्य क्यों न दिया जाय! यदि एक वैज्ञानिक फल के गिरने से पृथ्वी की आकर्षण-शक्ति का पता लगा सका, तो उस तुच्छ फल का टूटना, पर्वतों के टूटने से अधिक महत्त्वपूर्ण क्यों न समझा जाय!

यदि नित्य और नियमित स्थूल ही उपयोग की कसौटी रहे तो शरीर की कुछ आवश्यकताओं के अतिरिक्त और कुछ भी महत्त्व की परिधि में नहीं आता। परन्तु हमारे इस निष्कर्ष को जीवन तो स्वीकार करे! बुद्धि ने अपनी सीमा में स्थूलतम से सूक्ष्मतम तक सब कुछ ज्ञेय माना है और हृदय ने अपनी परिधि में उसे संवेदनीय। जीवन ने इन दोनों को समान रूप से स्वीकृति देकर इस दोहरे उपयोग को असंख्य विभिन्न और ऊँचे-नीचे स्तरों में विभाजित कर डाला है। जब इनमें से एक को लक्ष्य बनाकर हम जीवन का विकास चाहते हैं, तब हमारा प्रयास अपनी दिशा में गतिशील होकर भी सम्पूर्ण जीवन को सामंजस्यपूर्ण गति नहीं देता।

जीवन की अनिश्चित-से-अनिश्चित स्थिति भी उपयोग के प्रश्न को एकांगी नहीं बना पाती। युद्ध के लिए प्रस्तुत सैनिक की स्थिति से अधिक अनिश्चित स्थिति और किसी की सम्भव नहीं, परन्तु उस स्थिति में भी जीवन भोजन, आच्छादन और अस्त्र-शस्त्र के उपयोग में ही सीमित नहीं हो जाता। मस्तिष्क और हृदय को क्षण-भर विश्राम देने वाले सुख के साधन, प्रिय जनों के स्नेह-भरे सन्देश, रक्षणीय वस्तुओं के सम्बन्ध में ऊँचे-ऊँचे आदर्श, जय के सुनहले-रुपहले स्वप्न, अडिग साहस और विश्वास की भावना, अन्तश्चेतना का अनुशासन आदि मिलकर ही तो वीर को वीरता से मरने और सम्मान से जीने की शक्ति दे सकते हैं। पौष्टिक भोजन, झिलमिलाते कवच और चकाचौंध उत्पन्न करने वाले अस्त्र-शस्त्र मात्र वीर हृदय का निर्माण नहीं करते; उसके निर्मायक उपकरण तो अन्तर्जगत् में छिपे रहते हैं। यदि हम अन्तर्जगत् के वैभव को अनुपयोगी सिद्ध करना चाहें तो कवच में यन्त्रचालित काठ के पुतले भी खड़े किए जा सकते हैं, क्योंकि जीवित मनुष्य का तुलना में उनकी आवश्यकताएँ नहीं के बराबर और उपयोग सहस्रयुग अधिक रहेंगे।

उपयोग की ऐसी ही भ्रान्ति पर तो हमारा यन्त्र-युग खड़ा है। परन्तु संसार ने हँसने, रोने, थकने, मरने वाले मनुष्य को खोकर जो वीतराग, अथक और अमर देवता पाया है उसने जीवन को आत्महत्या का वरदान देने के अतिरिक्त और क्या किया? समाज और राष्ट्र में मनुष्य की स्थिति न केवल तात्कालिक है और न अनिश्चित; अतः उसके जीवन से सम्बन्ध रखने वाले उपयोग को, अधिक व्यापक धरातल पर स्थायित्व की रेखाओं में देखना होगा।

उपयोगिता के प्रश्न के साथ एक कठिनाई और है। जैसे-जैसे उपयोग की भूमि ऊँची होती जाती है, वैसे-वैसे वह प्रत्यक्षता में न्यून और व्यापकता में अधिक होती चलती है। सबसे नीची भूमि जिस अंश तक सापेक्ष है सबसे ऊँची उसी अंश तक निरपेक्ष। उपयोगिता की दृष्टि से खाद्य, भिन्न-भिन्न व्यक्तियों के स्वास्थ्य-रुचि आदि की अपेक्षा रखता है; परन्तु उससे बना रस रोगी, स्वस्थ आदि सभी प्रकार के व्यक्तियों के लिए समान रूप से उपयोगी रहेगा। इसी से उपयोग की प्रत्यक्ष और निम्न भूमि पर जैसी विभिन्नता मिलती है, वैसी उन्नत पर अप्रत्यक्ष भूमि पर सहज नहीं।

'दूसरे के दुःख से सहानुभूति रखो यह सिद्धान्त जब व्यावहारिक जीवन में केवल विधि-निषेध के रूप में आता है, तब भिन्न-भिन्न व्यक्तियों में इसके प्रयोग के रूप विभिन्न

रहते हैं और प्रयोग से छुटकारा देने वाले तर्क विविध । परन्तु जब यही इतिवृत्त, हमारी भावभूमि पर हृदय की प्रेरणा बनकर उपस्थित होता है, तब न प्रयोगों में इतनी विभिन्नता दिखाई देती है, और न तर्क की आवश्यकता रहती है । किसी का दुःख जब हमारे हृदय को स्पर्श कर चुका, तब हम उसके और अपने सम्बन्ध को साधारण लौकिक आदान-प्रदान की तुला पर तोलने में असमर्थ ही रहेंगे ।

यदि हम किसी के दुःख को बँटा लेंगे तो दूसरा भी हमारे दुःख में सहभागी होगा, यह सामाजिक नियम न हमें स्मरण रहता है और न हम स्मरण करना चाहेंगे । इसी से महानतम त्यागों के पीछे विधिनिषेधात्मक नैतिकता के संस्कार चाहे रहें, परन्तु स्वयं विधि-निषेध की सतर्क चेतना सम्भव नहीं रहती । सत्य बोलना उचित है, इस सिद्धान्त को गणित के नियम के समान रट-रटकर जो सत्य बोलने की शक्ति पाता है, वह सच्चा सत्यवादी नहीं । सत्यवादी तो उसे कहेंगे, जिसमें सत्य बोलना, विधि-निषेध की सीमा पार कर स्वभाव ही बन चुका है । उपयोग की इस सूक्ष्म, पर व्यापक भूमि पर सत्य में जैसी एकता है, स्थूल और संकीर्ण धरातल पर वैसी ही अनेकता । इसी कारण संसार-भर के दार्शनिक, धर्म-संस्थापक, कवि आदि के सत्य में, देश, काल और व्यक्ति की दृष्टि से विभिन्नता होने पर भी मूलगत एकता मिलती है ।

सत्य तो यह है कि उपयोग का प्रश्न जीवन के समान ही निम्न-उन्नत, सम-विषम, प्रत्यक्ष-अप्रत्यक्ष भूमियों में समान रूप से व्याप्त है और रहेगा ।

जहाँ तक काव्य तथा अन्य ललित कलाओं का सम्बन्ध है, वे उपयोग की उस उन्नत भूमि पर स्थायी हो पाती हैं, जहाँ उपयोग सामान्य रह सके । करुण रागिनी, उपयोग की जिस भूमि पर है, वहाँ वह प्रत्येक श्रोता के हृदय में एक करुण भाव जागृत करके ही सफल हो सकेगी, हर्ष या उल्लास का नहीं । व्यक्ति के संस्कार, परिस्थिति, मानसिक स्थिति आदि के अनुसार उसकी मात्राओं में न्यूनाधिक्य हो सकता है; परन्तु उसके उपयोग में इतनी विभिन्नता संभव नहीं कि एक में हर्ष का संचार हो और दूसरे में विषाद का उद्रेक ।

जीवन को गति देने के दो ही प्रकार हैं—एक तो बाह्य अनुशासनों का सहारा देकर उसे चलाना और दूसरे, अन्तर्जगत् में ऐसी स्फूर्ति उत्पन्न कर देना, जिससे सामंजस्यपूर्ण गतिशीलता अनिवार्य हो उठे । अन्तर्जगत् में प्रेरणा बनने वाले साधनों की स्थिति उस बीज के समान है, जिसे मिट्टी को रंग-रूप-रस आदि में व्यक्त होने की सुविधा देने के लिए, स्वयं उसके अन्धकार में समाकर दृष्टि से ओझल हो जाना पड़ता है ।

विधि-निषेध की दृष्टि से महान्-से-महान् कलाकार के पास उतना भी अधिकार नहीं जितना चौराहे पर खड़े सिपाही को प्राप्त है । वह न किसी को आदेश दे सकता है और न उपदेश, और यदि देने की नासमझी करता भी है तो दूसरे उसे न मानकर समझदारी का परिचय देते हैं । वास्तव में कलाकार तो जीवन का ऐसा संगी है, जो अपनी आत्म-कहानी में, हृदय की कथा कहता है और स्वयं चलकर पग-पग के लिए पथ प्रशस्त करता है । वह बौद्धिक परिणाम नहीं, किन्तु अपनी अनुभूति दूसरे तक पहुँचाता है और वह भी एक विशेषता के साथ । काँटा चुभाकर काँटे का ज्ञान तो संसार दे ही देगा, परन्तु कलाकार बिना काँटा चुभने की पीड़ा दिये हुए ही उसकी कसक की तीव्र मधुर अनुभूति,

दूसरे तक पहुँचाने में समर्थ है। अपने अनुभवों की गहराई में, वह जिस जीवन-सत्य से साक्षात् करता है, उसे दूसरे के लिए संवेदनीय बनाकर कहता चलता है, 'यह सौन्दर्य तुम्हारा ही तो है, पर मैं आज देख पाया'। जीवन को स्पर्श करने का उसका ढंग ऐसा है कि हम उसके सुख-दुःख, हर्ष-विषाद, हार-जीत—सब-कुछ प्रसन्नतापूर्वक ही स्वीकार करते हैं—दूसरे शब्दों में, हम बिना खोजने का कष्ट उठाए हुए ही कलाकार के सत्य में अपने-आपको पाते हैं। दूसरे के बौद्धिक निष्कर्ष तो हमें अपने भीतर उनका प्रतिबिम्ब खोजने पर बाध्य करते हैं, परन्तु अनुभूति हमारे हृदय से तादात्म्य करके प्राप्ति का सुख देती है।

उपदेशों के विपरीत अर्थ लगाये जा सकते हैं, नीति के अनुवाद भ्रान्त हो सकते हैं, परन्तु सच्चे कलाकार की सौन्दर्य-सृष्टि का अपरिचित रह जाना सम्भव है, बदल जाना सम्भव नहीं। मनु की जीवन-स्मृतियों में अनर्थ की सम्भावना है, पर वाल्मीकि का जीवन-दर्शन श्लेषहीन ही रहेगा। इसी से कलाकारों के मठ नहीं निर्मित हुए, महन्त नहीं प्रतिष्ठित हुए, साम्राज्य नहीं स्थापित हुए और सम्राट् नहीं अभिषिक्त हुए। कवि या कलाकार अपनी सामान्यता में ही सबका ऐसा अपना बन गया कि समय-समय पर, धर्म, नीति आदि को, जीवन के निकट पहुँचने के लिए, उससे परिचय-पत्र माँगना पड़ा।

कवि में दार्शनिक को खोजना बहुत साधारण हो गया है। जहां तक सत्य के मूल रूप का सम्बन्ध है, वे दोनों एक-दूसरे के अधिक निकट हैं अवश्य; पर साधन और प्रयोगों की दृष्टि से उनका एक होना सहज नहीं। दार्शनिक बुद्धि के निम्न स्तर से अपनी खोज आरम्भ करके उसे सूक्ष्म बिन्दु तक पहुँचाकर सन्तुष्ट हो जाता है—उसकी सफलता यही है कि सूक्ष्म सत्य के उस रूप तक पहुँचने के लिए वही बौद्धिक दिशा सम्भव रहे। अन्तर्जगत् का सारा वैभव परखकर सत्य का मूल्य आँकने का उसे अवकाश नहीं, भाव की गहराई में डूबकर जीवन की थाह लेने का उसे अधिकार नहीं। वह तो चिन्तन-जगत् का अधिकारी है। बुद्धि अन्तर का बोध कराकर एकता का निर्देश करती है और हृदय एकता की अनुभूति देकर अन्तर की ओर संकेत करता है। परिणामतः चिन्तन की विभिन्न रेखाओं का समानान्तर रहना अनिवार्य हो जाता है। सांख्य जिस रेखा पर बढ़कर लक्ष्य की प्राप्ति करता है, वह वेदान्त को अंगीकृत न होगी और वेदान्त जिस क्रम से चलकर सत्य तक पहुँचता है, उसे योग स्वीकार न कर सकेगा।

काव्य में बुद्धि हृदय से अनुशासित रहकर ही सक्रियता पाती है, इसी से उसका दर्शन न बौद्धिक तर्क-प्रणाली है और न सूक्ष्म बिन्दु तक पहुंचाने वाली विशेष विचार-पद्धति। वह तो जीवन को, चेतना और अनुभूति के समस्त वैभव के साथ, स्वीकार करता है। अतः कवि का दर्शन, जीवन के प्रति उसकी आस्था का दूसरा नाम है। दर्शन में चेतना के प्रति नास्तिक की स्थिति भी सम्भव है, परन्तु काव्य में अनुभूति के प्रति अविश्वासी कवि की स्थिति असम्भव ही रहेगी। जीवन के अस्तित्व को शून्य प्रमाणित करके भी दार्शनिक बुद्धि के सूक्ष्म बिन्दु पर विश्राम कर सकता है; परन्तु यह अस्वीकृति कवि के अस्तित्व को, डाल से टूटे पत्ते की स्थिति दे देती है।

दोनों का मूल अन्तर न जानकर ही हम किसी भी कलाकार में बुद्धि की एक रूप, एक दिशा वाली रेखा ढूँढने का प्रयास करते हैं और असफल होने पर खीझ उठते हैं।

इसका यह अर्थ नहीं कि दर्शन और कवि की स्थिति में विरोध है। कोई भी कलाकार दर्शन ही क्या, धर्म, नीति आदि का विशेषज्ञ होने के कारण ही कला-सृजन के उपयुक्त या अनुपयुक्त नहीं ठहरता। यह समस्या तो तब उत्पन्न होती है जब वह अपनी कला को ज्ञानविशेष का एकांगी, शुष्क और बौद्धिक अनुवाद-मात्र बनाने लगता है।

कवि का वेदान्त-ज्ञान, जब अनुभूतियों से रूप, कल्पना से रंग और भावजगत् से सौन्दर्य पाकर साकार होता है, तब उसके सत्य में जीवन का स्पन्दन रहेगा, बुद्धि की तर्क-शृंखला नहीं। ऐसी स्थिति में उसका पूर्ण परिचय न अद्वैत दे सकेगा और न विशिष्टाद्वैत। यदि कवि ने इतनी सजीव साकारता के बिना ही अपने ज्ञान को कला के सिंहासन पर अभिषिक्त कर दिया, तो वह विकलांग मूर्ति के समान न निरा देवता रहता है और न कोरा पाषाण। कला, जीवन की विविधता समेटती हुई आगे बढ़ती है, अतः सम्पूर्ण जीवन को गला-पिघलाकर तर्कसूत्र में परिणत कर लेना, उसका लक्ष्य नहीं हो सकता।

व्यष्टि और समष्टि में समान रूप से व्याप्त जीवन के, हर्ष-शोक, आशा-निराशा, सुख-दुःख आदि की संख्यातीत विविधता को स्वीकृति देने ही के लिए कला-सृजन होता है। अतः कलाकार के जीवन-दर्शन में हम उसका जीवनव्यापी दृष्टिकोण-मात्र पा सकते हैं। जो सम-विषम परिस्थितियों की भीड़ में नहीं मिल जाता, सरल-कठिन संघर्षों के मेले में नहीं खो जाता और मधुर-कटु सुख-दुःखों की छाया में नहीं छिप जाता, वही व्यापक दृष्टिकोण कवि का दर्शन कहा जाएगा। परन्तु ज्ञान-क्षेत्र और काव्य-जगत् के दर्शन में उतना ही अन्तर रहेगा, जितना दिशा की शून्य सीधी रेखा और अनन्त रंग-रूपों से बसे हुए आकाश में मिलता है।

काव्य की परिधि में बाह्य और अन्तर्जगत् दोनों आ जाने के कारण, अभिव्यक्ति के स्वरूप मतभेदों को जन्म देते रहे हैं। केवल बाह्य जगत् की यथार्थता काव्य का लक्ष्य रहे अथवा उस यथार्थ के साथ सम्भाव्य यथार्थ अर्थात् आदर्श भी व्यक्त हो, यह प्रश्न भी उपेक्षणीय नहीं। यथार्थ और आदर्श दोनों को यदि चरम सीमा पर रखकर देखा जाय, तो एक प्रत्यक्ष इतिवृत्त में बिखर जायगा और दूसरा असम्भव कल्पनाओं में बंध जायगा। ऐसे यथार्थ और आदर्श की स्थिति जीवन में ही कठिन हो जाती है, फिर उसकी काव्य-स्थिति के सम्बन्ध में क्या कहा जाय!

काव्य में गोचर जगत् तो सहज स्वीकृति पा लेता है, पर स्थूल जगत् में व्याप्त चेतन और प्रत्यक्ष सौन्दर्य में अन्तर्हित सामंजस्य की स्थिति बहुत सहज नहीं।

हमारे प्राचीन काव्य ने बौद्धिक तर्कवाद से दूर, उस आत्मानुभूत ज्ञान को स्वीकृति दी है, जो इन्द्रियजन्य ज्ञान-सा अनायास, पर उससे अधिक निश्चित और पूर्ण माना गया है। इस ज्ञान के आधार पर सत्य की तुलना उस आकाश से की जा सकती है, जो ग्रहण-शक्ति की अनुपस्थिति में अपना शब्दगुण नहीं व्यक्त करता। इसी कारण ऐसे ज्ञान की उपलब्धि आत्मा के उस संस्कार पर निर्भर है, जो सामान्य सत्य को विशिष्ट सीमा में ग्रहण करने की शक्ति भी देता है और उसी सीमित ज्ञानानुभूति को जीवन की व्यापक पीठिका देने वाला सौन्दर्यबोध भी सहज कर देता है।

जैसे रूप, रस, गन्ध आदि की स्थिति होने पर भी, कारण (इन्द्रिय) के अभाव

या अपूर्णता में, कभी उनका ग्रहण सम्भव नहीं होता और कभी वे अधूरे ग्रहण किये जाते हैं, वैसे ही आत्मानुभूत ज्ञान, आत्मा के संस्कार की मात्रा और उससे उत्पन्न ग्रहण-शक्ति की सीमा पर निर्भर रहेगा। कवि को द्रष्टा या मनीषी कहने वाले युग के सामने यही निश्चित तर्कक्रम से स्वतन्त्र ज्ञान रहा।

यह ज्ञान व्यक्तिसामान्य नहीं, यह कहकर हम उसकी उपेक्षा नहीं कर सकते, क्योंकि हमारा प्रत्यक्ष जगत्-सम्बन्धी ज्ञान भी इतना सामान्य नहीं। विज्ञान का भौतिक ज्ञान ही नहीं, नित्य का व्यवहार-ज्ञान भी व्यक्ति की सापेक्षता नहीं छोड़ता। व्यक्तिगत रुचि, संस्कार पूर्वार्जित ज्ञान, ज्ञान-करणों की पूर्णता, अपूर्णता, अभाव आदि मिलकर स्थूल जगत् के ज्ञान को इतनी विविधता देते रहते हैं कि हम व्यक्ति के महत्त्व से ज्ञान का महत्त्व निश्चित करने पर बाध्य हो जाते हैं। जो ऊँचा सुनता है या जो स्टेथेस्कोप की सहायता से फेफड़ों का अस्फुट शब्द मात्र है, वे दोनों हमारे स्वर-सामंजस्य के संबंध में कोई निष्कर्ष नहीं दे सकते। पर जो आहट की ध्वनि से लेकर मेघ के गर्जन तक, सब स्वर सुनने की क्षमता भी रखता है और विभिन्न स्वरों में सामंजस्य लाने की साधना भी कर चुका है, वही इस दिशा में हमारा प्रमाण है।

समाज, नीति आदि से संबंध रखने वाले इन्द्रियानुभूत ज्ञान ही नहीं, सूक्ष्म बौद्धिक ज्ञान के सम्बन्ध में भी अपने से अधिक पूर्ण व्यक्तियों को प्रमाण मानकर मनुष्य विकास करता आया है। अतः अध्यात्म के सम्बन्ध में ही ऐसा तर्कवाद क्यों महत्त्व रखेगा! फिर यह आत्मानुभूत ज्ञान इतना विच्छिन्न भी नहीं, जितना समझा जाता है। साधारणतः तो प्रत्येक व्यक्ति किसी-न-किसी अंश तक इसका उपयोग करता रहता है। प्रत्यक्ष ज्ञान के साथ इस ज्ञान का वैसा ही अज्ञात सम्बन्ध और अव्यक्त स्पर्श है जैसा प्रकृति की प्रत्यक्ष और प्रशान्त निस्तब्धता के साथ आँधी के अव्यक्त पूर्वाभास का हो सकता है, जो स्थितिहीनता में भी स्थिति रखता है। इसके अव्यक्त स्पर्श का अनुभव करके अनेक बार मनुष्य प्रत्यक्ष प्रमाण, बौद्धिक निष्कर्ष और अनुकूल परिस्थितियों की सीमाएँ पार कर लेने के लिए विवश हो उठता है।

कठोर विज्ञानवादी के पास भी ऐसा बहुत-कुछ बच जाता है, जो कार्य-कारण से नहीं बांधा जा सकता, स्थूलता के एकांत उपासक के पास भी बहुत-कुछ शेष रह जाता है, जो उपयोग की कसौटी पर नहीं परखा जा सकता। और यदि केवल संख्या ही महत्त्व रखती हो, तो संसार के सब कोनों में ऐसे व्यक्तियों की स्थिति सम्भव हो सकी है, जो आत्मानुभूत ज्ञान का अस्तित्व सिद्ध करते रहे।

अगोचर जगत् से सम्बन्ध रखने वाली रहस्यानुभूति की स्थिति भी ऐसी ही है। जहाँ तक अनुभूति का प्रश्न है, वह तो स्थूल और गोचर जगत् में भी सामान्य नहीं। प्रत्येक व्यक्ति की दृष्टि फूल को फूल ग्रहण कर ले, यह स्वाभाविक है, परंतु सबके अन्तर्जगत् में अनुभूति एक-सी स्थिति नहीं पा सकती। अपने संस्कार, रुचि के अनुसार, कोई फूल से तादात्म्य प्राप्त करके भाव-तन्मय हो सकेगा, कोई उदासीन दर्शक-मात्र रह जायगा। स्थूल जगत् से सम्पर्क का रूप भी अनुभूति की मात्रा निश्चित कर सकता है। जिसने अंगारे उठा-उठाकर हाथ को कठोर कर लिया है, उसकी अंगुलियाँ अंगारे पर

पड़कर भी जलने की तीव्र अनुभूति नहीं उत्पन्न करेंगी; पर जिसका हाथ अचानक अंगारे पर पड़ गया है, उसे छाले का तीव्र मर्मानुभव करना पड़ेगा। जिसने काँटों पर लेटने का अभ्यास कर लिया है, उसके शरीर में अनेक काँटों का स्पर्श तीव्र व्यथा नहीं उत्पन्न करता; पर जो चलते-चलते अचानक काँटे पर पैर रख देता है, उसके लिए एक कांटा ही तीव्र दुःखानुभूति का कारण बन जाता है।

परन्तु इन सब खण्डशः अनुभूतियों के पीछे हमारे अन्तर्जगत् में एक ऐसा व्यापक अखण्ड और संवेदनात्मक धरातल भी है, जिस पर सारी विविधताएँ ठहर सकती हैं। काव्य इसी को स्पर्श करके संवेदनीयता प्राप्त करता है। इसी कारण जिन सुख-दुःखों की प्रत्यक्ष स्थिति भी हमें तीव्र अनुभूति नहीं देती, उन्हीं की काव्य-स्थिति से साक्षात् करके हम अस्थिर हो उठते हैं।

व्यापक अर्थ में तो यह कहा जा सकता है कि प्रत्येक सौन्दर्य या प्रत्येक सामंजस्य की अनुभूति भी रहस्यानुभूति है। यदि एक सौन्दर्य-अंश या सामंजस्य-खण्ड हमारे सामने किसी व्यापक सौन्दर्य या अखंड सामंजस्य का द्वार नहीं खोल देता, तो हमारे अन्तर्जगत् का उल्लास से आन्दोलित हो उठना सम्भव नहीं। इतना ही नहीं, किसी कर्म के सौन्दर्य और सामंजस्य की अनुभूति भी रहस्यात्मक हो सकती है, इसी से मनुष्य ऐसे कर्मों को आलोक-स्तम्भ बना-बनाकर जीवन-पथ में स्थापित करता रहा है।

सौंदर्य अपने समर्थन के लिए जिस सामंजस्य की ओर इंगित करता है, विरूपता भी अपने विरोध के लिए उसी की ओर संकेत करती है; पर दोनों के संकेत में अन्तर है। प्रत्येक सौंदर्य-खण्ड अखण्ड सौंदर्य से जुड़ा है और इस तरह हमारे हृदयगत सौंदर्य-बोध से भी जुड़ा है; पर विरूप, व्यापक सामंजस्य का विरोधी होने के कारण, हमारे भीतर कोई स्वभावगत स्थिति नहीं रखता। सौंदर्य से हमारा वह परिचय है, जो अनन्त जल-राशि में एक लहर का दूसरी लहर से होता है; पर विरूपता से हमारा वैसे ही मिलन है, जैसा पानी में फेंके हुए पत्थर और उससे उठी लहर में सहज है। सौन्दर्य चिरपरिचय में भी नवीन है, पर विरूपता अति-परिचय में नितान्त साधारण बन जाती है; इसी से सौन्दर्य की रहस्यानुभूति ही, अन्तहीन काव्यकथा में नये परिच्छेद जोड़ती रही है।

आधुनिक युग में कलाकार की सीमाएँ जानने के लिए जीवन-व्यापी वातावरण की विषमताओं से परिचित होना अपेक्षित रहेगा।

हमारी सामाजिक परिस्थिति में अभी तक प्रतिक्रियात्मक ध्वंस युग ही चल रहा है। उसके सम्बन्ध में ऐसा कोई स्वस्थ और पूर्ण चित्र अंकित नहीं किया जा सका, जिसे दृष्टि का केन्द्र बनाकर निर्माण का क्रम आरम्भ किया जा सकता। इस दिशा में हम अपने व्यक्तिगत स्वार्थ और सुविधा के अनुसार ही तोड़ने-फोड़ने का कार्य करते चलते हैं अन्तः कहीं चट्टान पर सुनार की हथौड़ी का हल्का स्पर्श होता है और कहीं राख के ढेर पर लोहार की गहरी चोट। क्या संस्कृति, क्या आदर्श, सबमें हमारी शक्तियों का विक्षिप्त-जैसा प्रयोग है, इसी से जो टूट जाता है, वह हमारी ही आँखों की किरकिरी बनने के लिए वायुमण्डल में मँडराने लगता है और जो हमारे प्रहार से नहीं बिखरता,

वह विषम तथा विरूप बनकर हमारे ही पैरों को आहत और गति को कुण्ठित करता रहता है। निर्माण की दिशा में किसी सामूहिक लक्ष्य के अभाव में व्यक्तिगत प्रयास अराजकता के आकस्मिक उदाहरणों से अधिक महत्त्व नहीं पाते।

किसी भी उत्थानशील समाज और उसके प्रबुद्ध कलाकारों में जो सक्रिय सहयोग और परस्पर पूरक आदान-प्रदान स्वाभाविक है, वह हमारे समाज के लिए कल्पनातीत बन गया। समाज की एक बिन्दु पर अचलता और कलाकार की लक्ष्यहीन गति-विह्वलता ने उसे एक प्रकार से असामाजिक प्राणी की स्थिति में डाल दिया है।

प्रत्येक सच्चे कलाकार की अनुभूति, प्रत्यक्ष सत्य ही नहीं, अप्रत्यक्ष सत्य का भी स्पर्श करती है; उसका स्वप्न वर्तमान ही नहीं, अनागत को भी रूपरेखा में बाँधता है और उसकी भावना यथार्थ ही नहीं, सम्भाव्य यथार्थ को भी मूर्तिमत्ता देती है। परंतु इन सबकी व्यक्तिगत और अनेक-रूप अभिव्यक्ति दूसरों तक पहुँचकर ही तो जीवन की समष्टिगत एकता का परिचय देने में समर्थ है।

कलाकार के निर्माण में जीवन के निर्माण का लक्ष्य छिपा रहता है, जिसकी स्वीकृति के लिए जीवन की विविधता आवश्यक होगी। जब समाज उसके किसी भी स्वप्न का मूल्य नहीं आँकता, किसी भी आदर्श को जीवन की कसौटी पर परखना स्वीकार नहीं करता, तब साधारण कलाकार तो सब-कुछ धूल में फेंककर रूठे बालक के समान क्षोभ प्रकट कर देता है और महान समाज की उपस्थिति ही भूलाने लगता है। हमारे कला-क्षेत्र में जो एक उच्छृंखल गति है, उसके मूल में निर्माण की सन्तुलित सक्रियता से अधिक, विवश क्षोभ की अस्थिरता ही मिलेगी।

एक ओर समाज पक्षाघात से पीड़ित है और दूसरी ओर धर्म-विक्षिप्त। एक चल ही नहीं सकता, दूसरा वृत्त के भीतर वृत्त बनाता हुआ एक पैर से दौड़ लगा रहा है। गर्म और ठंडे जल से भरे पात्रों की निकटता जैसे उनका तापमान एक-सा कर देती है, उसी प्रकार हमारे धर्म और समाज की सापेक्ष स्थिति उन्हें एक-सी निर्जीवता देती रहती है। आज तो बाह्य और आन्तरिक विकृति ने धर्म को ऐसी परिस्थिति में पहुँचा दिया है, जहाँ रूढ़िग्रस्त रहने का नाम निष्ठा और रीतिकालीन प्रवृत्तियों की चंचल क्रीड़ा ही गतिशीलता है। इतना ही नहीं, इस स्वर्ग के खण्डहर का द्वारपाल अर्थ बन गया है। कलाकार यदि धर्म के क्षेत्र में प्रवेश चाहे तो उसे हाथी पर गंगायमुनी काम की अम्बारी में जाना होगा, जो उसकी निर्धनता में सम्भव नहीं।

हमारी संस्कृति ने धर्म और कला का ऐसा ग्रन्थिबन्धन किया था जो जीवन से अधिक मृत्यु में दृढ़ होता गया। क्या काव्य, क्या मूर्ति, क्या चित्र, सबकी यथार्थ रेखाओं और स्थूल रूपों में अध्यात्म ने सूक्ष्म आदर्श की प्रतिष्ठा की। परन्तु जब ध्वंस के असंख्य स्तरों के नीचे दबकर वह अध्यात्म-स्पन्दन रुक गया, तब धर्म के निर्जीव कंकाल में हमें मृत्यु का ठंडा स्पर्श मिलने लगा।

शरीर को चलाने वाली चेतना का अशरीरी गमन तो प्रत्यक्ष नहीं होता, परन्तु उसके अभाव में अचल शरीर का गल-गलकर नष्ट होना प्रत्यक्ष भी रहेगा और वातावरण को दूषित भी करेगा। समन्वयात्मक अध्यात्म कब खो गया, यह तो हम न जान

सके, परन्तु व्यावहारिक धर्म की विविध विकृतियाँ हमारे जीवन के साथ रहीं। ऐसी स्थिति में काव्य तथा कलाओं की स्वस्थ गतिशीलता असम्भव हो उठी। निर्माण-युग में जो कला-सृष्टि अमृत की संजीवनी देकर ही सफल हो सकती थी, वही पतन-युग में मदिरा की उत्तेजना-मात्र बनकर विकासशील मानी गई। मदिरा का उपयोग तो स्वयं को भुलाने के लिए है, स्मरण करने के लिए नहीं; और जीवन का सृजनात्मक विकास अपनेपन की चेतना में ही सम्भव है। परिणामतः कलाएँ और काव्य जैसे-जैसे हममें विक्षिप्त की चेष्टाएँ भरने लगे, वैसे-वैसे हम विकास-पथ पर लक्ष्यभ्रष्ट होते गए।

जागरण के प्रथम चरण में हमारी राष्ट्रीयता ने अपनी व्यापकता के लिए जिस अध्यात्म का आह्वान किया, काव्य ने सौंदर्य-काया में उसी की प्राण-प्रतिष्ठा कर दी। कवि ने धर्म के धरातल पर किसी विकृत रूढ़ि को स्वीकार नहीं किया, परन्तु सक्रिय विरोध के साधनों का अभाव-सा रहा।

कुछ ने सम्प्रदायों की संकीर्णता के बाहर रहकर, आदर्श चरित्रों को नवीन रूप-रेखा में ढाला और इस पुरानी सांस्कृतिक परम्परा और नई लोक-भावना का समन्वय उपस्थित किया। कुछ ने धर्म के मूलगत अध्यात्म को, व्यक्तिगत साधना के उस धरातल पर स्थापित कर दिया, जहाँ वह हमारे अनेक-रूप जीवन की, अरूप एकता का आधार भी बन सका और सौंदर्य की विविधता की व्यापक पीठिका भी।

कुछ ने उसे स्वीकार ही नहीं किया, परंतु उनके स्थान में किसी अन्य व्यापक आदर्श की प्रतिष्ठा न होने के कारण यह अस्वीकृति एक उच्छृंखल विरोध-प्रदर्शन मात्र रह गई। नास्तिकता उसी दिशा में सृजनात्मक विकास दे सकती है, जब ईश्वरता से अधिक सजीव और सामंजस्यपूर्ण आदर्श जीवन के साथ चलता रहे। जहाँ केवल अविश्वास-ही उनका सम्बल है, वहाँ वह जीवन के प्रति भी अनास्था उत्पन्न किये बिना नहीं रहती। और जीवन के प्रति अविश्वासी व्यक्ति का, सृजन के प्रति भी अनास्थावान हो जाना अनिवार्य है। ऐसी स्थिति का अन्तिम और अवश्यम्भावी परिणाम, जीवन के प्रति व्यर्थता की भावना और निराशा ही होती है। इसी से सच्चा कवि या कलाकार किसी-न-किसी आदर्श के प्रति आस्थावान रहेगा ही।

धर्म ने यदि अपने-आपको कूप के समान पत्थरों से बांध लिया है तो राजनीति ने धरती के ढाल पर पड़े पानी के समान अनेक धाराओं में विभक्त होकर शक्ति को बिखरा डाला है।

पिछले पच्चीस वर्षों में विश्व के राजनीतिक जीवन में जो-जो आदर्श उपस्थित किये गए उनमें से एक को भी अभी तक पूर्ण विकास का अवसर नहीं मिल सका। पुराना पर स्वार्थी साम्राज्यवाद, नवीन पर क्रूर नात्सीज्म और फासिज्म, अध्यात्म-प्रधान गांधी-वाद, जनसत्तात्मक साम्यवाद, समाजवाद आदि सब रेल के तीसरे दर्जे के छोटे डिब्बे में ठसाठस भरे उन यात्रियों-जैसे हो रहे हैं, जो एक-दूसरे के सिर पर सवार होकर ही खड़े रहने का अवकाश और लड़ने-झगड़ने में ही मनोरंजन के साधन पा सकते हैं। इनमें से मानव-कल्याण पर केन्द्रित विचारधाराओं को भी शताब्दियाँ तो दूर रहीं, अभी विकास के लिए पचास वर्ष भी नहीं मिल सके। एक की सीमाएँ स्पष्ट हुए बिना ही दूसरी अपने

लिए स्थान बनाने लगती है और इस प्रकार विश्व का राजनीतिक जीवन परस्पर-विरोधिनी शक्तियों का मेल-मात्र रह गया है।

हमारा राजनीतिक वातावरण भी कुछ कम विषम और छिन्न-भिन्न नहीं। वास्तव में हमारी राष्ट्रीयता जनता की पुत्री होने के साथ-साथ धर्म और पूंजी की पोष्य पुत्री भी तो है; अतः दोनों ओर के गुण-अवगुण उसे उत्तराधिकार में मिलते रहे हैं। उसकी छाया में धार्मिक विरोध भी पनप सके और आर्थिक वैषम्य से उत्पन्न बौद्धिक मतभेद भी विकास पाते रहे।

इसके अतिरिक्त हमारी राष्ट्रीयता की गतिशीलता के लिए आध्यात्मिक धरातल पर भी एक सैनिक संगठन अपेक्षित था और सैनिक संगठन की कुछ अपनी सीमाएँ रहेंगी ही। सेना में सब वीर और जय के विश्वासी ही रहें, ऐसी सम्भावना सत्य नहीं हो सकती। पर जो व्यक्ति, स्वार्थ या परार्थ के लिए, विवशता या अन्तर की प्रेरणा से, यथार्थ की असुविधा या आदर्श की चेतना के कारण, सेना की परिधि में आ गए, उनमें सभी को बाह्य वेशभूषा और गति की दृष्टि से एक-सा रहना पड़ेगा। इस प्रकार सैनिक संगठन में बाह्य एकता का जो महत्त्व है, वह आन्तरिक विशेषता का नहीं, और यह त्रुटि हमारी राष्ट्रीयता में भी अनजाने ही अपना स्थान बनाने लगी।

यह कुछ संयोग की ही बात नहीं कि इस युग में कोई महान कलाकार राजनीति की कठिन रेखा के भीतर स्वच्छन्दता की साँस न ले सका। जहाँ तक हमारी कविता और कलाओं का प्रश्न है, वे अनाथालय के जीवों के समान सब द्वारों पर अपना अनाथपन गाने को स्वतन्त्र रहीं; परन्तु हर द्वार पर उनके गीत के लिए स्वर-ताल निर्दिष्ट और विषय निश्चित थे। जो नीति ने सुनना चाहा, वह समाज को नहीं भाया; और जो समाज को रुचिकर हुआ, वह राष्ट्रीयता की स्वीकृति न पा सका।

ऐसी स्थिति में कलाकार यदि नवीन प्रेरणाओं को, जीवन की व्यापक पीठिका पर प्रतिष्ठित कर सकता तो उसका लक्ष्य स्पष्ट और पथ परिष्कृत हो जाता; परन्तु हमारे समाज की छिन्न-भिन्नता ने यह कार्य सहज नहीं रहने दिया। इस विषम मानव-समष्टि में, सौ में चौरानवे मनुष्य तो जड़ और निर्धन श्रमजीवी हैं, जिनकी स्थिति का एकमात्र उपयोग शेष छः के लिए सुविधाएँ जुटाना है और शेष छः में अकर्मण्य धनजीवी, उच्च बुद्धिजीवी बुद्धिजीवी श्रमिक आदि इस प्रकार एकत्र हैं कि एक की विकृति से दूसरा गलता-छीजता रहता है।

केवल धनजीवियों में किसी जाति की स्वस्थ विशेषताओं और व्यापक गुणों को खोजना व्यर्थ का प्रयास है। उनकी स्थिति तो उस रोग के समान है, जो जितना अधिक स्थान घेरता है, उतना ही अधिक स्वास्थ्य का अभाव प्रकट करता है और जैसे-जैसे तीव्र होता है वैसे-वैसे जीवन के संकट का विज्ञापन बनता जाता है। नितान्त निर्धन बुद्धिजीवी वर्ग जैसे एक ओर उच्च बनने की आकांक्षा रखकर दूसरी ओर अभाव की शिलाओं से दबकर टूट जाता है, उसी प्रकार सर्वथा समृद्ध भी, उच्चताजनित गर्व और सुविधाओं के दृढ़ साँचे में पथराता रहता है।

जिस बुद्धिजीवी वर्ग को इस विराट् पर निश्चेष्ट जाति का मस्तिष्क बनने का

अधिकार है, उसने धनजीवी की सुखलिप्सा और अपने समाज की संकीर्णता के साथ ही नव-जागरण को स्वीकृति दी है। अतः एक शरीर में दो प्रेतात्माओं के समान, उसके जीवन में दो भिन्न प्रवृत्तियाँ उछल-कूद मचाती रहती हैं। विषमताओं से उत्पन्न और संकीर्णता से पोषित स्वभाव को, इस युग की विशेषताओं ने ऐसा रूप दे दिया है, जिसमें पुराना स्वार्थ घनीभूत है और नवीन ज्ञान पुंजीभूत।

विज्ञान के चरम विकास ने हमारी आधुनिकता को एकांगी बुद्धिवाद में इस तरह सीमित किया है कि आज जीवन के किसी भी आदर्श को उसके निरपेक्ष सत्य के लिए स्वीकार करना कठिन है। परिणामतः एक निस्सार बौद्धिक उलझन भी हमारे हृदय की सम्पूर्ण सरल भावनाओं से अधिक सारवती जान पड़े तो आश्चर्य ही क्या है! इस ज्ञान-व्यवसायी युग में बिना स्थायी पूंजी के ही सिद्धान्तों का व्यापार सहज हो गया है; अतः न अब हमें किसी विश्वास का खरापन जाँचने के लिए अपने जीवन को कसौटी बनाना पड़ता है और न किसी आदर्श का मूल्य आँकने के लिए जीवन की विविधता समझने की आवश्यकता होती है। हमारा बिखरा जीवन इतना व्यक्ति-प्रधान है कि प्रायः वैयक्तिक भ्रान्तियाँ भी समष्टिगत सत्य का स्थान ले लेती हैं और स्वार्थ-साधन के प्रयास ही व्यापक गतिशीलता के पर्याय बन जाते हैं।

जहाँ तक जीवन का प्रश्न है, उसे सजीवता के वैभव में देखने का न बुद्धिवादी को अवकाश है, न इच्छा। वह तो उसे दर्पण की छाया के समान स्पर्श से दूर रखकर देखने का अभ्यास करते-करते स्वयं इतना निर्लिप्त हो गया है कि उसे ज्ञान का रजिस्टर-मात्र कहना चाहिए। जीवन के व्यापक स्पन्दन से वह जितना दूर हटता जाता है उतना ही विकास के मूल तत्त्वों से अपरिचित बनता जाता है और अन्त में उसका भारी पर अज्ञानात्मक ज्ञान उसी के जीवन की उष्णता को ऐसे दबा देता है जैसे छोटी-सी चिनगारी को राख का ढेर। आज की आवश्यकताओं के अनुसार वह संसार-भर के सम्बन्ध में बहुत-कुछ ज्ञातव्य जानता है। परन्तु अपनी धरती की अनुभूति के बिना यह ज्ञान-बीज घुनते रहने के लिए ही उनके मस्तिष्क की सारी सीमा घेरे रहते हैं।

हमारे बुद्धिजीवी वर्ग में अधिकांश तो मानसिक हीनता की भावना में ही पलते और बढ़ते हैं। उनका बाह्य जीवन ही, समुद्र पार के कतरे-ब्योंते आच्छादनों से अपनी नग्नता को नहीं छिपाये हैं, अन्तर्जगत् को भी वहीं से लोहार की धौंकनी-जैसा स्पन्दन मिल रहा है। उनका पंगु-से-पंगु स्वप्न भी विदेशी पंख लगा लेने पर स्वर्ग का सन्देश-वाहक मान लिया जाता है। उनका विरूप-से-विरूप आदर्श भी पश्चिमी साँचे में ढलकर सुन्दरतम के अतिरिक्त और कोई संज्ञा नहीं पाता। उनका मूल्यहीन-से-मूल्यहीन सिद्धान्त भी दूसरी संस्कृति की छाया का स्पर्श करते ही पारसों का शिरोमणि कहलाने लगता है। उनका दरिद्र-से-दरिद्र विचार भी देशी परिधान में विदेशी पैबन्द लगाकर समस्त विचार-जगत् का एकछत्र सम्राट् स्वीकार कर लिया जाता है।

ऐसे अव्यवस्थित बुद्धिजीवियों में संस्कृति की रेखाएँ टूटी हुई और जीवन का चित्र अधूरा ही मिलेगा।

केवल श्रम ही जिसे स्पन्दन देता है, उस विशाल मानव-समूह की कथा कुछ दूसरी

ही है। बुद्धिजीवियों से उसका सम्पर्क छूटे हुए कितना समय बीता होगा, इसका अनुमान बिन्दु-बिन्दु से समुद्र बने हुए उसके अज्ञान और तिल-तिल करके पहाड़ बने हुए उसके अभावों से लगाया जा सकता है। आज उसकी जड़ता की खाई इतनी गहरी और चौड़ी हो गई है कि बुद्धिजीवी उस ओर झाँकने के विचार-मात्र से सभीत हो जाता है, पार करना तो दूर की बात है।

साधारणतः शारीरिक श्रम और बुद्धि-व्यवसाय एक-दूसरे की गति के अवरोधक हैं, इसी से प्रायः विचारों की उलझन से छुटकारा पाने का इच्छुक एक-न-एक श्रम का कार्य आरम्भ कर देता है। इसके अतिरिक्त और भी एक स्पष्ट अन्तर है। बुद्धि जीवन को सूक्ष्मता से स्पर्श करती है, परन्तु उसकी सम्पूर्णता पर एक व्यापक अधिकार बनाये रखना नहीं भूलती। इसके विपरीत, श्रम पूरा भार डालकर ही जीवन को अपना परिचय देता है, परन्तु उसकी संपूर्णता को सब ओर से नहीं घेरता। प्रायः बुद्धि-व्यवसाय जितनी शीघ्रता से जीवनी शक्ति का क्षय कर सकता है, उतनी शीघ्रता की क्षमता श्रम में नहीं। इसी से जीवन के व्यावहारिक धरातल पर, बुद्धि-व्यवसायी का कुछ शिथिल और अस्त-व्यस्त मिलना जितना संभव है, श्रमिक का दृढ़ और व्यवस्थित रहना उतना ही अनिश्चित। नैतिकता की दृष्टि से भी श्रम मनुष्य को नीचे गिरने की इतनी सुविधा नहीं देता, जितनी बुद्धि दे सकती है, क्योंकि श्रमिक के श्रम के साथ उसकी आत्मा का बिक जाना सम्भाव्य ही है; परन्तु बुद्धि-विक्रेता की तुला पर उसकी आत्मा का चढ़ जाना अनिवार्य रहता है।

श्रम की स्फूर्तिदायक पवित्रता के कारण ही सब देशों में सब युगों के सन्देश-वाहक और साधक उसे महत्त्व दे सके हैं। अनेक तो जीवन के आदि से अन्त तक उसी को आजीविका का साधन बनाये रहे। इस प्रकार जहाँ कहीं जीवन की स्वच्छ और स्वाभाविक गति है, वहाँ श्रम की किसी-न-किसी रूप में स्थिति आवश्यक रहती है।

केवल श्रम-ही-श्रम के भार और विश्राम देने वाले साधनों के नितान्त अभाव ने हमारे श्रमजीवी जीवन का समस्त सौन्दर्य नष्ट कर दिया है। यह स्वाभाविक भी था। जिस मिट्टी से घर बनाकर हम आँधी, पानी, धूप, अन्धड़ आदि से अपनी रक्षा करते हैं, वही जब अपनी निश्चित स्थिति छोड़कर हमारे ऊपर ढह पड़ती है, तब वज्रपात से कम संहारक नहीं होती। इस मानव-समष्टि में ज्ञान के अभाव ने रूढ़ियों को अतल गहराई दे दी है, यह मिथ्या नहीं और अर्थ-वैषम्य ने इसकी दयनीयता को असीम बना डाला है, यह सत्य है; परन्तु सब-कुछ कह-सुन चुकने पर इतना तो स्वीकार करना ही होगा कि श्रम का यह उपासक, केवल बुद्धि-व्यापारी से अधिक स्वाभाविक मनुष्य भी है और जातीय गुणों का उससे अधिक विश्वसनीय रक्षक भी। इतना ही नहीं, युगों से सूक्ष्म परिष्कार और सीमित विस्तार पाने वाली, नृत्य, गीत, चित्र आदि कलाओं के मूल रूप भी वह संजोये है और उपयोगी शिल्पों की विविध व्यावहारिकता भी वह संभाले है। जीवन के संघर्ष में ठहरने की वह जितनी क्षमता रखता है उतनी किसी बुद्धिवादी में सम्भव नहीं। वास्तव में उसके पारस-प्रसाद के लिए बुद्धिजीवी ही विभीषण बन गया, अन्यथा उसके जीवन में विकृतियों की इतनी बिखरी सेना का प्रवेश सहज न हो पाता।

हमारे कवि, कलाकार आदि बुद्धिजीवियों के विभिन्न स्तरों में उत्पन्न हुए और

वहीं पले हैं। अतः अपने वर्ग के संस्कारों का अंशभागी और गुण-अवगुणों का उत्तराधिकारी होना उनके लिए स्वाभाविक ही रहेगा। उनके मस्तिष्क ने अपने वातावरण की विषमता का ज्ञान बहुत विस्तार से संचित किया और उनके हृदय ने व्यक्तिगत सीमा में सुख-दुःखों को बहुत तीव्रता से अनुभव किया। विभिन्न संस्कारों की धूप-छाया, विविधता से भरी भावभूमि और चिन्तन की अनेक दिशाओं ने मिलकर उनके जीवन को एक सीमित स्थिति दे दी थी। परन्तु उस एक स्थिति को सम्पूर्ण वातावरण में सार्थकता देने के लिए समष्टि का वही स्पर्श अपेक्षित था जो फूल को समीर से मिलता है—सजीव, निश्चित, पर व्यापक। जिस समाज में उनकी स्वाभाविक स्थिति थी, वह विषमताओं में बिखर चुका था, उससे ऊँचे वर्ग के अहंकार और कृत्रिमता ने उससे परिचय असम्भव कर दिया था और निम्न में उतरने पर उन्हें आभिजात्य के खो जाने का भय था। फलतः उन्होंने एकाकीपन के शून्य को, अपनी ही प्यास की आग और निराशा के पाले से, इस तरह भर लिया कि उनका हर स्वप्न मुकुलित होते ही झुलस गया और प्रत्येक आदर्श अंकुरित होते ही ठिठुर चला।

बीज केवल अकेले रहने के लिए, अन्य बीजों की समष्टि नहीं छोड़ता। वह तो नूतन समष्टि सम्भव करने के लिए ही ऐसी पृथक् स्थिति स्वीकार करता है। यदि वही बीज पुरानी धरती और सनातन आकाश की अवज्ञा करके, अपनी असाधारणता बनाए रखने के लिए वायु पर उड़ता ही रहे तो संसार के निकट अपना साधारण परिचय भी खो बैठेगा।

कवि, कलाकार, साहित्यकार—सब समष्टिगत विशेषताओं को नव-नव रूपों में साकार करने के लिए ही उससे कुछ पृथक् खड़े जान पड़ते हैं, परन्तु यदि वे अपनी असाधारण स्थिति को, जीवन की व्यापकता में साधारण न बना सकें तो आश्चर्य की वस्तु-मात्र रह जाएँगे। महान्-से-महान् कलाकार भी हमारे भीतर कौतुक का भाव न जगाकर एक परिचय-भरा अपनापन ही जगायेगा, क्योंकि वह धूमकेतु-सा आकस्मिक और विचित्र नहीं, किन्तु ध्रुव-सा निश्चित और परिचित रहकर ही हमें मार्ग दिखाने में समर्थ है।

आज कलाकार समष्टि का महत्त्व समझता है; परन्तु इस बोध के साथ भी उसके सम्पूर्ण जीवन की स्वीकृति नहीं है। बौद्धिक धरातल पर चिर-उपेक्षित मानवों की प्रतिष्ठा करते समय उसे अपनी विशालता की जितनी चेतना है, उतनी अपने देवताओं की नहीं। ऐसी स्थिति बहुत स्पृहणीय नहीं; क्योंकि वह सिद्धान्तों को व्यापार का सहज साधन बन जाने की सुविधा दे देती है। जीवन के स्पन्दन से शून्य होकर सिद्धान्त जब धर्म, समाज, नीति आदि की संकीर्ण पीठिका पर प्रतिष्ठित हो जाते हैं, तब वे व्यवसाय-वृत्ति को जैसी स्वीकृति देते हैं वैसी जीवन की विकास को नहीं दे पाते। साहित्य, काव्य आदि के धरातल पर भी इस नियम का अपवाद नहीं मिलेगा।

नवीन साहित्यकार और कवि के बुद्धि-वैभव और अनुभूति की दरिद्रता ने, ऐसी क्रियाशीलता को जन्म दे दिया है जो सिद्धान्तों को मांज-धोकर रात-दिन चमकाती रहती है, पर जीवन में जंग लग जाने देती है। वे अपने जीवन से बिना कुछ दिये ही एक पक्ष से सब-कुछ ले आना चाहते हैं और दूसरे को बहुत मूल्य पर देने की इच्छा रखते हैं। इस

बनजारा-वृत्ति से उन दोनों पक्षों को लाभ होन की सम्भावना कम रहती है। काव्य में तो जीवन का निरन्तर स्पर्श और उसकी मार्मिक अनुभूति सबसे अधिक अपेक्षित है; अतः यह प्रवृत्ति न उसे गहराई देती है, न व्यापकता। यह युग यथार्थवादी है; अतः जीवन के स्पन्दन के बिना उसका यथार्थ इतना शीतल हो उठता है कि अश्लील उत्तेजनाओं से उसमें कृत्रिम उष्णता भरी जाती है।

काव्य की उत्कृष्टता किसी विशेष विषय पर निर्भर नहीं; उसके लिए हमारे हृदय को ऐसा पारस होना चाहिए जो सबको अपने स्पर्श-मात्र से सोना कर दे। एक पागल-से चित्रकार को जब फटा कागज़, टूटी तूलिका और धब्बे डाल देने वाला रंग मिल जाता है, तब क्षण-भर में वह निर्जीव कागज़ सजीव हो उठता है, रंगों में कल्पना साकार हो उठती है। रेखाओं में जीवन प्रतिबिम्बित हो उठता है, उस पार्थिव वस्तु के अपार्थिव रूप के साथ हम हँसते हैं, रोते हैं, और उसे मानवीय सम्बन्धों में बाँध रखना चाहते हैं। एक निरर्थक झनझन से पूर्ण टूटे इकतारे के जर्जर तारों में, गायक की कुशल उँगलियाँ उलझ जाने पर, उन्हीं तारों में हमारे सारे दुःख सुख रो-हँस उठते हैं, सारी सीमा के संकीर्ण बन्धन छिन्न-भिन्न होकर बह जाते हैं और हम किसी अज्ञात सौन्दर्य-लोक में पहुँचकर चकित-से, मुग्ध-से, उसे सदा सुनते रहने की इच्छा करने लगते हैं। निरन्तर पैरों से ठुकराये जाने वाले कुरूप पाषाण से शिल्पी के कुशल हाथ का स्पर्श होते ही, वही पाषाण मोम के समान अपना आकार बदल डालता है, उसमें हमारे सौन्दर्य के, शक्ति के आदर्श जाग उठते हैं और तब उसी को हम देवता के समान प्रतिष्ठित करके चन्दन-फूल से पूजकर अपने को धन्य मानते हैं। जल का एक रंग भिन्न-भिन्न रंग वाले पात्रों में जैसे अपना रंग बदल लेता है उसी प्रकार चिरन्तन सुख-दुःख हमारे हृदयों की सीमा और रंग के अनुसार बनकर प्रकट होते हैं। हमें अपने हृदयों की सारी अभिव्यक्तियों को एक ही रूप देने को आकुल न होना चाहिए, क्योंकि यह प्रयत्न हमें किसी भी दिशा में सफल न होने देगा।

मनुष्य स्वयं एक सजीव कविता है। कवि की कृति तो उस सजीव कविता का शब्दचित्र मात्र है, जिससे उसका व्यक्तित्व और संसार के साथ उसकी एकता जानी जाती है। वह एक संसार में रहता है और उसने अपने भीतर एक और इस संसार से अधिक सुन्दर, अधिक सुकुमार संसार बसा रखा है। मनुष्य में जड़ और चेतन दोनों एक प्रगाढ़ आलिंगन में आबद्ध रहते हैं। उसका बाह्याकार पार्थिव और सीमित संसार का भाग है और अन्तस्तल अपार्थिव असीम का—एक उसको विश्व से बाँध रखता है तो दूसरा उसे कल्पना द्वारा उड़ाता ही रहना चाहता है।

जड़ चेतन के बिना विकास-शून्य है और चेतन जड़ के बिना आकार-शून्य। इन दोनों की क्रिया और प्रतिक्रिया ही जीवन है। चाहे कविता किसी भाषा में हो, चाहे किसी 'वाद' के अन्तर्गत, चाहे उसमें पार्थिव विश्व की अभिव्यक्ति हो, चाहे अपार्थिव की और चाहे दोनों के अविच्छिन्न सम्बन्ध की, उसके अमूल्य होने का रहस्य यही है कि वह मनुष्य के हृदय से प्रवाहित हुई है। कितनी ही भिन्न परिस्थितियों में होने पर भी हम हृदय से एक ही हैं; यही कारण है कि दो मनुष्यों के देश, काल, समाज आदि में

समुद्र के तटों जैसा अन्तर होने पर भी वे एक-दूसरे के हृदयगत भावों को समझने में समर्थ हो सकते हैं। जीवन की एकता का यह छिपा हुआ सूत्र ही कविता का प्राण है। जिस प्रकार वीणा के तारों के भिन्न स्वरों में एक प्रकार की एकता होती है, जो उन्हें एक साथ मिलकर चलने की और अपने साम्य से संगीत की सृष्टि करने की क्षमता देती है, उसी प्रकार मानव-हृदयों में एकता छिपी हुई है। यदि ऐसा न होता तो विश्व का संगीत ही बेसुरा हो जाता।

फिर भी न जाने क्यों हम लोग अलग-अलग छोटे-छोटे दायरे बनाकर उन्हीं में बैठे-बैठे सोचा करते हैं कि दूसरा हमारी पहुँच से बाहर है। एक कवि विश्व का या मानव का बाह्य-सौन्दर्य देखकर सब-कुछ भूल जाता है, सोचता है उनके हृदय से निकला हुआ स्वर अलग एक संगीत की सृष्टि करेगा; दूसरा विश्व की आन्तरिक वेदना-बहुल सुषमा पर मतवाला हो उठता है, समझता है उसके हृदय से निकला हुआ स्वर सबसे अलग एक निराले संगीत की सृष्टि कर लेगा। परन्तु वे नहीं सोचते कि उन दोनों के स्वर मिलकर ही विश्व-संगीत की सृष्टि कर रहे हैं।

मनुष्य चाहे प्रकृति के जड़ उपादानों का संघात विशेष माना जाय और चाहे किसी व्यापक चेतना का अंशभूत; परन्तु किसी भी अवस्था में उसका जीवन इतना सरल नहीं है कि हम उसकी पूर्ण तृप्ति के लिए गणित के अंकों के समान एक निश्चित सिद्धान्त दे सकें। जड़ द्रव्य से अन्य पशु तथा वनस्पति-जगत् के समान ही उसका शरीर नियमित और विकसित होता है; अतः प्रत्यक्ष रूप से उसकी स्थिति बाह्य जगत् में ही रहेगी और प्राणिशास्त्र के सामान्य नियमों से संचालित होगी। यह सत्य है कि प्रकृति में जीवन के जितने रूप देखे जाते हैं, मनुष्य उनमें इतना विशिष्ट जान पड़ता है कि सृजन की स्थूल समष्टि में भी उसका निश्चित स्थान खोज लेना कठिन हो जाता हैं; परन्तु इस कठिनाई के मूल में तत्त्वतः कोई अन्तर न होकर विकास-क्रम में मनुष्य का अन्यतम और अन्तिम होना ही है।

यदि सबके लिए सामान्य यह बाह्य संसार ही, उसके जीवन को पूर्ण कर देता तो शेष प्राणिजगत् के समान वह बहुत-सी जटिल समस्याओं से बच जाता। परन्तु ऐसा नहीं हो सका। उसके शरीर में जैसा भौतिक जगत् का चरम विकास है, उसकी चेतना भी उसी प्रकार प्राणिजगत् की चेतना का उत्कृष्टतम रूप है।

मनुष्य का निरन्तर परिष्कृत होता चलने वाला यह मानसिक जगत् वस्तु-जगत् के संघर्ष से प्रभावित होता है, उसके संकेतों में अपनी अभिव्यक्ति चाहता है, परन्तु उसके बन्धनों को पूर्णता में स्वीकार नहीं करना चाहता। अतः जो कुछ प्रत्यक्ष है, केवल उतना ही मनुष्य नहीं कहा जा सकता—उसके साथ-साथ उसका जितना विस्तृत और गतिशील अप्रत्यक्ष जीवन है उसे भी समझना होगा, प्रत्यक्ष जगत् में उसका भी मूल्यांकन करना होगा, अन्यथा मनुष्य के सम्बन्ध में हमारा सारा ज्ञान अपूर्ण और सारे समाधान अधूरे रहेंगे।

मनुष्य के इस दोहरे जीवन के समान ही उसके निकट बाह्य जगत् की सब वस्तुओं का उपयोग भी दोहरा है। ओस की बूँदों से जड़े गुलाब के दल जब हमारे हृदय में सुप्त,

एक अव्यक्त सौन्दर्य और सुख की भावना को जागृत कर देते हैं, उनकी क्षणिक सुषमा हमारे मस्तिष्क को चिन्तन की सामग्री देती है, तब हमारे निकट उनका जो उपयोग है वह उस समय के उपयोग से सर्वथा भिन्न होगा, जब हम उन्हें मिश्री में गलाकर और गुलकन्द नाम देकर औषधि के रूप में ग्रहण करते हैं। समय, आवश्यकता और वस्तु के अनुसार इस दोहरे उपयोग की मात्रा तथा तज्जनित रूप कभी-कभी इतने भिन्न हो जाते हैं कि हमारा अन्तर्जगत् बहिर्जगत् का पूरक होकर भी उसका विरोधी जान पड़ता है और हमारा बाह्य जीवन मानसिक जीवन से संचालित होकर उसके सर्वथा विपरीत।

मनुष्य के अन्तर्जगत् का विकास उसके मस्तिष्क और हृदय का परिष्कृत होते चलना है, परन्तु इस परिष्कार का क्रम इतना जटिल होता है कि वह निश्चित रूप से केवल बुद्धि या भावना का सूत्र पकड़ने में असमर्थ ही रहता है। अभिव्यक्ति के बाह्य रूप में बुद्धि या भावपक्ष की प्रधानता ही हमारी धारणा का आधार बन सकती है कि हमारे मस्तिष्क का विशेष परिष्कार चिन्तन में हो सका है और हृदय का जीवन में। एक में हम बाह्य जगत् के संस्कारों को अपने भीतर लाकर उनका निरीक्षण-परीक्षण करते हैं और दूसरे में अपने अन्तर्जगत् की अनुभूतियों को बाहर लाकर उनका मूल्य आँकते हैं।

चिन्तन में हम अपनी बहिर्मुखी वृत्तियों को समेटकर किसी वस्तु के सम्बन्ध में अपना बौद्धिक समाधान करते हैं, अतः कभी-कभी वह इतना ऐकान्तिक होता है कि अपने से बाहर प्रत्यक्ष जगत् के प्रति हमारी चेतना पूर्ण रूप से जागरूक ही नहीं रहती और यदि रहती है तो हमारे चिन्तन में बाधक होकर। दार्शनिक में हम बुद्धि-वृत्ति का ऐसा ही ऐकान्तिक विकास पाते हैं जो उसे जैसे-जैसे संसार के अव्यक्त सत्य की गहराई तक बढ़ाता चलता है वैसे-वैसे उसके व्यक्त रूप के प्रति वीतराग करता जाता है। वैज्ञानिक के निरन्तर अन्वेषण के मूल में भी यही वृत्ति मिलेगी; अन्तर केवल इतना ही है कि उसके चिन्तनमय मनन का विषय सृष्टि के व्यक्त विविध रूपों की उलझन है, उन रूपों में छिपा अव्यक्त सूक्ष्म नहीं। अपनी-अपनी खोज में दोनों ही वीतराग हैं, क्योंकि न दार्शनिक अव्यक्त सत्य से रागात्मक सम्बन्ध स्थापित करने की प्रेरणा पाता है और न वैज्ञानिक व्यक्त जड़-द्रव्य के विविध रूपों में रागात्मक स्पर्श का अनुभव करता है। एक व्यक्त के रहस्य की गहराई तक पहुँचना चाहता है, दूसरा उसी के प्रत्यक्ष विस्तार की सीमा तक; परन्तु दोनों ही दिशाओं में बुद्धि से अनुशासित हृदय को मौन रहना पड़ता है, इसी से दार्शनिक और वैज्ञानिक जीवन का वह सम्पूर्ण चित्र जो मनुष्य और शेष सृष्टि के रागात्मक सम्बन्ध से अनुप्राणित है, नहीं दे सकते।

मनुष्य के ज्ञान की कुछ शाखाएँ दर्शन, विज्ञान आदि के समान अपनी दिशा में व्यापक न रहकर जीवन के किसी अंश-विशेष से सम्बन्ध रखती हैं, अतः जहाँ वे आगे बढ़ते हैं वहाँ ये जीवन की परिवर्तित परिस्थितियों के साथ परिवर्तित होकर अपनी तात्कालिक नवीनता में ही विकसित कहलाती हैं।

मनुष्य एक ओर अपने मानसिक जगत् की दुरूहता को स्पष्ट करता चलता है, दूसरी ओर अपने बाह्य संसार की समस्याओं को सुलझाने का प्रयत्न करता है। उसके समाजशास्त्र, राजनीति आदि उसकी बाह्य स्थिति की व्याख्या हैं, उसका विज्ञान प्रकृति

के मूल तत्त्वों से उसके संघर्ष का इतिहास है, उसका दर्शन उसके तथा सृष्टि के रहस्य-मय जीवन का बौद्धिक निरूपण है और उसका साहित्य उसके उस समग्र जीवन का सजीव चित्र है, जो राजनीति से शासित, समाजशास्त्र से नियमित, विज्ञान से विकसित तथा दर्शन से व्यापक हो चुका है।

साहित्य में मनुष्य की बुद्धि और भावना इस प्रकार मिल जाती है जैसे धूपछाँही वस्त्र में दो रंगों के तार, जो अपनी-अपनी भिन्नता के कारण ही अपने रंगों से भिन्न एक तीसरे रंग की सृष्टि करते हैं। हमारी मानसिक वृत्तियों की ऐसी सामंजस्यपूर्ण एकता साहित्य के अतिरिक्त और कहीं सम्भव नहीं। उसके लिए न हमारा अन्तर्जगत् त्याज्य है, और न बाह्य, क्योंकि उसका विषय सम्पूर्ण जीवन है, आंशिक नहीं।

मनुष्य के बाह्य जीवन में जो कुछ ध्वंस और निर्माण हुआ है, उसकी शक्ति और दुर्बलता की जो परीक्षाएँ हुई हैं, जीवन-संघर्ष में उसे जितनी हार-जीत मिली है, केवल उसी का ऐतिहासिक विवरण दे देना साहित्य का लक्ष्य नहीं। उसे यह भी खोजना पड़ता है कि इस ध्वंस के पीछे कितनी विरोधी मनोवृत्तियाँ काम कर रही थीं, निर्माण मनुष्य की किस सृजनात्मक प्रेरणा का परिणाम था, उसकी शक्ति के पीछे कौन-सा आत्मबल अक्षय था, दुर्बलता उसके किस अभाव से प्रसूत थी, हार उसकी किस निराशा की संज्ञा थी और जीत में उसकी कौन-सी कल्पना साकार हो गयी।

जीवन का वह असीम और चिरन्तन सत्य, जो परिवर्तन की लहरों में अपनी क्षणिक अभिव्यक्ति करता रहता है, अपने व्यक्त और अव्यक्त दोनों ही रूपों की एकता लेकर साहित्य में व्यक्त होता है। साहित्यकार जिस प्रकार यह जानता है कि बाह्य जगत् में मनुष्य जिन घटनाओं को जीवन का नाम देता है, वे जीवन के व्यापक सत्य की गहराई और उसके आकर्षण की परिचायक हैं, जीवन नहीं; उसी प्रकार यह भी उससे छिपा नहीं कि जीवन के जिस अव्यक्त रहस्य की वह भावना कर सकता है उसी की छाया इन घटनाओं को व्यक्त रूप देती है। इसी से देश और काल भी सीमा में बँधा साहित्य रूप में एकदेशीय होकर भी अनेकदेशीय और युग-विशेष से सम्बद्ध रहने पर भी युग-युगान्तर के लिए संवेदनीय बन जाता है।

साहित्य की विस्तृत रंगशाला में हम कविता को कौन-सा स्थान दें, यह प्रश्न भी स्वाभाविक ही है। वास्तव में जीवन में कविता का वही महत्त्व है जो कठोर भित्तियों से घिरे कक्ष के वायुमण्डल को अनायास ही बाहर के उन्मुक्त वायुमण्डल से मिला देने वाले वातायन को मिला है। जिस प्रकार वह आकाश खण्ड को अपने भीतर बन्दी कर लेने के लिए अपनी परिधि में नहीं बाँधता प्रत्युत हमें उस सीमा-रेखा पर खड़े होकर क्षितिज तक दृष्टि-प्रसार की सुविधा देने के लिए—उसी प्रकार कविता हमारे व्यष्टि-सीमित जीवन को समष्टि-व्यापक जीवन तक फैलाने के लिए ही व्यापक सत्य को अपनी परिधि में बाँधती है। साहित्य के अन्य अंग भी ऐसा करने का प्रयत्न करते हैं, परन्तु न उनमें सामंजस्य की ऐसी परिणति होती है, न आयास-हीनता। जीवन की विविधता में सामंजस्य को खोज लेने के कारण ही कविता उन ललित कलाओं में उत्कृष्टतम स्थान पा सकी है, जो गति की विभिन्नता, स्वरों की अनेकरूपता या रेखाओं की विषमता के सामंजस्य पर स्थित हैं।

कविता मनुष्य के हृदय के समान ही पुरातन है, परन्तु अब तक उसकी कोई ऐसी परिभाषा न बन सकी, जिसमें तर्क-वितर्क की सम्भावना न रही हो। धुँधले अतीत भूत से लेकर वर्तमान तक और 'वाक्यं रसात्मकं काव्यम्' से लेकर आज के शुष्क बुद्धि-वाद तक, जो कुछ काव्य के रूप और उपयोगिता के सम्बन्ध में कहा जा चुका है, वह परिणाम में कम नहीं; परन्तु अब तक न मनुष्य के हृदय का पूर्ण परितोष हो सका है, और न उसकी बुद्धि का समाधान। यह स्वाभाविक है, क्योंकि प्रत्येक युग अपनी विशेष समस्याएँ लेकर आता है, जिनके समाधान के लिए नई दिशाएँ खोजती हुई मनोवृत्तियाँ उस युग के काव्य और कलाओं को एक विशिष्ट रूपरेखा देती हैं। मूलतत्त्व न जीवन के कभी बदले हैं और न काव्य के कारण वे उस शाश्वत चेतना से सम्बद्ध हैं, जिसके तत्त्वतः एक रहने पर ही जीवन की अनेकरूपता निर्भर है।

अतीत युगों के जितने संचित ज्ञानकोष के हम अधिकारी हैं, उसके आधार पर कहा जा सकता है कि कविता मानव-ज्ञान की अन्य शाखाओं की सदैव अग्रजा रही है। यह क्रम अकारण और आकस्मिक न होकर सकारण और निश्चित है, क्योंकि जीवन में चिन्तन के शैशव में ही भावना तरुण हो जाती है। मनुष्य बाह्य संसार के साथ कोई बौद्धिक समझौता करने के पहले ही, उसके साथ एक रागात्मक सम्बन्ध स्थापित कर लेता है, यह उसके शिशु-जीवन से ही स्पष्ट हो जायगा। यदि हम मनुष्य के मस्तिष्क के विकास की तुलना फल के विकास से करें, जो अपनी सरसता में सदा ही परिमित है, तो उसके हृदय के विकास को फूल का विकास कहना उचित होगा, जो अपने सौरभ में अपरिमित होकर ही खिला हुआ माना जाता है। एक अपनी परिपक्वता में पूर्ण है और दूसरा अपने विस्तार में।

यह सत्य है कि मनुष्य के ज्ञान की समष्टि में कविता को और विशेषतः उसके बाह्य रूप को इतना महत्त्व मनुष्य की भावुकता से ही नहीं, उसके व्यावहारिक दृष्टिकोण से भी मिला था। जिस युग में मानव-जाति के समस्त ज्ञान को एक कण्ठ से दूसरे कण्ठ में संचरण करते हुए ही रहना पड़ता था, उस युग में उसकी प्रत्येक शाखा को अपने अस्तित्व के लिए छन्दबद्धता के कारण स्मृतिसुलभ पद्य का ही आश्रय लेना पड़ा। इसके अतिरिक्त शुष्क ज्ञान ने, अधिक ग्राह्य होने के लिए भी, पद्य की रूपरेखा का वह बन्धन स्वीकार किया, जिसमें विशेष ध्वनि और प्रवाह से युक्त होकर शब्द अधिक प्रभावशाली हो जाते हैं। कहना व्यर्थ होगा कि काव्य के उस धुँधले आदिम-काल से लेकर जब आवश्यकतावश ही मनुष्य प्रायः अपने बौद्धिक निरूपणों को भी काव्य-काया में प्रतिष्ठित करने के लिए बाध्य हो जाता था, आज गद्य के विकास-काल तक ऐसी कविता का अभाव नहीं रहा।

साधारणतः हमारे विचार विज्ञापक होते हैं और भाव संक्रामक; इसी से एक की सफलता पहले मननीय होने में है और दूसरे की पहले संवेदनीय होने में। कविता अपनी संवेदनीयता में ही चिरन्तन है, चाहे युग-विशेष के स्पर्श से उसकी बाह्य रूपरेखा में कितना ही अन्तर क्यों न आ जाय। और यह संवेदनीयता भाव-पक्ष ही में अक्षय है।

महादेवी का काव्य व्यक्तित्व

नन्ददुलारे वाजपेयी

'यामा' महादेवी वर्मा का सम्पूर्ण काव्य-संग्रह है। इसके चार यामों में उनकी चारों स्फुट रचना-पुस्तकें संगृहीत हैं। इनके अतिरिक्त महादेवी जी की कोई अन्य रचना शायद प्रकाश में नहीं आयी है। अवश्य यहाँ मेरा मतलब केवल उनकी काव्य-रचनाओं से ही है। ये सब-की-सब मुक्तक पद्य और गीत रूप में है, जिनकी संख्या दो सौ से कुछ कम है। साथ ही 'यामा' में महादेवी जी की लिखी भूमिकाएँ और उनके बनाये कितने ही चित्र हैं, जिनसे उनके काव्य पर आवश्यक प्रकाश पड़ता है।

अच्छा होता यदि हम बिना कोई भूमिका बाँधे ही 'यामा' का अध्ययन (यहाँ अध्ययन से मेरा मतलब उसकी विशेषताओं के पर्यवेक्षण से है) आरम्भ कर सकते, किन्तु ऐसा करने में एक कठिनाई दीखती है। 'यामा' केवल एक संग्रह-पुस्तक ही नहीं है, उसमें महादेवीजी का पूरा काव्य-व्यक्तित्व ही है। इस व्यक्तित्व को हम नवीन काव्यधारा से एकदम अलग करके नहीं देख सकते। साम्य और वैषम्य के वे सूत्र हमें संक्षेप में देखने होंगे जिनके द्वारा महादेवीजी सामयिक काव्य-जगत् से बँधी हुई हैं। उनके लिए एक छोटी-सी, उपयुक्त 'सेटिंग' हमें तैयार करनी होगी।

हिन्दी में महादेवीजी का प्रवेश छायावाद के पूर्ण ऐश्वर्य-काल में हुआ था, किन्तु आरम्भ से ही उनकी रचनाएं छायावाद की मुख्य विशेषताओं से प्रायः एकदम रिक्त थीं। मानव अथवा प्रकृति के सूक्ष्म किन्तु व्यक्त सौन्दर्य में आध्यात्मिक छाया का भान मेरे विचार से छायावाद की एक सर्वमान्य व्याख्या हो सकती है। इस व्याख्या में आये 'सूक्ष्म' और 'व्यक्त' इन अर्थगर्भ शब्दों को हम अच्छी तरह समझ लें। यदि वह सौन्दर्य सूक्ष्म नहीं है, साकार होकर स्वतन्त्र क्रियाशील है और किसी कथा या आख्यायिका का विषय बन गया है तो हम उसे छायावाद के अन्तर्गत नहीं ले सकेंगे। छायावाद के इस सीमान्त पर हम स्कॉट और बायरन-जैसे अंग्रेजी के कवियों को पाते हैं, जिन्होंने विमोहक और तल्लीनता-कारी नारी-सौन्दर्य को लम्बी कथाओं के सूत्र में ताना है, और प्रकृति की अनिर्वचनीय सुषमा को पृष्ठभूमि बनाकर चित्रित किया है। वे प्रकृत छायावादी नहीं कहे जा सकते। और छायावाद के दूसरे सीमान्त पर वर्ड्सवर्थ को देखते हैं जिसकी प्रकृति के प्रति इतनी सार्वत्रिक प्रीति है कि वह व्यक्त सौन्दर्य के प्रति निस्पन्द, बेपहचान, निगूढ़-सी मालूम

देती है; सब-कुछ तो सुन्दर ही है, ऐसी भावमयता में मग्न-सी हो गई है। यह भी प्रकृत छायावादी नहीं है। प्रकृत छायावादी तो अँग्रेजी में प्राकृतिक सूक्ष्म सौन्दर्य-भावना का एकमात्र अधिष्ठाता शेली ही हुआ है, जो एक ओर कुछ समीक्षकों द्वारा (जो सूक्ष्म के विरोधी हैं) हवाई और आसमानी बताया गया है, किन्तु दूसरी ओर जिसे नास्तिक (अव्यक्त सत्ता का विरोधी) कहे जाने का श्रेय भी प्राप्त है। आशा है, छायावाद की इस मध्यवर्तिनी भूमि पर पाठकों की दृष्टि गई होगी।

मुझे आशा नहीं है कि छायावाद की मेरी यह व्याख्या निकट भविष्य में सर्वमान्य हो सकेगी, किन्तु इसकी दार्शनिक और काव्यात्मक शैली इतना सुस्पष्ट व्यक्तित्व रखती है और यह अन्य निकटवर्ती वादों से इतना पृथक् अस्तित्व बनाये हुए है कि कोई कारण नहीं कि यह आखिरकार एक अलग वाद के रूप में स्वीकार न कर लिया जाय। संप्रति हिन्दी के अधिकांश समीक्षक छायावाद और रहस्यवाद के बीच कोई स्पष्ट विभाजन नहीं कर रहे। नवीन काव्य-युग के निर्माता स्वर्गीय प्रसादजी का इस विषय का विवरण विशेष ध्यान देने योग्य है। वर्तमान रहस्यवाद के सम्बन्ध में वह लिखते हैं—"विश्वसुन्दरी प्रकृति में चेतनता का आरोप संस्कृत वाङ्मय में प्रचुरता से उपलब्ध होता है। यह प्रकृति अथवा शक्ति का रहस्यवाद सौन्दर्य-लहरी के 'शरीरं त्वं शम्भो' का अनुकरण-मात्र है। वर्तमान हिन्दी में इस अद्वैत रहस्यवाद की सौन्दर्यमयी व्यंजना होने लगी है, वह साहित्य में रहस्यवाद का स्वाभाविक विकास है। इसमें अपरोक्ष अनुभूति, समरसता तथा प्राकृतिक सौन्दर्य के द्वारा 'अहम्' का 'इदम्' से समन्वय करने का सुन्दर प्रयत्न है।"

अब विश्वसुन्दरी प्रकृति में चेतनता की भावना सार्वत्रिक भी हो सकती है और एक-एक सुन्दर वस्तुगत भी हो सकती है। शम्भु अथवा आत्मा का शरीर सारा सृष्टि-प्रसार ही है, इस दृष्टि से व्यक्त वस्तु-मात्र में सौन्दर्य की एक ही धारा प्रवाहित है। प्रकृति में कुछ भी असुन्दर नहीं, यहाँ व्यष्टि-भेद नहीं है। पुनः प्राकृतिक सौन्दर्य के द्वारा अहम् (आत्मा) का इदम् (प्रकृति) से समन्वय करने का प्रयत्न व्यष्टि-सौन्दर्य को स्वीकार करना है। इस प्रकार प्रसादजी ने व्यष्टि-सौन्दर्य दृष्टि (छायावाद) और समष्टि-सौन्दर्य दृष्टि (रहस्यवाद) में कोई स्पष्ट अन्तर नहीं किया। किन्तु मैं इस अन्तर का विशेष रूप से आग्रह करता हूँ, क्योंकि इसने दो विशेष पृथक्-पृथक् काव्य-शैलियों की सृष्टि की है। व्यष्टि सौन्दर्य-बोध एक सार्वजनीन अनुभूति है। यह सहज ही हृदयस्पर्शी है, यह सक्रिय और स्वावलम्बिनी काव्य-चेतना की जन्मदात्री है। इसे मैं प्राकृतिक अध्यात्म कह सकता हूँ। समष्टि सौन्दर्य-बोध उच्चतर अनुभूति है। फिर भी यह प्रत्येक क्षण रूढ़ि होने की सम्भावना रखती है। इसमें इन्द्रियानुभूति की सहज प्रगति या विकास के लिए स्थान नहीं है। यह कदम-कदम पर धर्म के कठघरे में बन्द होने की अभिरुचि रखती है।

काव्य में यह रहस्यवाद बड़े-बड़े दुर्दिन देख चुका है। अपने अतिप्राकृत स्वरूप के कारण पहले तो इसकी अभिव्यक्ति ही अतिशय दुर्गम और दुरूह है, किन्तु कुछ सच्चे रहस्यवादियों ने कुछ अनोखे रास्ते निकाले भी तो उन पर चलने वाले बहुत-से झूठे रहस्यवादी नकलनवीस निकल आये। उन्होंने काव्य की पूरी-पूरी अधोगति कर डाली। सारी प्रकृति को समाहित करने वाली निर्गुण प्रेम की विशुद्ध व्यंजना विषय-वासना का

नंगा नाच बनकर रह गई। उपनिषदों का ऊर्जस्वित आत्मवाद सम्पूर्ण कर्तव्यों से हाथ समेटने का बहाना सिद्ध हुआ। योग और तन्त्र-शास्त्रों की प्रकृति को आत्मा में लय करने की सारी प्रक्रिया, जो पूर्ण मनुष्यत्व का साधन थी, अनहोनी सिद्धियों और तामसिक उपचारों का दूसरा नाम बन गई। शारीरिक, मानसिक, नैतिक और आत्मिक सबलता का प्रचारक रहस्यवाद 'ना घर मेरा ना घर तेरा, चिड़िया रैन बसेरा' गाकर भीख माँगने वालों का ब्रह्मास्त्र बन गया। एक ओर तो यह नकली रहस्यवाद की प्रगति हुई और दूसरी ओर रूढ़िबद्ध होकर रहस्य-काव्य विनय के पदों, भक्तिगीतों, धार्मिक आख्यानों आदि में परिणत हो गया। अवश्य ही ईरान और फारस के कुछ सूफी कवियों और भारत के कुछ निर्गुणियों ने रहस्य-काव्य की वास्तविक मर्यादा स्थिर रखी, किन्तु उनकी संख्या अंगुलियों पर गिने जाने के योग्य है। यह इतनी भी है, यह कम गौरव की बात नहीं, क्योंकि हम कह चुके हैं कि रहस्यानुभूति एक अति विरल वस्तु है और उसकी काव्य-प्रक्रिया भी उतनी ही दुरूह और दुःसाध्य है।

रहस्य-काव्य की मुख्य परम्पराओं में हम नीचे लिखे भेदों की परिगणना कर सकते हैं। यदि हम प्रकृति की ओर से आत्मसत्ता की ओर आगे बढ़ें तो इस गणना का क्रम इस प्रकार होगा—विश्व-सुन्दरी प्रकृति में चेतना का आरोप यह पहली सीढ़ी है। इसी के अंतर्गत सुख और दुःख का सामंजस्य, जिसे प्रसादजी ने समरसता कहा है, आ जाता है। यही प्रसादजी की 'अपरोक्ष अनुभूति' भी है। महादेवीजी ने इसे छायावाद की सीमा में मानकर एक दूसरे ढंग से कहा है—'छायावाद की प्रकृति घट, कूप आदि में भरे जल की एकरूपता के समान अनेक रूपों में प्रकट एक महाप्राण बन गई। अतः अब मनुष्य के अश्रु, मेघ के जलकण और पृथ्वी के ओस-बिन्दुओं का एक ही कारण, एक ही मूल्य है।' वास्तव में यह रहस्यवाद का पहला और व्यापक उपक्रम है जिसमें भावना बल से, 'एकोऽहं बहुस्याम' को 'एकोऽहं' की ओर परिवर्तित करते हैं। सांसारिक सुख-दुख, राग-विराग आदि जितने भी द्वन्द्व हैं सबको एक ही चेतन से सम्बद्ध करने की यह प्रणाली रहस्यवाद के प्रथम सोपान पर मिलती है। इस सोपान पर हम महादेवीजी को नहीं पाते। यद्यपि अपनी आध्यात्मिक अनुभूतियों के विकास के सिलसिले में उन्होंने लिखा है कि "पहले बाहर खिलने वाले फूल को देखकर मेरे रोम-रोम में ऐसा पुलक दौड़ जाता था मानो वह मेरे हृदय में ही खिला हो, परन्तु उसके अपने से भिन्न प्रत्यक्ष अनुभव में एक अव्यक्त वेदना भी थी; फिर यह सुख-दुःख-मिश्रित अनुभूति ही चिन्तन का विषय बनने लगी और अन्त में अब मेरे मन ने न जाने कैसे उस भीतर-बाहर में एक सामंजस्य ढूँढ़ लिया है, जिसने सुख-दुःख को इस प्रकार बुन दिया कि एक के प्रत्यक्ष अनुभव के साथ दूसरे का प्रत्यक्ष आभास मिलता रहता है", किन्तु महादेवीजी के काव्य में प्राकृतिक सुख-दुःख का अथवा उसके सामंजस्य का कोई उल्लेख नहीं मिलता। प्रकृति के किसी भी दृश्य का मानव-मनोभाव का आकलन उनकी रचनाओं में नहीं के बराबर है। दृश्य प्रकृति में हिमालय पर ही उनकी एक रचना 'यामा' में देखने को मिली, किन्तु वहाँ भी अन्तर्मुखी भावना ही उभर पायी है। प्रकृति के रूपों, दृश्यों और भावों को महादेवीजी ने चेतना का प्रेरक न रखकर उन सबको एक-एक चेतन व्यक्तित्व-सा दे दिया है। उनकी पहली ही रचना—

निशा की धो देता राकेश,
चाँदनी में जब अलकें खोल;
कली से कहता था मधुमास,
बता दो मधुमदिरा का मोल।

यद्यपि व्यक्त सौन्दर्य की भी झलक लिये हुए है, किन्तु वहाँ वह गौण है और महादेवीजी की रचनाओं में उत्तरोत्तर गौण होता गया है। आगे चलकर सारी प्रकृति और उसके समस्त उपकरण एक निखिल वेदना की अनेक-रूप अभिव्यक्ति के लिए भाँति-भाँति की दौड़ लगाते हैं, जिसे हम इसी निबन्ध में देखेंगे। प्रकृति की परिपूर्ण छवि की आत्मरूप प्रतिष्ठा हमें वर्ड्सवर्थ में ही मिलती है। कुछ लोग हिन्दी में गुरुभक्तसिंह को वर्ड्सवर्थ का स्थानापन्न मानते हैं। किन्तु प्रकृति की आध्यात्मिकता की अनुभूति गुरुभक्तसिंह में हमें विशेष नहीं मिलती। एक-एक डाली, एक-एक लता, एक-एक पत्ती अथवा उद्भिज्ज का चेतन क्रियाशील उल्लेख कर देने से ही उनकी आध्यात्मिकता प्रकाश में नहीं आती। यह चेतन व्यक्तित्व देने की प्रकृति ही ह्रासोन्मुख होकर 'चिड़िया का विवाह' नामक ग्रामीण गीत में परिणत हो गई है, जिसमें सब चिड़ियों को विवाह-सम्बन्धी एक-एक काम सिपुर्द किया गया है। समरसता (सुख-दुःख का आध्यात्मीकरण) और अपरोक्ष आध्यात्मिक अनुभूति का हिन्दी में सबसे सुन्दर उदाहरण प्रसादजी का 'आँसू' काव्य है।

रहस्यवाद के इस सोपान से ऊपर उठने पर हम प्राकृत अनुभूति को छोड़कर परोक्ष अनुभूति के क्षेत्र में प्रवेश करते हैं। महादेवीजी के काव्य की यही भूमि है। परोक्ष अनुभूति के भी कितने ही भेदोपभेद हैं, जिन्हें दार्शनिक दृष्टि से तीन मुख्य भागों में बाँटा जा सकता है—सगुण साकार, सगुण निराकार और निर्गुण निराकार। एक-दिव्य व्यक्तित्व पर, वह प्रेममय हो, करुणामय हो अथवा शक्तिमय या आनन्दमय, आस्था रखने वाले सगुण साकार के अनुयायी होते हैं। महादेवीजी की अधिकांश रचना का यही दार्शनिक आधार दीखता है। वह लिखती भी हैं—"मानवीय सम्बन्धों में जब तक अनुरागजनित आत्मविसर्जन का भाव नहीं घुल जाता तब तक वे सरस नहीं हो पाते और जब तक यह मधुरता सीमातीत नहीं हो जाती तब तक हृदय का अभाव दूर नहीं होता। इसी से इस (प्राकृतिक) अनेकरूपकता के कारण पर एक मधुरतम व्यक्तित्व का आरोपण करके उसके निकट आत्मनिवेदन कर देना इस काव्य का दूसरा सोपान बना, जिसे रहस्यमय रूप के कारण रहस्यवाद का नाम दिया गया।" मधुरतम व्यक्तित्व की यह नियोजना महादेवीजी के काव्य में मौजूद है, किन्तु उसके निकट आत्मनिवेदन करने वाले बहुत-से भक्त कवि हो गए हैं जिनका धार्मिक दृष्टि से पर्याप्त आदर है, किन्तु जिन्हें रहस्य-काव्य का स्रष्टा नहीं कहा जा सकता। स्पष्ट है कि महादेवीजी ने अपने इस वक्तव्य में आवश्यक सतर्कता से काम नहीं लिया। यही नहीं, उन्होंने रूढ़िबद्ध धार्मिक काव्य और वास्तविक रहस्यकाव्य का स्पष्ट अन्तर सदैव अपने सामने नहीं रखा, जिससे उनकी रचनाओं में स्थान-स्थान पर पारदर्शी अध्यात्म की जगह रूढ़ि के चिह्न मिलते हैं।

सगुण साकार दार्शनिकता का सबसे बड़ा खतरा यही है कि वह निःसीम सौंदर्य-सत्ता का रहस्य खोकर सीमा-रेखाओं में आ जाता और वास्तविक परोक्ष अनुभूति-संपन्न

काव्य का विषय न रहकर, धर्म और उपासना का आधार बन जाता है। सगुण दार्शनिकों और कवियों ने इस कठिनाई को खूब अच्छी तरह समझा था। इसलिए उन्होंने बचने के उपाय कई निकाले थे। प्रथम, उन्होंने उस मधुरतम व्यक्तित्व को अलौकिक सत्ता-सम्पन्न अंकित करने की चेष्टा की। इसके लिए दार्शनिकों को दिव्य सत्ता सम्बन्धी एक नई दार्शनिक प्रक्रिया ही चलानी पड़ी, जिसमें उस दिव्य व्यक्तित्व के सभी उपकरणों, उसके नाम, रूप, लीला और धाम को तथा उससे संपृक्त वस्तु-व्यापार को बार-बार अप्राकृत घोषित करना पड़ा। किन्तु काव्य अथवा कलाओं का काम केवल घोषणा से नहीं चलता। उन्हें ऐसी प्रतीक-योजना का सहारा लेना पड़ा जिससे वस्तुतः अलौकिक का आभास मिल सके। कवियों को उस मधुरतम चरित्र के निर्माण में दिव्य सौंदर्य-सृष्टि की अशेष कला समाप्त कर देने पर भी सीमा के अन्दर सन्तोष नहीं हुआ। उन्हें पद-पद पर उस व्यक्तित्व की महिमा का अलग से निर्देश करते रहना पड़ा, जिस पद्धति को हम 'श्रीमद्भागवत' और 'श्रीरामचरितमानस' में भी देखते हैं। फिर भी ससीमता और असीमता, साकारता और रहस्य में जो मौलिक अन्तर है उसकी पूर्ति नहीं हुई। फलतः सीता-राम और राधा-कृष्ण की पूर्ण परोक्ष अनुभूति काव्य के अन्दर नहीं हो सकी। तब रामायत कवियों ने रहस्य का पल्ला छोड़कर चरित्र की व्यक्त महत्ता के आग्रह द्वारा महाकाव्य की सृष्टि कर डाली और कृष्णायत कवियों ने प्रेम और सौन्दर्य की अशेष तरंगिणी बहाकर राधाकृष्ण की जो चरित-लीला निर्मित की, वह रोमांचक भावों से भर गई। किन्तु रहस्यवाद के निकट होते हुए भी वह रहस्य-काव्य नहीं कहा जा सकता। अवश्य इस चरित्र के दो प्रधान प्रसंगों—रास और भ्रमरगीत में हम रहस्य-काव्य के सारे लक्षण पाते हैं। रहस्य के क्षेत्र में वैष्णव कवियों की वास्तविक सफलता इन्हीं दो प्रसंगों को लेकर है।

जब उस मधुरतम व्यक्तित्व के प्रति आत्मनिवेदन का क्रम आरम्भ हुआ, तब तो काव्य स्पष्टतः धार्मिक घेरे में आ गया। यहाँ मेरा मतलब उन विनय-गीतों से है जिनका कृष्णकाव्य में भी प्राचुर्य है और जिनसे तुलसीदासजी की 'विनय-पत्रिका' भरी हुई है। इस प्रकार के काव्य में प्रकृत रहस्यात्मक अनुभूतियों की टोह लगाना व्यर्थ श्रम है। मूर्त प्रतीकों में अलौकिक अमूर्त तत्त्व का साक्षात्कार कराने वाली समुन्नत रहस्य-कला उसमें हम नहीं पाते। यदि हममें पर्याप्त काव्य-भावना का विकास होता, तो उन्हें उन्नत रहस्य-काव्य कहना हमने कभी का छोड़ दिया होता। धार्मिक काव्य की दृष्टि से उनका आदर सदैव रहेगा, किन्तु प्रकृत रहस्य-काव्य की दृष्टि से नहीं।

मेरा यह आशय नहीं है कि महादेवीजी ने 'मधुरतम व्यक्तित्व' की सृष्टि करके रहस्य की इतिश्री कर दी है और न मैं यही कह रहा हूँ कि उसके प्रति उनका आत्मनिवेदन भी धार्मिक कवियों के ही ढंग का है। प्रचुर कल्पनागुण के कारण महादेवीजी ने रहस्यात्मकता कभी खोयी नहीं, किंतु उनकी रचनाओं में भक्तों और निर्गुणियों की रूढ़ि भी कम नहीं मिलती। इसे हम आगे चलकर देखेंगे। इसका मुख्य कारण मधुरतम व्यक्तित्व की नियोजना और आत्मनिवेदन की परम्परागत प्रेरणा ही है। किन्तु महादेवीजी के पास फिर से लौटने के पहले हम रहस्यवाद की शेष दोनों श्रेणियों को भी थोड़े में देख लें।

सगुण निराकार शैली सूफियों की है। सच पूछिये तो रहस्य-काव्य का सच्चा

स्वरूप हमें इन्हीं से मिलता है। प्राकृतिक प्रेम-प्रतीकों के भीतर परोक्ष प्रेम-सत्ता का इतना प्रगाढ़ धाराबद्ध प्रवेश और पुनः-पुनः उस अव्यक्त का नैसर्गिक आवाहन और आलेख हम अन्यत्र कहाँ पाते हैं? अवश्य, जहाँ यह प्रेम कथानक का रूप धारण करता है, वहाँ बड़ी कठिनाई सूफ़ियों के सामने भी आती है जो वैष्णव साकारोपासकों के सामने आयी है। यहाँ सूफ़ियों ने कथा को सैद्धान्तिक दृष्टि से रूपक मात्र घोषित किया है किन्तु इससे समस्या सुलझ नहीं पायी। फलतः सूफ़ी आख्यानक काव्यों में रूपक की चिन्ता न करके, सारी वर्णना के भीतर अति मोहक प्राकृतिक सौंदर्य-तल्लीनता, प्रेम के प्रति परिपूर्ण आत्मविसर्जन और फिर भी उसकी दुष्प्राप्ति का संकट दिखाकर अव्यक्त प्रेम-रहस्य का इंगित किया गया है। इन कथानकों को रहस्यकाव्य कहने में फिर भी संकोच रह ही जाता है। यह स्पष्ट है इसलिए कि कथा के सूत्र आद्यन्त रहस्य की रक्षा नहीं कर सकते और यदि उन्हें रूपक मान लें तो सहज काव्य-सौंदर्य की हानि हो जाती है. इसीलिए कथानकों वाले जायसी आदि कवियों को रूपक के स्वरूप की चिन्ता न करके सारे काव्य को, चाहे वह मायारूपिणी नागमती अथवा विद्यारूपिणी पद्मावती का प्रसंग हो, आत्मविसर्जनकारी अलौकिक प्रेम-पीर से आप्लुत कर देना पड़ा है। फिर भी कथा का चक्र स्थान-स्थान पर बाधक बन ही गया है।

कुछ समीक्षक इसी निराकार प्रेम-व्यंजना के भीतर, ब्रज में विहरण करने वाली गिरिधर-मूर्ति की उपासिका, चिरन्तन प्रेम और चिर-विरहमयी मीरा के काव्य को भी शुमार करते हैं, किन्तु ऐसा करने का हमें कोई प्रत्यक्ष कारण नहीं दीखता। जिन्होंने सूरदासजी के 'गोपीविलाप' और 'भ्रमरगीत' का अध्ययन किया है उन्हें मीरा को किसी निराकार कृष्ण की उपासिका बना देने की आवश्यकता नहीं प्रतीत होगी। अवश्य मीरा एक नारी थीं और गिरिधर के प्रति उनका प्रियतम भाव था किन्तु ऐसा ही भाव गोपियों का भी था जो निराकार की उपासिका नहीं थीं। स्वप्न में प्रियतम के दर्शन आदि के उल्लेख गोपियों के विरह-वर्णन में भी मिलते हैं और मीरा में भी। महादेवीजी और मीरा दार्शनिक दृष्टि से एक ही परम्परा की अनुयायिनी प्रतीत होती हैं।

निर्गुण निराकार ही आध्यात्मिक दार्शनिकता की चरम कोटि है। एक अखंड, अव्यय चेतन तत्त्व, जिसमें त्रिकाल में भी कोई भेद किसी प्रकार सम्भव नहीं, जिस चिर-स्थिर आत्मतत्त्व के अविचल गौरव में संसार की उच्चतम अनुभूतियाँ भी मरीचिका-सी प्रतीत होती हैं; वह परिपूर्ण आह्लाद जिसमें स्मित-तरंगों के लिए कोई अवकाश नहीं, रहस्यवाद का सर्वोच्च निरूप्य है। इसके ओजस्वी निरूपण उपनिषदों के जैसे और कहीं नहीं मिलते। आगे चलकर इसकी महामहिमा का क्षय होने लगा, इसमें विरह के कमज़ोर अंग जुड़ने लगे और क्रमशः यह वैराग्य-मूलक करुण साधनाओं का अधिष्ठान बना दिया गया। काव्य में जब तक इसका केवल सांकेतिक स्वरूप रहा, तब तक यह अधिक विकृत नहीं हुआ था। (उदाहरणार्थ आरम्भिक बौद्ध-साहित्य में) किन्तु जब इसमें साम्प्रदायिक शब्दावली प्रवेश करने लगी और इड़ा-पिंगला आदि की चर्चा बढ़ गई तब काव्यदृष्टि से इसका ह्रास होने लगा। कबीर की चमत्कारपूर्ण प्रतिमा और अन्तर्दृष्टि के फलस्वरूप एक बार फिर यह अक्षर तत्त्व प्रकाश में आया, किन्तु इस बार यह उतना ओजस्वी और

महिमामय नहीं था। कारण, इस बार प्रतिस्पर्द्धिनी माया भी दलबल-सहित उपस्थित थी। कबीर से आगे बढ़ने पर मायारानी की छाया भी काव्य में जोर पकड़ने लगी और क्रमशः अक्षर की सत्ता असंख्य क्षरों की अन्तिम सीमा पर जा पहुँची। जहाँ आरम्भ में भेदों की अस्वीकृति इष्ट थी वहाँ अन्त में भेदों का प्राबल्य ही प्रमुख बन गया। ऐसी अवस्था में निश्चल अध्यात्म-सत्ता अपने पूर्व गौरव में कैसे स्थिर रहती?

ऊपर मैं प्रसंगवश कह चुका हूँ कि महादेवीजी के काव्य में छायावाद-युग की विशेषताएँ नहीं मिलतीं। प्राकृतिक सौन्दर्य के प्रति 'पल्लव' वाले पंतजी का-सा विमोहक आकर्षण उनमें नहीं, इसके बदले वह प्रकृति के एक-एक रूप या उसकी एक-एक वृत्ति को साकार व्यक्तित्व देकर उनके व्यापारों की कल्पना करती हैं जिनमें उनकी समृद्ध कल्पना-शीलता प्रकट हुई है। अवश्य यह कल्पना-बाहुल्य ही छायावाद-युग की एक विशेषता उनके काव्य में दीखती है। किन्तु वे कल्पनाएँ सब जगह सीधी और चोट करने वाली नहीं हैं। उनका प्रत्यक्ष रूप सहज आँखों के सामने नहीं आता। कहीं-कहीं तो उन प्रतीकों का वह कल्पित व्यापार हमारे सौन्दर्य-संस्कारों के प्रतिकूल पड़ जाता है और कहीं-कहीं वह इतना क्लिष्ट होता है कि हम ईप्सित सौन्दर्य की झाँकी नहीं पा सकते। इन दोनों का एक-एक उदाहरण मैं देना चाहता हूँ—

रजनी ओढ़े जाती थी, झिलमिल तारों की जाली।
उसके बिखरे वैभव पर जब रोती थी उजियाली।।

यह प्रभात का दृश्य है। रजनी का झिलमिल तारों की जाली ओढ़कर जाना, बड़ी ही सरल और मार्मिक कल्पना है। किन्तु उजियाली का रोना हम साधारणतः कहीं नहीं देखते! वह प्रायः हँसती ही आती है। यहाँ हमें अपनी अभ्यस्त अनुभूतियों को दबाकर यह कल्पना करनी पड़ती है कि प्रभातकाल की नमी, अथवा ओस—आँसू के रूप में उजियाली रो रही है।

क्लिष्ट कल्पना का एक उदाहरण मैंने यह चुना है—

निश्वासों का नीड़ निशा का बन जाता जब शयनागार।
लुट जाते अभिराम छिन्न मुक्तावलियों के बंदनवार।।
तब बुझते तारों के नीरव नयनों का यह हाहाकार।
आँसू से लिख-लिख जाता है कितना अस्थिर है संसार।।

आकाश में रात्रि के समय अचानक बादल छा गए हैं और पानी बरसने लगा है, इसी अवस्था की कल्पना यह जान पड़ती है अथवा यह रात्र्यंत की कल्पना है। रात्रि की मुक्तावलियों के अभिराम बंदनवार (तारिका पंक्ति) छिन्न होकर लुट गए हैं। निःश्वासों का नीड़ उसका शयनागार बन गया है। तारे बुझ रहे हैं, बूँदें गिरने लगी हैं, वही मानो बुझते तारों के नीरव नयनों का हाहाकार और उसके आँसू हैं जिनके द्वारा यह लिखा जा रहा है, 'संसार कितना अस्थिर है!' कितनी कल्पना हमें ऊपर से करनी पड़ती है, कृपया विचार कीजिए। और अब भी मुझे निश्चय नहीं कि मेरा अर्थ ठीक ही है।

जिस क्षण को महादेवीजी की कल्पना ने पकड़ा है तारों से हँसते हुए आकाश में सहसा मलिन बादलों का छा जाना, अथवा निशान्त में तारों का डूबना वह काव्योपयुक्त

और अति सुन्दर है, किन्तु क्या यही बात उनके इस चित्रण के सम्बन्ध में कही जा सकती है ?

इसके दो कारण मुझे दीखते हैं। एक तो यह कि महादेवीजी की कविताएँ इतनी अंतर्मुख हैं कि वे प्रकृति के प्रत्यक्ष स्पंदनों, उनकी ध्वनियों और संकेतों से सुपरिचित नहीं; और दूसरा यह कि वे काव्य के एक-एक बन्द को एक-एक चित्र के रूप में सजाना चाहती हैं; जिसमें वस्तुओं और व्यापारों की योजना संश्लिष्ट हुआ करती है। और क्योंकि वह मानसिक वृत्तियों और वातावरणों को भी उन्हीं वस्तु-व्यापारों के द्वारा ध्वनित करना चाहती हैं, इसलिए यह कार्य उनके लिए दुःसाध्य हो जाता है। उनके उन दीर्घ चित्रणों की तुलना अन्य प्रमुख छायावादियों से कीजिए तो अन्तर आप दीखेगा —

देख वसुधा का यौवनभार, गूंज उठता है जब मधुमास।
विधु उर के-से मृदु उद्गार, कुसुम जब खुल पड़ते सोच्छ्वास।
न जाने सौरभ के मिस कौन संदेशा मुझे भेजता मौन।

— सुमित्रानंदन पंत ('मौन निमंत्रण')

अथवा—

पवन में छिपकर तुम प्रतिपल, पल्लव में भर मृदुल हिलोर।
चूम कलियों के मुद्रित दल, पत्र-छिद्रों में गा निशि-भोर।
विश्व के अन्तस्तल में चाह, जगा देती हो तड़ित-प्रवाह।

—निराला ('स्मृति')

अवश्य ये चित्र अधिक हल्के और अनलंकृत हैं, इनमें सूक्ष्मतर रूप-योजना और भाव-व्यंजना की वह महत्त्वाकांक्षा भी नहीं है, यह हम स्वीकार करेंगे; किन्तु तब हम महादेवीजी से कहेंगे कि वह अपनी उच्चतर कला-आकांक्षा के उपयुक्त सामग्री का भी संचय करें। यह कहना भी उचित न होगा कि जिस सूक्ष्मतर भावभूमि के चित्र महादेवीजी देती हैं उसमें अस्पष्टता अनिवार्य है। अस्पष्टता काव्य का कोई गुण नहीं है, यह चित्रण की दुर्बलता ही है। अस्पष्ट छाया-भावों का चित्रण भी सुस्पष्ट, मोती के पानी-जैसा भीतर से दमकता और नैसर्गिक होना चाहिए। काव्य की विशेषता तो इसी में है।

महादेवीजी ने भी जहाँ अलंकृत चित्रांकन छोड़कर सीधा रास्ता पकड़ा है, वहाँ बड़ी सजीव कविता का स्रोत बह चला है।

स्वर्ग का था नीरव उच्छ्वास, देव वीणा का टूटा तार।
मृत्यु का क्षणभंगुर उपहार, रत्न वह प्राणों का शृंगार।
नई आशाओं का उपवन, मधुर वह था मेरा जीवन।

और जहाँ वह कल्पना के अर्द्धस्फुट या दुरूह उपमानों को छोड़कर इसी सरलता के साथ रूपांकन भी करने लगी हैं वहाँ उनके चित्र खूब साफ़ आए हैं; जैसे—

जाग जाग सुकेशिनी री,
अनिल ने आ मृदुल हौले, शिथिल वेणी बंध खोले;
पर न तेरे पलक डोले। बिखरती अलकें झरे जाते
सुमन वर वेषिनी री।

छाँह में अस्तित्व खोये, अश्रु से सब रंग धोये।
मंदप्रभ दीपक सँजोये, पंथ किसका देखती तू,
अलस स्वप्न निवेशिनी री !

पाठक देखेंगे कि यह सौन्दर्य-चित्रण आध्यात्मिक रहस्य-मुद्राओं से परिपूर्ण है; इसे छायावाद की परम्परा में हम नहीं ले सकते। इनमें एक विलक्षण उदासीनता, सात्त्विकता, शान्ति और निश्चलता झलकती है। छायावाद की चेतनता, चांचल्य और चटक इनमें नहीं। महादेवीजी के काव्य की यह एक सार्वत्रिक विशेषता है।

किन्तु महादेवीजी की अधिकांश रचनाओं में ऊपर के-से भाव-संकेतक रूप-चित्र नहीं मिलते, भावों का चित्रण ही प्रधानतः मिलता है। मेरी अपनी दृष्टि से रूप-चित्रण की सहायता के बिना रहस्यवाद की काव्य-कला का पूर्ण प्रस्फुटन नहीं हो सकता। जो स्वयं अदृश्य वस्तु है उसे अस्फुट उपमानों से व्यक्त करना, पाठकों को काव्य-रस से अंशतः वंचित ही रखना है। जैसे 'बेसुध' पीड़ा के सम्बन्ध में ये पंक्तियाँ—

इसमें अतीत सुलझाता अपने आँसू की लड़ियाँ
इसमें असीम गिनता है वे मधुमासों की घड़ियाँ

किन्तु इनकी गणना कहाँ तक की जाय, यह महादेवीजी की प्रधान काव्य-शैली ही है। तो भी इसके अन्दर कुछ उच्चकोटि की रचनाएँ भी उन्होंने की हैं। जहाँ व्यक्त रूप किसी-न-किसी प्रकार आ गए हैं वहाँ रचना प्रायः सुन्दर हुई है—

किसी नक्षत्र लोक से टूट,
विश्व के शतदल पर अज्ञात।
ढुलक जो पड़ी ओस की बूंद,
तरल मोती-सा ले मृदु गात—
नाम से जीवन से अनजान,
कहो क्या परिचय दे नादान !

अथवा—

स्मित तुम्हारी से छलक यह ज्योत्स्ना अम्लान
जान कब पाई हुआ उसका कहाँ निर्माण !
अचल पलकों में जड़ी-सी तारिकाएँ दीन,
ढूंढती अपना पता विस्मित निमेष विहीन।

... ...

कौन तुम मेरे हृदय में ?
कौन मेरी कसक में नित मधुरता भरता अलक्षित ?
कौन प्यासे लोचनों में घुमड़ घिर झरता अपरिचित ?
अनुसरण विश्वास मेरे कर रहे किसका निरन्तर ?
चूमने पदचिन्ह किसके लौटते यह श्वास फिर-फिर ?

यह पिछला पद प्रसादजी के 'कौन हो तुम इसी भूले हृदय की चिर खोज ?' का स्मरण दिलाता है, यद्यपि महादेवीजी और प्रसादजी की रहस्य-भावना में यह सुस्पष्ट

अन्तर है कि महादेवीजी का झुकाव सदैव करुणा और भक्ति की ओर रहता है जबकि प्रसादजी प्राय: तादात्म्य का संकेत करते हैं।

'मत अरुण घूँघट खोल री' और 'शृंगार कर ले री सजनी' रहस्यात्मक रूप-विन्यास के सुन्दर उदाहरण हैं।

'सान्ध्यगीत' में दार्शनिक एकाग्रता उच्चतर हो उठी है, किन्तु काव्य-उपादान उतनी ही मात्रा में समृद्ध नहीं हो पाया। इसीलिए संभवत: इन गीतों की रहस्य-भावना ही प्रधान स्थान पा गई है, उपयुक्त रूप-योजना उन्हें नहीं मिल सकी। भावना का वैसा ही विकास होते हुए भी 'सान्ध्यगीत' में और महाकवि रवीन्द्र की 'गीतांजलि' में दो मुख्य अन्तर हैं। उनकी अजेय काव्य-शक्ति कभी उनकी भावना का साथ नहीं छोड़ती। भावना की दौड़ में पिछड़ जाने पर ही काव्य को—

पंकज कली, पंकज कली
क्या तिमिर कह जाता करुण,
क्या मधुर दे जाती किरण

जैसी अन्योक्ति-पद्धति पकड़नी पड़ती है। यद्यपि यह अन्योक्ति ऊँचे दर्जे की है, किन्तु अन्योक्ति कितने ही ऊँचे दर्जे की हो, उसकी काव्य से भिन्न बौद्धिकता बिना खटके नहीं रह सकती। दूसरी बात यह है कि रवि बाबू की रचनाओं में कल्पना की जो एकतानता, जो प्रसार, जो अटूट शृंखला मिलती है वह इन गीतों में उतनी नहीं। तो भी छोटे-छोटे टुकड़ों में अपने ढंग की सफाई और काफी काम महादेवीजी के बहुत-से गीतों में मिलता है।

प्रसाद के 'आँसू', निराला की 'स्मृति'-जैसी उदात्त और एकतान कल्पना तथा 'पल्लव' का-सा सौन्दर्योन्मेष महादेवीजी में नहीं है; किन्तु वेदना का विन्यास उसकी वस्तुमत्ता ('आब्जेक्टिविटी') का बहुरूप और विवरणपूर्ण चित्रण जितना महादेवीजी ने दिया है, उतना वे तीनों कवि नहीं दे सके हैं।

'सान्ध्यगीत' की पहली ही कविता में सान्ध्य-गान और जीवन का बिम्ब-प्रतिबिम्ब स्वरूप महादेवीजी के काव्य में चित्रांकन-कला का एक सफल उदाहरण है, भले ही प्रकृत भावोच्छ्वास का प्रवेश उसमें न हो।

मैंने पहले कहा है कि छायावादी काव्य के व्यक्त प्रकृति के सौन्दर्य-प्रतीकों को न लेकर महादेवीजी ने उन प्रतीकों की अव्यक्त गतियों और छायाओं का संग्रह किया है। इससे उनकी रचनाओं में वेदना की निवृत्ति और रहस्यात्मकता बढ़ गई है किन्तु वे स्थल कहीं-कहीं अधिक दुरूह हो गए हैं। उदाहरण के लिए यह रचना लीजिए—

उच्छ्वासों की छाया में, पीड़ा के आलिंगन में,
निश्वासों के रोदन में, इच्छाओं के चुम्बन में,
उन थकी हुई सोती-सी उजियाली की पलकों में,
बिखरी उलझी हिलती-सी, मलयानिल की अलकों में,
सूने मानस-मन्दिर में, सपनों की मुग्ध हँसी में,
आशा के आवाहन में, बीते की चित्रपटी में,

रजनी के अभिसारों में, नक्षत्रों के पहरों में,
ऊषा के उपहासों में, मुस्काती-सी लहरों में,
जो बिखर पड़े निर्जन में, निर्भर सपनों के मोती।
मैं ढूंढ रही थी लेकर धुंधली जीवन की ज्योती।

लाक्षणिकता उसी हद तक काव्य में काम दे सकती है जिस हद तक वह उसके धारावाही सौन्दर्य में रोड़े न अटकाए। महादेवीजी के काव्य की जो भूमि है उसी भूमि की रचनाएँ कतिपय छायावादी कवियों की भी मिलती हैं, किन्तु उसकी व्यंजना व्यक्त सौन्दर्य-प्रतीकों और सीधी लाक्षणिकता के आधार पर होने के कारण स्पष्टतर हुई है। उदाहरणार्थ, हम निरालाजी की ख्यातिप्राप्त रचना 'तुम तुंग हिमालय शृंग और मैं चंचल गति सुरसरिता' को लें तो दोनों का अन्तर साफ दिखाई देगा। हमारे कहने का मतलब यह नहीं कि महादेवीजी के ऐसे प्रयोग सर्वत्र दुरूह हो गए हैं, कहीं-कहीं वे अतिशय मार्मिक भी हैं। जैसे—

उन हीरक के तारों का कर चूर बनाया प्याला।
पीड़ा का सार मिलाकर प्राणों का आसव ढाला।
मलयानिल से झोंकों में अपना उपहार लपेटे।
मैं सूने तट पर आई बिखरे उद्‌गार समेटे।
काले रजनी अंचल में लिपटी लहरें सोती थीं।
मधुमानस की बरसाती वारिदमाला रोती थी।

ये पंक्तियाँ हमें प्रसादजी के 'आँसू' की सुन्दर कड़ियों की याद दिलाती हैं। अवश्य प्रसादजी में सौन्दर्य-संवेदन के दोनों स्वरूप 'आनन्द' और 'वेदना' का एक-सा प्रसार मिलता है, किन्तु महादेवीजी में उसके पिछले अंश की ही प्रधानता है।

अपनी इस एकपक्षता के दो कारण महादेवीजी ने बताये हैं जो इस प्रकार हैं— "जीवन में मुझे बहुत दुलार, बहुत आदर और बहुत मात्रा में सब-कुछ मिला है, उस पर पार्थिव दु:ख की छाया नहीं पड़ी। कदाचित् यह उसी की प्रतिक्रिया है कि वेदना मुझे इतनी मधुर लगने लगी है।" इसके अतिरिक्त "बचपन से ही भगवान् बुद्ध के प्रति एक भक्तिमय अनुराग होने के कारण उनकी संसार को दु:खात्मक समझनेवाली फ़िलासफी से मेरा असमय ही परिचय हो गया था।" इस दुख के स्वरूप को और अधिक स्पष्ट करती हुई वह लिखती हैं —"दुख मेरे निकट जीवन का ऐसा काव्य है जो सारे संसार को एक सूत्र में बाँधे रखने की क्षमता रखता है। हमारे असंख्य सुख हमें चाहे मनुष्यता की पहली सीढ़ी तक भी न पहुंचा सकें, किन्तु हमारा एक बूंद आँसू भी जीवन को अधिक मधुर, अधिक उर्वर बनाये बिना नहीं गिर सकता।"

इस स्पष्टीकरण में महादेवीजी ने सुख और दु:ख के स्वरूप को अस्पष्ट ही रख छोड़ा है। उन्होंने दुख के आध्यात्मिक स्वरूप और सुख के भौतिक स्वरूप को सामने रखकर विचार किया है। किन्तु इसके विपरीत सुख का एक आध्यात्मिक और दुख का भौतिक स्वरूप भी है, जिसकी ओर उनकी दृष्टि नहीं गई। दुख की तामसिक, राजसिक और सात्त्विक तीनों अभिव्यक्तियाँ हो सकती हैं, उसी प्रकार सुख की भी। यह सब-कुछ उस

संवेदन पर अवलम्बित है जिससे सुख और दु:ख का नि:सरण होता है। महात्मा बुद्ध ने दु:खवाद को आध्यात्मिक अर्थ में लिया है, उसी प्रकार भारतीय दर्शनों ने आनन्द का आध्यात्मीकरण कर लिया है। इसीलिए भौतिक आधार पर सुख और दु:ख का जो व्यतिरेक (या 'कंट्रास्ट') महादेवीजी ने ऊपर दिखाया है, उसे मैं उसकी व्यक्तिगत सात्त्विकता का परिणाम मान सकता हूँ। उसे दार्शनिक सत्य या काव्य-कसौटी मानने के लिए मैं तैयार नहीं हूँ।

यह स्त्रियोचित सात्त्विकता ही महादेवीजी के काव्य की सार्वत्रिक विशेषता है। इससे उनके काव्य को एक सुन्दर कान्ति मिली है; यद्यपि कहीं-कहीं अति सरलता सौंदर्य-स्पर्श से वंचित भी रह गई है। जैसा कि मैं अभी कह चुका हूँ, महादेवीजी की वेदना पहले व्यक्तिगत भावुकता अथवा रूढ़ भक्ति-भावना के रूप में रही है, जो क्रमश: निखरती गई है। अब मैं इनके एक-एक उदाहरण दूँगा—

भावुकता का स्वरूप निम्नांकित 'फँसी' मे प्रकट हुआ है—

चाहता है यह पागल प्यार, अनोखा एक नया संसार।
कलियों के उच्छ्वास शून्य में ताने एक वितान,
तुहिन-कणों पर मृदु कंपन से सेज बिछा दें गान—
जहाँ सपने हों पहरेदार, अनोखा एक नया संसार।

रूढ़िगत भक्ति-भावना मुझे वहाँ दीखती है जहाँ महादेवीजी ने रहस्यमयी आध्यात्मिक सत्ता को स्थूल उपाय का रूप दे दिया है अथवा जहाँ प्राकृतिक सौन्दर्य का, जिसमें कवि-हृदय बिना मुग्ध हुए नहीं रहता, स्थान-स्थान पर प्रतिषेध किया है।

निराली कलकल में अभिराम, मिलाकर मोहक मादक गान।
छलकती लहरों में उद्दाम, छिपा अपना अस्फुट आह्वान।
न कर हे निर्झर भंग समाधि, साधना है मेरा एकान्त।

किन्तु नीचे के पद्य में रूढ़िरहित आध्यात्मिक निरूपण है—

छाया की आँख-मिचौनी, मेघों का मतवालापन,
रजनी के श्याम कपोलों, पर ढरकीले श्रम के कन।
फूलों की मीठी चितवन, नभ की यह दीपावलियाँ,
पीले मुख पर संध्या के वे किरणों की फुलझरियाँ।
विधु की चाँदी की थाली, मादक मकरंद भरी-सी।
जिसमें उजियारी रातें, लुटती घुलती मिसरी-सी,
भिक्षुक-से फिर जाओगे, जब लेकर यह अपना धन,
करुणामय तब समझोगे, इन प्राणों का महँगापन।

'न थे जब परिवर्तन दिन-रात, नहीं आलोक तिमिर थे ज्ञात' से आरंभ होने वाला पूरा गीत भी रूढ़ पद्धति पर बना है। किन्तु आगे चलकर जहाँ वेदना तपकर निखर उठी है, वहाँ रूढ़ि का लेश भी नहीं दीखता और काव्य ऊँचे धरातल पर आ पहुंचा है। यहाँ वेदना खूब सशक्त संवेदना की छटा लेकर आती है—

देव, अब वरदान कैसा ?
वेध दो मेरा हृदय, माला बनूँ, प्रतिकूल क्या है !
मैं तुम्हें पहचान लूँ इस कूल तो उस कूल क्या है !
छीन सब मीठे क्षणों को, इन अथक अन्वेषणों को
आज लघुता ले मुझे दोगे निठुर प्रतिदान कैसा ?
जन्म से यह साथ हैं, मैंने इन्हीं का प्यार जाना।
स्वजन ही समझा दृगों के अश्रु को पानी न माना।
इन्द्र धनु से नित सजी-सी, विद्यु हीरक से जड़ी-सी।
मैं भरी बदली रहूं, चिर मुक्ति का सम्मान कैसा ?

इस अवस्था की अनुभूतियों का वैविध्य और काव्य की मनोहारिता महादेवीजी में ऊँची श्रेणी की है। कोई भी छायावादी इतने अटल भाव से इस भूमि में नहीं रह सका। इस भूमि की प्रदीप्त अनुभूतियों को ऐसा संकलन नवीन युग का कोई हिन्दी कवि नहीं कर सका है। तो भी, हम कहेंगे कि महादेवीजी का काव्य व्यक्तिगत दुःख को सब जगह आध्यात्मिक ऊँचाई तक नहीं ले जा सका है।

महादेवीजी जिस नये क्षेत्र में जिस नवीन ढंग से काम कर रही हैं, इससे उनकी कठिनाइयों का अनुमान हम कर सकते हैं। एक तो परोक्षस्तर की निगूढ़ अनुभूतियों का संग्रह, फिर उनका परिष्करण और उन्हें उपयुक्त व्यंजना देना तीनों ही आयास-साध्य हैं। फिर महादेवीजी अपनी व्यंजना-शैली में भी एक नवीनता रखती हैं। ऐसी अवस्था में हमें आश्चर्य नहीं होता कि भाषा, तुकों और छन्दों के विन्यास की ओर वह पर्याप्त सतर्क न हो सकीं। महादेवीजी की भाषा में हमें समृद्ध छायावादी चमत्कृति नहीं मिलती, तुकों के सम्बन्ध में भी काफी शिथिलता दीखती है। छन्दों और गीतों में भी एकरूपता अधिक है। भावों को काव्याभिव्यंजना देने के सिलसिले में कहीं-कहीं सुन्दर कल्पनाओं के साथ ढीले प्रयोग एक पंक्ति के बाद दूसरी ही पंक्ति में मिल जाते हैं—

जिन नयनों की विपुल नीलिमा में मिलता नभ का आभास।
जिस मानस में डूब गये कितनी करुणा कितने तूफान।
जिन अधरों की मन्द हँसी थी नव अरुणोदय का उपमान।
किया दैव ने जिन प्राणों का केवल सुषमा से निर्माण।
ओठों की हँसती पीड़ा में आहों के बिखरे त्यागों में।
जो तुम आ जाते एक बार
कितनी करुणा कितने संदेस पथ में बिछ जाते बन पराग।

इस उद्धरणों की पहली पंक्तियाँ जितनी सुन्दर और काव्योपयुक्त हुई हैं, उतने ही प्रत्येक दूसरी पंक्ति के चिह्नित प्रयोग चिन्त्य हो गए हैं। कई पंक्तियाँ शुष्क गद्य-सी प्रतीत होती हैं—

मैं मदिरा तू उसका खुमार।
मैं छाया तू उसका अधार।

चल चितवन के दूत सुना उनके पल में रहस्य की बात।
मेरे निर्निमेष पलकों में मचा गए क्या-क्या उत्पात।
गए तब से कितने युग बीत, हुए कितने दीपक निर्वाण।
नहीं पर मैंने पाया सीख, तुम्हारा-सा मनमोहन गान ।।

नीचे लिखी पंक्ति ध्वनि-शैथिल्य का एक उदाहरण है—

शिथिल मधु-पवन गिन-गिन मधुकण,
हरसिंगार झरते हैं झर-झर।

'तुम बिन', 'उन बिन'-जैसे प्रयोग अधिक नहीं अखरते और 'पथ बिन अन्त' भी चल जाता है। 'मैं न जानी', 'मैं प्रिय पहचानी नहीं' जैसे व्याकरण-असम्मत प्रयोग भी अप्रिय नहीं लगते । तो भी कहना पड़ता है कि महादेवीजी की रहस्यानुभूति जितनी समृद्ध है, उनकी काव्य-प्रतिभा उतनी ही उत्कृष्ट नहीं और भाषा शक्ति भी सीमित है। किन्तु अभी महादेवीजी निरन्तर विकास के मार्ग पर बढ़ रही हैं, वह किस दिशा में कितना बढ़ेंगी, यह अब तक अज्ञात है। इसलिए उनकी किसी भी विशेषता पर अन्तिम मुहर अभी नहीं लगाई जा सकती ।

अब यहाँ मुझे उन मतदाताओं के समाधान में कुछ अन्तिम शब्द कहने होंगे जो महादेवीजी की अनुभूतियों पर काल्पनिकता का आरोप करते हैं। उनकी समझ में नहीं आता कि किस जगत् की बातें वह कर रही हैं और उनसे हमारा क्या सम्बन्ध हो सकता है । इन्हीं में से वे कुछ लोग भी हैं जो आधुनिक कोलाहल में व्यस्त होने के कारण या तो महादेवीजी के काव्य-जगत् में पहुँच ही नहीं पाते, अथवा दो-चार चीजों की बानगी लेकर, शेष सब एकरूप ही हैं, कहने की जल्दबाजी करते हैं। इन सबको मेरा उत्तर यह है कि महादेवीजी के काव्य का आधार उसी अर्थ में काल्पनिक कहा जा सकता है जिस अर्थ में कबीर और मीरा का काव्याधार काल्पनिक है; जिस अर्थ में 'गीतांजलि' और 'आँसू' काल्पनिक हैं। जो महादेवी का अध्ययन नहीं कर सकते, वे इन कवियों का भी अध्ययन कैसे कर सकते हैं, अथवा इनको भी एकरूप क्यों नहीं ठहरा सकते ! यहाँ मैं उन महानुभावों का शुमार नहीं कर रहा जिनकी राय में रहस्यवाद किसी प्राचीन बर्बर युग की स्मृति है, मनुष्य की अविकसित बाल्य-भावना की सृष्टि है और जो वैज्ञानिक विकास-सिद्धान्त से बहुत दूर की चीज हो गई हैं। ऐसे लोग तो काव्याध्ययन के अधिकारी भी हैं, मैं नहीं मानता ।

ऊपर मैंने प्रसंगवश मीरा का नाम ले लिया है। साथ ही कुछ अन्य कवियों के नाम भी आये हैं जिनसे महादेवीजी की तुलना करने का मेरा मन्तव्य नहीं रहा, केवल काव्य की आधारभूमि मिलती-जुलती दिखानी थी। फिर भी अकसर लोगों का आग्रह रहा है कि मैं मीरा और महादेवी के काव्य की तुलना के सम्बन्ध में कुछ कहूँ। मेरा कहना यह है कि मीरा और महादेवी के काव्य का आधार बहुत अंशों में एक-सा है किन्तु ये दोनों दो युगों की सृष्टियाँ हैं। अपने-अपने युगों के अनुरूप ही इन दोनों का काव्य-व्यक्तित्व है। मीरा का काव्य नैसर्गिक भावोद्रेक का नमूना है। वह अलौकिक प्रेम और विरह से भीगे हुए हृदय का उद्गार है। उसमें काव्यकला की बारीकियाँ हमें नहीं मिलतीं, मूर्तिमान

विरह की तड़प और मिलन के स्पन्दन सुन पड़ते हैं। प्रकृति और कल्पना की सहायता से भावों का चित्रण वह नहीं करने बैठीं। मध्ययुग के सभी समुन्नत कवियों की यह अप्रतिम नैसर्गिकता उनकी अपनी चीज़ है। उस तरह की चीज़ आज इस बौद्धिक विकास के युग में ढूंढना दोनों युगों का अपमान करना है। महादेवीजी में भी अनुभूति की सचाई है और गहराई है किन्तु वे काव्य-कला में सजकर आयी हैं। मीरा अपने प्रियतम की खोज में राजमहल छोड़कर निकल आई थीं और उन्हें गृह-वन पुकारती फिरती थीं। उनकी काव्य-पुकार साकार है। महादेवीजी की ध्वनि अधिक धीमी और अधिक सभ्य होनी समुचित ही है।

विशुद्ध काव्य-दृष्टि से महादेवी मीरा की ऊँचाई पर कम ही पहुँचती हैं। काव्य-कला से सज्जित होने पर भी उनकी कविता में तीव्र नैसर्गिक उन्मेष नहीं, साथ ही उनमें एकांगिता भी है। उक्त भावना-शिशु के लिए मुक्त आकाश में पक्षी की भाँति उड़कर चराचर जगत् की जो सौन्दर्य सामग्री, जो सहज आस्वाद्य फल, कविगण प्रस्तुत किया करते हैं, महादेवीजी में उसकी कमी है। भावना-शिशु का प्यार उन्हें अपना नीड़ छोड़ने नहीं देता। फलत: उनके काव्य में प्राकृतिक उपमानों का वैविध्य नहीं है। उनकी कविता कुछ अंशों में कोरी भावना-निष्ठा से, जो व्यक्तिगत है, विजड़ित है। अपनी बात स्पष्ट करने के लिए मैं 'प्रसाद'जी की दो पंक्तियाँ लेता हूँ। ये उनके 'चन्द्रगुप्त' नाटक में आई हैं, विषय है देशप्रेम का—

अरुण यह मधुमय देश हमारा,
जहाँ पहुंच अनजान क्षितिज को मिलता एक सहारा।
... ...

लघु सुरधनु से पंख पसारे, शीतल मलय समीर सहारे।
उड़ते खग जिस ओर मुँह किये, समझ नीड़ निज प्यारा।

कवि अपने मूल विषय को लेकर कितनी दूर चला गया है, व्यक्तिगत भाव के भार से कितना छूटा हुआ! पक्षियों का अनुकूल पवन के सहारे, छोटे-छोटे इन्द्रधनुषों के-से पंख पसारे, अपनी ईप्सित दिशा में नीड़ों की ओर उड़ना, और मेरा देश (सुख, सौन्दर्य और अपनेपन की व्यंजना)। अनजान क्षितिज को कूल-किनारा मिलना—सहारा मिलना, और मेरा देश (आश्रय, दाक्षिण्य और औदार्य का भाव)! और साथ ही क्षितिज को किनारा मिलने और पक्षियों के नीड़ की ओर उड़ने की मूर्तिमत्ता कितनी सहज, भव्य और हृदयग्राहिणी है। यह भावना तो है ही, किन्तु समुन्नत काव्य के वेश में। महादेवीजी की शक्ति भावना के विश्लेषण में है, प्राकृतिक रूपों और उपमानों द्वारा उसे व्यंजित करने में नहीं। बाह्य निरपेक्षता और अंतरंगता जो महादेवीजी में एक सीमा तक बढ़ी हुई है, उनकी काव्य-शक्ति को परिपूर्ण विकास नहीं दे रही है।

सभी उच्चकोटि के रहस्यवादी कवियों और स्वयं मीरा में भी भावना का प्राचुर्य उपयुक्त प्राकृतिक उपमाओं और कल्पनाओं के सहारे, काव्यात्मक परिच्छेद में व्यक्त हुआ है। बल्कि हृदय के सूक्ष्म भावों की व्यंजना के लिए अन्य कवियों की अपेक्षा रहस्यवादी कवि को प्रकृति की—उसकी एक-एक भावभंगी, रूप-रंग, गति-अनुगति की ओर

भी गम्भीर परख रखनी पड़ती है; अन्यथा उसका काम नहीं चल सकता ।

मीरा का काव्य दिव्य प्रेम और विरह पर आश्रित है, जो एक ओर उसे सहज हृदयग्राही बनाता है और दूसरी ओर काव्य के विषय को विस्तीर्ण कर देता है। महादेवी के काव्य में वैराग्य-भावना का प्राधान्य है। महात्मा बुद्ध की भाँति नहीं (बुद्ध की मूर्तियों में दुःख की मुद्रा नहीं मिलती) किन्तु बौद्ध-संन्यासियों और संन्यासिनियों-सरीखी एक चिन्ता-मुद्रा, एक विरक्ति, एक तड़प, शान्ति के प्रति एक अशान्ति महादेवीजी की कविता में सब जगह देखी जा सकती है। किन्तु इस कारण उनकी कविता में एकरूपता (मोनोटनी) नहीं आई है, जैसा कुछ लोग आरोप करते हैं। उनके रूप-चित्रों में प्रचुर वैभिन्न्य है।

आशा है मैंने दोनों का अन्तर यथासम्भव थोड़े में स्पष्ट कर दिया है।

अब मैं अन्त में यह कहूंगा कि आधुनिक कवियों में महादेवीजी का क्या स्थान है इसका निर्णय करना अभी हमारे लिए असामयिक होगा। इस युग के अग्रगण्य कवियों में संभवतः उनका स्थान सुरक्षित रहेगा (केवल इसलिए नहीं कि भारत अध्यात्म-प्रधान देश है, बल्कि उनके काव्य-गुणों के कारण); किन्तु उनमें उन्हें कौन-सा विशेष पद प्राप्त होगा, यह तो समय ही बता सकता है। मैं कह चुका हूँ कि उनका विकास अभी बन्द नहीं हुआ है।

महादेवी : एक सर्वेक्षण

इन्द्रनाथ मदान

छायावादी कवियों में महादेवी का विशिष्ट स्थान है। वह इसलिए नहीं कि वह नारी हैं, वरन इसलिए कि उन्होंने छायावादी काव्य के भाव-पक्ष तथा कला पक्ष को विकसित किया है। महादेवी की अन्य छायावादी कवियों की अपेक्षा इस काव्य को सबसे अधिक देन यह है कि कविता उनके कण्ठ से विशुद्ध अनुभूतिमयी होकर फूटी है। हृदय की सूक्ष्मतम एवं गहनतम भावनाओं को जितनी सफलता के साथ महादेवी ने व्यक्त किया है, उतनी सफलता के साथ अन्य छायावादी कवि शायद ही कर सके हों। उनके काव्य में मात्र कला का विकास न होकर हृदय की झंकार भी है। प्रसाद, निराला और पंत वस्तुपरक कविता लिखने की ओर भी उन्मुख रहे हैं—प्रसाद 'कामायनी' लिखकर, निराला 'तुलसीदास' और पंत प्रगतिशील कविताओं का सृजन करके। परन्तु महादेवी ने आरम्भ से लेकर अन्त तक आत्मपरक कविताएँ ही लिखी हैं। उनकी वाणी प्रगीत-काव्य के माध्यम से मुखरित हुई है, जिसमें गहन वेदना और सुकुमार कल्पना का मधुर मिलन है। प्रगीतकाव्य के लिए यह आवश्यक है कि एक ही मार्मिक उद्‌गार कसक-भरे शब्दों में स्वाभाविक रूप से फूट पड़े और उसकी वेदना हृदय में घर करती चली जाय। महादेवी के काव्य का यह गुण है कि उनके गीत सीधे हृदय को झंकृत करते हैं। छायावादी काव्य में प्रसाद ने यदि मादकता को मिलाया, निराला ने उसे मुक्त छन्द दिया, पंत ने शब्दों को खराद पर चढ़ाकर उसे सुडौल और सरल बनाया तो महादेवी ने उसकी भावात्मकता को समृद्ध किया है। इसका यह अर्थ नहीं कि प्रसाद, निराला और पंत ने भाव-पक्ष की उपेक्षा की है उनकी कविता में भी भाव-पक्ष का समृद्ध रूप निखरकर सम्मुख आया है। महादेवी का कला-पक्ष की अपेक्षा भाव-पक्ष के प्रति अधिक आग्रह है। इस बीच में यदि स्वाभाविक भावना स्वतः ही नवीन छंद में निस्सृत हो गई है तो वह महादेवी का जान-बूझकर छंद-परिवर्तन करना या नवीन प्रयोग करना नहीं समझा जा सकता, जैसेकि प्रसाद, पंत तथा निराला के काव्य में हुआ है। प्रसाद ने अनेक प्रयोग किये हैं, जैसाकि उनका 'प्रेम-पथिक' लिया जा सकता है, जिसे उन्होंने ब्रजभाषा से खड़ी बोली में और बदले हुए छन्दों में लिखा। पंत ने तो स्पष्ट ही 'पल्लव' की भूमिका में शब्दों की योजना में प्रयोग और ब्रजभाषा तथा खड़ी बोली के अन्तर के साथ नवीन छन्दों की ओर भी इंगित किया है। निराला

छंद के नाते विख्यात हैं। उनकी कविता 'बंधनमय छंदों की छोटी राह' छोड़कर बही है। परन्तु महादेवी ने ऐसा नहीं किया है। उन्होंने केवल आत्म-प्रकाशन पर दृष्टि रखी है और इस बीच में यदि नवीन शब्दों, प्रतीकों और छंदों का प्रयोग हो गया है तो वह संयोग-वश ही हुआ है। और वह इतना अधिक हुआ है कि उसका विशेष कारण है। उनकी कविता में वेदना या टीस अधिक है, जो उनके काव्य की मूल भावना है। महादेवी की कविता में वेदना और करुणा का साम्राज्य है। वेदना के ताप से गलकर उनके हृदय की द्रवीभूत अनुभूति पारे की भाँति तरल होकर बह निकली है।

महादेवी की कृतियों से अवगत होना अपेक्षित है। अब तक इनके पाँच काव्य-संग्रह प्रकाशित हो चुके हैं—'नीहार', 'रश्मि', 'नीरजा', 'सान्ध्यगीत' और 'दीपशिखा'। 'नीहार', 'रश्मि', 'नीरजा' तथा 'सान्ध्यगीत' की १८५ कविताएं एक ही संग्रह 'यामा' में संकलित की गई हैं। इस प्रकार आज 'यामा' और 'दीपशिखा' उनके काव्य के दो संग्रह उपलब्ध होते हैं। इन काव्य-ग्रंथों में संगृहीत गीतों से जहाँ महादेवी के आध्यात्मिक चिन्तन और रहस्यमयी भावना का पता चलता है, वहाँ उनकी 'अतीत के चलचित्र', 'स्मृति की रेखाएँ' आदि गद्य-कृतियों से उनके सामाजिक चिन्तन के स्वरूप के दर्शन होते हैं। इन रेखाचित्रों और संस्मरणों में महादेवी की आत्मा छायावाद की सुन्दर भूमि से सामाजिक यथार्थ की कठोर भूमि पर उतर आयी है। लेकिन उनकी संवेदना इतनी सरल और पावन है कि जिन व्यक्तियों को लेकर ये रेखाचित्र लिखे गए हैं, उनसे महादेवी का रागात्मक सम्बन्ध हो गया है। उनकी दयनीय दशा का चित्र अंकित करते हुए महादेवी ने व्यंग्य का भी आश्रय लिया है जो आज के गद्य की एक प्रमुख विशेषता है। परन्तु गद्य में भी उनकी गहन दृष्टि का आलोक है। उनके विचारक रूप की झाँकी पाने के लिए 'शृंखला की कड़ियाँ' और 'महादेवी का विवेचनात्मक गद्य' पठनीय हैं। इनमें उनके व्यक्तित्व का सामाजिक पक्ष झलकता है जिसकी प्रायः उपेक्षा की जाती है। पहली कृति में नारी को लेकर समाज के सम्बन्ध में वस्तु-स्थिति के चित्रण के साथ वैज्ञानिक विवेचन किया गया है और दूसरी में साहित्य की समस्याओं—छायावाद, गीतिकाव्य आदि—पर कवयित्री ने अपने गम्भीर चिन्तन का परिचय दिया है। आधुनिक साहित्यिक समस्याओं पर लिखे ये निबन्ध महादेवी के विशिष्ट दृष्टिकोण को व्यक्त करते हैं।

उनके काव्य की मूल विशेषताओं का अनुशीलन करने के लिए उनके व्यक्तित्व के दोनों पक्षों का मन्थन आवश्यक है। इसमें सन्देह नहीं है कि महादेवी का व्यक्तित्व अपनी निजता रखता है। भक्ति-काल में जो स्थान मीरा को प्राप्त था वही छायावाद में महादेवी को उपलब्ध है और इसी को देखकर लोग उन्हें 'आधुनिक युग की मीरा' भी कहते हैं। इस विषय में कुछ मतभेद भी पाया जाता है। महादेवी स्वयं इस प्रकार मीरा से उपमा देना अनुचित एवं असंगत समझती हैं। इस विषय पर सम्मति देने का लोभ संवरण करना भी कठिन है। जहाँ तक दुःख-दर्द और पीड़ा-कसक का सम्बन्ध है वहाँ तक मीरा और महादेवी में विशेष अन्तर नहीं है। मीरा राजकुमारी थीं और उन्होंने 'मेरो दर्द न जाने कोय' की पुकार लगाई थी। महादेवी यद्यपि राजघराने में उत्पन्न नहीं हुईं, परन्तु ऐसे सम्पन्न परिवार में उनका जन्म हुआ है जहाँ सब प्रकार की सुख-सुविधाएँ

प्राप्त थीं। उन्होंने अपने सम्बन्ध में कहा है कि 'अश्रुमय कोमल कहाँ तू आ गई परदेशिनी री।' इस प्रकार वेदना और पीड़ा का संसार दोनों के पास है। अन्तर है परिस्थितियों और शिक्षा-दीक्षा का। मीरा रहस्यवादी सन्तों की परम्परा के संस्कार लेकर आयी थीं और रैदास की कृपा से उन्होंने सहज ज्ञान का प्रकाश प्राप्त किया था। महादेवी बीसवीं सदी के वैज्ञानिक युग में पैदा हुई हैं, जहाँ वह भिक्षुणी भी नहीं बन पायीं। उनकी शिक्षा भी बड़े-बड़े ऊँचे भवनों में हुई है। मीरा ने अपने को 'गिरधर गोपाल' के प्रति समर्पित कर दिया था और 'अँसुवन जल सींचि-सींचि प्रेम-बेलि बोई' थी। उनका प्रियतम सगुण साकार था। महादेवी ने भी असीम के प्रति अपने को समर्पित किया है और आँसू उन्होंने भी कम नहीं बहाए हैं। उनका प्रियतम निर्गुण निराकार है। मीरा की कविता में त्रिकुटी, अनहद-नाद, सुरत-निरत, ज्ञान-दीपक, सुषुम्ना की सेज, सुन्न महल, हंस और अगम देश की चर्चा होने पर भी रहस्य-भावना गौण हैं। उनके भावों का प्रेरक ब्रज का छलिया गिरधर नागर था। महादेवी में ऐसे प्रतीक नहीं मिलते क्योंकि आज का युग इन प्रतीकों का नहीं है। इसलिए महादेवी में नवीनता भी है और उनकी वेदना कुछ अस्पष्टता से युक्त होने पर भी तीक्ष्णता में मीरा से कम है। मीरा की सीधी अभिव्यक्ति महादेवी में नहीं है। महादेवी के विचार और कल्पनाएँ भी मीरा में नहीं मिलेंगी। इस प्रकार के अन्तर के होते हुए भी दोनों में कुछ समानताएँ भी हैं। श्री नन्ददुलारे वाजपेयी के शब्दों में महादेवी और मीरा दार्शनिक दृष्टि से एक ही परम्परा की अनुयायिनी प्रतीत होती हैं।

महादेवी मीरा हैं या नहीं, इस विवाद में अधिक पड़ना संगत नहीं जान पड़ता। उनका स्वतन्त्र व्यक्तित्व इतना प्रखर है कि उनका महत्त्व किसी प्रकार उपेक्षणीय नहीं है। उनके प्रखर व्यक्तित्व की सबसे बड़ी भावना है—उनकी कविता में दुःखवाद का प्रभाव। यह दुःखवाद, यह पीड़ा का संसार, उनके जीवन में अनजाने ही बस गया है। और जब वह बस गया है तो महादेवी उसे सँजोए चली जा रही हैं क्योंकि वह उनके उस प्रियतम की देन है, जो विश्व की प्रति साँस में अपना स्वर मिलाये हुए है। उनका हृदय प्रतिक्षण किसी अभाव का अनुभव करता है, उसी की खोज में लीन रहता है। वह सर्वदा शून्यता का अनुभव करती रहती हैं। उस सूनेपन में वह प्राणों का ही दीपक जलाकर दीवाली मनाती रहती हैं।[1] इस सूनेपन में दीवाली मनाने का आयोजन उन्होंने इसलिए किया है कि कभी उस प्रियतम से उनका मूक-मिलन हुआ था। परन्तु आज वह सब सपना हो गया है। आज तो उस मूक-मिलन द्वारा निर्मित पीड़ा के साम्राज्य में ही उन्हें रहना है जो क्षितिज के पार है, जहाँ मिटना ही निर्वाण है तथा नीरव रोदन ही जहाँ पहरेदार है।[2]

---

१. अपने इस सूनेपन की मैं हूँ रानी मतवाली,
प्राणों का दीप जला कर करती रहती दीवाली।

२. पीड़ा का साम्राज्य बस गया,
उस दिन दूर क्षितिज के पार,
मिटना था निर्वाण जहाँ,
नीरव रोदन पहरेदार?

पीड़ा को ग्रहण करने के कारण उनके जीवन का लौकिक सुख-स्वप्न नष्ट हो गया है। लौकिक सुख-स्वप्न के नष्ट हो जाने से उल्लास और उत्साह के केन्द्र हृदय में विषाद और निराशा ने घर कर लिया है। उनकी यह पीड़ा, जिसने विषाद और निराशा से हृदय को भर दिया है, स्वयं उनके अपने जीवन से आयी है और उसका माध्यम वह प्रियतम रहा है। जब उनकी प्यार से ललचाई पलकों पर व्रीड़ा का पहरा था तब उस चितवन ने उन्हें पीड़ा का साम्राज्य दे डाला और परिणाम यह हुआ कि उस सोने के सपनें को देखे युग बीत गए तथा उनकी आँखों के कोश रीते हो गए, परन्तु फिर सोने के सपने को देखने का अवसर न मिला।[1]

लेकिन यह पीड़ा उन्हें अत्यन्त प्रिय है और वह इसे छोड़ना नहीं चाहतीं। : यह है कि विरही के लिए पीड़ा का ही एकमात्र सहारा होता है। यदि वह भी न रहे तो फिर उसका जीना दुष्कर हो जाता है। शेख सादी से एक बार किसी ने पूछा था कि तुम इस पीड़ा को क्यों अपने साथ चिपकाए फिरते हो, छोड़ क्यों नहीं देते ? शेख सादी ने उसको उत्तर दिया था कि 'पीड़ा ही मेरा जीवन है, यदि इसे छोड़ दूंगा तो मैं मर जाऊँगा'। महादेवी के काव्य में कुछ इस प्रकार की ही स्थिति है। वह भी पीड़ा को अत्यन्त प्यार से संभालकर रखना चाहती हैं। दुःख की फिलासफी उनको बुद्ध के जीवन से मिली है और वहीं से करुणा का स्रोत भी उनके जीवन में फूटा है। परन्तु वह उनके काव्य में अपना निजीपन बनाये हुए है। वह दुःख को सुख से अधिक महत्त्व देती हैं और उनका विश्वास है कि दुख ही मानव-मात्र को परस्पर निकट लाने का साधन है। उनका कथन है—"दुख मेरे निकट जीवन का ऐसा काव्य है, जो सारे संसार को एक सूत्र में बाँध रखने की क्षमता रखता है। हमारे असंख्य सुख हमें चाहे मनुष्यता की पहली सीढ़ी तक भी न पहुँचा सकें किन्तु हमारा एक बूंद आँसू भी जीवन को अधिक मधुर, अधिक उर्वर बनाए बिना नहीं गिर सकता। मनुष्य सुख को अकेले भोगना चाहता है, परन्तु दुख सबको बाँटकर—विश्व-जीवन में अपने जीवन को, विश्व-वेदना

कैसे कहती हो सपना है,
अलि! उस मूक मिलन की बात ?
भरे हुए अब तक फूलों में
मेरे आँसू उनके हास !

१. इन ललचाई पलकों पर
पहरा था जब व्रीड़ा का,
साम्राज्य मुझे दे डाला
उस चितवन ने पीड़ा का !
उस सोने के सपने को
देखे कितने युग बीते !
आँखों के कोश हुए हैं
मोती बरसा कर रीते !

में अपनी वेदना को इस प्रकार मिला देना जिस प्रकार एक जल-बिन्दु समुद्र में मिल जाता है, कवि का मोक्ष है।' निस्सन्देह उनका यह कथन सत्य है। दुःख से जीवन में जो बल आता है उससे आत्मा उज्ज्वल बनती है। उपास्यदेव की आराधना में जितना ही अधिक कष्ट अनुभव होगा, आत्मा उसके उतनी ही निकट पहुँचेगी। 'नीहार' और 'रश्मि' में उनका यही दुःखवाद तीव्र रूप में प्रकट हुआ है।

सम्भवतः महादेवी को पीड़ा इसलिए प्रेय है और करुणा इसीलिए श्रेय है कि इससे जीवन की साधना पूरी होती है। यही आनन्द की चरमावस्था तक ले जाने का साधन है। तभी वह अमरों के लोक को ठुकरा देती हैं, और अपने मिटने के अधिकार को बचाए रखना चाहती हैं। जिस लोक में अवसाद नहीं, वेदना नहीं, जलन नहीं, ऐसे लोक को लेकर क्या होगा? उनके लिए ऐसा लोक व्यर्थ है।[1] दूसरी बात यह है कि यदि वह न जलेंगी तो उस पीड़ा के साम्राज्य में अन्धकार छा जायगा, इसलिए वह नहीं चाहतीं कि अपने अस्तित्व को मिटा दें।[2] महादेवी के काव्य की यह एक बड़ी विशिष्टता है कि प्रत्येक साधक अन्त में मिलन चाहता है और मिलन में उस दुःख का पर्यवसान चाहता है, जिस दुख ने कि उसे मिलन की स्थिति तक पहुँचाया है; परन्तु वह दुःख का पर्यवसान नहीं चाहतीं। वह उस मानिनी नायिका की तरह हैं जो प्रियतम की एक भूल पर रूठ जाती हैं और सौ-सौ बार मनाने पर भी नहीं मानती तथा जिसके जीवन में वह एक भूल सदा के लिए तीर बनकर चुभती रहती है। इसलिए आज महादेवी ने यह दृढ़ संकल्प कर लिया है कि उनके प्राणों की क्रीड़ा कभी शेष न होगी और वह पीड़ा में प्रियतम को और प्रियतम में पीड़ा को देखेंगी—

पर शेष नहीं होगी यह,
मेरे प्राणों की क्रीड़ा।
तुमको पीड़ा में ढूँढा,
तुममें ढूँढूंगी पीड़ा।

पीड़ा और प्रियतम एक-दूसरे में ऐसे घुल-मिल गए हैं कि दोनों में कोई अन्तर ही नहीं रह गया है। इसलिए वह पीड़ा को ही सर्वस्व मानकर अपना और प्रियतम का मिलन नहीं चाहतीं। विरह में ही उन्हें आनन्द आता है—**'मिलन का मत नाम ले, मैं विरह में चिर हूँ।'** ऐसा वह क्यों चाहती हैं? इसका उत्तर यह है कि विरह में अतृप्ति है और

---

१. जलना जाना नहीं, नहीं—
जिसने जाना मिटने का स्वाद.
क्या अमरों का लोक मिलेगा
तेरी करुणा का उपहार,
रहने दो हे देव ! अरे यह
मेरा मिटने का अधिकार।

२. चिन्ता क्या है, हे निर्मम, बुझ जाए दीपक मेरा,
हो जायगा तेरा ही, पीड़ा का राज्य अंधेरा।

जब तक अतृप्ति है, अभाव है, तब तक उन्हें उल्लास और आनन्द की प्रेरणा मिलती है। मिलन होने पर जीवन में कोई हलचल न रहेगी। तब जीवन बिलकुल मूक हो जायगा, भावनाहीन-सा जड़ और यह महादेवी को स्वीकार नहीं है। उनका विश्वास है कि कामनाओं की चिर-तृप्ति जीवन को निष्फल कर देती है और हमारी प्यास बुझते ही विरक्ति का स्वरूप धारण कर लेती है। बादलों का सजल होना इसी में है कि सारा जल बरसाकर रीते हो जाएँ और सुख की पूर्णता इसी में है कि उससे मन फिर जाय।[1]

महादेवी के काव्य में दुःखवाद, पीड़ावाद, निराशावाद आदि की अभिव्यक्ति का निरूपण प्रायः सभी आलोचकों तथा स्वयं महादेवी ने भी किया है। इस दुःख के स्वरूप तथा कारणों के सम्बन्ध में मतभेद तो पाया जाता है, परन्तु इसके महत्त्व के सम्बन्ध में किसी आलोचक को सन्देह नहीं है। कवयित्री को दुःख के दोनों रूप प्रिय हैं—एक वह जो मनुष्य के संवेदनशील हृदय को समस्त संसार से बाँध देता है और दूसरा वह जो काल और सीमा के बन्धन में जकड़ी हुई असीम चेतना का क्रन्दन है। यह आंशिक रूप में सत्य है कि दुःख की अनुभूति मन का परिष्कार और हृदय का विस्तार करती है। महादेवी का यह कथन है कि दुःख की अभिव्यक्ति काल और सीमा में जकड़ी हुई असीम चेतना का क्रन्दन है। भारतीय समाज में परतंत्र नारी के क्रन्दन का भी यह प्रतीक है। इनके काव्य में दुःखवाद अथवा पीड़ावाद का स्वरूप अध्यात्मपरक है अथवा समाज-परक, अलौकिक है अथवा लौकिक—इस सम्बन्ध में भारी अन्तर पाया जाता है। आचार्य वाजपेयी की धारणा है कि इनके काव्य में वेदना पहले व्यक्तिगत भावुकता के रूप में झलकती है जो क्रमशः बिखरती गई है। डा० नगेन्द्र इनकी वेदना को अध्यात्मपरक नहीं स्वीकार करते, परन्तु इसमें व्यक्तिगत वासना का परिष्कार अवश्य मानते हैं। कुछ आलोचक वेदना के अध्यात्मपरक स्वरूप को खोजने के लिए इनके काव्य में रहस्यानुभूति की उन तीनों स्थितियों का उद्घाटन भी करते हैं जिनका निरूपण सन्त-काव्य में उपलब्ध होता है। इन्होंने परमात्मा को प्रियतम के रूप में और महादेवी को उसकी साधना में मग्न आत्मा के रूप में उपस्थित किया है। प्रियतम के वियोग में आत्मा की विकलता का व्यापक चित्रण विरह की अभिव्यक्ति में हुआ है। वेदना की अभिव्यक्ति के लिए महादेवी ने दो विधियों को अपनाया है। एक में उनकी आत्म-वेदना का स्पष्ट कथन है और दूसरी में प्रकृति के प्रतीकों के माध्यम से पीड़ा की अभिव्यक्ति है। इन

---

१. चिर तृप्ति कामनाओं का
कर जाती निष्फल जीवन,
बुझते ही प्यास हमारी,
पल में विरक्ति जाती बन।
पूर्णतया यही भरने की
ढुल कर, देना सूने घन,
सुख की चिर पूर्ति यही है
उस मधु से फिर जावे मन।

दोनों शैलियों में दूसरी शैली अधिक सम्पन्न एवं कलात्मक है। इस प्रकार वेदना-भाव की अभिव्यक्ति का स्वरूप प्राय: प्रतीकात्मक है।

इतना होने पर भी महादेवी का एक स्वप्न अवश्य है, जिसकी स्निग्धता से वह परिचित हैं और उनका विश्वास है कि उनका आज का विषाद कभी सुख में बदल जायगा। उनका यह स्वप्न है—"जिस प्रकार जीवन के उषाकाल में मेरे सुखों का उपहास-सा करती हुई विश्व के कण-कण से एक करुणा की धारा उमड़ पड़ी है उसी प्रकार संध्याकाल में जब लम्बी यात्रा से थका हुआ जीवन अपने ही भार से दबकर कातर-क्रन्दन कर उठेगा, तब विश्व के कोने-कोने में एक अज्ञात पूर्व सुख मुसकरा उठेगा।" 'नीरजा' में महादेवी अपने इस कथन की सार्थकता सिद्ध करती प्रतीत होती हैं। यहाँ वह दु:ख के साथ सुख का अनुभव कभी-कभी कर लेती हैं। अब उनका विषाद मिट-सा चला है। यही भावना 'सान्ध्य गीत' में अधिक परिष्कृत रूप में व्यक्त हुई है। अब उन्हें अपने हृदय में उस अज्ञात प्रियतम की झलक स्पष्ट प्रतीत होती है। उन्हें एक करुण अभाव में चिरतृप्ति का संसार संचित दिखाई देता है, एक लघु क्षण निर्वाण के सौ-सौ वरदान देने वाला जान पड़ता है और उन्हें आभास होता है कि वेदना के विनिमय में उन्होंने किसी निधि को पा लिया है। आज उनके प्राणों में दूर के संगीत की भाँति कोई गूँजता है और उन्हें अपने को खोकर कुछ खोयी हुई वस्तु मिल गई है। विरह की निशा मिलन के मधु-दिन में स्नात होकर आयी है। आज उनके हृदय में कोई आकर बस-सा गया है। यही कारण है कि वह आज अपने हृदय को अथवा आत्मा को दीपक की भाँति मधुर-मधुर जलने का आदेश देती हैं। 'नीहार' में उनका कथन था—"हे नभ की दीपावलियो ! तुम पल-भर के लिए बुझ जाना, क्योंकि करुणामय को तम के परदे में आना भाता है"[3] लेकिन 'नीरजा' में प्रियतम के पथ के आलोक के लिए उनको अपनी आत्मा को दीप की भाँति जलाए रखना है।[4] 'सान्ध्य-गीत'

१. एक करुण अभाव में चिर-तृप्ति का संसार संचित
एक लघु क्षण दे रहा निर्वाण के वरदान शत-शत,
पा लिया मैंने किसे इस वेदना के मधुर क्रय में,
कौन तुम मेरे हृदय में ?

२. गूँजता उर में न जाने दूर के संगीत-सा क्या,
आज खो निज को मुझे खोया मिला विपरीत-सा क्या,
क्या नहा आई विरह-निशि मिलन मधु-दिन के उदय में,
कौन तुम मेरे हृदय में ?

३. हे नभ की दीपावलियो !
तुम पल-भर को बुझ जाना,
करुणामय को भाता है,
तम के परदे में आना।

४. मधुर-मधुर मेरे दीपक जल
युग-युग, प्रतिदिन, प्रतिक्षण, प्रतिपल
प्रियतम का पथ आलोकित कर।

में भी उन्हें यही भावना आगे ले जाती है और विरह की घड़ियाँ उन्हें मधुर-मधु की यामिनी-सी जान पड़ती हैं—'विरह की घड़ियाँ हुईं अलि, मधुर मधु की यामिनी-सी।' 'दीपशिखा' में तो साधना के प्रारम्भ से लेकर सिद्धि प्राप्त करने तक की सभी स्थितियों के दर्शन हो जाते हैं। उन्होंने अपनी साधना का दिग्दर्शन कराते हुए लिखा है कि मैं दीप के समान अविराम मिटती हुई स्वजन के समीप-सी आ रही हूँ।[1] सम्भवत: इसी-लिए उनका चितेरा तूलिका रखकर सो गया है। ठीक भी है, मिलन का प्रभात आए और कल्पना साकार हो जाए तथा चित्र में प्राणों का संचार हो जाए, तब साधना की पूर्ति के अन्तिम क्षण का आगमन समझ लेना चाहिए।[2] इस प्रकार पीड़ा उनके काव्य में साधना का माध्यम रही है, जिसके द्वारा वह मिलन की स्थिति तक पहुँचती हैं।

महादेवी ने 'नीहार' से लेकर 'दीपशिखा' तक वेदना की विविध स्थितियों तक विभिन्न अनुभूतियों का चित्रण किया है। इनके काव्य में संयोग अथवा मिलन के चित्र सांकेतिक रूप में ही मिलते हैं। विरह की स्थिति में जहाँ मिलन का संकेत मिल जाता है, वहाँ विरह का स्वरूप भी रोमांटिक तथा मधुर है। महादेवी के काव्य में वेदना को अध्यात्मपरक न मानने वाले आलोचक उनके एकाकी जीवन को ही इसका कारण समझते हैं। किसी अभाव ने उनके जीवन को एकाकिनी बरसात बना दिया है। इस अभाव अथवा अतृप्ति को वे स्थूल एवं शारीरिक नहीं मानते, वरन सूक्ष्म एवं मानसिक रूप में स्वीकार करते हैं। इस तरह महादेवी के दुःखवाद को अतृप्त कामवासना के परिणाम के रूप में निरूपित किया गया है, अतृप्ति को आध्यात्मिक अनुभूति से जोड़ा गया है और इसके अतिरिक्त उनके व्यक्तिगत जीवन को भी आध्यात्मिक स्तर पर प्रतिष्ठित किया गया है। दुःखवाद का कारण सामाजिक सम्बन्धों में देखने की अपेक्षा अन्य सम्बन्धों में खोजने का प्रयास किया है जिसके फलस्वरूप परस्पर-विरोधी मंतव्यों की अभिव्यक्ति हुई है। महा-देवी के दुःखवाद का आधार लौकिक अथवा अलौकिक है यह विवादास्पद है, परन्तु इसके मूल में कारण मनोवैज्ञानिक तथा सामाजिक हैं। वास्तविक प्रेम का जीवन क्यों विरह तथा वेदना का जीवन बन जाता है—इसका अनुशीलन अभी अपेक्षित है। इसमें सन्देह नहीं रह जाता कि महादेवी के प्रियतम और उनकी पीड़ा ऐसे घुल-मिल गए हैं कि इनमें अन्तर का अभाव है। उठे हुए जीवन में मीरा और गिरधर नागर, कबीर और साहब, और सामान्य जीवन में लैला और मजनूँ के प्रेम में अन्तर नहीं रह जाता। इसी प्रकार का प्रेम महादेवी तथा उनके चिर-सुन्दर में उपलब्ध होता है। उनके काव्य की इस मूल विशेषता के पश्चात् दृष्टि सहसा उनके माधुर्य-भाव की ओर चली जाती है। मीरा की भाँति वह

---

१. दीप-सी मैं
आ रही अविराम मिट-मिट स्वजन और समीप-सी मैं।

२. सजल है कितना सवेरा।
कल्पना निज देख कर साकार होते
और उसमें प्राण का संचार होते
सो गया रख तूलिका दीपक चितेरा।

भी माधुर्य-भाव की उपासिका हैं। माधुर्य-भाव में प्रिया और प्रियतम का सम्बन्ध माना जाता है। भगवान् को साधकों ने कभी माता, कभी पिता, कभी स्वामी, कभी सखा, कभी प्रियतमा और कभी प्रियतम के रूप में आँका है। इन सभी रूपों में प्रियतम-प्रियतमा का रूप सबसे अधिक आनन्दप्रद है, क्योंकि इसमें परस्पर के भाव-प्रकाशन में किसी प्रकार का व्यवधान नहीं रहता। गोपियों की कृष्णोपासना भी इसी रूप की थी, इसीलिए वे कृष्ण के निकटतम थीं। महादेवी भी माधुर्य-भाव से ही अपने प्रियतम को स्मरण करती हैं। वह नारी हैं और नारी के लिए इससे अधिक स्वाभाविक पथ दूसरा नहीं हो सकता। यह भी एक कारण है कि उन्होंने अपने ब्रह्म को प्रियतम का रूप दिया है। वह अपने प्रियतम को बहुधा 'प्रिय' कहकर पुकारती हैं। उनके सौन्दर्य का वर्णन करते समय 'सुन्दर', 'चिर सुन्दर' और उसकी उपेक्षा को बताते हुए 'निठुर', 'निर्मोही', 'निर्मम' आदि कहकर भी सम्बोधित करती हैं। इस प्रकार वह समयानुकूल संबोधनों की कल्पना करती हैं। महादेवी की विशेषता यह है कि वह सर्वत्र गम्भीर रहती हैं। कभी उनको गोपियों की भाँति प्रियतम से छेड़-छाड़ या हास-परिहास करने का विचार नहीं आता। वस्तुतः वह सूक्ष्म ब्रह्म की उपासिका हैं, जहाँ उनकी कोई प्रतिद्वन्द्विनी नहीं है और जहाँ असीम पथ पर उन्हें स्वयं आगे बढ़ना है। इसलिए उनकी पूजा भी स्वयं मन के भीतर होती है। किसी मन्दिर में उनका प्रियतम नहीं है, जहाँ वह मीरा की भाँति नाच सकें। वह तो बाह्य पूजा के विधान को भी स्वीकार नहीं करतीं। उनकी दृष्टि में बाह्य पूजा या अर्चना व्यर्थ है। जब उनका लघुतम जीवन ही उस असीम का सुन्दर मन्दिर है, उनकी श्वासें नित्य प्रिय का अभिनन्दन करती रहती हैं, पद-रज धोने के लिए लोचनों के जल-कण उनके पास हैं, पुलकित रोम ही अक्षत हैं, पीड़ा ही चन्दन है, स्नेह-भरा मन झिलमिलाते दीप की भाँति जलता रहता है, दृग-तारक ही कमल-पुष्प का काम देते हैं, हृदय की धड़कन ही धूप बनकर उड़ती रहती है, अधर 'प्रिय-प्रिय' जपते हैं और पलकों का नर्तक ताल देता है, तब बाह्याडम्बर की क्या आवश्यकता है ?[१] इसीलिए वह शून्य मन्दिर में स्वयं प्रियतम की प्रतिमा बन जाना चाहती हैं और उनके गीले नयन आरती करना चाहते हैं।[२] यह सब

---

१. क्या पूजा क्या अर्चन रे ?
उस असीम का सुन्दर मन्दिर मेरा लघुतम जीवन रे।
मेरी श्वासें करती रहतीं नित प्रिय का अभिनन्दन रे।
पद-रज को धोने उमड़े आते लोचन में जल-कण रे।
अक्षत पुलकित रोम मधुर मेरी पीड़ा का चन्दन रे।
स्नेह-भरा जलता है झिलमिल मेरा यह दीपक-मन रे।
मेरे दृग के तारक में नव उत्पल का उन्मीलन रे।
धूप बने उड़ते रहते हैं, प्रतिपल मेरे स्पन्दन रे।
प्रिय-प्रिय जपते अधर ताल देता पलकों का नर्तन रे।

२. शून्य मन्दिर में बनूँगी आप मैं प्रतिमा तुम्हारी।
मेरे गीले नयन बनेंगे आरती।

देखकर लगता है कि महादेवी पर भक्तों और सन्तों का गहरा प्रभाव पड़ा है। जहाँ इस प्रकार के निवेदन हैं, वहाँ भक्तों और सन्तों से प्रभावित भक्ति-भावना का ही प्रकाशन अधिक है, रहस्य-भावना का कम। उन्होंने मधुरतम व्यक्तित्व की प्रतिष्ठा करके उसके प्रति आत्म-निवेदन किया है। इस आत्म-निवेदन में उनकी आत्मा स्वकीया की भाँति अपने प्रियतम के पथ में आँखें बिछाए रहती है और निरन्तर उनकी पूजा-अर्चना का विधान करती है।

महादेवी की कविता में तीसरा विशेष तत्त्व है—उनके द्वारा गृहीत प्रकृति का स्वरूप। छायावाद में प्रकृति का कई रूपों में उपयोग हुआ है। कहीं वह सचेतन मानवी बनकर सामने आयी हैं, कहीं स्वतन्त्र चित्रण के रूप में और कहीं मानव-मन में उठती सुख-दुःखात्मक अनुभूतियों की व्यंजना में सहायता देने के लिए। यह अन्तिम रूप ही प्रमुख है जिसमें मानव ने प्रकृति के साथ तादात्म्य स्थापित किया है। प्रकृति मानो एक अंग है, जिसके द्वारा भावनाएँ सरलता से व्यक्त हो जाती हैं। आज ही नहीं, रीतिकाल में भी जब कि प्रकृति जड़ बनकर रह गई थी, उसका यह रूप किसी-न-किसी प्रकार सामने आता रहा। छायावाद में कहीं तो यह हुआ है कि भावनाएँ ही प्रकृति का माध्यम हुई हैं और कहीं प्रकृति-चित्रण से ही भावनाएँ व्यक्त हुई हैं और कहीं दोनों का समानुपात हुआ है। स्वतन्त्र प्रकृति-चित्रण इस काल में कम ही हुए हैं और जो हुए हैं वे भी कला-विन्यास के लिए। महादेवी ने प्रकृति के स्वतन्त्र चित्रण बहुत कम किए हैं। प्रकृति के स्वतन्त्र-चित्रण के लिए 'यामा' में उनकी एक ही कविता है—'हिमालय के ऊपर'। उसमें भी उनकी अन्तर्मुखी वृत्ति उभरकर आयी है। प्रकृति के रूपों, दृश्यों और भावों को महादेवी ने एक चेतन व्यक्तित्व दिया है। इसे यों कहें कि प्रकृति उनके साथ ही उनके प्रियतम के प्रति आत्म-निवेदन में सहायक होकर समर्पित हो गई है तो अधिक संगत होगा। यही रूप उनके काव्य में अधिक प्रमुखता रखता है। वह भी अन्य कवियों की भाँति ब्रह्म की ओर जाती हुई प्रकृति के सौन्दर्य से आकर्षित होकर उसमें कुछ काल के लिए खो जाती हैं। लेकिन ऐसी कविताओं में भी उनकी अंतिम पंक्ति से वह अपने जी की जलन भी व्यक्त कर ही देती हैं। मन की तीव्र व्यथा उन्हें इतनी प्रिय है कि उससे वह स्वयं को बचा नहीं सकतीं और सर्वत्र उसकी छाया छा ही जाती है। 'रश्मि' नामक कविता में ही प्रभात के स्वतन्त्र और सुन्दर चित्र मिलते हैं। लेकिन उसके अन्त में नींद अपने स्वप्न-पंख फैलाकर क्षितिज के पार उड़ गई है और अधखुले दृगों के कंज-कोश पर विस्मृति का खुमार छाया हुआ है। यही नहीं, प्रभात-काल की स्वर्ण-वेला में यह हृदय-चितेरा अश्रु-हास लेकर सुधि-विहान रँग रहा है। महादेवी के काव्य में प्रकृति के अनेक रूपक मिलते हैं। 'रूपसि तेरा घन केश-पाश' में पावस का, 'धीरे-धीरे उतर क्षितिज से आ वसन्त रजनी' में वसन्त की रात्रि का, 'लय गीत अमर, पद ताल अमर' में प्रकृति का अप्सरा के रूप में चित्रण आदि प्रक्रित के ऐसे सांग रूपक हैं जिनमें प्रकृति का मानवीकरण किया गया है और उसका स्वरूप नेत्रों के सम्मुख प्रत्यक्ष हो गया है। इनसे भी अधिक प्रकृति का स्वरूप वहाँ खुला है, जहाँ प्रकृति के साथ कवयित्री ने अपने जीवन को एकाकार कर दिया है। इस दृष्टि से 'प्रिय! सान्ध्य गगन मेरा जीवन' वाला गीत उत्कृष्ट है। सान्ध्य गगन के सौन्दर्य के साथ अपने जीवन का

सामंजस्य स्थापित किया गया है। महादेवी का कथन है कि मेरा जीवन सान्ध्य गगन की भाँति है, गोधूलि वेला के कारण धुंधला क्षितिज मेरे हृदय का विराग है, सान्ध्य नभ की लालिमा-सा ही मेरा सुहाग है, संध्या की शून्य छाया के समान ही रागहीन मेरी काया है और रँगीले घन ही मेरे सुधि-भरे स्वप्न हैं। इस प्रकार संध्या और मेरे जीवन में कोई अन्तर नहीं है।[1] इन पूर्ण रूपकों के अतिरिक्त ऐसे खण्ड-रूपकों की भरमार है जहाँ प्रकृति के कुछ चित्र लेकर अपनी भावनाओं को व्यक्त किया गया है। 'विरह का जलजात जीवन! विरह का जलजात!' और 'मैं नीर-भरी दुःख की बदली' आदि गीतों में ऐसे ही रूपक प्रयुक्त हुए हैं।[2] इस प्रकार महादेवी के काव्य में प्रकृति के रंगीन चित्र असंख्य हैं, पर वे या तो उनकी भावना से रँगे हुए हैं या उनमें उनकी भावना व्याप्त है। प्रकृति उनके काव्य में एकाकार होकर उनकी विरह-मिलन की अनुभूतियों के चित्रण में सहायक बनकर आती है। उनके काव्य में प्रकृति श्रृंगार की वस्तु है, प्रियतम की ओर संकेत करने वाली सहचरी है, अपनी आत्मा की छाया है, ब्रह्म की छाया है। इस प्रकार प्रकृति-चित्रण उद्दीपन, अलंकरण, मानवीकरण के रूपों के अतिरिक्त उस विराट् चेतना को अभिव्यक्ति देने के लिए भी हुआ है जिसकी छाया वह प्रकृति में देखती हैं। उनकी विराट् तक पहुँचने की साधना के पथ पर प्रकृति सदैव उनके साथ रही है। महादेवी ने छायावाद तथा प्रकृति के नये सम्बन्ध को स्पष्ट करते हुए लिखा है—"छायावाद ने मनुष्य के हृदय और प्रकृति के उस सम्बन्ध में प्राण डाल दिए जो प्राचीन काल से बिम्ब-प्रतिबिम्ब के रूप में चला आ रहा था और जिसके कारण मनुष्य को अपने दुःख में प्रकृति उदास और सुख में पुलकित जान पड़ती थी।" इस प्रकार छायावादी कवि के लिए प्रकृति का एक-एक कण एक सजीव व्यक्तित्व लेकर जाग उठा। वह उसकी स्वतंत्र सत्ता की ओर आकृष्ट हुआ है। प्रकृति महादेवी के काव्य के भावपक्ष का ही नहीं; कलापक्ष का भी श्रृंगार करती है, जिसमें नारी की अलंकार-प्रियता लक्षित होती है। उन्होंने प्रकृति को ससीम तथा असीम में तादात्म्य

---

१. प्रिय ! सान्ध्य गगन, मेरा जीवन !
यह क्षितिज बना धुंधला विराग
नव अरुण मेरा सुहाग,
छाया-सी काया वीतराग,
सुधि-भीने स्वप्न रँगीले घन !

२. (क) विरह का जलजात जीवन, विरह का जलजात।
वेदना में जन्म, करुणा में मिला आवास,
अश्रु चुनता दिवस इसका अश्रु गिनती रात !

(ख) मैं नीर-भरी दुख की बदली !
विस्तृत नभ का कोई कोना,
मेरा न कभी अपना होना,
परिचय इतना इतिहास यही
उमड़ी कल थी मिट आज चली।

स्थापित करने के लिए माध्यम एवं साधन भी बनाया है। उनके काव्य में प्रकृति और पीड़ा दोनों का इष्ट की सिद्धि के लिए समान महत्त्व है। इस सम्बन्ध में वह अपनी गहन तथा व्यापक दृष्टि का परिचय देती हुई लिखती हैं—"जड़ चेतन के बिना विकास-शून्य है और चेतन जड़ के बिना आकार-शून्य है। इन दोनों की क्रिया-प्रतिक्रिया ही जीवन है।" महादेवी के काव्य में प्रकृति-चित्रण तथा प्रकृति-दर्शन का यह मूलाधार है।

इसके अतिरिक्त, महादेवी के काव्य में रहस्यवाद की भी अभिव्यक्ति उपलब्ध होती है। रहस्यानुभूति का सम्बन्ध साधकों एवं सन्त कवियों से चला आ रहा है। परन्तु महादेवी साधक नहीं, आराधक हैं; जैसा उनके माधुर्य-भाव के विवेचन से स्पष्ट हो चुका है। इस आराधना के कारण उनका कवि सदैव शिशु की भावुकता से अभिभूत रहा है। इसीलिए उनकी अनुभूति कभी क्षीण नहीं पड़ी। 'दीपशिखा' के गीतों में भी जहाँ चिन्तन अधिक गहरा हो गया है, वह अपने उसी सहज आकर्षक रूप में विद्यमान है। उन्होंने स्वयं एक स्थान पर लिखा है—"मानवीय सम्बन्धों में जब तक अनुराग-जनित आत्म-विसर्जन का भाव नहीं घुल जाता तब तक वे सरस नहीं हो पाते और जब तक मधुरता सीमातीत नहीं हो जाती तब तक हृदय का अभाव दूर नहीं होता। इसी से इस (प्राकृतिक) अनेक-रूपता के कारण पर एक मधुरतम व्यक्तित्व का आरोपण कर उसके निकट आत्म-निवेदन कर देना इस काव्य का (रहस्यवादी काव्य का) दूसरा सोपान बना, जिसे रहस्यमय रूप के कारण ही रहस्यवाद का नाम दिया गया।" उसके प्रथम रूप के बारे में वह कहती हैं—"छायावाद की प्रकृति घट, कूप आदि में भरे जल की एकरूपता के समान अनेक रूपों में प्रकट एक महाप्राण बन गई, अतः अब मनुष्य के अश्रु, मेघ के जल-कण और पृथ्वी के ओस-बिन्दुओं का एक ही कारण, एक ही मूल्य है।" प्रकृति में मानवीय भावों की छाया या उसके साथ मानव-भावना का तादात्म्य महादेवी की सम्मति में छायावाद है और जब प्रकृति में एक मधुरतम व्यक्ति का आरोप कर उसके प्रति आत्म-निवेदन किया जाता है, तब रहस्यवाद हो जाता है। इस प्रकार रहस्यवाद छायावाद का दूसरा सोपान है।

महादेवी के काव्य में चिन्तन का पुट गहरा होता गया है और चिन्तन दर्शन की ओर ले जाता है, जिसके भावात्मक प्रकाशन को रहस्यवाद कहते हैं। आत्मा और परमात्मा दोनों एक हैं। आत्मा परमात्मा से वियुक्त होकर माया के आवरण में अपने शुद्ध स्वरूप को न देख सकने के कारण परमात्मा का अनुभव नहीं कर सकती। यदि साधना द्वारा माया का आवरण हटा दिया जाय तो परमात्मा का साक्षात्कार हो जाता है। यह आत्मा के परमात्मा तक पहुँचने का साधन है। रहस्यवादी कवि भी इसका सहारा लेता है। वह सृष्टि में सर्वत्र उसी की छाया देखकर पूछ उठता है कि न जाने वह कौन है, जो तारों में हँसता, विद्युत में चमकता और ओस-बिन्दुओं में रोता है। उस 'कौन' के लिए उसकी आत्मा जिज्ञासा-भाव से पीड़ित हो उठती है। प्रकृति के परिवर्तन में उसे उसी का भाव जान पड़ता है।[1] इसके साथ-साथ वह अपने प्रियतम के पथ की ओर निरन्तर

---

१. जब कपोल-गुलाब पर शिशु-प्रात के
सूखते नक्षत्र-जल के बिन्दु से

बढ़ता जाता है और उस पथ पर चलते हुए उसे विरह की तीव्र वेदना सहनी पड़ती है। यह विरह की तीव्र वेदना ही रहस्यवादी कवि के काव्य का प्राण होती है। ऐसे स्थलों पर वह लौकिकता के रूपकों को अपनाने के लिए बाध्य होता है। महादेवी ने स्वयं इस सम्बन्ध में कहा है कि रहस्यवाद में मर्मस्पर्शी व्यंजना के लिए लौकिकता का इतना आधार अत्यन्त आवश्यक होता है। उनके शब्दों में, "जायसी की परोक्षानुभूति चाहे जितनी ऐकान्तिक रही हो, परन्तु उनकी मिलन-विरह की, मधुर और मर्मस्पर्शी अभिव्यंजना क्या किसी लोकोत्तर लोक से रूपक लायी थी ?" उनके आध्यात्मिक संकेतों से अपरिचित होने पर भी उनके लौकिक रूपकों से घनिष्ठ परिचय रहता है। कबीर की ऐकान्तिक रहस्यानुभूति के सम्बन्ध में भी यही सत्य है। कबीर और जायसी की भाँति ही महादेवी की रहस्यानुभूति भी लौकिक रूपकों द्वारा व्यक्त हुई है। वह भी अपने को उसी एकमात्र सत्ता की चिर-विरहिणी समझती हैं और उसी की प्राप्ति के लिए प्रयत्नशील हैं। वह उससे भिन्न नहीं हैं क्योंकि जैसे सिन्धु को वीचि विलास अपना क्या परिचय नहीं दे सकते, उसी प्रकार कवयित्री के बुद्‌बुद् प्राण भी उसी महासागर में लीन होते और उसी से प्रकट होते हैं।[1] उनकी आत्मा का परमात्मा से वही सम्बन्ध है जो विधु-बिम्ब से चन्द्रमा का सम्बन्ध होता है। इसीलिए उनका कथन है कि उस किरण को कौतूहल के बाण खींचकर विश्व में ले आते हैं और जब ओस से धुले पथ में तेरा छिपा आह्वान आता है तो वही किरण अपना अधूरा खेल भूलकर तुम्हीं में अन्तर्धान हो जाती है।[2] यह अनुभव करके कवयित्री अपना परिचय नहीं देना चाहतीं। जब वह और प्रियतम एक ही हैं तब फिर परिचय कैसा ? चित्र का रेखाओं से, राग का स्वर से, असीम का सीमा से और काया का छाया से जो सम्बन्ध है वही आत्मा और परमात्मा का सम्बन्ध है। फिर परिचय देना व्यर्थ है।[3] जब इस स्थिति का अनुभव हो जाता है तब व्यथा न

रश्मियों की कनक धारा में नहा
मुकुल हँसते मोतियों का अर्घ्य दे,
स्वप्नशाला में यवनिका डाल जो
तब दृगों को खोलता वह कौन है ?

१. सिन्धु को क्या परिचय दें देव, बिगड़ते वीचि-विलास ?
क्षुद्र है मेरे बुद्‌बुद् प्राण तुम्हीं में सृष्टि तुम्हीं में नाश।

२. तुम हो विधु के बिम्ब, और मैं
मुग्धा रश्मि अनजान
जिसे खींच लाते अस्थिर कर
कौतूहल के बाण।
ओस धुले पथ में छिप तेरा जब आता आह्वान।
भूल अधूरा खेल तुम्हीं में होती अन्तर्धान।

३. चित्रित तू मैं हूँ रेखाक्रम,
मधुर राग तू मैं स्वर-संगम, तू असीम मैं छाया का भ्रम

जाने कहाँ चली जाती है, नयन श्रवणमय और श्रवण नयनमय हो जाते हैं। रोम-रोम में एक नया स्पन्दन होने लगता है और छाले प्रसन्नता से फूल बन जाते हैं।[1] सीमा असीम में मिट जाती है और असीम सीमा में बँध जाता है। विरह की रात तब मिलन का प्रात बन जाती है।[2] तब आराधिका बन्दिनी होकर भी बंधनों की स्वामिनी-सी हो जाती है—'बन्दिनी बनकर हुई मैं बंधनों की स्वामिनी-सी।' यही वह स्थिति है जिससे अभिभूत होकर वह गा उठती हैं कि 'बीन भी हूँ मैं तुम्हारी रागिनी भी हूँ।' तब समस्त विश्व का सुख-दुःख प्रियतम के कारण मधुर बन जाता है।[3] और आराधिका का स्पर्श पाते ही काँटे कलियाँ और प्रस्तर रसमय हो जाते हैं—'मेरे पद छूते ही होते काँटे कलियाँ, प्रस्तर रसमय'। इस प्रकार महादेवी में रहस्यवाद का स्वाभाविक विकास है और वह कबीर और जायसी के बाद हिन्दी में रहस्यवाद की परम्परा को समृद्ध करने वाली आधुनिक कवयित्री हैं। मीरा की-सी तीखी और सरल अनुभूति उनमें नहीं है, परन्तु कल्पना के मधुर संयोग से उन्होंने जिस भावना-लोक में अपने प्रियतम के साथ आँख-मिचौनी खेली है और प्रकृति के सौन्दर्य के माध्यम से उससे साक्षात्कार किया है, वह मीरा के काव्य में उपलब्ध नहीं होता। उनकी सूक्ष्म रहस्यानुभूति की अभिव्यक्ति में कहीं-कहीं अस्पष्टता भी लक्षित होती है। इसके अनेक कारण हैं। प्रतीकात्मक पद्धति के कारण अस्पष्टता सभी छायावादी कवियों की रचनाओं में उपलब्ध होती है। महादेवी में अस्पष्टता का एक कारण यह भी है कि साधना की जिस भूमिका से उनका आत्मनिवेदन हुआ है, वह एकदम बुद्धिगम्य नहीं होता। उनके नारी हृदय ने संयम की सीमारेखा को नहीं लाँघा है। यह भी एक कारण है जिससे उनका काव्य कहीं-कहीं अस्पष्ट है। इतना होने पर भी यदि उनके जीवन और साधना-पथ को समझ लिया जाए तो उनकी कविता समझने में कोई कठिनाई न होगी।

महादेवी के काव्य का कला-पक्ष भी उतना ही सम्पन्न है जितना कि उनका भाव-पक्ष। वह इसलिए नहीं कि उन्होंने प्रसाद, निराला आदि की भाँति कोई नई क्रान्ति की है। उसकी सम्पन्नता स्वाभाविकता में है। उनकी दृष्टि में कविता हृदय की अनुभूति है। पालिश करने से उसका स्वरूप परिवर्तित हो जाता है। इसलिए वह रचनाएँ

काया छाया में रहस्यमय ! प्रेयसि प्रियतम का अभिनय क्या ?
तुझ मुझमें प्रिय फिर परिचय क्या ?

१. नयन श्रवण-मय श्रवण नयन-मय आज हो रहे कैसी उलझन,
रोम-रोम में होता री सखि एक नया उर का-सा स्पन्दन,
पुलकों से भर फूल बनाए गिने प्राणों के छाले हैं
मुसकाता संकेत-भरा नभ अलि, क्या प्रिय आने वाले हैं ?

२. चिर विरह की रात को अब
तू मिलन का प्रात रे कह।

३. मधुर मुझको हो गए सब
मधुर प्रिय की भावना ले।

लिखती हैं, एक ही बार लिखती हैं, उसे 'संशोधन', 'खराद' या 'पालिश' की कसौटी पर नहीं कसतीं। यही कारण है कि उनके काव्य में कृत्रिमता का आभास कम मिलता है। उसमें हृदय से उद्‌भूत भावों और अनुभूतियों की एकरूपता परिलक्षित होती है। इस अकृत्रिमता के कारण ही उनकी भाषा परिष्कृत, मधुर और कोमल है। स्वाभाविकता के प्रति उनका इतना आग्रह है कि मात्राओं की पूर्ति और तुक के लिए कुछ शब्दों का अंग-भंग भी हो गया है। 'बातास' का 'बतास', 'आधार' का 'अधार', 'ज्योति' का 'ज्योती', 'कर्णधार' का 'कर्णाधार' लिखने में उन्होंने कभी संकोच नहीं किया। उनकी कविता में कहीं-कहीं अंत्यानुप्रास भी नहीं मिलते हैं, परन्तु तुक और शब्दों के ऐसे प्रयोग काव्य की गति को मंद नहीं करते वरन उसमें स्वाभाविकता ला देते हैं।

उनकी अभिव्यक्ति में दूसरी विशेषता यह है कि वह सूक्ष्मतम भावनाओं को वाणी देने के कारण संकेतात्मक है। उसमें शब्दों के लाक्षणिक प्रयोग, अमूर्त वस्तुओं के लिए मूर्त योजनाएँ, भावों और प्राकृतिक रूपों के मानवीकरण आदि छायावादी शैली की सभी विशेषताएँ पायी जाती हैं। उनके काव्य में शब्द-चित्र भी अधिक मिलते हैं। इसका कारण यह है कि वह चित्रकार भी हैं। उनकी अन्तिम कृति 'दीपशिखा' में प्रत्येक कविता की पृष्ठभूमि के लिए एक-एक चित्र दिया गया है। 'यामा' में भी ऐसे ही रेखाचित्र हैं। इन चित्रों में ऐसे रंगों का विधान है जो दृश्य या रूप को ज्यों का त्यों उतार दें। चित्रकार की तूलिका और कवि की याणी दोनों के संयोग से उनकी कविता खिल उठती है। एक आलोचक ने यह ठीक ही लिखा है कि महादेवी के काव्य में एक ओर "चित्रकला की गोद में काव्यकला खेलती है और दूसरी ओर काव्य-कला की अमूर्तता रेखा और रंग के सहारे चित्रित (मूर्त) हो गई है।" उनके चित्रों में दीपक, शतदल और कांटे तथा बादल आदि का प्रयोग वैसे ही है जैसे उनके गीतों में।

महादेवी ने गीतिकाव्य ही अधिक लिखा है और अन्तर्मुखी भावनाओं को व्यक्त करने के लिए गीतिकाव्य ही उपयुक्त माध्यम होता है। इन गीतों में उनके हृदय का हर्ष-विषाद सहज रूप में व्यक्त हो उठा है। महादेवी ने लिखा है—"गीत का चिरन्तन विषय रागात्मिका-वृत्ति से सम्बन्ध रखने वाली सुख-दुःखात्मक अनुभूति से ही रहेगा ⋯ साधारण गीत व्यक्तिगत सीमा में सुख-दुःखात्मक अनुभूति का वह शब्द-रूप है, जो अपनी ध्वन्यात्मकता में गेय हो सके।" वास्तव में उनके गीत निराला की भाँति ताल-स्वर के सीमित बंधन में बन्द नहीं हैं, वे अपनी ध्वन्यात्मकता में ही गेय हैं, जिनमें संगीत काव्य का अनुयायी है और वह वृत्तियों के चित्रों को गति और सौन्दर्य देता है। गीतों की जो परम्परा वैदिक-काल से लेकर उपनिषद्-काल एवं महाकाव्य-काल तक किसी-न-किसी रूप में चलती रही है उसका प्रथम स्वर हिन्दी में विद्यापति द्वारा गूँजा। उसके बाद कबीर की प्रेम-भक्ति की वाणी भी पदों द्वारा जनता तक पहुँची। सूर और तुलसीदास ने भी उस परम्परा को समृद्ध बनाया। इसका चरम विकास मीरा के काव्य में उपलब्ध होता है। मीरा के गीत हृदय की कसक के सहारे स्वरों में ध्वनित हुए हैं। मीरा के बाद इसका स्वाभाविक रूप महादेवी में ही मिलता है। छायावादी युग में प्रसाद, निराला, पंत तथा अन्य कवियों के गीत भी मिलते हैं, परन्तु गीतिकाव्य का इस प्रकार का विकास उनमें नहीं है।

महादेवी के कलापक्ष की विशेषता उनके अलंकार-विधान तथा प्रतीक-पद्धति में भी झलकती है। उनकी दृष्टि में अलंकार केवल वाणी की सजावट के लिए नहीं, भावों की अभिव्यक्ति के लिए विशेष द्वार बनकर आते हैं। उनके काव्य में अलंकारों का शुष्क प्रयोग नहीं हुआ है। छायावादी काव्य में अलंकारों का प्रयोग रूप-साम्य की दृष्टि से न होकर प्रायः प्रभाव-साम्य की दृष्टि से हुआ है। नवीन सौन्दर्य-बोध को अभिव्यक्ति देने के लिए महादेवी ने पुराने अलंकारों की नवीन रूप में उद्भावना की है और नवीन अलंकारों की सृष्टि भी की है। उनके प्रिय अलंकारों में उपमा, रूपक, अन्योक्ति, समासोक्ति, मानवीकरण तथा विशेषण-विपर्यय हैं। अन्योक्ति तथा समासोक्ति अलंकार रहस्यानुभूति को व्यक्त करने के लिए विशेष रूप से सहायक होते हैं। 'टूट गया वह दर्पण निर्मम', 'कीर का प्रिय आज पिंजर खोल दो' में अन्योक्ति का सुन्दर प्रयोग हुआ है। इसके अतिरिक्त, उनके काव्य में विरोधमूलक अप्रस्तुत की अनुपम छटा देखने को मिलती है—

एक करुण अभाव में चिर तृप्ति का संसार संचित ।
नाश भी हूँ अनन्त विकास का क्रम भी ।
त्याग का दिन भी चरम आसक्ति का तम भी ।

इन पंक्तियों में विरोधाभास का अनूठा चमत्कार है जो महादेवी की कला की विशेषता है। उनकी प्रतीक-पद्धति उनके कला-पक्ष की विशेषता है। उनकी कृतियों के नाम भी— 'रश्मि', 'नीहार', 'नीरजा', 'सान्ध्यगीत', दीपशिखा' आदि प्रतीकात्मक हैं। उनके काव्य में कुछ प्रतीक परिचित होने के कारण बुद्धिगम्य हैं, कुछ अपरिचित होने के कारण किंचित् बाधा डालते हैं; परन्तु कुछ प्रतीक अनेक अर्थों में प्रयुक्त होकर अर्थ में व्याघात उत्पन्न करते हैं। परिचित प्रतीकों में सागर संसार के लिए, तरी जीवन के लिए, पतवार साहस के लिए, तम अज्ञान और आलोक ज्ञान के लिए हैं। अपरिचित प्रतीकों में शलभ की कल्पना आदर्श प्रेमी के रूप में करने के अतिरिक्त मोहमूलक आकर्षण के रूप में भी की गई है। इसके साथ दीपक की कल्पना आत्मा के रूप में की गई है। एक प्रतीक का प्रयोग अनेक भावों को व्यक्त करने के लिए भी हुआ है। सुख के लिए मधु, रश्मि तथा मलय-पवन तीनों का प्रयोग हुआ है। सरिता के दो पुलिन कभी विरह-मिलन के लिए तो कभी जीवन-मृत्यु के लिए प्रयुक्त हुए हैं। इसलिए प्रतीकों के अर्थ-सौष्ठव को प्रसंग के आधार पर ही स्पष्ट किया जा सकता है।

काव्य के कला-पक्ष में शब्द-चयन, प्रतीक-विधान, अलंकार-विधान आदि के अतिरिक्त उनके छन्द-विधान का विश्लेषण भी अपेक्षित है। महादेवी ने हिन्दी भाषा की प्रकृति के अनुकूल मात्रिक छन्दों का ही प्रयोग किया है। इनके छन्दों में चरणों तथा पदों का विन्यास भाव-लय के अनुरूप हुआ है। तुकान्त कभी पहले और दूसरे चरण का है, कभी दूसरे और चौथे चरण का है और कभी सभी चरण समतुकान्त हैं। अनेक उर्दू-छन्दों का हिन्दीकरण भी किया गया है। गीत में पहली पंक्ति संगीत के बोल के रूप में अथवा लोक-गीत की टेक के रूप में भी उपस्थित की गई है—'मुखर पिक हौले-हौले बोल', 'बीन भी हूँ, मैं तुम्हारी रागिनी भी हूँ', 'अलि, मैं कण-कण को जान चली' आदि पंक्तियों को गुनगुनाया जा सकता है। भक्ति-काव्य में सभी पंक्तियाँ प्रायः सममात्रिक

तथा समतुकान्त होती थीं, परन्तु महादेवी ने शास्त्रीय आधार का परित्याग करके छन्द-विधान में अपनी स्वच्छन्दतावादी दृष्टि का परिचय दिया है। इस प्रकार उनके काव्य का कला-पक्ष नवीन चेतना तथा सौन्दर्य को अभिव्यक्ति देने के लिए छायावादी काव्य-शैली की प्रायः सभी विशेषताओं से युक्त है, परन्तु उसकी विशिष्टता महादेवी के व्यक्तित्व का भी आभास देती है।

महादेवी के काव्य की भावगत तथा कलागत विशेषताओं का विश्लेषण करने के उपरान्त उनके काव्य का मूल्यांकन अभी अपेक्षित है। उनके काव्य के भाव-पक्ष में निराशा और वेदना, करुणा और अवसाद, प्रकृति का मानवीकरण, जिज्ञासात्मक रहस्य-भावना, अतृप्त प्रेम और उसका परिष्कार तथा उन्नयन, सूक्ष्म भावों की अभिव्यक्ति आदि उपलब्ध होते हैं और इस भाव-पक्ष को व्यंजित करने के लिए उसके कला-पक्ष में नवीन अलंकार-विधान, प्रतीक-विधान, लाक्षणिक शब्दावली, नवीन छन्द-विधान आदि का प्रयोग हुआ है। इन दोनों के मूल में व्यक्तिवाद का स्वर है जिसके परिणामस्वरूप महादेवी अपने नवीन जीवन-बोध तथा नवीन सौन्दर्य-बोध को अभिव्यक्ति देने के लिए प्रयत्नशील हैं। इस नवीन जीवन-बोध ने उनके गीतों में व्यक्त प्रेम की पीर को गहन एवं अनुपम रूप दिया है। उनके गीतिकाव्य में वैयक्तिक अनुभूति के तल पर सामाजिक बन्धनों में जकड़ी हुई भारतीय नारी की घनीभूत वेदना झंकृत हुई है। इस वेदना से मुक्ति पाने की आकांक्षा भी कहीं-कहीं व्यक्त हुई है, जिसकी आलोचकों ने प्रायः उपेक्षा की है। इसलिए महादेवी के काव्य का मूल्यांकन एकांगी रूप में ही हो सका है। एक नारी होने के कारण उन्होंने अतृप्त प्रेम को खुलकर व्यक्त करने की अपेक्षा प्रतीक-पद्धति का आश्रय लिया है। इसलिए उनकी वेदना तथा पीड़ा का स्वरूप लौकिक न होकर अलौकिक है, मानवीय न होकर रहस्यात्मक है। इस वेदना से मुक्ति पाने की कामना को भी महादेवी ने प्रतीकों के माध्यम से ही व्यक्त किया है। वह दीपक के माध्यम से अपनी विरह की स्थिति को व्यंजित करती हैं। दीपक का काम हर रंग में जलना होता है और उसके जलने की भी एक अवधि है। 'दीपशिखा' में साधना के आरम्भ से लेकर सिद्धि-प्राप्ति तक की स्थितियों का चित्रण है। अब वेदना को विदा करने की वेला आ पहुँची है। निशा का अन्त होने पर दीपक का बुझ जाना अवश्यम्भावी है, दीपक-चितेरे का तूलिका रखकर सो जाना स्वाभाविक है। परन्तु एक रहस्यवादी के लिए प्रायः विरह-काल की अवधि नहीं होती। महादेवी के लिए 'रात के उर में दिवस की चाह' का जो शर है, वह अपने लक्ष्य को बींध चुका है। इस प्रकार वेदनावाद के अन्धकार में जीवन-दिवस की चाह अन्ततः उनके काव्य को दीप्त कर देती है। उनके काव्य का मूल्यांकन करते हुए आलोचकों ने मुक्ति पाने की इस आकांक्षा को प्रायः उपेक्षित ही किया है। इसलिए उन्होंने उनके काव्य को केवल आँसुओं से सिक्त तथा वेदना से युक्त पाया है। यह दृष्टिकोण उनके काव्य के सामाजिक पक्ष की अवहेलना करता है। महादेवी के इस सामाजिक पक्ष की अभिव्यक्ति उनकी गद्य-रचनाओं में स्पष्ट उपलब्ध होती है। अतः उनके काव्य का मूल्यांकन करने के लिए उनके रहस्यवाद तथा वेदनावाद के मूल में मुक्ति की आकांक्षा से अवगत होना अपेक्षित है। महादेवी

के काव्य में सामाजिक बन्धन से मुक्ति की आकांक्षा का स्वरूप प्रतीकों के माध्यम से व्यक्त होने के कारण रहस्यात्मक है। यदि उसके प्रतीक-विधान का सूक्ष्म विश्लेषण और इन प्रतीकों का विवेचन तत्कालीन सामाजिक परिवेश में किया जाय तो महादेवी के रहस्यवाद का लौकिक स्वरूप तथा वेदनावाद का सामाजिक पक्ष स्पष्ट हो सकता है जो उनके काव्य के सही मूल्यांकन के लिए वांछित एवं अपेक्षित है।

महादेवी : वर्णगीत का मर्म

रमेशचन्द्र शाह

जिस अन्तर्जगत् के आत्मविश्वासपूर्ण आविष्कार के साथ छायावाद युग का सूत्रपात हिन्दी में हुआ था उसके क्रमिक विघटन का दृश्य तिहरा है : निराला की प्रचण्ड प्राणशक्ति का विघटन, जो अपने केन्द्र से टूटते-टूटते भी भाषा की सतह से चिपटी रहकर सर्जनात्मकता की एक आखिरी छटपटाहट को भी मरते दम तक निभाती है; दूसरे, पंत के ऐन्द्रिक संवेदन की मौलिकता का विघटन··· एक अभ्यस्त काव्यशिल्प के सहारे चिन्तनशीलता के पठार में अपना वैशिष्ट्य खोती हुई कविता, और तीसरे, छायावाद की सभी अभिव्यक्तिगत विशेषताओं का महादेवी के काव्य में क्रमशः विशेषीकृत और रूढ़ होते जाना···। जो कभी आविष्कार था, सनसनी था, वह यहाँ आकर साहित्यिक कच्चे माल की तरह खपने लगता है—एक ऐसी कविता में, जिसका स्रोत जीवन के सीधे संवेदन में कम और साहित्यिक स्मृतियों में, साहित्यिक वातावरण में ज्यादा है। दूसरे शब्दों में, महादेवी की कविता प्रसाद, निराला और पूर्व-पन्त की कविता की तुलना में 'साहित्यिक' कविता है।

यह बात उनके गद्य के बारे में नहीं कही जा सकती। महादेवी का गद्य उनके पद्य की अपेक्षा अधिक खुला हुआ और ताजा है। एक ऐसे पाठक के लिए जो उनकी कविता से पूर्वपरिचित नहीं, उनके गद्य में ही सीधे डुबकी लगाना अधिक प्रीतिकर अनुभव होगा। उस गद्य की खास लयमयता का स्वाद ले चुकने के बाद वह उनके पद्य को बिना ऊबे पढ़ सकेगा और उस 'वर्ण गीत' की विशेषता को किसी कदर सराह सकने की स्थिति में होगा जो उनका वास्तविक योगदान है। यों गीत तो दूसरे छायावादी कवियों ने भी लिखे हैं, पर गीत को गीत की तरह विशेषीकृत करने का काम महादेवी ने ही किया है।

इस विशेषीकरण की प्रक्रिया में उसका कविता की दूसरी शर्तों से स्वतंत्र और विच्छिन्न होते चले जाना भी उनके यहाँ मानो स्वाभाविक हो गया है। निराला के उत्कृष्ट गीत उनकी दूसरी कविताओं से कम वज़नदार नहीं, बल्कि कहना चाहिए कि उनके यहाँ कवित्व और गीति की सहस्थिति एक बुनियादी चीज़ है। उनके परवर्ती गीतों तक में—जहाँ उनके व्यक्तित्व का विकेन्द्रीकरण होने लगा है—यह विच्छिन्नता उस तरह अनुभव नहीं होती क्योंकि उनमें एक प्रयोगशीलता का उत्साह बराबर महसूस होता है···उसमें अभ्यस्ति नहीं, उत्तेजना है भाषा की, भाषिक रचनात्मकता की। इसी तरह प्रसाद वाले अपने निबन्ध में हम देख ही आए हैं कि प्रसाद की गीतियाँ उनके समूचे वेदन-तन्त्र के साथ किस कदर घनिष्ठ हैं। आज 'गीत' शब्द की जो व्यंजना है, जो लीक पकड़ ली है उसके अर्थ ने, उसे देखते हुए यही कहना पड़ेगा कि गीतकार इस अर्थ में न तो जयशंकर प्रसाद थे, न निराला ही। जबकि दूसरी तरफ महादेवी को गीतकार कहने में कोई अनौचित्य उस तरह नहीं झलकता। उन्हें वर्णों की, वर्णों की गीत्यात्मक संभावनाओं की बहुत अच्छी पहचान है। अगर गोधूलि को कविता में 'गोधूली' करने की छूट प्रसाद ने ली, 'सुकुमार' की विशेषणात्मक व्यंजना का जमकर उपयोग पन्त ने किया तो महादेवी दोनों से आगे बढ़कर उनका इस्तेमाल अपने 'गीत' के लिए करेंगी। 'निःश्वास,' 'नीड़' और 'शयनागार' जैसे शब्द तो सभी छायावादी कवियों के यहाँ कमोवेश साफ या धुंधले अर्थ-संदर्भों में कार्यरत दिखलाई देंगे। मगर 'गीत' के तर्क से उन्हें पास खींच लाने का आग्रह महादेवी के यहाँ ही मिलेगा। इस तर्क की स्वाभाविक परिणति यह हुई कि गीत और कविता के बीच अन्तर बढ़ता रहा और एक निराली विधा का विकास हो गया जिसने कवि-सम्मेलन और काव्यगोष्ठी के हिन्दी अद्वैत को शुद्धाद्वैत में बदल दिया। छायावाद युग में ही हम हिन्दी-पद्य को कविता की कई ऊँचाइयाँ चढ़ते देखते हैं। और छायावाद-युग में ही तथा उसके तुरन्त बाद हम उस कविता को गीत में ढलते हुए भी, अर्थात् हिन्दी-पद्य को फिर से उतार की ओर उन्मुख होते देखते हैं। कविता का यह सरलीकरण, मुझे लगता है, द्विवेदी-युग की अपेक्षा कहीं अधिक शोचनीय है। द्विवेदी-युग का सरलीकरण अनिष्ट नहीं था। किसी हद तक वह हिन्दी कविता की जरूरत था। जबकि बच्चन-युग का सरलीकरण (और बच्चन पंत की अपेक्षा महादेवी के ज्यादा निकट और ज्यादा पूरे उत्तराधिकारी हैं) हिन्दी कविता के स्वाभाविक विकास के लिए, न तो जरूरी प्रतीत होता है, न सहज। निराला और प्रसाद की कविता में कार्यरत भावना—जैसा कि पिछले विश्लेषणों से स्पष्ट हुआ होगा—एक ज्यादा एकीकृत और सघन चीज़ है, बनिस्बत बच्चन और दिनकर की कविता में कार्यरत भावना के। बच्चन और दिनकर तक आते-आते वह संवेदना काफी बिखर गई है, काफी पतली पड़ गई है। उसमें पानी मिलने लगा है। दूसरे शब्दों में, इस भावना को 'भावुकता' से अलगाना बहुत कठिन होता जाता है। निराला के 'ओज' और दिनकर के 'ओज' में जो अन्तर है वह सिर्फ़ मात्रात्मक न होकर गुणात्मक भी है। निराला का भाव-बोध स्वतः आवेगात्मक है, उनकी भाषिक संवेदना उस भाव-बोध के साथ इतनी घनिष्ठ है कि उनके शब्द उस आवेग के विकिरण का लगभग पारदर्शी माध्यम बन सकते हैं और यह विकिरण ही

उनका ओज है। दिनकर की कविता में 'ओज' की स्थिति अधिक विश्लेष्य है क्योंकि शब्द और संवेदना का वैसा एकात्म्य नहीं है। संवेदना में वह ताप, वह दबाव और एकाग्रता नहीं है जो शब्द को पिघलाकर पारदर्श बना सके। इसलिए दिनकर का ओज निराला के ओज की तुलना में अधिक स्थूल प्रतीत होता है। या इसी बात को दूसरे ढंग से कहें तो दिनकर का ओज 'रेहटारिकल' है, एक ऐसे अर्थ में, कि जिस अर्थ में निराला का ओज कतई रेहटारिकल नहीं है। इसी तरह 'प्रसाद' के प्रसाद गुण तथा बच्चन के प्रसाद गुण में भी उतना ही महत्त्वपूर्ण अन्तर है। एक सघन है, दूसरा तरल। एक में सान्द्रता और एकाग्रता (कन्सेन्ट्रेशन) है, दूसरे में रूमानी सरलीकरण (डिजीपेशन)। प्रसाद की प्रासादिकता (फैलिसिटी) जटिल अनुभूति में से कमाया गया 'साधारणीकरण' है; बच्चन की सरलता औसत अनुभव का कुशल पद्यान्तरण। प्रसाद के पीछे सिर्फ प्रसाद हैं या पूरी काव्य-परम्परा है। बच्चन के पीछे केवल महादेवी हैं। दूसरे शब्दों में बच्चन का गीत-लाघव महादेवी के गीत-लाघव का अनिवार्य परिणाम और विस्तार है।

इस दृष्टि से विचार करने पर उत्तर-छायावादी कवियों की रचना-प्रक्रिया भाषा की काव्यमुक्ति की उस प्रक्रिया से ठीक विपरीत दिशा में अग्रसर होती जान पड़ेगी जिसका आश्वासन हमें जयशंकर प्रसाद और निराला के कृतित्व ने दिया था। यहाँ हम देखेंगे कि भाषा की काव्यमुक्ति की प्रक्रिया में इस गतिरोध के लक्षण सबसे पहले कहाँ और कैसे प्रकट हुए।

महादेवी का गद्य अन्तर्जगत् और बहिर्जगत् का रोचक संवाद प्रस्तुत करता है। अलंकृत शैली के घटाटोप को चीरती उनकी 'विट' जगह-जगह कौंधती रहती है। यह विट उनकी संवेदना को तीखा बनाए रहती है, उनकी भावुकता को उनकी समझ से अलग ज्यादा देर नहीं टिकने देती। कुछ है इस गद्य में, जो इसे प्रसाद या निराला के गद्य से अलग एक वैशिष्ट्य प्रदान करता है, वह क्या है ? निश्चय ही इस गद्य की लय महादेवी के गीतों की लय से जुड़ी हुई है। वह गीतगन्धी लय ही है। किन्तु इसमें जो 'व्यक्तित्व' और जो व्यंग्यदृष्टि और जो जीवन की धकापेल है, वह उनकी कविता में कहाँ है ? इस व्यक्तित्व से आप चाहे आकर्षित हों, चाहे विकर्षित, यह अलग बात है; पर उसमें आपको अपनी बातों में उलझाए रखने की सामर्थ्य है। इस व्यक्तित्व में तरलता-ही-तरलता नहीं है, एक पुख्तापन भी है जो अपनी निस्संग निरीक्षणशीलता और तथ्यपरक संवेदना से अज्ञेय का स्मरण दिलाता है। उनके चरित्र उनके मन की भाव-तरल परछाइयाँ ही नहीं हैं; वे वायवीय न होकर ठोस मानव-आकृतियाँ हैं, जिन्हें उनका गद्य उनकी सजीव चारित्रिक हरकतों में, उनके पूरे परिवेशगत यथार्थ में झलकाता है। यहाँ उनकी करुणा ठोस आलम्बनों से परिभाषित है : वस्तु-स्थितियों का पैनापन कुण्ठित नहीं होने दिया जाता। भावुकता का तकाजा वास्तविकता के तकाजे को धूमिल नहीं पड़ने देता, बल्कि अभिव्यक्ति की परोक्षता उस 'यथार्थ' को और ज्यादा नुकीला और ज्यादा प्रत्यक्ष-सजीव बना देती है चाहे वह 'भक्तिन' का इतिहास हो, चाहे 'जंगबहादुर'

का । महादेवी की भावना और महादेवी की बौद्धिकता यहाँ गद्य के माध्यम से ज्यादा एकाग्र होकर काम करते जान पड़ते हैं और आत्माभिव्यक्ति ज्यादा अनायास और ज्यादा पूर्ण है । महादेवी जब गद्य लिखने बैठती हैं तो उनके आँख-कान दोनों खुले रहते हैं और हृदय के साथ मस्तिष्क भी बराबर धड़कता रहता है । इसके विपरीत जब महादेवी कविता करने बैठती हैं तो उनकी आँखें मुंद जाती हैं और वे केवल अपने कानों से काम लेती हैं। ऐसा लगता है कि महादेवी को गद्य लिखने में जितना आनन्द आता होगा, उनके पाठक को उसे पढ़ते हुए उनसे ज्यादा ही आनन्द आता है पर कविता करने में यदि उन्हें गद्य-लेखन की अपेक्षा अधिक उत्तेजना महसूस होती भी रही हो, तो यह एक दुखद तथ्य है कि उनके पाठक को ऐसा अनुभव नहीं होता । महादेवी की कविता का स्वाद आज हमारे लिए बासी पड़ गया है जबकि उनका गद्य अभी भी अपनी ताजगी नहीं खो सका ।

महादेवी के गद्य से महादेवी की कविता में प्रवेश करने का अनुभव ऐसा होता है जैसे हम एक अजनबी और फिर भी सुपरिचित नगर के गली-कूचों में स्वच्छन्द घूमते-घूमते सहसा किसी के व्यक्तिगत पुस्तकालय में घुस गए हों और बाहर से किसी ने सांकल चढ़ा दी हो । किताबों की गन्ध से बोझिल इस कमरे में केवल एक खिड़की खुली हुई है और उस खिड़की पर एक ही दृश्य—कभी न बदलने वाला स्थितिशील दृश्य जड़ा हुआ है। एक शाश्वत मानवीय अनुपस्थिति से बसा हुआ यह कमरा कोई मुतहा तहखाना भी नहीं है जहाँ हम कम-से-कम प्रेतों से ही साक्षात्कार कर सकें । यह एक बहुत ही साफ-सुथरा, करीने से सजाया हुआ कमरा है, पर इसमें कोई नहीं रहता । 'भक्तिन' भी यहाँ झाड़ू लगाने नहीं आती ।

क्या महादेवी का वह व्यक्तित्व, जिसके बिना उनका गद्य एक क़दम भी आगे नहीं बढ़ता, यहां उनकी कविता से—बहिष्कृत है ? यह कैसा अन्तर्जगत् है, जिसमें से अनुभव की वह सारी दुनिया ही नहीं, स्वयं महादेवी की 'विट' और आवाज भी गायब है !

प्रसाद और निराला का भी एक अन्तर्जगत् है पर वह अन्तर्जगत् उनके 'अनुभव' से स्वतंत्र नहीं है। पंत का भी एक छोटा-सा अंतर्जगत् है जो काफी दूर तक उनकी आँख के साथ सहयोग करता आया था । पर महादेवी का अन्तर्जगत् और महादेवी का 'अनुभव' जैसे बराबर एक सुरक्षित दूरी अपने बीच बनाए रहते हैं : दोनों में आमना-सामना शायद ही कभी होता हो :

> इन ललचाई पलकों पर, पहरा जब था व्रीड़ा का
> साम्राज्य मुझे दे डाला, उस चितवन ने पीड़ा का
> ... ...

न सही अनुभव, कुछ 'विट' ही सही

> चिन्ता क्या है हे निर्मम, बुझ जाए दीपक मेरा
> हो जाएगा तेरा ही, पीड़ा का राज्य अंधेरा

मगर अधिकतर तो महादेवी की कविता के पाठक को इतना भी नसीब नहीं होता । इस एकरसता की घुटन से झुंझलाकर पूछने की तबीयत होती है कि क्या महादेवी 'कविता से अपने अंतर्जगत् का निर्माण करती हैं ? कविता का इस्तेमाल करते हुए उससे अपने अंतर्जगत् को सजाती हैं ?' इतनी व्यवस्थित कविता तो हिन्दी साहित्य के समूचे इतिहास में कहीं न मिलेगी । महादेवी की कविता में अकसर प्रयुक्त होने वाला कोई भी शब्द ले लीजिए : उसका इतिहास पंत, निराला, प्रसाद द्वारा प्रयुक्त किए गए उसी शब्द का इतिहास होगा । ऐसा बहुत कम होगा कि महादेवी के यहाँ उसकी कोई विलक्षण हैसियत बन सकी हो । महादेवी की कविता के शब्द उनके 'छायावादी' अर्थों की सीमाओं का अतिक्रमण भूलकर भी नहीं करते । न उनके मेल ही इतने मौलिक होते हैं कि अपनी साहसिकता या नयेपन से हमें चौंका सकें । अनगढ़ता तो उनमें कभी होती ही नहीं :

निश्वासों का नीड़ निशा का
बन जाता जब शयनागार
लुट जाते अभिराम छिन्न
मुक्तावलियों के बन्दनवार
तब बुझते तारों के नीरव नयनों का वह हाहाकार
आंसू से लिख-लिख जाता है 'कितना अस्थिर है संसार'

यह सफाई और यह सुघरता निराला-प्रसाद का तो जिक्र ही क्या—पंतजी के यहाँ तक मुश्किल से मिलेगी । मगर ये पंक्तियाँ तभी तक अच्छी लगती हैं जब तक इनकी अर्थसंगति को जरा बारीकी से आँख गड़ाकर देखने की कोशिश नहीं करते । ये शब्द नहीं, छायावादी शब्द हैं यानी छायावादी कवियों द्वारा धड़ल्ले से इस्तेमाल किए हुए शब्दों की परछाइयाँ हैं । महादेवी की कविता इन धूमिल परछाइयों से कभी मुक्त नहीं हो पाती । प्रथम दो पंक्तियां हममें पंतजी के 'पल्लव' के 'शून्य निश्वासों के आकाश' का स्मरण जगा देती हैं । यहाँ अभिराम मुक्तावलियाँ हैं तो आगे एक दूसरी कविता में 'मुक्ताहल अभिराम' जरूर मिलेगा । प्रसाद के 'नील नयन से ढुलकाती हो ताराओं की पाँत घनी रे' को याद करिए और यहाँ 'तारों के नीरव नयनों के हाहाकार' को देखिए । वहाँ अनुभूति थी मौलिक—इसी से अभिव्यक्ति में भी आविष्कार की ताजगी थी । यहाँ उस आविष्कार का उपयोग ज़रूर है; पर वह कला भी क्या, जिससे कला ही उधड़ जाय । प्रसाद में 'हाहाकार-स्वरों में वेदना असीम गरजती है' और पन्त में 'ज्योत्स्ना कम्पित पत्रों से छनकर जहाँ-तहाँ कुछ लिखती है ।' पर महादेवी में तारों के नीरव नयनों का हाहाकार आँसू से लिखता है । वहाँ जो प्रयोग था, यहाँ वह खींचतान है । गीत का तर्क है यह ।

महादेवी की कविता में शब्दों की सत्ता अमूर्त होती जाती है । उन्हें अपनी अनुभूति की भी टीका करते रहना पड़ता है । 'मर्मर का रोदन' कहना पड़ता है :

देकर सौरभ-दान पवन को
कहते जब मुरझाए फूल
जिसके पथ में बिछे वही
क्यों भरता इन आँखों में धूल
अब इनमें क्या सार मधुर जब गाती भौंरों की गुंजार
मर्मर का रोदन कहता है 'कितना निष्ठुर है संसार'

इस बन्द के साथ 'पल्लव' के पंत की कुछ पंक्तियाँ रखकर पढ़िए :

अलि-बाला से सुन तब सहसा
जग है केवल स्वप्न असार
अर्पित कर देती मारुत को
वह अपने सौरभ का भार

क्या महादेवी का गीत जाने-अनजाने पंत की लीक पर नहीं चल रहा प्रतीत होता ? 'मधुर जब गाती भौंरों की गुंजार' पढ़कर हमारे कान को और दिमाग को अप्रियता का वैसा ही धक्का नहीं लगता जैसे 'हाहाकार को आँसू से लिखते' देखकर लगा था।

प्रसाद और निराला ने भी गीत लिखे पर वे कविता पहले थे, गीत बाद में। महादेवी का गीत गीत ही होकर रह जाता है अकसर। कविता की शर्तों को छोड़कर लिखा हुआ गीत। छायावाद यहाँ रूढ़ होने लगा है; उसका प्रवाह अवरुद्ध हो चला है। प्रसाद और निराला के यहाँ हिन्दी गीत अभी उस खतरनाक विशेषीकरण की अवस्था तक नहीं पहुँचा है जिसमें छन्द और तुक के तकाजे से भाव और भाषा के साथ खींचतान करनी पड़े। महादेवी तक आते-आते छायावाद का खमीर चुक चला है। अब सिर्फ विशेषीकरण रह गया है : कुछ लयगतियों का, कुछ रूढ़ भाव-संवेदनाओं तथा रुझानों का। यह विशेषीकरण महादेवी के हाथों हुआ। महादेवी की कविता छायावाद की सारी शब्दावली का संदर्भ-ग्रन्थ है : मधुप, मलयज, दीपक, कलियाँ, पलकें, अलकें, अज्ञात, हाहाकार, कुमार, सुकुमार, रश्मि, हिलोर, विजन, मधु, उच्छ्वास, आँसू, खुमार, विषाद, आसव, हाला, प्याला, उस पार, असीम, नाविक, उस पार, इत्यादि··· सभी यहाँ उसी एकरस अनिवार्यता से इकट्ठे होते रहते हैं। शायद ही कोई कविता किसी विशिष्ट भावप्रसंग से निर्धारित हो। वही-वही भाव···लगभग उन्हीं-उन्हीं शब्दों-उपकरणों के साथ थोड़े हेरफेर के साथ दुहराए जाते हैं। महादेवी का वैभव रूढ़ अभिव्यक्तियों का वैभव है। ऊपर एक कविता का उदाहरण हम देख ही चुके हैं। एक दूसरी—अपेक्षाकृत बेहतर कविता—मुझे याद आ रही है जो कभी मुझे बेहद अच्छी लगती थी···"रजनी ओढ़े जाती थी/झिलमिल तारों की जाली/उसके बिखरे वैभव पर जब रोती थी उजियाली/···"। इससे आगे का छन्द देखिए :

शशि को छूने मचलीं सी
लहरों का कर-कर चुम्बन

बेसुध तम की छाया का
तटनी करती आलिंगन
अपनी जब करुण कहानी
कह जाता है मलयानिल
आँसू से भर-भर जाता
सूखा अवनी का अंचल

महादेवी के साथ यह कैसी विडम्बना है कि कविता की शुरुआत ज़रा अलग ढंग की होती भी है तो तुरन्त ही कविता फिर उसी पिष्टपेषित लीक पर आ फिसलती है। इन पंक्तियों पर आते ही हमारे मन में प्रसाद की पंक्तियाँ प्रतिध्वनित होने लगती हैं :

देखा बौने जलनिधि को
शशि को छूने ललचाना
फिर हाहाकार मचाना
फिर उठ-उठकर गिर जाना

कभी-कभी ऐसा प्रतीत होता है कि 'आँसू' का छन्द और आँसू की भाव-रूढ़ियाँ बाद के कवियों का काम काफ़ी आसान कर गईं। परवर्ती कविता में 'आँसू' की वंश-बेलि काफ़ी दूर तक फैली दिखाई देती है।

अब दूसरे छन्द पर आइए और उस कविता को याद कीजिए जो हमने आरम्भ में उद्धृत की थी—'तब बुझते तारों के नीरव नयनों का हाहाकार/आँसू से लिख-लिख जाता है कितना अस्थिर है संसार।' आप देखेंगे कि इसमें कोई फ़र्क नहीं है। यहाँ भी 'आँसू' उतने ही सुविधाजनक ढंग से जड़ा हुआ है। फ़र्क इतना ही है कि तारों की जगह 'मलयानिल' को भरती कर लिया गया है जो कि उतना ही सार्थक या निरर्थक है। आपने यह भी ग़ौर किया होगा कि 'हाहाकार' का अर्थ-संदर्भ कहाँ है। और आगे बढ़िए :

पल्लव के डाल हिंडोले, सौरभ सोता कलियों में
छिप-छिप किरणें आतीं जब, मधु से सींची गलियों में

क्या आपका दिमाग़ खटाक् से निराला की पंक्ति नहीं बुला भेजता ?…'आँखें अलियों सी किस मधु की गलियों में फँसीं ?' रहे 'पल्लव के हिंडोले', सो पंतजी के 'पल्लव' में ही आपकी मुलाक़ात 'कुसुमित पलनों में अभिराम' से हो गई होगी।

आँसू वाले लेख में हमने संकेत किया था कि इस छन्द में वह खुलापन नहीं है। इसकी स्वाभाविक प्रवृत्ति मुक्तकला की ओर है। महादेवी ने इस छन्द का खूब उपयोग किया है। निराला ने नहीं किया। वे जानते थे इसकी सीमाओं को। यह भी कि यह प्रसादगन्धी है। इस पर प्रसादजी की मुहर लग गई है।

महादेवी अकसर ही 'भाव' को उसके जीवित संदर्भ से काटकर उसे उसके उपयुक्त साहित्यिक उपकरणों में ढाल लेती हैं। अपनी अतिसाहित्यिकता के कारण वह

सघन कविता जैसा प्रतीत होने लगता है। पर थोड़ा भी ग़ौर से देखने पर उसका भीनापन स्पष्ट हो जाता है। क्योंकि इन सुव्यवस्थित शब्दों का जीवन कवि के अन्तर्जीवन में जितना है, उससे ज्यादा छायावादी कविता में है। उनकी खूबी यह है कि बड़ी सफ़ाई और सुघरता के साथ वे अपने 'भावों' को प्रस्तुत कर सकती हैं। पर ये भाव निर्व्यक्तिक भाव हैं। निर्व्यक्तिक—यानी रूढ़ या काव्यरूढ़ भाव। पर हमें नहीं भूलना चाहिए कि इसी कारण वे शिल्प की बारीकियों पर ज्यादा एकाग्र हो सकी हैं। चाहे जितना विशेषीकृत और साहित्यिक उनका भाव-बोध हो, उनके गीत हमें अपनी बनावट और बुनावट के प्रति आकर्षित करते हैं। हम उनका अध्ययन करने को विवश होते हैं और यह अध्ययन निश्चय ही काफी रोचक और लाभप्रद सिद्ध होता है।

यह सब लिखने का उद्देश्य महादेवी के महत्त्व को कम करना नहीं है बल्कि उसे उसकी सही जगह पर रखकर देखना है कि आखिर वह 'महत्व' ठीक-ठीक. यथातथ्य क्या है ?

महादेवी की कविता का महत्त्व यह है कि उनमें कविताई की कला पंत से भी ज्यादा सेल्फ़-कॉन्शस स्तरों पर देखी जा सकती है। उनकी विशेषता यह नहीं है कि प्रसाद या निराला की तरह एक विशिष्ट अन्तर्जीवन उनकी कविताओं को परिभाषित करता हो। वैसा कोई निजी विलक्षण विन्यास व्यक्तित्व का उनकी कविताओं से नहीं उभरता। न उसमें पूर्व-पंत की तरह की ही कोई विशेष सौन्दर्यासक्ति ही है। न उनमें वह पारदर्शी भावुकता और विशिष्ट भाव-प्रसंगों से प्रेरित मार्मिकता ही है जो हमें सुभद्राकुमारी चौहान में मिलती है। सुभद्राजी की तुलना में महादेवी का काव्य बहुत 'सोफिस्टिकेटेड' है। सुभद्राजी महादेवी की तरह नहीं लिख सकतीं। पर महादेवी सुभद्राजी की तरह भी लिख सकती हैं। ('अपने इस सूनेपन की मैं हूँ रानी मतवाली') सुभद्राजी में पूरी भावुकता है: अधूरी भावुकता और अधूरी बौद्धिकता की खिचड़ी नहीं है। उन्होंने बहुत थोड़ी-सी कविताएँ लिखी हैं, पर उनमें भरपूर वैविध्य है। एकरसता कतई नहीं है। ये लम्बी कविता को भी बिना कहीं शिथिल पड़े निभा सकती हैं। 'झाँसी की रानी' आल्हा के छन्द में लिखा हिन्दी का सर्वोत्तम साहित्यिक 'बैलेड' है। सुभद्राकुमारी चौहान की कविता मन को सीधे छूती-पकड़ती है। महादेवी के साथ ऐसा नहीं होता। जितनी अ-प्रत्यक्ष उनकी प्रेरणाएँ होती हैं उतना ही परोक्ष और धुँधला उनका असर भी पड़ता है। फिर भी यदि हम महादेवी को सुभद्राकुमारी चौहान से बड़ा कवि मानते हैं तो उसका कारण यही हो सकता है जिसका संकेत हमारे विश्लेषण से उभर रहा है कि महादेवी में वह 'कविता-चतुराई' है जो सुभद्राजी में नहीं है। और यह कविता-चतुराई निश्चय ही कवियों के काम की है। महादेवी का असर परवर्ती कविता पर पड़ा और खूब पड़ा। बल्कि जैसाकि ऊपर एक जगह मैंने संकेत किया, बच्चन, दिनकर आदि पर यदि छायावाद के किसी कवि का सीधा असर है तो वह महादेवी का है। प्रसाद और निराला से सीखना बहुत कठिन है। पंत को खुद पंत ने ही आखिरी बूँद तक निचोड़ डाला है। जबकि महादेवी ने तीनों से सीखा और जैसाकि हम देख आए और

आगे भी देखेंगे, खूब सीखा। छायावाद नाम का भी अगर कोई तुक है तो वह पंत और महादेवी की कविता के ही लिए है। महादेवी ने परवर्तियों के लिए कविता लिखना आसान कर दिया। उन्होंने लयात्मक आविष्कारों को भी सरलीकृत रूप में पेश किया और व्यंजना-प्रणालियों को इस हद तक माँजा कि वे रूढ़ि बन गईं। महादेवी की कविता में अगर कोई चीज़ है जो आज हमें उनकी कविता पढ़ने को बाध्य करे तो वह यह 'अतिसाहित्यिकता' ही है—कई प्रभावों को पचाने और झलकाने की उनकी सामर्थ्य। महादेवी की सिखावन चूँकि सबसे ज्यादा सतह पर है, इसलिए उनसे सीख सकना भी सबसे आसान है। अगर यह सच है कि महादेवी ने कविता को गीत तक उतार दिया तो यह भी सच है कि उन्होंने गीत को कई तरह से माँजा। एक ही नपी-तुली, पूर्वानुमेय सामग्री को उन्होंने कई तरह से तराशा, कई तरह से अभिव्यक्ति दी। महादेवी की कविता एक ज्वलन्त उदाहरण है कि बिना जन्मजात कवि हुए भी कवि किस तरह हुआ जाता है।

छायावादी कविता के कारखाने में जो भी नए आविष्कार किए, प्रसाद, निराला और पंत ने किए। पर महादेवी ने यह दिखला दिया कि आविष्कार के—कविता में आविष्कार के—माने क्या होते हैं और उसका उपयोग सफलतापूर्वक कैसे किया जा सकता है। यह अकारण नहीं कि उन्होंने इतने कवियों को प्रेरणा दी सक्रिय कविताई के स्तर पर। कई नए कवियों में भी उनकी कविताई के प्रति सराहना और आदर का भाव मिलता है :

छू नहीं सकती
साँस जिसे
वर्णगीत जिसे
किन्तु मर्म
... ...
कुछ नहीं लाया
प्रेम
अश्रु अश्रु अश्रु
पुनः
पुनः

(शमशेर : 'यामा' कवि से)

शमशेर ने महादेवी पर ही नहीं, सुभद्राकुमारी चौहान पर भी कविता लिखी है। देखिए :

डूब जाती है कहीं
जीवन में, वह
सरल शक्ति
... ...
... ...

एक सीधी-सी बात जो इन दोनों कविताओं को एक के बाद एक पढ़ने पर मन में उठती है, वह यह है कि क्यों सुभद्राकुमारी चौहान पर लिखी कविता इतनी स्पष्ट और प्रखर है और क्यों 'यामा' कवि के प्रति उसी कवि की प्रतिक्रिया इतनी अमूर्त-अस्पष्ट ? पर यह अकारण नहीं है। शमशेर ने अपने मन पर पड़े दोनों कवियों के प्रभाव को ही यथावत् आँका है। क्यों हम महसूस करते हैं कि सुभद्राकुमारी चौहान के व्यक्तित्व का ही नहीं, कृतित्व का भी इससे अच्छा मूल्यांकन नहीं हो सकता ? 'डूब जाती है कहीं/ जीवन में वह/सरल शक्ति···' 'जनमनमयी करुणा के सरल मधुमास'···कितनी सटीक व्यंजना है और कितनी सच्ची ! मगर महादेवी के प्रति कवि की यह प्रतिक्रिया कैसी है ? यह कैसा मूल्यांकन है ? आगे की पंक्तियाँ इससे भी सूक्ष्म-विरल हैं। 'नींद का संगीत गाकर विसुध खग···' 'जुगनुओं के सूर्य अनगिन सूक्ष्म/तुहिन-कण की स्तब्ध रजनी में'···पूरी कविता में वही प्रारम्भ की पंक्तियाँ दिमाग़ में घुमड़ती रह जाती हैं। 'छू नहीं सकती साँस जिसे/वर्णगीत जिसे/किन्तु मर्म'···मुझे कोई अधिकार नहीं कि मैं शमशेर की कविता की मनमानी व्याख्या करूँ। मगर मेरे मन में महादेवी की कविता पढ़कर जो प्रतिक्रिया होती है, कहीं उसी को तो मैं इन पंक्तियों में नहीं पढ़ रहा ? तीन व्याख्याएँ हो सकती हैं—

(१) जिसे साँस नहीं छू सकती, ऐसा वर्णगीत। किन्तु मर्म ?—वर्णगीत ही वह मर्म है।

(२) जिसे साँस नहीं छू सकती और वर्णगीत भी नहीं छू सकता— ऐसा मर्म।

(३) जिसे साँस नहीं छू सकती, किन्तु वर्णगीत छू सकता है—ऐसा वह मर्म।

शायद शमशेर का अभिप्रेत यह तीसरा हो। या दूसरा। मेरी प्रतिक्रिया पहली व्याख्या के निकट पड़ती है। वर्ण के दोनों अर्थ ले लीजिए —स्वर-व्यंजन या रंग। मैं पहले अर्थ पर ही ध्यान केन्द्रित करूँगा। महादेवी की कविता का तत्त्व और केन्द्र—मुझे लगता है—यह वर्णगीत ही है। उनकी कविताएँ वर्णाश्रित है अर्थात् काव्य-शिल्प की बारीकियों पर एकाग्र है। यदि शमशेरजी का आशय यह है कि यही सूक्ष्मतम कला है तो उनसे सहमत नहीं हुआ जा सकता। क्योंकि वैसी कलात्मक तन्मयता—चूड़ान्त तद्‌मति महादेवी में कहीं भी नहीं है (और जैसी शमशेर के यहाँ मिल सकती है।) हाँ, इतना कहा जा सकता है कि एक उभयनिष्ठ क्षेत्र जरूर है -- वर्ण-गीत-गत उत्साह और रीझ-बूझ का -- दोनों के बीच, जहाँ शमशेर महादेवी को सराह सकते हैं और शमशेर ही क्यों, हम सभी। उदाहरण के लिए, महादेवी के यहाँ—

नहीं मुख पर आती है आह
मौन में सोता है संगीत

और शमशेर के यहाँ—

मौन आहों में बुझी तलवार

इसी तरह महादेवी के यहाँ—

लजीले मेरे छोटे दीप

तो अज्ञेय के यहाँ —अधिक परिष्कार के क्रम में —

दीप पत्थर का
लजीली किरन की पदचाप नीरव

महादेवी के यहाँ —

तेरे हित जलते दीप-प्राण

बच्चन के यहाँ—

मेरे हित होगा कौन विकल

हमने कहा कि महादेवी का काव्य-जगत् नितान्त उनका व्यक्ति-विलक्षण भाव-जगत् उतना नहीं है जितना कि छायावादी काव्यान्दोलन द्वारा निर्मित साहित्यिक भाव-जगत्। इस मान्यता को पुष्ट करने के लिए कुछ उदाहरण हम पहले ही टाँक चुके हैं। कुछ और, लीजिए, प्रस्तुत हैं। जयशंकर प्रसाद में हमने पढ़ा —

मादकता से तुम आए
संज्ञा से चले गए थे

महादेवी में पढ़िए—

विस्मृति सी तुम, मादकता सी
गाती हो मदिरा का राग

प्रसाद में—

"आती है शून्य क्षितिज से/क्यों लौट प्रतिध्वनि मेरी/टकराती बिलखाती सी पगली सी देती फेरी..."

महादेवी की कविता में इस 'इमेज' का सुन्दर उपयोग देखिए—

बह गई क्षितिज की रेखा, मिलती है कहीं न हेरे
भूला सा मत्त समीरण, पागल सा देता फेरे

इसी तरह जब हम महादेवी की एक कविता में पढ़ते हैं: 'शून्य से टकराकर सुकुमार/करेगी पीड़ा हाहाकार/बिखर कर कन-कन में हो व्याप्त/मेघ बन छा लेगी संसार' तो हमें अनायास ही लग उठता है कि यह 'शून्य' और यह 'हाहाकार' महादेवी से ज्यादा प्रसाद के 'आँसू' से ताल्लुक रखता है। पंतजी लिखते हैं, 'मेरे आँसू गूँथ फैल गंभीर मेघ-सा आच्छादित कर ले सारा आकाश' तब हम उनकी सुरुचि से आश्वस्त हो जाते हैं। पर महादेवी की पीड़ा मेघ बनकर आकाश को नहीं, 'संसार' को छाने लगती है। प्रसाद के 'आँसू' में भी बेशक फ़िज़ूलख़र्ची है पर उनकी पीड़ा को टकराने के लिए 'शून्य क्षितिज' तो कम-से-कम चाहिए। पर महादेवी की पीड़ा उनसे भी ज्यादा अमूर्त है क्योंकि वह 'शून्य' से ही जा टकराती है। जब पंतजी कहते हैं—'बादलों के **छायामय मेल**, घुमड़ते हैं आंखों में फैल,' तब हम एक मौलिक चाक्षुष संवेदन को सराहे बिना नहीं रह सकते। पर जब हम महादेवी को 'मधुर वेदनाओं से भरके/मेघों के छायामय थाल'

लिखते देखते हैं तब हम उनकी सुरुचि से ग्राश्वस्त नहीं हो पाते। उनकी पंक्ति में मेघ की छायामयता का वैसा सौन्दर्य मूर्त नहीं होता।

दरअसल महादेवी की स्वाभाविक रुझान और क्षमता पंक्ति-सौन्दर्य को तराशने की है। उसी-उसी बात की अनेक भंगियाँ—आवृत्तियां उनमें मिलेंगी। और इनमें शिल्प के निखरने की सूचना भी। उनकी कला एक अच्छे अर्थ में 'सूक्ति' की कला है। 'बुझते ही प्यास हमारी/पल में विरक्ति जाती बन।' इतनी सफ़ाई और कटे-छँटे-पन की उम्मीद हम प्रसाद और निराला सरीखे आविष्कारक कोटि के कवियों से भी नहीं कर सकते। यह गद्य का गुण है और इसमें सन्देह नहीं कि अच्छे गद्य के कुछ गुण महादेवी की कविता में हैं। महादेवी का लय का पैमाना भी काफी छोटा होता है। लम्बी साँस साधने वाली, बड़ी लय को सम्हालने वाली आवेगात्मकता उनमें नहीं है। लय का छोटा यूनिट और तुकों का पास-पास होना सूक्ति-कला वाली कविता के लिए, गीत के लिए मुफ़ीद पड़ता है। महादेवी की यह भी सीमा है कि उनकी कविता में भाव का विकास नहीं होता, कोई अप्रत्याशित मोड़ नहीं लेती कविता। जैसा कि निराला के यहाँ बराबर महसूस होता है, उस तरह उनकी कविता प्रतिरोधों से जूझते हुए, विसंवादी भावों के बीच से अपना मार्ग निकालती हुई नहीं बढ़ती। उन्हें अपनी भाषा नहीं सिरजनी है; सिरजी हुई भाषा का—उनकी नवजात सम्भावनाओं का यथासम्भव अच्छे से अच्छा इस्तेमाल कर दिखाना है। महादेवी की रचनात्मकता विधायक कोटि की कल्पना की रचनात्मकता नहीं है। वह उद्भावनामूलक कल्पना के स्तर की है; 'फैंसी' है। 'आशा की माधुरी अवधि' जैसी प्रासादिक शब्द-सर्जना उनके बूते के बाहर है। पर वे इसी आशय की सूक्ति ज़रूर गढ़ सकती हैं। अवश्य ही उसमें कवि के व्यक्तिगत वैशिष्ट्य का स्पन्दन उस तरह महसूस नहीं हो सकेगा। महादेवी के काव्य की यह निर्वैयक्तिकता शिल्प की निर्वैयक्तिकता है। प्रसाद कहेंगे 'तुम हो कौन और मैं क्या हूँ, इसमें क्या है धरा सुनो/मानस जलधि रहे चिर-चुम्बित मेरे क्षितिज उदार बनो।' महादेवी—भले ही वे ठीक-ठीक वही बात न कह रही हों—'क्षितिज' की यह कल्पना उनकी कल्पना को भी कहीं से छूती है और वे अपने ढंग से उसका सूक्ति-विन्यास कर लेती हैं जो हमें काफी अच्छा लगता है और हम उनके कौशल को सराहे बिना नहीं रह सकते।

इस अचल क्षितिज-रेखा से
तुम रहो निकट जीवन के
पर तुम्हें पकड़ पाने के
सारे प्रयत्न हों फीके

काव्याभिव्यक्ति में सक्रिय इस 'प्रत्युत्पन्नमतित्व' को यदि हम सराहते हैं तो यह उचित ही है। महादेवी की कल्पना 'साहित्यिक' कल्पना है, यह कथन जहाँ उनकी सीमा बताता है, वहीं उनकी सामर्थ्य भी। एक अर्थ में महादेवी की कविता कृत्रिम है, ठीक उसी तरह, जिस तरह कि सुभद्राजी की कविता सहज है। पर यह विभाजन समझ को

सम्बोधित है, पूर्वग्रह को नहीं। कविता की कला में कृत्रिम और सहज का कोई आत्यन्तिक अर्थ नहीं होता। वहाँ दोनों के लिए बराबर गुंजाइश है।

महादेवीजी का स्वभाव और व्यक्तित्व 'मिस्टिक' का स्वभाव और व्यक्तित्व क़तई नहीं है। विद्रोही हम उन्हें मान भी लेते पर सवाल यह है कि यह विद्रोही व्यक्तित्व उनकी कविता से पूर्णतः बहिष्कृत क्यों है। यहाँ तक कि सामाजिक वैषम्य के प्रति जो तीखी संवेदनात्मक प्रतिक्रियाएँ उनके निबन्धों-स्केचों में जहाँ-तहाँ झलक जाती हैं, उनका कविता में कहीं आभास भी न मिलेगा। प्रसाद और निराला ने अपने गद्य-व्यक्तित्व से इस तरह परहेज नहीं किया। न उन्होंने रहस्यवादी कविता की सुविधाएँ ओढ़ीं। उनकी कविता जीवन की मार्मिक भावना ही नहीं, जीवन की आलोचना भी निस्सन्देह है। निराला ने प्रसाद द्वारा उन्मुक्त काव्य-संवेदना के क्षेत्र का विस्तार किया। महादेवी की कविता में न केवल निराला द्वारा विस्तृत काव्य-संवेदना का कोई संकेत नहीं उभरता, प्रत्युत वह निराला से पीछे जाकर प्रसाद की ओर देखती हैं और प्रसाद के भी अपेक्षाकृत कच्चे कृतित्व 'आँसू' की ओर। संवेदना के स्तर पर यह प्रतिगामिता क्यों है?

जो भी हो, इतना मानना पड़ेगा कि महादेवी ने छायावादी अभिव्यक्ति के रूपों का खूब अभ्यास किया और किसी हद तक उनका परिष्कार भी किया। यह अलग बात है कि इस परिष्कार के नतीजे हिन्दी कविता के लिए कम और हिन्दी गीत के लिए ज्यादा निकले। उन्होंने बच्चन का काम आसान कर दिया। महादेवी से पहले हिन्दी कविता में शब्द को वह 'अतिरिक्त' महत्त्व प्राप्त नहीं था जो उसे अनेक गीतों के ज़रिए प्राप्त हो गया। काव्याभिव्यक्ति की एकाग्रता को इस धुन्ध से चाहे जो क्षति पहुँची हो; भाषा की धुलावट तो बढ़ी ही।

निष्कर्ष रूप में हम फिर से दोहराएँ कि कविता महादेवी के लिए निखालिस आत्माभिव्यक्ति की बजाय कलाभ्यास के रूप में ही अधिक साध्य रही है। गद्य की भाषा में काम करते हुए वे खुली हवा में साँस लेती हैं पर काव्यभाषा में आते ही उनके चारों ओर दीवारें उग आती हैं। उनकी कविता की खाद साहित्य है और उनके गद्य की, जीवन तथा स्वयं उनकी और दूसरों की मनुष्यता। शैलीकार वे अपने गद्य में भी हैं। पर वह शैली जीवन की और स्वभाव की शर्तों को छोड़कर विकसित की हुई शैली नहीं है। उस गद्य के पीछे उस गद्य का एक वास्तविक संसार भी है। उनके गद्य और उनकी कविता के बीच कोई जीवन्त सम्बन्ध नहीं है। उनकी कविता 'कविताई' ही है। गद्यकार महादेवी में करुणा और विस्मय ही नहीं, आक्रोश भी है; शैली ही नहीं, व्यंग्य-विनोद और लीलावृत्ति भी है, व्यावहारिक ज्ञान और पकड़ भी है। आत्म-सुरक्षा के साथ-साथ परिस्थिति से मौलिक प्रतिशोध लेने वाला व्यक्तित्व और 'विट' भी है। यह ठीक है कि उनके पद्य की तरह उनका गद्य भी व्यवस्थित ही है, तो भी उस व्यवस्था में बाहर-भीतर की अव्यवस्था भी यदा-कदा झलक मारती रहती है, जबकि कविता में उतना खुलापन नहीं है। उसमें व्यवस्था ही व्यवस्था है, गढ़न ही गढ़न है, तराश ही तराश है। अगर प्रसाद और निराला कई जगह चूकते और बिखरते भी प्रतीत होते हैं

तो उसका कारण यह नहीं है कि उनके ग्रात्मदान में ही कहीं कोई चूक है। महादेवी की कविता में ग्रनुभव की ग्रराजकता, व्यक्तित्व की ग्रस्त-व्यस्तता कहीं नहीं झाँकती। यह कहना व्यर्थ है कि जो 'ग्रनुभव' में ही नहीं, वह कविता में कैसे होगा ? नहीं ! ग्रनुभव में था जरूर; पर कविता में नहीं है। क्यों नहीं है ? महादेवी की कविता में सबकुछ है; सिर्फ़ वह 'मर्त्य' ग्रनुभव भर नहीं है जो उसे ग्रमर बनाता। जो कि 'यह कसक ग्ररे ग्राँसू सहजा' में है; जो 'चढ़कर जीवन रथ पर / प्रलय चल रहा ग्रपने पथ पर' में है, जो 'शून्य सृष्टि में मेरे प्राण / प्राप्त करें शून्यता सृष्टि की/मेरा जग हो ग्रन्तर्धान' में है। ग्रौर जो 'मोम सा तन गल चुका है / दीप सा मन रह गया है' में नहीं है।

काव्य का स्वरूप

डॉ० धनंजय वर्मा

१९१४-१८ का महायुद्ध विश्व के लिए महत्त्वपूर्ण घटना और नवीन मूल्यों का अग्रदूत तो बना ही, भारत में उसने बड़े विरोधी निष्कर्ष दिये। यह सच है कि उसने भारतीय समाज को एक नयी चेतना दी, लेकिन तत्कालीन समाज में उसको आत्मसात् करने की शक्ति न थी। महायुद्ध के सैद्धान्तिक प्रभावों में व्यक्तिवाद सर्वाधिक महत्त्वपूर्ण है। इस व्यक्तिवाद ने भारतीय समाज में व्यक्ति के उन्मेष की आवाज उठाई। १९१४-१८ का हिन्दी काव्य इसीलिए व्यक्तिवादी काव्य होकर आया। हिन्दी काव्य पर रवीन्द्र के काव्य और संगीत का प्रभाव कोई अस्वीकार नहीं करता, लेकिन इसीलिए वह छायावादी या व्यक्तिवादी बना हो, ऐसा नहीं। बुद्धि के विरुद्ध हृदय और स्थूल के विरुद्ध सूक्ष्म का विद्रोह, प्रथम महासमर की उन सैद्धान्तिक प्रतिपत्तियों में से एक है, जिसने व्यक्ति को अन्तर्मुख बनाकर, यथार्थ से हटाकर, रहस्य और कल्पना में रमना सिखाया था। भारत की राजनीतिक दुर्व्यवस्था भी इसका कारण हो सकती है। कांग्रेस आन्दोलन की असफलता (विशेषतः चौरी-चौरा काण्ड के पश्चात्) से राष्ट्रीय आन्दोलन में एक विद्रूप निराशा और पराजय के स्वर बज उठे थे। सम्भवतः इसी निराशा और पराजय की भावना के परिणाम-पुत्र छायावादी दुःखवाद और अन्तर्मुखी दृष्टिकोण हों। महायुद्ध ने व्यक्ति की स्वतंत्रता और उसके उन्मेष की प्रेरणा तो अवश्य दी थी लेकिन तत्कालीन भारतीय समाज उसके अनुकूल था नहीं। इसकी प्रतिक्रिया भी आवश्यक थी और उसने भारतीय जीवन में गहरी वेदना और व्यथा रेखांकित की। समाज की विगर्हणा और शतधा पीड़ा से संत्रस्त हो कल्पना और आत्मा के सौन्दर्य की शोध तब प्रारम्भ हुई। यह १९१८ के पश्चात् की व्यक्ति परकगीति-कविता की प्रेरक वह परिस्थिति है जिसमें आगे चलकर स्वच्छन्दतावाद के नए आयाम परिलक्षित हुए। असीम के दर्शन, अलोक-अवतारणा, चेतन की प्रतिष्ठा, प्रकृति के प्रति नवीन दृष्टि, इस स्वच्छन्दतावादी काव्य के उपकरण बनकर आए। इस स्वच्छन्दतावादी धारा की एक प्रवृत्ति छायावाद निसर्गतः व्यक्तिवादी काव्य है। प्रथम युद्ध के पश्चात् की हिन्दी-कविता की मूलवर्तिनी धारा व्यक्तिवादी है, जिसमें घनीभूत निराशा के स्वर प्रभूत होने लगे थे। १९३१ के 'आँसू' की घनीभूत पीड़ा की यह सामाजिक व्याख्या हो सकती है।

पंत के 'पल्लव' कालीन काव्य का प्रारम्भ इसी गहन निराशा में हुआ। इस नियतिवादी निराशा और अवसाद-विषाद को महादेवी के काव्य में वाणी मिली।

महादेवी ने जिस काव्य-शैली से अपना काव्य-जीवन प्रारम्भ किया वे अन्त तक उसी से सम्बद्ध रही हैं। यह उनके व्यक्तित्व का ही परिणाम है। महादेवी का विश्वास और आत्म-बल अधिक दृढ़ भूमि पर है। उनकी साधना में वैयक्तिकता का अधिक संस्पर्श है। उनका अहं अधिक घनीभूत एवं आत्मनिष्ठ है। मैं यह मानता हूँ कि साहित्य-सर्जना की मूलभूत प्रेरणा आत्मदर्शन है। आत्माभिव्यक्ति तो आत्म-दर्शन का परिणाम ही हो सकती है। महादेवी का सम्पूर्ण काव्य इसी आत्म-दर्शन का काव्य है। इस आत्म-दर्शन को उनका 'अहं' परिचालित करता है। यह अहं जब कभी अधिक घनीभूत और आत्मनिष्ठ होता है तब गीति-काव्य का प्रेरक बनता है और जब वह विश्व पर आरोपित होता है तब काव्य को रहस्यवाद की परिसीमा में प्रवेश मिलता है।

महादेवी का जीवन के प्रति दुःखवादी दृष्टिकोण है। कहते हैं, वे हँसती बहुत हैं। इसी हँसी को उनके पलायन, उनकी निराशा, अतृप्ति और असन्तोष का परिणाम बताया जाता है। इसे अपने और दूसरों के बीच अन्तर बनाए रखने का साधन भी कहा गया है। यह सही भी हो तो इतना तो निश्चित है कि महादेवी में एक संयम है, जो स्त्रियोचित है। इसी संयम के कारण उनकी कविता की प्रणयानुभूति परोक्ष हो रही है—अधिक स्पष्ट वह नहीं है। उतनी तीव्रता उसमें नहीं है—वह उद्दाम-आवेग नहीं। यही कुछ कारण उनकी कविता को गूढ़, अनुभूत, जटिल भी बना सकते हैं। अव्वल तो उनकी कविता नारी हृदय की अभिव्यक्तियाँ हैं, (जिससे स्पष्ट आत्माभिव्यक्तियाँ उस सीमा तक अपेक्षित नहीं होतीं, फिर भी वह नारी संयमी है, मीरा की भांति दीवानी नहीं। उस पर दर्शन और चिन्तन का प्रभाव है। हँसी को उनके अन्तर की अशान्ति का परिणाम भी बताया जाता है, लेकिन उन्हीं के कथनानुसार उनके अन्तर में कोई ऐसी खरोंच नहीं है जो संसार के किसी व्यक्ति से मिली हो। जो हो, हम इस हँसी का और अन्य असन्तोषादि का मनोविश्लेषण नहीं करते, नहीं करना चाहते, उनके व्यक्तित्व को स्पष्ट करने को हमारे लिए यही यथेष्ट है कि करुणा की एक अन्तर्धारा उनके जीवन में है जो बुद्ध के प्रति उनके राग और 'भिक्खुणी' बनने की शैशव साध का भी परिणाम हो सकती है। कुछ दूर तक तो यह सही भी है कि जीवन में जो नहीं होता उसके प्रति व्यक्ति का स्वाभाविक राग होता है। महादेवी को जीवन में अभाव नहीं मिले। उस अभाव की अनुभूति के लिए ही कदाचित् वे लालायित हों और वैवाहिक जीवन की वह प्रतिक्रिया सम्भवतः न हो। एक विरक्तिमय तपस्विनी-सा जीवन है उनका—जो सादगी, संकोच और एकान्तप्रियता से समन्वित हैं। वे स्वाभिमानी हैं (जो काव्य में व्यक्त मानिनी नायिका की भूमिका बन सकती है), उनकी कलात्मक रुचियाँ परिष्कृत हैं (जो उनके काव्य में कला की प्रमुखता की भूमि है) और वे विश्वव्यापी सहानुभूति की भी धनी हैं। बाह्य सौन्दर्य से अधिक उनका आन्तरिक सौन्दर्य परिष्कृत है। उनका व्यक्तित्व एक सार्वभौम भावना से समन्वित है जो उनके सामाजिक सीमाओं के प्रति असन्तोष के साथ ही किसी उन्मुक्त तथा असीम में उठने की आकांक्षा को प्रकट करती है और

साथ ही साथ रहस्यात्मकता देती है। ऋग्वेद की ऋचाओं के प्रति तीव्र आसक्ति और कबीर के प्रति अधिक रुचि इस ओर की भूमिका बन सकती है। आध्यात्मिक रूप-विधान के अतिरिक्त भी जो असन्तोष और अतृप्ति तथा वेदना और निराशा के विषय हैं उनकी भूमि सामाजिक भी हो सकती है। मगर सच पूछा जाय तो मुझे छायावाद की वह व्याख्या कुत्सित-समाजशास्त्रीय प्रतीत होती है, जिसके मूल में 'कुण्ठा' कही जाती है। 'कुण्ठा' या प्रतिक्रिया में विद्रोह की वह शक्ति और नव उन्मेष के उतने बीज नहीं हो सकते जो छायावाद में पुष्पित-पल्लवित हुए। महादेवी के अध्ययन के पहले यह भौतिक 'काम' की व्याख्यात्मक पीठिका ही हटानी होगी। उनके काव्य में आध्यात्मिक संस्पर्श है और इसे किसी भौतिक सीमा पर हल नहीं करना होगा। महादेवी की कविता की मूल धारा को उनके जीवन की विरोधी परिस्थितियों से उपजी भाव धारा बताया गया है। स्थूल अर्थों में यह सही भी हो तो जिस विषाद और दुःख की छाया उनके काव्य में है वह भौतिक भूमि की न होकर आध्यात्मिक भाव भूमि की है; अतः यही नहीं कहना होगा कि उनका काव्य केवल कल्पना की सृष्टि है, यद्यपि कल्पना-बहुलता वहाँ है। दरअसल उनकी अनुभूतियों पर आध्यात्मिक सम्मोहन है और उनकी अनुभूति और अभिव्यक्ति में तारतम्य पाया जा सकता है। विषय की एकरूपता का निर्वाह भी उनके काव्य का क्रमिक विकास नहीं अवरुद्ध कर पाता। मेरी तो धारणा है कि उनके काव्य को निरे बुद्धिवाद की सर्जना मानना ही उसके साथ अन्याय करना है—यों बुद्धिवाद वहाँ है—जहाँ चिन्तन और दर्शन प्रभूत हो गया है। उनके काव्य का चिन्तन-प्राधान्य उन्हें दार्शनिकता की ओर ले गया है और इसकी भावात्मक अभिव्यक्ति को रहस्यवाद का परिवेश मिलता है। उनकी कविता उनकी आस्था और सृष्टि है। वह एक ऐसे दिव्य व्यक्तित्व पर आश्रित है जो प्रेम, करुणा, शक्ति और आनन्द से समन्वित है, जिसे उदात्तीकृत करके वेदों के ब्रह्म और परमात्म-तत्व से अभिव्यक्त किया जाता है। उनके काव्य में एक सात्विकता है, पर उसे कोई दार्शनिक प्रतिपत्ति भी न मानना चाहिए। उनकी व्यक्तिगत अनुभूति सार्वत्रिक आध्यात्मिक स्तर की नहीं, जहाँ नहीं है वहाँ उनकी कल्पना और सात्विकता उसका रसाभास देती है। महादेवी के काव्य की कुण्ठा का परिणाम उन अर्थों में नहीं कहा जा सकता जिन अर्थों में प्रयोगवादी काव्य कहा गया है। एक दृष्टि से समस्त साहित्य ही क्षतिपूर्ति है स्थूल के प्रति सूक्ष्म का विद्रोह भी उन अर्थों में नहीं जिन अर्थों में छायावादी काव्य परिभाषित होता है (इस स्थापना से भी मैं अधिक सहमत नहीं), अलोक में प्रवेश अपार्थिव जगत् की अनुभूतियों का आकलन उनमें स्वभावजन्य है। यही कारण है की उनकी कविता में सामाजिक संघर्ष और हलचल तथा वैषम्य का तथ्यपरक चित्रण नहीं। उनका काव्य 'एकान्तिक-जीवन' का अनुगायन है—उसमें उसके एक-एक क्षण का आलेख है। उनका गीति-काव्य आत्मदर्शी गीति-काव्य है और इसीलिए उसमें नाज़िम हिकमत और पाब्लो नेरुदा की-सी सामाजिक चेतना नहीं मिलेगी। उनकी अनुभूतियाँ भी एक आत्मदर्शी की अनुभूतियाँ हैं। वे आत्म-निवेदन मात्र हैं—वैयक्तिक अभिव्यंजना ही वहाँ है जिससे वे रहस्यात्मकता की ओर स्वभावतः विकास पाती हैं।

छायावाद और रहस्यवाद की विभाजक रेखा को स्पष्ट करने के लि महादेवी उल्लेखनीय हैं। छायावाद का द्वितीय चरण 'नीहार' से ही स्पष्ट होने लगा था, 'रश्मि' में उसे दार्शनिक आधार मिलता है, 'नीरजा' और 'सान्ध्यगीत' में वह दृढ़ भूमि पर है और 'दीपशिखा' में उसी की साधना की अभिव्यक्तियाँ हैं।

... ...

'नीहार' (१९२४-२८) महादेवी का प्रथम काव्य-संग्रह है। प्रारम्भिक रचना की समस्त सीमाएँ-सम्भावनाएँ इसमें हैं। यह काव्य की निर्माणावस्था है। इसमें एक धुँधलापन है, अनुभूतियों में कुतूहल-मिश्रित वेदना है।[1] बालक का-सा विस्मय-भाव है। अव्यक्त पीड़ा, जो आगे चलकर महादेवी के काव्य का प्रधान आकर्षण बनती है अपनी अभिव्यक्ति में निर्माणावस्था में ही है। अन्तर्मुखी दृष्टि और अहं का परिणाम आत्म-दर्शन 'नीहार' में प्रारम्भ हो चुका है। गीति-काव्य का अनोखा-सा आकर्षण एवं पीड़ा की अनुभूति यहाँ प्रारम्भिक है। 'नीहार' अज्ञात आराध्य की उपासना का आरम्भिक सोपान है। छायावाद से प्रस्थान-भेद यहीं से स्पष्ट हो चला है। रहस्य-साधना का मार्ग अभी ढूँढ़ा ही जा रहा है और विषाद और पीड़ा की रेखाएं उभार पर हैं। 'नीहार' में लेकिन अनुभूति का वह ताप नहीं। यहाँ ससीम का पर्यवसान असीम में करने की तीव्र-आकांक्षा तो है, फिर भी अपने अस्तित्व की रक्षा का प्रयत्न है। 'नीहार' वस्तुतः उनके जीवन की पराजय और काव्य का प्रारम्भ है।

'नीहार' की काव्य-कला भी प्रारम्भिक अवस्था में है। यद्यपि उनके काव्य की व्यंजना-प्रधानता का प्रमाण यहाँ प्राप्त हो सकेगा। फिर भी भावाभिव्यक्ति में स्पष्टता नहीं मिलती। लौकिक प्रणय के रूपकों से अभिव्यक्ति को तीव्रता प्रदान करने का प्रयत्न है और प्रकृति से उपदेश ग्रहण करने की प्रवृत्ति भी। 'नीहार' की भाषा भी लड़खड़ाती-सी है—यद्यपि शब्दों का लाक्षणिक प्रयोग प्रारम्भ हो जाता है और अमूर्त के मूर्त उपमान भी मिलते हैं—अमूर्त के अमूर्त विधान भी। भावों और प्राकृतिक रूपों के मानवीकरण की प्रवृत्ति प्रारम्भ से चली है। 'नीहार' में कोरी इतिवृत्तात्मकता और शुष्क गद्य तथा तुकबन्दी भी मिल जायगी।[2] वस्तुतः 'नीहार' का काव्य उस स्थिति का है जब भावों के पारावार से गिरा मौन हो जाती है[3]—जहाँ वाणी की सीमा और अभिव्यक्ति संकट के दर्शन होते हैं। इतना होते हुए भी 'नीहार' में एक मार्मिकता है, जो बाद में खोती-सी गई है।

'नीहार' के पश्चात् महादेवी का दूसरा काव्य-संग्रह 'रश्मि' है, जो अधिक अन्तर्मुख है—उनके अधिक निकट है—जहाँ अनुभूति से अधिक चिन्तन उन्हें प्रिय है।[4] 'रश्मि' में 'नीहार' की धूमिलता मिटती जा रही है। स्पष्ट ही उसमें 'नीहार' से आगे का विकास है। भावभूमि की दृष्टि से यहाँ वही जिज्ञासा और कौतूहल मिलता है लेकिन चिन्तन जब उन्हें दार्शनिकता की ओर ले जाता है तब कुछ समाधान भी मिलते

---

१. 'यामा' पृ० ६, (तृतीय संस्करण)। २. वही, पृ० ४२-५५ आदि (तृतीय संस्करण) ३. वही, पृ० ५७। ४ वही, पृ० ६।

हैं और रहस्यानुभूति में स्पष्टता आ चली है। यहाँ दार्शनिक सिद्धान्तों के प्रति रुझान भी हो चली है। 'रश्मि' में एक प्रकार का आह्लाद मिलता है—वेदना की मधुरता मिलती है। 'रश्मि' में प्रिय वस्तुओं की नित्यता की कामना है। शाश्वत मूल्यों — जीवन, मृत्यु, मुक्ति, अमरत्व तथा प्रकृति एवं आधार के प्रति एक रुझान है। काव्य के भिन्न स्वरों में भी एकत्व है और विरोधी विषयों में भी एक साम्य संगीत की ध्वनि मिलती है। विरह वेदना का दार्शनिकीकरण प्रारम्भ हो चुका है यद्यपि यह स्वच्छन्द भाव-प्रवाह में रोधक भी बना है। प्रकृति से तादात्म्य की ओर भी विकास हुआ है। 'नीहार' की भांति यहां प्रकृति एक पृथक् सत्ता और विस्मय का आधार या कारण ही नहीं रह गई है। यहाँ उसका प्रयोग मानसिक प्रभावों की विवृत्ति के लिए[1] और अपनी दार्शनिक प्रतिपत्तियों को व्यक्त करने के लिए[2] भी हुआ है। प्रकृति के चित्रों में किसी अज्ञात का आभास भी मिलता है।[3]

'रश्मि' में काव्य-कला का विकास तो है, पर सौष्ठव अभी पूरा-पूरा नहीं उतर पाया। भावों की अभिव्यंजना पूर्णता नहीं पाती। 'नीहार' की ही तरह रूपक पर रूपकों का प्रयोग है, फिर भी चित्र नहीं उभर पाता। भावों को शब्द चित्रों में बांध सकने की वह शक्ति उनमें नहीं आयी, जो 'नीरजा, सांध्यगीत' में जाकर मिलती है। अभिव्यंजना में वह परिष्कार और शक्तिमत्ता नहीं, जो उनके भावों का परिवहन कर सके। शब्द-चयन में कुछ सौष्ठव अवश्य आया है और उनकी भाषा में एक विकास भी देखा जा सकता है।

'नीरजा' (१९३१-३४) महादेवी के काव्य का प्रतिनिधित्व करने में सक्षम है। 'नीहार' से 'रश्मि' तक कल्पना-बहुलता मिलती है, लेकिन 'नीरजा' के गीतों में चिन्तन और अनुभूति प्रधान है। साथ ही अभिव्यंजना के क्रमिक विकास के दर्शन भी यहाँ होते हैं। 'नीरजा में चिन्तन और अनुभूति, गीत और संगीत का समन्वय मिलता है। इसमें कवयित्री का अन्तर्दर्शन और आत्मनिष्ठता सर्वाधिक प्रधान होकर आयी है। इसमें नीहार' और 'रश्मि' से अधिक आत्म-चेतना के स्वर भी हैं। 'नीरजा' एक साथ स्वच्छन्दतावाद की दोनों प्रवृत्तियों—छायावाद और रहस्यवाद का प्रतिनिधित्व कर सकती है। कला में वह अंशतः छायावादी है और भाव धारा में रहस्यवादी। 'नीरजा' के पहले उनके रहस्यवाद की कोई दृढ़ भूमि नहीं थी। उसे अनुभूति का संस्पर्श यहीं मिलता है और यहीं वे गहरी उतरती हैं। उनकी अद्वैत भावना यहाँ रागात्मक तल्लीनता से तीव्र होकर आयी है। 'नीहार' की भावाकुलता और 'रश्मि' के दार्शनिकीकरण के पश्चात् 'नीरजा' में एक सन्तोष की भावना आती है। उनका दुःखवाद अलौकिक है, उनका रहस्यवाद भारतीय रहस्यवादी परम्परा में नया है, उनकी वेदना और प्रणयानुभूति अलौकिक है, यह 'नीरजा' प्रमाणित करेगी। इसमें 'नीहार' की उपासना और भावाकुलता स्पष्ट और तन्मय हो गयी है। इसमें आत्मानन्द का मधुर-मधुर संगीत

१. 'रश्मि' पृ० ५। २. वही, पृ० ४०। ३. वही, पृ० ६।

है।[1] 'नीरजा' में विरह-व्यथा भी तीव्र है और इन भावों को दर्शन और चिन्तन की पृष्ठभूमि भी मिली है। भावों को व्यक्त करने के लिए उनकी अभिव्यंजना उसके चतुर्दिक आकृष्ट होकर घनतर होती गई है अतः उसमें एक अपरिहार्यता और तीव्रता के साथ अनवरतता भी आ गई है।[2] 'नीरजा' की कविता में 'नीहार', 'रश्मि' से कहीं अधिक विकास और सौष्ठव, कलात्मकता और परिपक्वता आ गई है।

'नीरजा' के गीत अनुभूति-प्रधान अधिक हैं, उनमें काव्यत्व का निखार है। 'गीतिका' की भूमिका पर होते हुए भी इसके गीतों में विविधता नहीं है पर अहं अधिक आत्मनिष्ठ और घनीभूत है। गीतों की कला में दार्शनिक आधारों को वहन करने की शक्ति है—कहा जाय कि उनकी गीति-परम्परा यहाँ पूर्णता प्राप्त करती है तो अतिशयोक्ति न होगी। यहाँ भाषा और भाव में, अनुभूति और अभिव्यक्ति में तारतम्य आ चला है। वस्तुतः 'नीहार' से 'नीरजा' का विकास, 'आंसू' से 'लहर' और 'परिमल' से 'अनामिका' का विकास है।

'प्रिय सांध्य गगन मेरा जीवन'[3] 'सांध्य-गीत' की मूल कविता मानी जा सकती है। भाव-तन्मयता की उस स्थिति में जब भाषा और छन्द मौन-से हो जाते हैं और आत्म के गान प्रारम्भ होते हैं, ऐसी ही कुछ स्थिति 'सांध्य-गीत' है। यहाँ महादेवी 'सुख-दुःख में सामंजस्य का अनुभव'[5] करने लगी हैं। यह 'नीरजा' से ही प्रारम्भ हो गया था। इसके साथ 'सांध्य-गीत' में एक आत्मतोष की भावना भी है। विरह की तीव्र-तर अनुभूति के साथ व्यापकता भी है और एक पुलक एवं सुखद अनुभूति भी।[4] सांध्य-गीत' में उपासना-भाव चरम सीमा पर है, और इन गीतों को साधना के गीत भी कहा जा सकता है। अनुभूति पर चिन्तन का प्रभाव अवश्य है, पर यह चिन्तन उनकी आस्था और विश्वास को दृढ़ कर रहा है। निष्ठा भी दृढ़तर है। 'नीहार' का भाव-जगत् यहाँ एक गहनता-व्यापकता प्राप्त करता है। दार्शनिक एकाग्रता उच्च स्तर की है, जीवन की चाह यहाँ तीव्र है, क्योंकि तृप्ति में जीना वे नहीं चाहतीं, तृप्ति में वस्तुतः वे जीवन मानती भी नहीं।[6] 'सांध्य-गीत' में आँसुओं का क्षार पीकर स्नेह का रस बाँटने की साध

---

१. तुम सो जाओ मैं गाऊँ, 'नीरजा', पृ० १०१।
लय गीत मदिर लय ताल अमर, पृ० ९६।
जग करुण-करुण, मैं मधुर-मधुर, पृ० ८३।
लाये कौन संदेशे नये घन, पृ० ७७।

२. 'बीन भी हूँ मैं तुम्हारी रागिनी भी हूं!' 'नीरजा' (प्रथम संस्करण) पृ० १९।

३. 'यामा', तृतीय संस्करण, चतुर्थ याम, पृ० २०३। ४. वही, अपनी बात, पृ० ६।

५. प्रिय चिरन्तन है सजनि क्षण-क्षण नवीन, सुहागिनी मैं, चतुर्थ याम, पृ० २३७।
... ...
मैं किसी की मूक छाया हूँ, न क्यों पहचान पाता, पृ० २२२।

६. प्यास ही जीवन, सकूँगी
तृप्ति में मैं जी कहाँ—वही, पृ० २१६।

है ।[1] यह उनके व्यक्तित्व को स्पष्ट करती है। साथ ही लोक-हृदय से एकाग्रता की प्रवृत्ति भी, जो 'दीपशिखा' में पूर्ण प्रतिफलित है ।

'सांध्यगीत' की काव्य-कला में 'नीरजा' के स्तर को बनाए रखने का प्रयास है। लेकिन 'नीरजा' के गीतों में जो कोमलता, स्पष्टता और मार्मिकता मिलती है वह यहाँ कुछ खोयी-खोयी-सी है । गीतों पर एक रहस्यावरण है··· स्पष्ट ही यह उनकी काव्य-कला की एक सीमा ही है । रूप-योजना में वह परिष्कृति नहीं है, अभिव्यक्ति में किंचित् शिथिलता है और कला में जड़ता-सी । जहाँ भावना और अनुभूति का प्रश्न है, 'सांध्य-गीत' में एक विकास अवश्य है । भावना के विकास को लेकर उसकी चर्चा रवीन्द्र की 'गीतांजलि के साथ की जाती है ।[2] रहस्य का सम्मोहन और गीतों की मधुरता उस स्तर को संस्पर्श करती-सी लगती भी है । भावानुभूति का जहाँ तक प्रश्न है 'गीतांजलि' और 'सांध्यगीत' के भावों में निकटता है । भावोच्छ्वास में वही प्राबल्य भी है । लेकिन जहाँ 'गीतांजलि' की काव्य-कला उदात्त है, परिष्कृत है, अनुभूति की सहगामी है, कल्पना में एकतानता हैं, प्रसार है, अटूट शृंखला है, वहाँ 'सांध्यगीत' में वह सब नहीं ।

प्रकृति के प्रति विस्मय भाव, फिर तादात्म्य स्थापन, विश्व में एक व्यापक चेतना और रहस्यानुभूति··· महादेवी के काव्य के यही सोपान हैं और 'दीपशिखा' में उनका काव्य चरम परिणति पर है । कौन जाने यह उनकी अन्तिम परिणति ही हो । 'पन्थ रहने दो अपरिचित प्राण रहने दो अकेला'[3] की आस्था और आवेग के साथ 'दीप-शिखा' का प्रारम्भ होता है और 'दीप मेरे जल अकम्पित'[4], 'पूछता क्यों शेष इतनी रात' के द्वारा अस्त-व्यस्त स्थिति में साधना के द्वारा वे आगे बढ़ना चाहती हैं । उन्हें अपने आत्म-विश्वास की सर्वाधिक शक्ति यहाँ प्राप्त हुई है। 'दीपशिखा' में उनका 'अहं अधिक ऊर्ज और आत्मनिष्ठ हुआ है । आत्म-दर्शन (रियलाइजेशन ऑफ़ सेल्फ) की दृष्टि से 'दीपशिखा' का अत्यन्त महत्त्व है । ये उनकी साधना और सिद्धि के गीत हैं। 'नीहार' से यहाँ तक आते-आते उनकी अनुभूति में सूक्ष्मता आ गई है और 'दीपशिखा' में वह काल्पनिकता के आक्षेप का कारण बने तो कोई आश्चर्य नहीं। 'दीपशिखा' में लोक-हृदय से एकाकार होने की कामना है । आत्म-दुःख के साथ व्यापक जीवन के दुःख को प्रबोधने की शक्ति उनमें है । और सुख-दुःख का सामंजस्य— समरस दृष्टिकोण इनके गीतों का मूल आत्मनिवेदन है और 'दीपशिखा' उनके मन का प्रतीक होकर आयी है। यहाँ गीत को सूक्ष्म भावात्मक रूप प्राप्त हुआ है, जो तन्मयता और आकर्षण में अभूत-पूर्व है । 'दीपशिखा' में करुणा की आत्म-विकीर्ण ज्योति है, जो जड़-चेतन के अणु-अणु में प्रकाश भर देना चाहती है । अज्ञात के प्रति महादेवी के संकेतों में स्पष्टतः एक काव्यगत सार्थकता है । मुझे आधुनिक काव्य की आध्यात्मिकता में पूर्ण विश्वास है और सच पूछिए तो स्वच्छन्दतावाद की चरम-परिणति का यही महत्त्व भी है, जो भक्ति-कालीन साहित्य के समकक्ष रखा जा सकता है । महादेवी में इस आध्यात्मिक भाव-भूमि की सर्वाधिक सशक्त व्यंजना 'दीपशिखा' ही करती है। अपनी अभिव्यक्ति को

१. 'यामा', पृ० २३३ । २. आचार्य वाजपेयी । ३-४-५. दीपशिखा ।

पार्थिवता का आधार देकर वे अपार्थिवता की ओर गई हैं । इसकी फ्रायडवादी व्याख्या से मैं तो सहमत नहीं। 'दीपशिखा' की उदात्त और उच्चस्तरीय व आध्यात्मिक रंग की भावनाओं को केवल 'काम' का स्पन्दन नहीं कहा जा सकता। उनकी अतृप्ति में, असन्तोष में भौतिक संस्पर्श नहीं है। 'दीपशिखा' में उनकी साधना के आरम्भ से सिद्धि प्राप्त करने के समस्त चित्र मिल सकते हैं। 'दीपशिखा' में अनुभूति की तीव्रता है। उसमें लौकिक प्रेम का आवेग और लोक-गीतों का विरह भी मुखर हुआ है।[1]

'दीपशिखा' में आकर उनकी वेदना में आनन्द मिल जाता है। वस्तुतः महादेवी ने यहाँ अपने व्यक्ति को विश्व-जीवन और चेतना के प्रवाह में प्रवाहित भी किया है, जहाँ व्यक्तिगत दुख की कचोट नहीं रह पाती। यहाँ व्यक्ति-चेतना को सर्वात्म-चेतना में तिरोहित करने का उपक्रम है। प्रणय के सूक्ष्म संकेतों में भी अलौकिकता के दर्शन होते हैं।[2] उनका अलौकिक उसी विश्व-जीवन-चेतना का प्रतीक है, जिसके प्रति महादेवी की आत्मा अपना प्रणय-निवेदन करती है। 'दीपशिखा' में लोक-हृदय से एकाकार होने एवं विश्व-चेतना या सर्वात्म-चेतना को अनुभूत करने का जो भाव है[3] वह 'गीतांजलि' के निकट ही रखा जा सकता है।

'दीपशिखा' में भाषा और भाव प्रौढ़ता प्राप्त कर [illegible] हैं। अनुभूति में व्यापकता और तीव्रता तो है ही, अभिव्यंजना में भी मार्मिकता और परिपक्वता है। रूपकों का प्रयोग अधिकतम है। अलौकिक रहस्यानुभूति को अभिव्यक्त करने के लिए उन्होंने लौकिक का आश्रय ही लिया है। लोक-गीतों की ध्वनि और टेक उनकी गीत-परम्परा में नया और महत्त्वपूर्ण योग है। कुल मिलाकर 'दीपशिखा' आधुनिक रहस्यवादी धारा का प्रतिनिधि काव्य-संग्रह हो सकता है और छायावादी कला जिस ऊँचाई तक पहुँची उसके आंशिक दर्शन वहाँ हो सकते हैं।

... ...

स्वच्छन्दतावाद की कतिपय विशेषताओं को ही छायावाद और रहस्य-वाद कहा जाता है और महादेवी में यद्यपि स्वच्छन्दतावाद का संपूर्ण विकास और

---

१. पथ देख बिता दी रैन।

... ...

मधुर पिक हौले-हौले बोल।

... ...

मैं न यह पथ जानती री।

... ...

कहाँ से आए बादल काले।

२. जो न प्रिय पहचानती।

... ...

३. (अ) अलि मैं कण-कण को पहचान चली।

(ब) यह मन्दिर का दीप, इसे नीरव जलने दो।

विस्तार प्राप्त नहीं होता तथापि वे इसकी उस विशेषता से सम्बद्ध हैं जिसमें अज्ञात की जिज्ञासा और लालसा का भाव प्रमुख होता है। इस भाव की रहस्य-रूपकों द्वारा व्यंजना भावात्मक भूमि पर ही महादेवी में हो सकी है, इसीलिए उनका रहस्यवाद साधनात्मक कोटि का नहीं है, वह कबीर से पृथक् है।

महादेवी के काव्य की मूल प्रवृत्तियों के सम्बन्ध में विचार-भेद है। एक विचार[1] उसे छायावाद के शुद्ध और अमिश्रित रूप में देखता है। वह मानता है कि छायावाद की अन्तर्मुखी अनुभूति, अशरीरी प्रेम, मानव और प्रकृति के चेतन संस्पर्श, रहस्य, चिंतन (अनुभूति नहीं) कला, स्वप्न-सा एक वातावरण···सभी तत्त्व वहाँ मिलते हैं। दूसरा विचार उनकी रचनाओं को आरंभ से ही छायावाद की मुख्य विशेषताओं से प्रायः एकदम रिक्त मानता है।[2]

ऊपर हमने महादेवी के काव्य को छायावाद और रहस्यवाद के विभाजन को रेखांकित करने वाला माना है। सच तो यह है कि छायावाद में जहाँ प्रकृति और मानवीय सौंदर्य, प्रस्तुत और प्रत्यक्ष सत्ता के रूप में अभिव्यक्त होता है वहाँ रहस्यवाद में परोक्ष सत्ता का ही प्राधान्य होता है। रहस्यवादी काव्य अनिवार्यतः परोक्ष काव्य है जबकि छायावादी उसका आभास ही दे सकता है। छायावाद की प्रकृति जहाँ वस्तु-सत्ता मानी जाती है और उसका चेतन तथा मानवीकृत प्रयोग होता है वहाँ रहस्यवाद की प्रकृति मूलतः ही संकेत-प्रधान और प्रतीकवादी होती है, जो अज्ञात का संकेत और प्रतीक बनती है। छायावाद के लिए यही यथेष्ट है कि एक अन्तर्मुखी-दृष्टिकोण हो, व्यक्त किन्तु सूक्ष्म सौन्दर्य में अध्यात्म का आभास हो, लेकिन जब परोक्ष सत्ता की अनिवार्यता अनुभूत होती है तब वह छायावाद से दूर, उसकी परिणति, रहस्यवाद की सीमा होती है। महादेवी को छायावादी इसलिए नहीं कहा जा सकता कि प्रकृति के सौन्दर्य के प्रति उनमें वह विमोहक आकर्षण नहीं, जो पन्त में मिलता है। अवश्य कल्पना-बाहुल्य··· (छायावादी प्रवृत्ति)·· वहाँ है पर वह प्रतीकों में उलझ गई है, क्लिष्ट है और सौन्दर्य-चित्रण की कला का निखार वह नहीं करती। उनका सौन्दर्य-रहस्य-मुद्राओं से पूर्ण है—इसमें एक झिलमिला आवरण है, करुणा की शान्ति है और 'दीपशिखा' की-सी निश्चलता है।

छायावाद की भाव-भूमि को लेकर काफी विवाद हुए हैं। मेरा यही कहना है कि उसकी आध्यात्मिक भूमि में अविश्वास करने वाले समीक्षकों ने दृष्टि की पूर्णता का परिचय नहीं दिया। छायावाद की प्रारम्भिक रचनाओं में लौकिक प्रेरणा है, कुछ सीमा तक असन्तोष भी है···कहीं-कहीं कुण्ठा भी। पर उसकी मूलभूत विशेषता अध्यात्म की छाया और आभास पाने में है। यह आध्यात्मीकरण अधिक सहज संवेद्य रूप में उदात्तीकरण कहा जा सकता है और 'आँसू' में यह सर्वाधिक सफलीभूत है। 'आंसू' को कोरमकोर आध्यात्मिक नहीं कहा जा सकता। यह अध्यात्म की छाया जब केवल आभास न रहकर अनुभूति का संस्पर्श पाती है तब छायावादी सीमा से परे वह रहस्य-

---

१. डा० नगेन्द्र। २. आचार्य नन्ददुलारे वाजपेयी।

वादी हो जाती है। महादेवी की भूमि भी यही है। वह छायावाद का अगला विकास है।

छायावाद की इस परिणति में वेदों की ईश्वर-भावना, उपनिषद का ब्रह्मवाद, सांख्य तथा वेदान्त की चिन्ता-धारा, शंकराचार्य का अद्वैतवाद, बौद्ध दर्शन का दुःखवाद और शैवागम का आनन्दवाद तथा निर्गुण और सूफी कवियों का प्रभाव है और अन्ततः 'गीतांजलि' का। विवेकानन्द और स्वामी रामतीर्थ के व्याख्यान इस रहस्यवाद की पृष्ठभूमि है।···रहस्यवाद एक दिव्य अनुभूति एवं आध्यात्मिक वातावरण है। वह मूलतः एक मानसिक प्रक्रिया है। वह एक जिज्ञासा है, जो स्वाभाविक है और परोक्ष है। वह आत्मपरक-काव्य की एक वृत्ति है। उसकी एक दार्शनिक भूमि है, जहाँ अज्ञात सत्ता को केन्द्र बनाकर प्रतीकों द्वारा उसके प्रति भाव-निवेदन किया जाता है। 'उसमें आरम्भ में कुतूहल और एक विस्मय होता है और अन्त में एक सर्वात्मवादी दृष्टिकोण जिससे प्रकृति में परमात्मतत्व को देखने का उपक्रम होता है।'[1] इसका सोपान तो प्रकृति के सौन्दर्य में चेतनता का आरोप होता है। इसकी भूमि समरसता की होती है, जिसे प्रसाद की अपरोक्ष अनुभूति कहा गया है। इसके आगे का सोपान एक परोक्ष अनुभूति का संस्पर्श है जहाँ दिव्य, प्रेममय, करुणामय, शक्ति और आनन्दमय व्यक्तित्व पर आस्था टिकती है। इस दिव्य मधुरतम व्यक्तित्व के प्रति आत्मनिवेदन महादेवी का क्षेत्र है। इसी कारण उनका आत्म-निवेदन परम्परागत ही है। इसे परोक्ष रहस्य-काव्य का वास्तविक रूप कहा जाता है, जो अपनी शैली के लिए सूफियों का ऋणी है।

रहस्यवाद की परम्परा में रहते हुए भी महादेवी में प्राचीन रहस्यवाद से प्रस्थान-भेद है। महादेवी में सर्ववाद की आश्रिति है, वह मानववाद की समर्थक हैं, वह साम्प्रदायिक कोटि की नहीं हैं, उनमें नवीन युग का आलोक है, वह सांस्कृतिक भूमि की पोषक हैं, उनमें लोक और परोक्ष का समाहार है। इसके विपरीत प्राचीन रहस्यवाद में आत्मा-परमात्मा के सम्बन्धों की वृत्ति ही प्रमुख थी, माया-मिथ्यात्व की भावना प्रबल थी, वह एकान्तिक था, साधनात्मक और साम्प्रदायिक भी था।[2] आधुनिक रहस्यवाद के विपरीत उसमें वैराग्य प्रधान था जबकि आधुनिक रहस्यवाद का लक्ष्य वृत्तिमूलक, राष्ट्रीय और मानवतावादी है।

जीवन-दर्शन का प्रश्न बहुत अधिक सामान्य भूमि पर हल नहीं किया जा सकता, यह मानना भ्रामक होगा कि छायावादी कवियों का अपना कोई जीवन-दर्शन नहीं है और कवियों ने इस ओर सचेष्टता नहीं दिखाई है। उसके लिए 'निराला' और 'प्रसाद' काफी हैं। महादेवी में यद्यपि उसकी अभिव्यक्ति मौलिक और व्यक्तिगत-संस्पर्श

१. एलबर्ट श्वाइटज़र : इंडियन थाट एण्ड इट्स डेवलपमेंट।
२. यद्यपि महादेवी में भी उस साधना के कतिपय चरण मिल जाएँगे। जैसे--आस्था--"कैसे कहती हो सपना है", सम्बन्ध—"प्रिय चिरंतन हे सजनि", विरह—"तरल मोती से नयन भरे", मिलन अभिसार—"शृंगार कर ले री सजणि"; फिर भी महादेवी का रहस्यवाद साधनात्मक नहीं है।

युक्त कम है दर्शन बुद्धि की ही प्रक्रिया है और महादेवी के दर्शन को केवल बौद्धिक प्रयोग-मात्र कहना कोई अर्थ नहीं रखता जबकि उसकी भावात्मक अभिव्यंजना में रागात्मक पक्ष भी देखा जा सकता है। जिन दार्शनिक मतवादों का प्रभाव उन पर है वह भी काव्य की भूमि पर ही हैं।

उनके काव्य में दुःखवाद की एक अन्तर्धारा है। उनके दुःखवाद को किसी 'काम'-'कुंठा' की प्रतिक्रिया या परिणाम न मानना होगा। वह एक दर्शन एवं जीवन-दर्शन की पद्धति के रूप में आया है। ऐसी प्रतिक्रियाओं से शून्य व्यक्तियों का दृष्टिकोण भी दुःखमूलक हो सकता है जो उनके अध्ययन आदि का परिणाम होता है और महादेवी की यह दुःखमूलक वेदना बौद्ध-दर्शन की करुणा से अधिक प्रभावित है। उन्हें यह इसलिए भी प्रिय है कि उसमें 'मनुष्य के संवेदनशील हृदय को सारे संसार से एक अविच्छिन्न बन्धन में बाँधने की शक्ति है।"[1] उनकी वेदना का कोई मनोवैज्ञानिक कारण भी हो सकता है, पर उसकी सत्ता अप्रधान ही होगी। इस 'दुःखमूलक-वेदनापरक-जीवन-दर्शन' की पृष्ठभूमि में सामाजिक जीवन की विषमताएँ और किसी सीमा तक जीवन की असफलताएँ भी हैं, लेकिन कवयित्री ने उसे विश्व-व्यापी, सार्वभौम और शाश्वत तत्त्व का रूप दिया है, उसे दार्शनिक और आध्यात्मिक बना दिया है और प्रकाशित वेदना में सांसारिकता या भौतिकता नहीं है। यह वेदना चिन्तन और दार्शनिक परिवेशों में हुई है और इसे कल्पनामूलक कहना कोई अर्थ नहीं रखता। यह वेदना सामान्य धरातल से अलग उच्चतर सोपानों पर है, जहाँ दुःखवाद और आनन्दवाद में कोई अन्तर नहीं रह जाता। आनन्दवाद की भूमि पर प्रसाद ने जिस समरसता का प्रचार किया, सुख-दुःख का वह सामंजस्य, महादेवी ने वेदना और दुःखवाद की भूमि पर किया है। यद्यपि प्रसाद की समरसता एक दार्शनिक अन्विति का रूप लेती है जबकि महादेवी में ऐसा नहीं हो पाया है। वे अपने अश्रु-नीर में सुख-दुःख दोनों तत्त्वों को समाहित मानती हैं।[2]

छायावाद-काल के तीन कवियों में भारत के संस्कार मुखर हुए हैं और उनकी सांस्कृतिक भूमि में एक परिनिष्ठा है—'प्रसाद', 'निराला' और 'महादेवी'। 'पंत' के स्वर्ण-काव्य में भारतीय संस्कृति का अध्यात्म कुछ अभिव्यक्ति पाता है, पर वही उन्हें सांस्कृतिक कलाकार नहीं बना सकता। प्रसाद की 'कामायनी' और उनके नाटक उनको सांस्कृतिक कलाकार की परम्परा में प्रथम स्थान देंगे जबकि काव्य की एकमात्र विधा में निराला का जो सांस्कृतिक परिवेश है, वह प्रसाद से भी महत्त्वपूर्ण माना जायगा। महादेवी का सांस्कृतिक भूमि में प्रवेश विरल है। उनमें भारतीय संस्कृति की आध्यात्मिक चेतना और वेदों तथा निर्गुण कवियों की अद्वैतमूलक एवं रहस्यवादी परम्परा का निर्वहन है। भाषागत सांस्कृतिक परिवेश 'निराला' में सर्वाधिक है।

१. 'रश्मि', अपनी बात, पृ० ४।

२. प्रिय इन नयनों का अश्रु-नीर।
दुःख से आविल सुख से पंकिल—'नीरजा', पृ० ३।

उनकी भाषा में सांस्कृतिक स्वर सर्वाधिक तीव्र हैं। महादेवी की भाषा में उनकी ध्वनि मिल सकेगी।

छायावाद-काल की कविता ने हिन्दी-काव्य को एक अभिनव कलात्मक परिष्कार दिया, जो मेरा सोचना है, हिन्दी-साहित्य के इतिहास में अकेला है। सुन्दर शब्द-विन्यास, कल्पना-प्राचुर्य, तीव्र अनुभूतिपरक काव्य और सौष्ठव तथा प्रौढ़ता उसकी देन हैं। रहस्यवादी काव्य ने उसे प्रतीक-योजना और संकेतात्मक शैली का शृंगार दिया है। इन सबका प्रयोग व्यक्तिपरक गीतियों की परम्परा को एक नया मोड़ देता है।

महादेवी का गीति-काव्य अन्तर्व्यथा और आत्म-चेतना की ही अभिव्यक्ति है। उसमें एक आवेश है जो रागात्मक है। वह एकान्तिक वैयक्तिक अनुभूति की व्यंजना है, जो मार्मिक है। यह व्यक्ति के आत्मदर्शन की संगीत-मुखर ध्वनि है। वह एक विशिष्ट चित्त-वृत्ति, मनःस्थिति की व्यंजना है। मैं महादेवी के गीतिकाव्य की पीड़ा को अनुमान और काव्य को बुद्धिप्रसूत नहीं मानता हूं। उनके गीतों में अनुभूति का वैपरीत्य है, भावों का वैषम्य भी है, फिर भी एक अन्तःसंगीत है जो समेटता चलता है और समग्रता प्रदान करता है। उसमें रूप और रंग का विलक्षण घोल है जो अभिनव आकर्षण का केन्द्र बनता है।[1] डा० नगेन्द्र का आरोप है कि महादेवी की अनुभूति और अभिव्यक्ति परिमित एवं सीमित है, अतः उनके गीतों में पुनरावृत्ति होने लगती है। इसका कारण है महादेवी का काव्य व्यक्ति की चेतना का स्फूर्त-उच्छ्वास है, उसमें एक विशिष्ट भाव-धारा के गीत हैं—वे आत्मोन्मुख हैं। यह सही है कि उनमें 'पंत' का-सा वैविध्य नहीं, 'निराला' की भाँति प्रयोग उन्होंने नहीं किये पर इसी कारण वह एकतान और 'मोनोटोनस' नहीं, वह एकरस है, पर उसमें एकरसता नहीं है। शब्दों की अपनी सीमाएँ, परिसीमाएँ हैं, भाषा का प्रसाधन भी कभी-कभी हमारी तीव्रतम अनुभूतियों का सम्प्रेषण नहीं कर पाता। जहाँ ऐसा हुआ है वहाँ महादेवी की तूलिका ने उस भार का परिवहन किया। उनकी चित्रात्मकता और चित्र-कला में भावों को मूर्त कर देने की शक्ति है। उसमें भी विशिष्ट रंगों का ही सम्मोहन है और प्रतीकवादी चित्रकला में उनका स्थान सुरक्षित रहेगा।

महादेवी के गीतों में लोक-गीतों की शैली का आश्रय नई गीति-परम्परा का एक स्वस्थ मोड़ है। लौकिक आधारों को लेकर उनकी अभिव्यक्तियाँ रहस्यात्मक अनुभूतियों से व्यक्त हुई हैं, लेकिन जहाँ छायात्मक रूपकों की परियोजना है वहाँ उन पर एक आवरण है। एकत्व-आलम्बन का सम्यक् निर्वहन वहाँ नहीं। रूपक-वैभिन्न्य ने रचनाओं में एक अस्पष्टता ला दी है। उनकी अस्पष्टता को लेकर यह भी कहा गया है कि जिस भावभूमि के वे आत्म-निवेदन हैं वह साधारणतः बोधगम्य नहीं, लेकिन यह कोई कारण नहीं। हमें यह मानना पड़ेगा कि यह उनके कला-पक्ष की सीमा है।

---

१. धीरे-धीरे उतर क्षितिज से,
आ वसंत रजनी—'नीरजा', पृ० ४।

प्रतीक पद्धति के कवियों की दार्शनिक, गुह्य अनुभूतियाँ महादेवी से कहीं अधिक बोधगम्य हैं। उनसे अधिक सूक्ष्म अनुभूतियों को वाणी देने में संकेतात्मक भाषा का परिष्कार 'निराला' और 'प्रसाद' में देखा जा सकता है। महादेवी में भावों के संकेतात्मक रूप-चित्रों की विरलता है। भावों के भाव-चित्र ही वहाँ हैं। यह उनकी बहुत बड़ी सीमा है जो अदृश्य और अरूप को अदृश्य और अरूप ही रहने देती है। भावनाओं और अनुभूतियों की तद्वत् और विशद् अभिव्यक्ति और प्रेषण में प्रतीकों का आश्रय लिया जाता है। महादेवी के प्रतीक उनकी रहस्यात्मकता बढ़ाते हैं। ये प्रतीक कहीं-कहीं तो केवल धुँधली साम्य भावना पर ही आधारित हैं। यह भाव-अन्विति रक्षा के लिए एक आवरण अवश्य देते हैं पर अव्यक्त एवं छायाभासी प्रतीकों के कारण पूर्वापर निर्वाह नहीं हो पाता है। दरअसल, महादेवी की अनुभूति जितनी समृद्ध है, जितना परिष्कार उनकी रहस्य-भावना में है उतनी परिष्कृति और समृद्धि उनके कला पक्ष में नहीं है। छायावादी निष्ठा और उत्कृष्टता वहाँ नहीं मिलती। भाषा की शक्ति की उनकी सीमा है। नये शब्दों की रचना उनमें इतनी नहीं जितनी अन्य समकालीन कवियों में है। व्याकरण के वचन, लिंग-प्रयोग में यद्यपि वे स्वच्छन्दता व्यवहृत करती हैं तथापि कल्पना उनका पूरा-पूरा साथ नहीं देती। छन्दों में भावावेग है, प्रगीतात्मकता भी है, पर वैविध्य नहीं। कहीं 'लय' टूट-उखड़ जाती है और संगीत-बोध को धक्का लगता है तो कहीं सीधा-सादा गद्य है। शब्द-चयन में अवश्य उन्होंने श्रुति-माधुर्य और स्मृति-चित्र-क्षमता का ध्यान रखा है। परुष वर्ग के शब्दों का अभाव है और अनुस्वारी (म ल ण न) वर्णों की बहुलता। यह उनके गीतों को आवश्यक कोमलता भी देता है।

महादेवी के काव्य को भारतीय रहस्यवादी काव्य-परम्परा में गिना जाता है। …कबीर उनके आकर्षण हैं। अरूप के प्रति जैसा आत्म-निवेदन महादेवी में है वैसा ही कबीर में भी मिलता है। लेकिन महादेवी और कबीर में वही अन्तर है जो प्राचीन और आधुनिक रहस्यवाद में है। यद्यपि महादेवी ने भी कबीर की भाँति रहस्यानुभूति लौकिक रूपकों द्वारा व्यक्त की है तथापि कबीर की कविता की भूमि लोक-सामान्य के समीप है—वैसे रहस्यात्मकता वहाँ भी है, पर उस कोटि की नहीं, जहाँ आवरण ही प्रधान हो। इसके विपरीत महादेवी की कविता अधिक कला-प्रिय है, अधिक अलंकरण-धर्मा है। लेकिन रहस्यवाद की जिस भूमिका पर कबीर पहुँच पाए हैं, महादेवी नहीं पहुँचतीं।

मीरा और महादेवी में काफी समानता है। मीरा प्रकृत भावोच्छ्वास की कवयित्री हैं, प्रेम की अलौकिकता और लौकिक विरह की तीव्रता दोनों वहाँ हैं। अवश्य कला वहाँ उतनी परिष्कृत नहीं है। विपरीत इसके महादेवी में वह काव्य-कला से अलंकृत होकर आयी है, मीरा के आत्म-निवेदन में लौकिक विरह की तीव्रता है। रहस्यानुभूति में मीरा और महादेवी सहगामी हैं। मीरा में निर्गुण भावना के साथ साकार प्रेम भी प्राप्त होता है, इसीलिए उनका काव्य कोरमकोर प्रतीकात्मक नहीं है। मीरा का उपास्य साकार है, उसके प्रति उनकी एकान्तिक उपासना है। महादेवी को अपने अज्ञात रहस्यमय की व्यंजना के लिए प्रतीकों, रूपकों की नियोजना करनी पड़ी है। मीरा का काव्य जहाँ प्रकृत और विशुद्ध अनुभूतिमूलक है वहाँ महादेवी में कला के

कारण वह थोड़ा प्रयत्न-साध्य और लौकिक चेष्टा का भी हो गया है। मीरा की भूमि लोक-सामान्य है जबकि महादेवी की भूमि एक विशेष स्तर की बौद्धिक और कलात्मक, इसीलिए उसमें वह मार्मिकता नहीं है।

प्रेम-मूलक रहस्यवाद (जिसका प्रभाव महादेवी पर बताया जाता है) के प्रधान कवि 'जायसी' हैं, जिनमें परमात्म तत्व के प्रति प्रणय-माधुर्य और सम्बन्ध-स्थापन-भाव है। महादेवी में भी अज्ञात सत्ता के प्रति प्रणय-भाव और निवेदन है। लेकिन जहाँ जायसी सूफीवाद की साम्प्रदयिक विधियों से प्रभावित ही नहीं किसी सीमा तक आक्रान्त भी हैं, वहाँ महादेवी केवल आत्मपरक गीति-कवयित्री हैं। ईरान के मुसलमान सन्तों ने भी माधुर्य भाव की आराधना की है। हाफिज, जामी, खैयाम के प्रेम-मूलक रहस्यवाद में जहाँ मूर्च्छा और खुमार का प्राधान्य मिलता है वहाँ महादेवी में जाग्रति और चैतन्यता है पर उस ऊर्जा की धनी महादेवी नहीं।

छायावादकालीन कवियों में प्रसाद का काव्य भी एकान्तिक रहस्यवादी नहीं, वह स्वच्छन्दतावादी और छायावादी तत्त्वों से समन्वित है। वे आध्यात्मिक सम्मोहन के लौकिक कवि भी हैं। उनमें स्वभावतः अधिक व्यापकता है। जहाँ तक रहस्यवाद का सम्बन्ध है, प्रसाद का रहस्यवाद विराट्-भावनाओं का है, अद्वैतवादी, ज्ञान-पक्षीय है, लेकिन महादेवी में माधुर्य-भाव का प्राबल्य है, वह भाव-प्रधान अधिक है, प्रेमी और प्रिय के सम्बन्धों पर उनके रहस्यवाद का आधार है। उसमें विरह की दिशाओं का चित्र है, वह प्रेम-मूलक है। यहाँ मनुहार और मानिनी नायिका का चित्र है। प्रसाद जहाँ मूलतः आनन्दवादी हैं, वहाँ महादेवी दुखःवादी। महादेवी की रहस्यात्मकता करुणा और भक्ति की ओर है वहाँ प्रसाद तादात्म्य की संवर्धना करते हैं। प्रसाद के गीतों में जहाँ भाव-तत्व की प्रधानता है वहाँ निराला में एक बौद्धिक संयम है जो उनके गीतों को कोरे भावोच्छ्वास से उठाकर कलात्मक स्तर देता है। महादेवी में भाव-प्रवणता भी है और चिन्तन भी। प्रसाद में रहस्य-भावना एकान्तिक नहीं, पंत में वह प्रकृति तक ही सीमित है और निराला में वह विशुद्ध दर्शन का परिणाम है। महादेवी में एकान्तिक रहस्य-भावना का आधार अज्ञात सत्ता के प्रति प्रणय-निवेदन है और वेदना की जितनी तीखी अभिव्यक्ति वहाँ है उतनी आधुनिक कविता में कहीं नहीं।

महादेवी के काव्य को नारी-आन्दोलन का परिणाम भी बताया गया है।[1] इसीलिए उसमें एक प्रगतिशील सामाजिक भावना भी दिखाई गई है। लेकिन जब हम महादेवी के काव्य को रहस्योन्मुख कहते हैं तो उसे स्थूल-सामाजिक और वस्तुवादी भूमि पर ही नहीं मानते। यों उनके दुखवाद की पृष्ठभूमि में तत्कालीन सामाजिक स्थिति और मानिनी नायिका की प्रेरणा, नारी-स्वातंत्र्य का आन्दोलन माना जा सकता है लेकिन उनके आत्म-सम्मान और व्यक्तित्व की भूमि निजी अधिक है।

जहाँ तक भाव-विकास का सम्बन्ध है वे रवीन्द्र के निकट हैं। भावों की विभूति में महादेवी 'गीतांजलि' की पथगामी हैं, जबकि संगीत का बोध रवीन्द्र में अधिक है,

---

१. 'महादेवी वर्मा और आलोचना साहित्य की समस्याएं'—डा० रामविलास शर्मा।

कल्पना का औदात्य वहाँ अधिक है। भाषा के स्वाभाविक प्रवाह में महादेवी पीछे हैं और उनमें कला और प्रयास अधिक है।

अंग्रेज़ी के कवि ब्राउनिंग की भाँति महादेवी भी अतृप्ति को ही जीवन मानती हैं, रोज्जेटी की भाँति उनका काव्य व्यक्ति-सापेक्ष और आत्मनिष्ठ है यद्यपि रोज्ज़ेटी अधिक लौकिक संस्पर्श से परिष्कृत हैं। रहस्यवाद की एक परिणति—प्रतीकवाद महादेवी में मिलता है। वह दार्शनिक और आध्यात्मिक काव्य कहा गया है। यूरोप के प्रतीकवादी कवियों की धारा भी रहस्यवादी काव्य की एक शाखा है। जहाँ तक रहस्य-भावना का प्रश्न है यूरोपीय प्रतीकवादी कवियों और महादेवी में समानता है। यूरोपीय प्रतीकवादियों का विकास अन्तश्चेतना तक पहुँचा है और उन्होंने रहस्यवाद की सार्वजनीनता और परम्परागत रूप छोड़ दिया है। यूरोप में वह दार्शनिक पक्ष को छोड़कर अधिक अन्तर्मुख भी हुआ है। महादेवी में दार्शनिक पक्ष की प्रधानता है, वे अन्तश्चेतनावाद की परम्परा में नहीं हैं। जहाँ तक काव्य-शैली की दृष्टि है वहाँ तक यूरोपीय प्रतीकवाद और महादेबी के प्रतीकवाद में समानता है।

कवि और काव्य-चिन्तक

कमलाकान्त पाठक

गीति-कवि महादेवीजी की काव्य-कला का विशिष्ट व्यक्तित्व है और उनकी साहित्य-चिन्ता की एक पृथक् सरणी है। यहाँ पर उनकी रचना और विचारणा को पारस्परिक परिप्रेक्ष्य में रखने का उपक्रम किया गया है। महादेवीजी के काव्य की एक निश्चित दार्शनिक भूमिका ही नहीं है, बल्कि उसका चिन्तन भी कवित्वपूर्ण है। वह कविता को परिपूर्ण क्षणों की वाणी के रूप में उपस्थित करती रही हैं। अतएव इन्हें प्रत्यक्ष सौन्दर्य और व्याप्त चेतना में अन्तर्हित सामंजस्य की स्थिति अथवा विश्वासी बुद्धि और विवेकी हृदय की आवश्यकता का निर्देश करना पड़ा है। कहा भी गया है कि उनकी विवेचना उनके कवि तथा विचारक के सामंजस्य का सुफल है। उनके विचार स्वभावतः चाहे साहित्य के स्थायी प्रतिमान न माने जा सकें, पर उसकी रचना को समझने में वे निस्सन्देह सहायक हो सकते हैं।

महादेवीजी को शाश्वतवादी या अखंडतावादी कवि और विचारक समझना चाहिए। अपने यहाँ अखंडत्व की अनुभूति अथवा परम सत्य या आत्म-तत्त्व के साक्षात्कार को परम पुरुषार्थ माना गया है। महादेवीजी मुख्यतः यही दृष्टिकोण अपनाती हैं और इसी कारण वह आतिशयिक व्यापकता का सन्धान करती चलती हैं। इस व्यापकता की यह सीमा है कि सर्वत्र असाधारणता की गरिमा ही अवशिष्ट रहती है और साधारणता का महत्त्व नष्ट हो जाता है। इसकी यह उपलब्धि है कि इसी कारण महादेवीजी कविता और समीक्षा के क्षेत्रों में उदात्त मनोभूमि पर अधिष्ठित दिखाई पड़ती हैं। पर यह स्थिति तत्त्वान्वेषी अवश्य बनाती है, उनके संवेदना-क्षेत्र को समृद्ध नहीं कर पाती। फलतः वह नितान्त वैयक्तिक भूमिका पर सक्रिय होती हैं और निजी निष्ठा के कारण सम्पूर्ण जड़ और चेतन जगत् से अपने को सम्बद्ध अनुभव करती हैं। सम्भवतः इसी विशेषता ने एक दृष्टिकोण से उन्हें छायावाद के प्रकृत क्षेत्र से बाहर रखा तथा दूसरे दृष्टिकोण से उनकी समस्त रचना को काम-कुंठा का परिणाम माना।

यहाँ इस केन्द्रीय प्रश्न का विश्लेषण कर लेना चाहिए कि महादेवीजी की रचना-प्रेरणा क्या है? जो कुछ ज्ञात और उपलब्ध है, उसके आधार पर वह दार्शनिक कवयित्री कही जा सकती हैं। उनके अध्ययन ने उन्हें सर्ववादी विचारधारा प्रदान की। उनकी

उत्तरवर्ती रचनाओं में इसकी अधिक अभिव्यक्ति हुई। बुद्ध के करुणावाद ने उनके वेदना-दर्शन को एक व्यापक वातावरण प्रदान किया। अपने आरंभिक काल में सम्भवतः वह रहस्य-काव्य से और विशेषतः उपनिषदों से प्रभावित रहीं। वह सर्वत्र सांकेतिक व्यंजनाओं से भी काम लेती रहीं। उनके काव्य में सामाजिक अनुभूतियों की प्रायः अवहेलना हुई है। उन्हें एकांतिक और असामाजिक भाव-भूमि का कवि कहा जा सकता है। पर उनकी वृत्तियाँ सूक्ष्म सत्य का इस प्रकार प्रत्यक्षीकरण करती हैं कि सर्ववाद उन्हें लोक-बाह्य हो जाने से बचाये रखता है। पर ये सब वैचारिक प्रवृत्तियाँ हैं, जिन्हें मनन के द्वारा अपनाया गया जान पड़ता है। कठिनाई यह है कि महादेवीजी लोक-सामान्य भावभूमि की कवयित्री हैं ही नहीं। कहीं भी मानवीय साधारणता अथवा स्वच्छन्दता को वह प्रकट ही नहीं कर पायीं। उन्होंने भावोत्कर्ष और जीवनादर्श को ही वाणी दी। यह नारी की शालीनता, संयम और गोपन प्रवृत्ति का भी परिणाम है कि उनकी रचना की असामान्य भाव-भूमि सुस्थिर रही। अतः महादेवीजी की काव्य-प्रेरणा के सम्बन्ध में तीन प्रकार के विकल्प हो सकते हैं, यथा—

१. वह रहस्यवाद को न केवल व्यक्त करती हैं, वरन् वह उनकी जीवनानुभूति भी है।

२. रहस्यवाद उनके चिन्तन का विषय है और उनकी प्रतिभा ने उसी का आरोप करते हुए उसे प्रकृत अनुभूति का स्वरूप दे दिया है।

३. कोई एक घटना जैसे सम्पूर्ण जीवन को आन्दोलित कर जाती है, उसी भाँति व्यक्तिगत जीवन का कोई प्रसंग या प्रभाव भावोन्नयन करता हुआ रहस्यानुभूति के रूप में स्थिरता पा गया है।

एक चौथा विकल्प भी हो सकता है, पर मैं नहीं समझता कि महादेवीजी की विरह-वेदना को अवास्तविक कहा जा सकता है, क्योंकि कृत्रिम अनुभूतियाँ महान् कला का निर्माण कभी नहीं कर पातीं। अस्तु, महादेवीजी को निरवधि विप्रलम्भ का आदर्श-प्राण गीतिकार कहा जा सकता है। निश्चय ही यह विरहावस्था आवेगमयी नहीं है। उसका वातावरण प्रशांत है और अत्यन्त सूक्ष्म भी। वह शान्त रस के आवेष्टनों में शृंगार को रूपायित करती हैं। वियोगिनी की विविध मनोदशाओं का जहाँ-तहाँ चित्रण भी होता गया है। मैं कहूँगा कि सौन्दर्य और सात्विकता अथवा प्रेम और वैदुष्य को एक साथ प्रकट करने के कारण वह न केवल प्रेमिका रह पाई हैं, न केवल साध्वी। उभय गुणों को उन्होंने स्वीकृत वस्तु बना लिया है। इसी कारण उनका रचना-कार्य एक पृथक् कोटिक्रम को निर्दिष्ट करता है।

इस विवेचन का क्या यह निष्कर्ष तो नहीं है कि महादेवीजी को रहस्यवादी कवि मान लिया जाय और प्रकृत अनुभूतियों के कवियों से उन्हें अलग रखा जाय? वह सत्य की चिरन्तनता या अखण्डता का लक्ष्य भी अवश्य रखती हैं, पर वह जीवन की परिधि में सौंदर्य के माध्यम द्वारा ही उसे अभिव्यक्त करना चाहती हैं। यहाँ वह छायावादी भाव-क्षेत्र से पृथक् होते-होते भी बच ही जाती हैं। प्रकृति का सौन्दर्य, जीवन का दुःख और इनके प्रति आत्मीयता का भाव उनकी अनुभूति को अकाव्यात्मक परिच्छेद से पृथक् ही रखता है।

वह प्रेम की कवयित्री, सौन्दर्य की उद्भाविका और करुणा की देवी बन जाती हैं। अवश्य ही वह अपने रचना-कार्य में देवी अधिक हैं, मानवी कम। आशय यह है कि उनका व्यक्तित्व समुन्नत और सुसंस्कृत ही नहीं है, वह निष्कलुष अन्तर्वृत्ति की कलाकार भी हैं। यह भी कहा जा सकता है कि मानवीय दुर्बलताएँ उनमें भी हैं, पर वह अपने को प्रकृत रूप में कहीं उपस्थित नहीं करतीं। उनका व्यक्तित्व आवरणों से आच्छादित है अथवा अप्राकृत स्वरूप अपनाये हुए है। पर इस प्रकार के अनुमान के लिए कोई प्रत्यक्ष आधार सुलभ नहीं है।

उन्होंने अपनी वेदना को पार्थिव दुःख के अभाव से अनुस्यूत माना है। दुःख और अभाव का न होना क्षतिपूर्ति के सिद्धान्त के अनुसार क्या उनकी इस मानसिक स्थिति का कारण है? इसका सही उत्तर मनोविश्लेषक ही दे सकेंगे। मैं यही कहूँगा कि वेदना की मधुर अनुभूति महादेवीजी को स्वभावतः चाहे काम्य जान पड़ी हो, पर दुःखवादी बौद्ध-दर्शन के प्रभाव के रूप में उसे ग्रहण अवश्य किया गया है। यही नहीं, कवयित्री ने उसे सोच-समझकर एक सैद्धान्तिक परिणति भी दी है, यथा—"दुःख मेरे निकट जीवन का ऐसा काव्य है, जो सारे संसार को एक सूत्र में बाँध रखने की क्षमता रखता है।" दुःख की यह तर्क-सम्मत परिणति मानसिक ललक मात्र नहीं है। उन्हें दुःख के दोनों रूप प्रिय हैं—यथा—"एक वह जो मनुष्य के संवेदनशील हृदय को सारे संसार से एक अविच्छिन्न बन्धन में बाँध देता है और दूसरा वह जो काल और सीमा के बन्धन में पड़े हुए असीम चेतन का क्रन्दन है।" मैं समझता हूँ कि यहाँ छायावाद और रहस्यवाद के अन्तर को अन-जाने ही लक्षित किया गया है। दुःख का पहला प्रकार महादेवीजी के गद्य में वाणी पा सका है, पर उनके गीतों में वह प्राकृतिक सौन्दर्य तक ही अधिक-से-अधिक अग्रसर हो पाया है। दुःख के दूसरे प्रकार की उनके आरंभिक गीतों में काव्यात्मक अभिव्यक्ति हुई है, पर उत्तरवर्ती रचनाओं में वह सर्ववादी दर्शन की व्याख्या या विवरण का आभास भी देता है। दुःख का दूसरा प्रकार ही महादेवीजी का मूल भाव कहा जा सकता है। उनके गीतों की यही स्थायी अन्तर्वृत्ति जान पड़ती है।

अस्तु, महादेवीजी की रचना-प्रेरणा है दुःख और वह भी वैयक्तिक, क्योंकि उनका काव्य प्रगीत-शैली में रचा गया है, जिसकी अन्तःप्रकृति ही स्वानुभूति की अभि-व्यंजना है। स्वयं कवयित्री ने कहा है कि मेरे गीत मेरा आत्म-निवेदन मात्र हैं। अतएव दुःख के दूसरे रूप की ही व्याप्ति को प्रमाणित किया जा सकता है। यह विशेषता अवश्य है कि इस दुःख को दार्शनिक पीठिका पर प्रतिष्ठित किया गया है और इसे सैद्धान्तिक परिणति दी गई है। दुःख के कारणों के सम्बन्ध में चाहे जो ऊहापोह होते रहें, पर मानवीय दुर्बलता, लौकिक आसक्ति, मानसिक स्खलन इत्यादि से यह कहीं भी संपृक्त मात्र भी नहीं हो पाया, यह तथ्य निर्विवाद है और बुध-सम्मत भी।

महादेवीजी को अभी एक स्थान पर हम देवीजी कह आए हैं। वह इस कारण कि उनका रचना-कार्य कहीं भी लौकिक आकर्षण-विकर्षण के सामान्य राग-द्वेष के स्तर पर नहीं आ पाया। इसका यह अर्थ नहीं है कि उनके मन में जीवन की आकांक्षा या सौन्दर्य की लालसा नहीं है। उनके काव्य में नारीत्व का अपूर्व उन्मेष है। उनकी विकलता न केवल आध्यात्मिक है, वरन् लौकिक भी। उनके निकट मानव की आत्मोपलब्धि, नारी

का पूर्णत्व और सत्य का साक्षात्कार अपृथक् किन्तु सूक्ष्म भावों की चित्र-योजना ही है। निराशा, पलायन आदि उनकी रचना के औपचारिक उपादान मात्र हैं। वास्तविक अध्यात्मवादी आस्थावान् होता है। अतएव वह आशा को त्याग नहीं पाता। अवश्य ही जीवन के संघर्षों को असार मान लेने के कारण कुछ अध्यात्मवेत्ता साधनावस्था की अवधि में पलायन को काम्य मानते हों, पर वे ही आत्मोपलब्धि करके जगत् पर अपनी असीम करुणा की अजस्र वर्षा भी करते देखे गये हैं। स्वयं महादेवीजी जिज्ञासामयी हैं, मुमुक्षु हैं, दार्शनिक हैं या साधक, इससे हमें कोई प्रयोजन नहीं है, पर उनके काव्य में जीवन की चाह है और सौन्दर्य की लालसा है तथा गद्य-सहित्य में उनकी करुणा का व्यापक प्रसार हुआ है, यह जानना ही पर्याप्त है। 'जा तुझको दूर जाना है', 'रात के उर में दिवस की चाह का शिर हूँ', जैसे कथन उनकी जीवनावस्था को ही व्यक्त करते हैं। स्थूल में ही सूक्ष्म की उपलब्धि होती हैं, शरीर द्वारा ही अध्यात्म का बोध होता है, मूर्त जगत् में ही अमूर्त चेतना आभासित होती है, अतएव महादेवीजी को दु:खवादी दार्शनिक या सर्वात्मवादी-रहस्यवादी ही कहना कदाचित् अर्द्धसत्य का निर्वचन समझा जाएगा। वस्तुत: वह जीवन के प्रत्यक्ष सौन्दर्य और परोक्ष सत्य को एक साथ अपनाती आयी हैं। इन दोनों के साम्य का अन्वेषण उन्हें काम्य है, भेद या विरोध का आविष्कार नहीं, वह मूलत: अध्यात्म-वादी या आदर्शवादी हैं, पर वह अंशत: मानववाद को भी अपना सकी हैं। मानववाद की सौन्दर्यनिष्ठा उन्हें प्रिय है, पर उसका अंतर्वर्ती करुणावाद उनके गद्य-साहित्य में और विशेषत: उनके जीवन में प्रत्यक्ष हुआ है।

महादेवीजी के साहित्य की मूल चेतना और मुख्य प्रवृत्ति को यहां स्पष्ट कर लेने का उपक्रम हुआ है। उन्हें छायावादी, रहस्यवादी या मानववादी कह देना अथवा निराशावादी, पलायनवादी या व्यक्तिवादी विश्लेषण से संयुक्त कर लेना कदाचित् हमें साहित्यिक विश्लेषण के क्षेत्र में अधिक दूर तक नहीं ले जा सकेगा। उन्हें सांस्कृतिक चेतना-सम्पन्न, उदात्त भावभूमि-युक्त, व्यापक सामंजस्यवादी दृष्टि-समन्वित तथा शाश्वतवादी रचनाकार कहना कहीं उपयुक्त होगा। अवश्य ही वह गीत-कवि हैं, रहस्यवादी चिन्तक हैं और सौन्दर्य-चेता कलाकार हैं। न मानवीय अनुभूतियों का सतही स्वर ही उनके काव्य में कहीं सुनाई पड़ा, न ऐन्द्रिक आकर्षणों का चटकीलापन ही कहीं प्रकट हो पाया। वह उच्च मनोदशा की गीतिकार हैं। उन्होंने मानवीय अनुभूति की गरिमा और सात्विकता को वाणी दी है, पर उसका आधार एकान्तत: वैयक्तिक है।

२

हमारे सम्मुख यह प्रश्न समुपस्थित होता है कि दर्शन किस सीमा तक काव्य का उत्कर्ष-विधायक तत्त्व है और किस सीमा तक वह त्याज्य है? महादेवीजी का काव्य दर्शन से अनुप्राणित है। मैं समझता हूँ कि दर्शन जहाँ तक काव्यानुभूति का सहायक तत्त्व हैं वहाँ तक वह उपादेय है, पर जहाँ वह काव्यानुभूति का स्थानापन्न तत्त्व बनने का उपक्रम करने लगता है, वहाँ वह अपनी सीमा को लाँघ जाता है। महादेवीजी के काव्य में संस्कारिता और सुरुचि दोनों हैं और नारी-सुलभ भाव-विकृति भी, अतएव तत्त्व-दर्शन प्राय: काव्य को श्रीहत नहीं कर पाया। वह इस अर्थ में उपादेय है कि उसके कारण

मानवीय अनुभूतियाँ संयत बनी रहती हैं । अवश्य ही दार्शनिक गाम्भीर्य के कारण यह काव्य गहन या गरिष्ठ हो गया है और एकान्त क्षणों में ही आस्वादन करने की अपेक्षा रखने लगा है। कवयित्री इसे उपनिषदों का मर्म तो दे सकी, पर इसके काव्यत्व का सार्वजनिक आकर्षण नहीं निखार पायी।

महादेवीजी के काव्य की कठिनाई दूसरी ही है। वह लोक-सामान्य भाव-संवेदनों के स्थान पर विशिष्ट मनःस्थिति के वैयक्तिक भाव-चित्र आलेखित करती हैं । उनके काव्य में सूक्ष्मता, सुकुमारता, कल्पनाशील सांकेतिकता आदि का प्राधान्य है । वह अरूपात्मक[1] रचना-कार्य है, जिसमें बीच-बीच में कल्पना-छवियाँ झाँक जाती हैं। वह प्रतीक-योजना के द्वारा ही प्रायः अपना काम चला लेती हैं। पर अंततः यह रूपवादी प्रवृत्ति है, जो अलंकृति को अवश्य बढ़ाती है, पर भावोन्मेष को बल नहीं देती। कटा-छँटा रचना-व्यापार, अलंकृतिपूर्ण छन्द-शिल्प, सांकेतिक पद-योजना और लाक्षणिक चित्र-सृष्टि—ये सब मिलकर काव्य को क्लिष्ट ही बनाते हैं। भावों की सहज अभिव्यक्ति यहाँ सम्भव ही नहीं रह पाती। इसी कारण महादेवीजी के रचना-कार्य को प्रायः आयास-साध्य या अकाव्योचित माना गया है । मैं समझता हूँ कि परवर्ती काव्य में जहाँ सांगरूपकों की योजना हुई है अथवा एक ही कल्पना सम्पूर्ण गीत में सुस्थिर रह सकी है अर्थात् जहाँ चित्र, अलंकार या भाव की अन्विति विद्यमान है, वहाँ रमणीय काव्यांशों के भी दर्शन होते हैं। महादेवीजी का काव्य छायावादी काव्य-शैली की समृद्धि और साजसज्जा का काव्य है, पर जितना वह चमत्कारपूर्ण है, उतना सहज संवेद्य नहीं । कवयित्री ने उसे सभी प्रकार से असाधारण, गहन-गम्भीर और सांकेतिक बनाया है। बुद्धि और भावना, दोनों के संयोग से कला की सृष्टि होती है और महादेवीजी ने इन्हीं के आधार पर अपने काव्य का धूप-छाँही वस्त्र बुना है। जो हो, महादेवीजी का काव्य विशिष्ट है, अपनी मिसाल आप है । उसमें उनकी बुद्ध की धारणा की भाँति दोनों तत्त्व वर्तमान हैं—कठोर बुद्धिवाद और कोमल मानवीय तत्त्व । पर कहीं-कहीं उनकी उक्तियाँ अतिशय मार्मिक हुई हैं।

आशय यह है कि महादेवीजी की काव्य-कला सामान्य श्रेणी की नहीं है, पर उसमें कतिपय दोष विद्यमान हैं। वह काव्य को बुद्धि ही नहीं, अभ्यास के धरातल तक ले जाती हैं और अपनी समीक्षा को, जो शास्त्र-सम्मत नहीं, स्वतन्त्र चिन्तन है, काव्यात्मक धरातल देती चलती हैं, फलतः कविता तो गहन ही हो सकती है, पर विवेचन भावना-संवलित जान पड़ता है।भावमय बुद्धि और विवेकमय हृदय सामान्य कथन के रूप में चाहे ठीक जान पड़ें, पर इनका सम्यक् निर्वाह लौकिक क्षेत्र में प्रायः कठिन ही होता है। महादेवीजी के तर्क इसी कारण एकांगी व्यापकता या अपूर्ण पूर्णता से संयुक्त जान पड़ते हैं। उन्हें कवि-वचन मानकर ही सन्तोष करना चाहिए। पूर्ण मानवता या अखंड सत्य की धारणा के वे कदाचित् अधिक निकट हैं। महादेवीजी की काव्य-समीक्षा और गीति-रचना का सापेक्षिक महत्त्व है। उनके विचारों को निर्भ्रान्त या पूर्ण सत्य मान लेने की कोई

१. Abstract

आवश्यकता नहीं है, पर वे इतने व्यापक हैं कि मतभेद की संभावना की एक सीमा तक विमुक्त हैं। यहीं वह रहस्यात्मक गीति-काव्य, छायावादी सौन्दर्य-सृष्टि और तद्-युगीन साहित्य-चिन्तन उपस्थित करने में विशेषतः कृतकार्य हुई हैं। वे अपने युग की श्रेष्ठ और प्रतिनिधि कवि हैं। उनके चिन्तन का उस युग की विचारधारा से समीपी सम्बन्ध है। उन्होंने न केवल साहित्य लिखा है, पर मैं समझता हूँ कि उन्होंने उसे जिया भी है। वह एक व्यक्ति नहीं, एक कवि नहीं, एक युग हैं।

महादेवीजी की साहित्य तथा कला-सम्बन्धी विचारणा का आशय निश्चय ही आदर्शवादी कोटि का है। उनका आत्मवादी दृष्टिकोण उनके समस्त रचना-कार्य में परि-व्याप्त है। यह रचना-कार्य न एकान्ततः बौद्धिक है, न पूर्णतः रागात्मक। मैं समझता हूँ कि विचारों के क्षेत्र में वह रागात्मक हैं और कविता के क्षेत्र में वह चिन्तक। मानवीय पूर्णता के लिए उन्हें हार्दिकता और बौद्धिकता का सामंजस्य अनिवार्य जान पड़ता है। उनके काव्य और समीक्षात्मक निबन्धों की यह सीमा हमें स्वीकार कर लेनी चाहिए। यह भी कह सकेंगे कि कवि और विवेचक के रूप में उनका चिन्तक व्यक्तित्व ही प्रकट हुआ है। शुद्ध बौद्धिकता उनमें कम ही है, अन्यथा उनकी रचना में शास्त्रीयता अधिक होती और प्रकृत रागात्मकता की उनमें न्यूनता है, अन्यथा वे स्वच्छन्द कवयित्री अधिक होतीं। उनका गद्य कवित्वपूर्ण है और काव्य सचेत कलाकारिता और बौद्धिक निष्ठा से आपूर्ण। अवश्य ही महादेवीजी की पूर्णत्व की यह कल्पना वैयक्तिक है और बहुत-कुछ निर्विशेष भी। मैं समझता हूँ कि उसे सन्तों के स्वानुभूत दर्शन का नव्य-निदर्शन नहीं कहा जा सकता। वहाँ स्वानुभूति का स्वरूप विशाल और निर्व्याज है, पर महादेवीजी के यहाँ वह अतिरंजित है और बौद्धिक निरूपणों से अपृथक्। अतएव उन्हें चिन्तनशील कवि और भावुक समीक्षक समझना चाहिए। अनुभूति का आधार, कल्पना का वैभव अथवा विचारों का प्रकाश उन्हें अभीष्ट अवश्य है, पर मुख्य तो उनके चिन्तनशील कलाकार की उपर्युक्त पूर्णत्व-कल्पना ही है।

३

साहित्य और साहित्यकार एवं काव्य तथा कला-सम्बन्धी अपने विचारों में महा-देवीजी ने सर्वत्र उत्कर्ष-विधायिनी विचारधारा का परिचय दिया है। "साहित्य-सृजन व्यक्तिगत रुचि मात्र न होकर महत्त्वपूर्ण सामाजिक कर्म है" कहकर महादेवीजी साहित्य को सामाजिक प्रतिष्ठा प्रदान करती हैं तथा उसे बहुमुखी दायित्व देने वाला रागात्मक कर्म भी मानती हैं। वह समझती हैं कि साहित्य व्यक्ति के लिए ही नहीं, समष्टि के लिए भी मूलतः निर्माण है, जो सृजन की किसी विराट् ऋतु की परिधि में चलने वाली एक जीवन-ऋतु की ही संज्ञा पा सकता है। मैं कहूँगा कि इस कसौटी पर उनका आत्म-निवेदनात्मक गीतिगाव्य किसी बड़ी सिद्धि को नहीं प्राप्त कर सकेगा। उन्होंने काव्य को चाहे ऋतु समझा हो, पर वह किसी महत्त्वपूर्ण सामाजिक दायित्व को चरितार्थता नहीं देता। अवश्य ही उनका नारीत्व-बोध सर्वत्र विद्यमान है।

काव्य को महादेवीजी सर्वोच्च कला स्वीकार करती हैं। सत्य को उनका साध्य तथा सौंदर्य को उसका साधन भी वह मानती हैं। उन्होंने सामाजिक दृष्टिकोण को अपेक्षा-कृत बाद में ग्रहण किया है, पर परवर्ती निबन्धों में एतद्-विषयक उल्लेख मिलते हैं।

आरम्भ में वह मानवतावाद के सन्निकट थीं, इसीलिए यह कह सकीं कि "कविता सबसे बड़ा परिग्रह है, क्योंकि वह विश्व मात्र के प्रति स्नेह की स्वीकृति है।" उनके ऐसे कथनों में अर्थवाद ही समझना चाहिए, क्योंकि उनका सम्पूर्ण कवि-व्यक्तित्व सूक्ष्म भाव-चेतना से गठित है और उनके काव्य में व्यक्त जीवन के संकेत प्रायः विरल हैं। उन्होंने सत्य के सन्धान-गीत लिखे हैं और प्राकृतिक या लौकिक सौन्दर्य को मात्र माध्यम के रूप में स्वीकार किया है। माध्यम का भी महत्त्व है, पर वह साध्य का समकक्ष तत्त्व नहीं है। इसी कारण उन्हें काव्य-कला को हृदय तथा 'मस्तिष्क का सन्धि-पत्र कहना पड़ा।' उनकी दृष्टि में सत्य शुष्क है, पर अनुभूति मधुर, जो सत्य को आनन्द से स्पंदित कर देती है। सम्भवतः अनुभूति, माध्यम और लक्ष्य—तीनों को इस प्रकार बाँटा नहीं जा सकता। अनुभूति मधुर क्यों है, माध्यम सुन्दर क्यों है और लक्ष्य सत्य क्यों है तथा इन तीनों में क्या सम्बन्ध है, यह जानने के लिए एक ही भाव-प्रक्रिया को समझना होगा। कदाचित् महादेवीजी के काव्य में दर्शन को अनुभूति पर आरोपित करते हुए उसे व्यापक सौंदर्य में लक्षित करने का उपक्रम हुआ है इसलिए जीव, जगत् और परम तत्त्व का पृथक्करण कर लिया गया है। अवश्य ही इस व्याज से उनका तत्त्वज्ञान उद्घाटित हो गया है। वह समझती हैं कि युग-प्रवर्तक साहित्यकार तब पैदा होता है, जब भावना, ज्ञान और कर्म एक सम पर मिलते हैं। इस प्रकार के सुसंगठित मानसिक व्यक्तित्व की धारणा उत्कृष्ट है और काम्य भी, किन्तु तुलसीदास और रवीन्द्रनाथ भी इस समय की भूमिका पर कदाचित् पूर्णतः प्रतिष्ठित समझे जा सकें।

महादेवीजी जीवन की पूर्णतम अभिव्यक्ति के रूप में काव्य-कला को महत्त्वपूर्ण समझती हैं। उनका कथन है कि कलाकार का लक्ष्य, जीवन की कुरूपता तथा सौन्दर्य, दुर्बलता तथा शक्ति, पूर्णता और अपूर्णता, सबकी सामंजस्यपूर्ण रागात्मक अभिव्यक्ति है और उसकी चरम सफलता जीवन तथा विश्व में छिपे हुए सत्य को सब ओर से स्पर्श कर लेने में निहित है। वे पार्थिव जगत् और अंतर्जगत् दोनों का समकक्ष महत्त्व मानती हैं, क्योंकि बाह्य जीवन की सीमा में वामन-जैसा लगने वाला कार्य भी हमारे अंतर्जगत् की असीमता में बढ़ते-बढ़ते विराट् हो सकता है। अस्तु, महादेवीजी काव्य-कला को सत्य की ही अभिव्यक्ति समझती हैं। यह सत्य बुद्धि और भावना के दो अर्द्धवृत्तों से घिरा हुआ है। इसी कारण उन्हें 'काव्य-कला का सत्य जीवन की परिधि में सौन्दर्य के माध्यम द्वारा व्यक्त अखंड सत्य' ज्ञात होता है। इस दृष्टि से वह अपनी स्थापनाओं का निर्वाह करती हैं कि उनके काव्य में पार्थिव सौन्दर्य के माध्यम से अखण्ड सत्य की प्रतीति ध्वनित हुई है। कवि का वैयक्तिक सत्य यही है, जिसे काव्य-कला का सत्य भी अनिवार्यतः कहा जायगा। पर उनके काव्य में सत्य को स्पर्श करने की चेष्टा ही है, उसे सब ओर से घेर लेने का प्रयास नहीं। यहाँ सत्य ही पूर्ण है, अनुभूति नहीं और उसकी उपलब्धि के साधन भी नहीं। इसी कारण महादेवीजी के गीत परिपूर्ण क्षणों की वाणी नहीं है और यदि हैं तो अंशतः ही हैं। यहाँ जीवन की पूर्णता की नहीं, पूर्ण कामत्व की भी कामना नहीं की गई। सत्य का बोध और व्याप्ति, उसके प्रति अनवरत आकर्षण और अपना सीमित अभाव, जो आनन्द का अक्षय स्रोत है, वस्तुतः महादेवीजी के गीतों

की व्याख्या है। निश्चय ही यहाँ जीवन की पूर्णता नहीं है, वैविध्य में तात्त्विक एकता की अनुभूति नहीं है, यहाँ केवल सत्य के पूर्णत्व में विश्वास है और पार्थिव सौन्दर्य में उसका आभास पाने वाली अपनी-अपनी अनुभूति पर नारी-सुलभ अभिमान है।

महादेवीजी ने काव्य-कला को प्रतिभा और अनुकूल मानसिक गठन का परिणाम माना है। केवल अभ्यास को वह अनुपयोगी समझती हैं। साथ ही वह लोक-हृदय की पहचान पर भी बल देती हैं। उनका काव्य उत्कृष्ट प्रतिभा और उपयुक्त मानसिक गठन का परिणाम अवश्य है, पर उनकी कला में परिश्रम-साध्य अलंकृति मौजूद है। उनकी लोक-हृदय की पहचान अत्यन्त परिमित है। यही कारण है कि उनकी कला अतिशय व्यक्तिनिष्ठ है। वह लोक-सामान्य कविता की श्रेणी में नहीं आ पाती। वह एक विशेष मानसिक धरातल पर काव्य-सृष्टि करती हैं, अतएव उसका यथावत् आस्वादन भी उसी प्रकार की मन:स्थिति में सम्भव हो पाता है। उनकी कला सूक्ष्म और भास्वर है तथा उनकी चिन्तन-भूमि का आधार विशिष्ट और अपार्थिव है। उन्होंने श्रेष्ठ और शाश्वत काव्य के लक्षण स्पष्ट करते हुए अपने काव्य की सीमाओं या विशेषताओं का स्वभावत: कहीं निर्देश नहीं किया।

सत्य की साहित्यिक अभिव्यक्ति का या काव्य-कला का क्या प्रयोजन है? महादेवीजी के अनुसार कविता हमारे व्यष्टि-सीमित जीवन को समष्टि-व्यापक जीवन तक फैलाने के लिए ही व्यापक सत्य की अपनी परिधि में बांधती है, यह कथन एक ओर आध्यात्मिक काव्य की स्थिति स्पष्ट करता है तो दूसरी ओर व्यापक करुणा-भाव अथवा सहृदयता की आवश्यकता पर बल देता है। महादेवी जी की कविता निश्चय ही प्रथम कोटि की वस्तु है; दूसरी कोटि की संस्थिति उनके संस्मरणों में है, गीतों में नहीं। वह कवि के लिए यह आवश्यक समझती हैं कि 'वह सिद्धान्तों का पाथेय छोड़कर अपनी सम्पूर्ण संवेदन-शक्ति के साथ जीवन में घुल-मिल जाय।' इस कथन की चरितार्थता महादेवीजी के व्यक्तिगत और सामाजिक जीवन में देखी जा सकती है, उनकी कविता में नहीं। और उनकी दृष्टि में मानव-जीवन की यह व्याख्या है कि वह जड़ और चेतन का ऐसा स्थायी सन्धि-पत्र है, जिससे पार्थिवता से वलयित चेतना ही को विशेषाधिकार प्राप्त है। शरीर की गति चेतना के कारण है और चेतना का स्पन्दन शरीर के कारण। उनका चिन्तन सर्वत्र एकरस है, जिसकी गति आन्तरिक है, बहिर्मुख नहीं।

काव्य-कला-विषयक इस विवेचन के अंतर्गत यह निर्देश करना होगा कि वह तात्त्विक और समन्वयवादी भूमिका पर ही स्थिर रही हैं। निस्संदेह उन्होंने अपना विशेष मार्ग इसी के अंतर्गत निर्मित किया है। बुद्धि और भावना, स्वप्न और यथार्थ, वस्तु और अध्यात्म, उपयोगिता और सस्कारिता आदि के मध्य एक व्यापक साम्य की स्थिति का उल्लेख किया गया है। वह ऐसा उदात्त दृष्टिपथ स्थिर करती हैं कि जिसके अंतर्गत कहीं वैषम्य, विरोध या वैपरीत्य नहीं दिखाई पड़ता। वहाँ सब प्रकार के अंतर तिरोहित हो जाते हैं। यह विचार-सरणा अतिशय भावमयी और आदर्शनिष्ठ है। महादेवीजी के विचारों का खण्डन तभी सम्भव है, जब उनसे इस भावात्मक आदर्शवाद अथवा सर्वातिशयी अध्यात्मदर्शन का विरोध किया जाए। मैं समझता हूँ कि महादेवीजी के

दृष्टिकोण में भी सार है, पर उसकी अतिव्याप्ति ही उसका दोष है। उनकी दृष्टि में सत्य काव्य का साध्य है और सौन्दर्य उसका साधन है। सत्य को वह उसकी एकता में असीम मानती हैं और सौन्दर्य को उसकी अनेकता में असीम। स्पष्टत: यह आत्मवादी धारणा है, पर इसमें जगत् का निषेध नहीं है। यह समन्वयशील दृष्टि कही जा सकेगी, पर इसमें भी साधन की अपेक्षा साध्य की प्रमुखता विद्यमान है। अतएव महादेवीजी अपने काव्य में प्रकृति अथवा दृश्य-जगत् को मात्र माध्यम बना पायी हैं और यही उनके काव्य की प्रतीक-योजना, अलंकृति या सांकेतिक भाव-व्यंजना का कारण है। यहीं वह उस स्थिति को अपना लेती हैं, जहाँ वह मानववाद की सीमाओं को अतिक्रमित कर जाती हैं।

महादेवी जी के लिए आस्था वह भावभूमि है, जो जीवन की सहजात चेतना के विकास-क्रम में ही निर्मित होती है। उसे वह व्यक्ति के द्वारा समष्टि की स्वीकृति ही नहीं, ऋत का रागात्मक स्वरूप भी मानती हैं। अतएव व्यक्तिगत आस्था वह व्यापक जीवन-लक्ष्य से सम्बद्ध कर लेती हैं, जिसका सामाजिक विकास अथवा जगत् की परिवर्तनशीलता से कोई विरोध नहीं है। वह समसामयिक और शाश्वत का है और 'होना चाहिए' के रूप से निर्वचन करती हैं। उनकी दृष्टि में इन दोनों के बीच कोई तात्त्विक विभेद नहीं है, क्योंकि वह इन्हें साधन और व्यापक लक्ष्य समझती हैं। इसलिए आज के साहित्यकार की आस्था के सम्बन्ध में उनका कथन है कि यही उसे समसामयिक परिस्थितियों से संघर्ष करके उन्हें लक्ष्योन्मुख बना लेने की शक्ति दे सकती है। महादेवीजी आस्थावान रचनाकार हैं, यह असंदिग्ध है, पर उनकी आस्था का स्वरूप भावनामय और आदर्शवादी है। काव्य के अन्तर्गत वह अपने इसी दृढ़ विश्वास के कारण अपार्थिव सत्ता के प्रति विरह-निवेदन कर सकी हैं, पर यथार्थवादियों के दृष्टिकोण से आस्था का प्रश्न इस प्रकार हल नहीं हो पाता। परिस्थितियों की जटिलता के प्रति जीवनास्था को अडिग रखने का काम आत्मवादी के लिए जितना सहज है, उतना पदार्थवादी के लिए नहीं। आस्था को उन्होंने सृजन की दृष्टि से व्यक्तिगत, पर प्रसार की दृष्टि से समष्टिगत माना है। यह तभी सम्भव है, जब कला का उस सीमा तक साधारणीकरण होता चले कि जिस सीमा तक जीवन-दृष्टि का विभेद थोड़ा भी बाधक न बन पाए। अवश्य ही यहाँ स्थायी या श्रेष्ठ कला-कृतियों की बात कही गई है। महादेवीजी हमारे वैज्ञानिक युग की समस्या को 'निकटता की दूरी' समझती हैं। यहीं वह मानवता, शिवता तथा जीवनास्था की आवश्यकता अनुभव कर सकी हैं, क्योंकि हमारा समाज 'न जीवन के व्यापक नियम से प्राणवन्त है और न अपने देशगत संस्कार से रसमय'। उन्हें आज के भारत का मनोजगत् ज्वर-ग्रस्त दिखाई पड़ता है। यह प्रसन्नता की बात है कि महादेवीजी की सामाजिक चेतना प्रसिद्ध रूप में प्रकट हो पायी। हमारे नये जीवन ने उनके संस्कारों पर आघात किया है और वह उपचार के लिए अपनी जीवन-दृष्टि का प्रसार चाहती हैं, यह प्रवृत्ति उनकी रचना में अभी-अभी उभरी है, पर खेद है कि वह अपने कवि-कर्म से अब तक प्रायः विरत भी हो गई हैं। 'बंगाल का काल' और 'हिमालय' शीर्षक काव्य-संकलनों के सम्पादन के मूल में यही लक्ष्य-बद्ध युग-चेतना सक्रिय हुई है।

४

नई काव्यधारा के विषय में महादेवीजी की धारणा है कि उसमें मर्मस्पर्शिता का अभाव है, जो काव्य का दोष है, नवीनता का अनिवार्य परिणाम नहीं । काव्य में सत्य का रागात्मक रूप ही अपेक्षित है, तार्किक नहीं। यह आवश्यक नहीं है कि उसकी कोई प्रत्यक्ष उपयोगिता भी हो । महादेवीजी समझती हैं कि यथार्थ का काव्यात्मक चित्रण सहज कवि-कर्म नहीं है । उन्होंने बौद्धिक निरूपणों द्वारा कुछ प्रचलित सिद्धान्तों का प्रतिपादन और आशीर्वाद की विरोध-भावना का व्यक्तीकरण करते हुए क्रमशः प्रगतिवाद और प्रयोगवाद की अकाव्यात्मक स्थिति स्पष्ट की है । गीति-परम्परा में उन्हें कवि के अहंकार की अनुभूति नहीं, रूढ़ि दिखाई पड़ी है । उन्होंने अश्लीलता के प्रश्न को एक विकृत रूप में देखा है और ऐसे साहित्य को पतनोन्मुख माना है। यह विकृति एक ओर समष्टिगत है और दूसरी ओर मनोवैज्ञानिक सिद्धान्तवाद का परिणाम। यथार्थवाद प्रकृति और विकृति दोनों को ग्रहण कर सकता है, पर उसने विकृति को ही संप्रति अपना रखा है। यह उसका विकास-विरोधी स्वरूप है। नारी-विषयक दृष्टिकोण की विवेचना करते हुए उन्होंने रहस्यवादी, छायावादी और आदर्शवादी धारणा से यथार्थवादी विचारणा का पार्थक्य स्पष्ट किया है । महादेवीजी का यह निरूपण अतिशय तलस्पर्शी है और इस मान्यता पर आधारित कि 'कला और सौन्दर्य, जीवन के परिष्करण और उससे उत्पन्न सामंजस्य के पर्याय हैं।' 'कला चिरन्तन है' का अभिप्राय है कि वह क्रमागत है या ऐतिहासिक स्थिति रखती है; 'सौन्दर्य सनातन है' का अर्थ है कि वह अस्तित्ववान् है, नया उत्पादन नहीं, तथा 'सत्य शाश्वत है' का आशय है कि वह जीवन-चेतना की क्रमबद्धता है, उसका दिक्काल-परिबद्ध रूप नहीं। महादेवीजी इसी व्यापक दर्शन के आधार पर समसामयिक साहित्य की प्रवृत्तियों का पर्यवेक्षण करती हैं; पर्यवेक्षण ही नहीं, सम्पूर्ण विश्वास के साथ उसकी सीमाओं का निर्देश तथा विकृतियों का खण्डन करती हैं। यहीं उन्होंने प्रसंगतः बुद्धिजीवियों की विसंगतियाँ दिखाई हैं, जिनमें विद्यार्थी और शिक्षक वर्ग मुख्य हैं । उन्होंने नये कलाकारों और आलोचकों की स्थिति का परीक्षण भी किया है। 'मजदूर-कला' तथा 'राज-कला' आदि से सम्बन्धित समलेखन से विवादों की व्यर्थता भी उन्होंने सिद्ध की है। अंततः उनका निर्देश है कि 'इस युग का कवि हृदयवादी हो या बुद्धिवादी, स्वप्न-द्रष्टा हो या यथार्थ का चित्रकार, अध्यात्म से बँधा हो या भौतिकता का अनुगत, उसके निकट यही मार्ग शेष है कि वह अध्ययन से मिली चित्रशाला से बाहर आकर, जड़ सिद्धान्तों का पाथेय छोड़कर, अपनी सम्पूर्ण संवेदना-शक्ति के साथ जीवन में घुल-मिल जाय । यहां आलोचक महादेवीजी को कला का श्रेय रूप, कल्याणकारी पक्ष या शिवत्व का प्रतिपादन करने की आवश्यकता अनुभव हुई है। मैं कहूंगा कि यह सब नई काव्य-रचना के सम्बन्ध में कहा गया है। कवि महादेवी का इन समस्याओं से साबका नहीं पड़ा। निश्चय ही यह विवेचन उनके छायावादी काव्य-चिन्तन पर आधारित है । यहाँ उनकी सैद्धान्तिक मान्यताएँ प्रायः वे ही हैं, पर रहस्यवादी विवरणों के स्थान पर यहाँ प्रत्यक्ष जगत् और व्यक्त जीवन ही नहीं, मानवीय सत्य और सामाजिक कल्याण का अन्तर्भाव भी कर लिया गया है। अन्ततः कला सौन्दर्य ही है या सौन्दर्य की संवेदना है,

जो अब व्यष्टिगत सत्य की समष्टिगत परीक्षा बन गई है। महादेवीजी के काव्य-चिन्तन में सामाजिक तत्त्वों का प्रवेश सम्भव हुआ है और वह अधिक परिपूर्ण दृष्टिकोण उपस्थित कर सकी हैं। उनके काव्य की एकान्तिकता यहाँ आकर लोकाभिमुख दिखाई पड़ी। यह बात अलग है कि उनके विचार इतने व्यापक हों कि वे परमात्मा की भाँति पकड़ के बाहर रहें, पर यहाँ उन्होंने स्पष्टतापूर्वक अपनी धारणा को प्रकट किया है।

समस्याओं के प्रसंग में वह एक सारगर्भित बात कह गई हैं, जो इस प्रकार है—"छायावाद एक प्रकार से अज्ञातकुलशील बालक रहा, जिसे सामाजिकता का अधिकार ही न मिल सका। फलतः उसने आकाश, तारे, फूल, निर्झर आदि से आत्मीयता का सम्बन्ध जोड़ा और उसी सम्बन्ध को अपना परिचय बनाकर मनुष्य के हृदय तक पहुँचने का प्रयत्न किया। आज का यथार्थवाद बुद्धि और साम्यवाद का ऐसा पुत्र है, जिसके आविर्भाव के साथ ही आलोचक जन्म-कुण्डली बना-बनाकर उसके चक्रवर्तित्व की घोषणा में व्यस्त हो गए।" इस अवतरण के दो पहलू हैं। छायावाद-विषयक निर्देश केवल महादेवीजी के काव्य पर अक्षरशः घटित हो पाता है, अन्य किसी छायावादी कवि पर नहीं। प्रसाद, निराला और पंत की स्वच्छन्द जीवनानुभूतियाँ सामाजिक चेतना से रिक्त नहीं हैं। प्रकृति और कल्पना का विनियोग अन्य कवियों के काव्य में अंशतः हुआ है और वह भी सौन्दर्य के उपादान या विधान के हेतु। इसमें सत्य यही है कि छायावादी काव्य में अतीन्द्रियता के परमाणु अपेक्षया अधिक हैं। दूसरा पक्ष यथार्थवाद की खामियों को लक्षित करता है। यह मन्तव्य ठीक उसी प्रकार की मनःस्थिति को विज्ञापित करता है, जैसी मनःस्थिति नये प्रभावों को स्वीकार न करने वाले पुराने संस्कारों को ग्रहण न करने वालों के प्रति प्रकट करते हैं। मैं यह नहीं कहूँगा कि महादेवीजी उत्तर-छायावादी काव्य के प्रति असहृदय हैं, पर यह तथ्य है कि वह उसे जीवन-विकास की दृष्टि से विघटनकारी वस्तु मानती हैं। वह सूक्ष्म के एक अतिवाद पर स्थित थीं, यह स्थूल का दूसरा अतिवाद है। सम्भवतः अध्यात्म और पदार्थ या सूक्ष्म का समन्वित संतुलन ही मानवीय पूर्णता का लक्षण है। महादेवीजी भी सामाजिकता की बात कहती हुई इसी आधार को ग्रहण करने के लिए सचेष्ट हैं। उनकी अपनी पूर्णत्व की धारणा बहुत-कुछ काल्पनिक और अपार्थिव ही रही है। यह उसी का नया विकास है, यथा—"यदि पहले मिली सौन्दर्य-दृष्टि और आज की सौन्दर्य-सृष्टि का समन्वय कर सकें, पिछली सक्रिय भावना से बुद्धिवाद की शुष्कता को स्निग्ध बना सकें और पिछली सूक्ष्म चेतना की व्यापक मानवता में प्राण-प्रतिष्ठा कर सकें, तो जीवन का सामंजस्यपूर्ण चित्र दे सकेंगे।"

महादेवीजी ने आदर्श और यथार्थ-विषयक अपने चिन्तन को भी प्रकट किया है। वह इन्हें प्राण और शरीर की तरह समन्वित करती हुई कहती हैं कि "वह यथार्थ जिसके पास आदर्श का स्पन्दन नहीं, केवल शव-मात्र है और वह आदर्श जिसके पास यथार्थ का शरीर नहीं, प्रेत-मात्र है। अतएव आदर्श और यथार्थ एक-दूसरे के पूरक रहकर ही जीवन को पूर्णता दे सकते हैं, अतः काव्य उन्हें विरोधियों की भूमिका देकर जीवन में एक नई विषमता उत्पन्न करता है, सामंजस्य नहीं।" स्पष्टतः महादेवीजी यहाँ छायावादी समीक्षक, रहस्यवादी कवि, मानववादी निबन्धकार प्रभृति अपने रूपों को

समन्वित करती हुई आदर्श और यथार्थ, भाव और वस्तु या आत्मदर्शन और पदार्थ-विज्ञान के एकीकरण पर बल देती हैं। महादेवीजी यहाँ स्वच्छन्द विचारक हैं, किसी विशेष दार्शनिक पद्धति की अनुगामी नहीं। इसीलिए उन्हें पूर्णत्व का उद्भावक अथवा संतुलन का आविष्कारक समझना चाहिए। उनकी विचारणा न एकांगी है, न सत्य को खंडित करने की अभ्यासी। अतएव यथार्थ की सापेक्ष सीमाएँ अथवा खंडत्व और आदर्श का निरपेक्ष सत्य या खंडत्व अन्योन्याश्रित समझे गए हैं। यह सम्बन्ध न सतही वस्तु है, न उसकी क्षणिक सत्ता है। निश्चय ही ये उद्गार आदर्शवादी विचारक के हैं, यथार्थवादी कलाकार के नहीं। इसी कारण यह निष्कर्ष कि "आदर्श को संकीर्ण अर्थ में न ग्रहण करके यदि हम उसे जीवन की एक व्यापक और सामंजस्यपूर्ण स्थिति की भावना-मात्र मान लें, तो वह हमारे एकांगी बुद्धिवाद और बिखरे यथार्थ को संतुलन दे सकता है"—अनिवार्य ज्ञात होता है। यहाँ 'सामंजस्य' और 'संतुलन' शब्द विचारणीय हैं। इन्हीं के माध्यम से आदर्शवादी यथार्थ को स्वीकार कर पाता है। यही परिपूर्णता की कल्पना तो है ही, इसे व्यावहारिक समझौता भी कहा जा सकता है। छायावादी काव्य-चिन्तन के अन्तर्गत सामाजिक या यथार्थवादी तत्त्वों का आकलन वस्तुतः उसके ही मन्तव्यों को वस्तुगत आधार देता है और सापेक्षिक पूर्णता के सिद्धांत को चरितार्थ करता है। कतिपय आलोचकों ने छायावादी समीक्षा-पद्धति को वस्तुनिष्ठ आधार और सामाजिक आशय देने की समर्थ चेष्टा की है। कहना न होगा कि महादेवीजी के काव्य में इस प्रकार के संतुलित सामंजस्य का कोई प्रयास नहीं दिखाई पड़ा।

उपयोग की कला और सौन्दर्य की कला का उल्लेख करते हुए' महादेवीजी ने उपयोगितावाद को सारहीन काव्य-सिद्धान्त कहा है। उनका मन्तव्य है कि जब तक हमारे सूक्ष्म अंतर्जगत् का बाह्य जीवन में पग-पग पर उपयोग होता रहेगा, तब तक कला का उपयोग-सम्बन्धी विवाद विशेष महत्त्व नहीं रखता। कला न स्थूल में निर्वासित हो सकती है, न सूक्ष्म में, क्योंकि उसकी भी जीवन की भाँति समन्वयात्मक स्थिति है। वे उपयोग की निम्नोन्नत भूमियों को स्पष्ट करती हुई द्विवेदीयुगीन उपयोगितावाद तथा यथार्थवादी उपयोगिता के सिद्धान्त की सीमाओं का निर्देश करती हैं। वह कलाओं को उपयोग की उस भूमि पर स्थायी रूप से स्थापित करती हैं, जहाँ उपयोग सामान्य रह सके। वस्तुतः यह उपयोग नहीं, आस्वादन है, आदेश-उपदेश नहीं, सौंदर्य की संस्कारिता है। महादेवीजी कला की उपयोगिता का जो अभिप्राय ग्रहण करती हैं, वह उपयोग के गृहीत अर्थ को अपार्थिव भूमिका देता है। यहाँ उपयोग संवेदना है और भलाई संस्कार है। यह विधि-निषेध नहीं है, बल्कि अंतर्जगत् की स्फूर्ति है, जिसके कारण जीवन की गति उत्प्रेरित होती है। महादेवीजी ने कलावादी विचारणा को जीवन की संगति अवश्य दी है, पर वह उसे आदर्शवादी या यथार्थवादी की स्थूल उपयोगिता का पर्याय नहीं मान सकी हैं।

उनके छायावादी काव्य-चिन्तन के अन्तर्गत कला तत्त्व ही जीवन की सबसे बड़ी उपयोगिता बन गया है। वस्तुतः यह अन्तःकरण का परिष्कार ही है, जो सत्य के अनुशीलन और सौन्दर्य के साक्षात्कार का परिणाम है। आशय स्पष्ट है कि कला कला है, जीवन का चरम मूल्य है, उसे किसी आवश्यकता की नाप या उपयोगिता की माप के

अनुसार न गढ़ा जा सकता है, न उसकी उपयोगितावादी परिचयी तैयार हो सकती है। इसी कारण उनकी दृष्टि में जीवन में कविता का वही महत्त्व है, जो कठोर भित्तियों से घिरे कक्ष के वायुमण्डल को अनायास ही बाहर के उन्मुक्त वायुमण्डल से मिला देने वाले वातायन को मिला है। वह कविता और कला को छायावादी सौष्ठव से सम्पन्न और आदर्शवादी निष्ठा से व्युत्पन्न बताती हैं। उन्होंने काव्य-कला को जीवन का व्यापक अभिप्रेत ही नहीं दिया, उसे स्वानुभूति की गरिमा और सौन्दर्य-बोध का वैभव भी प्रदान किया।

महादेवीजी की काव्य-सृष्टि और उनके काव्य-चिन्तन में यहाँ बिम्ब-प्रतिबिम्ब भाव विद्यमान है। उन्होंने 'सप्तपर्णा' और 'हिमालय' की सुगठित और सुचिन्तित भूमिकाओं के अन्तर्गत भारतीय जीवन के रागात्मक विकास के अमिट चरण-चिह्नों का विवेचन किया है। साहित्य-हृदय का परिष्कार करता है और जीवन के सांस्कृतिक विकास को प्रत्यक्ष। किसी भी सांस्कृतिक मूल्य के वस्तुगत उपयोग की माँग का महत्त्व ही क्या है। वह महत् आकांक्षा का विपर्यय मात्र है। महादेवीजी काव्य के सांस्कृतिक मूल्य को ही स्वीकार करती हैं, वस्तुवादी उपयोगिता के सिद्धान्त को नहीं।

५

अब हमें गीतिकाव्य, छायावाद और रहस्यवाद विषयक मन्तव्यों की परीक्षा ही करनी है। महादेवीजी गीत को सुख-दुःख की भावावेशमयी अवस्था-विशेष की अभिव्यक्ति मानती हैं और उसे गिने-चुने शब्दों में स्वर-साधना का उपयुक्त चित्रण कहती हैं। गीत की मर्मस्पर्शिता का कारण है वैयक्तिक सुख-दुःख की व्यंजना। आशय यह है कि गीत का विषय सुख-दुःखात्मक अनुभूति ही है। वह भावावेशमयी अवस्था को लिए हुए है और उसकी सीमा व्यक्ति-विशेष है। गेयता उसकी शिल्पगत विशेषता है, जो उपयुक्त स्वर-साधना ही नहीं है, गिने-चुने शब्द-समूह का विशिष्ट विन्यास भी है। यहाँ महादेवीजी वैयक्तिक अनुभूति को उपयुक्त शब्द-योजना और सार्थक स्वर-साधना से समन्वित करती हैं। उनकी गीतिकाव्य की यह परिभाषा संक्षिप्त और सार्थक है कि साधारणतः गीत व्यक्तिगत सीमा में तीव्र सुख-दुःखात्मक अनुभूति का वह शब्द-रूप है, जो अपनी ध्वन्यात्मकता में गेय हो सके। निश्चय ही उनका गीतिकाव्य वैयक्तिक है, विरहानुभूति से अनुप्राणित है, अपनी ध्वन्यात्मकता में गेय है, पर वह तीव्र या भावावेशपूर्ण भी है, यह नहीं कहा जा सकता।

वह आवेशमयी गीतिकार हैं ही नहीं।। वैचारिक गाम्भीर्य और नारीत्व का आत्म-संयम वैयक्तिक भाव-धारा का ऐसा बाँध है, जो उसके प्रवाह को उन्मुक्त नहीं होने देता। गीत की आरम्भिक कड़ी में कहीं-कहीं आवेश का स्वर झंकृत होता है, पर प्रतीक-व्यंजना उसके स्वाभाविक विकास में बाधक सिद्ध होती है। दर्शन की छाया में रचे गए गीतों के भीतर भावों की बाढ़ स्वभावतः विरल होती है। उसमें स्थिर, गम्भीर तथा मंथर गति की ही अपेक्षा हो सकती है। गेयता के सम्बन्ध में निवेदन है कि ये साहित्यिक गीत हैं, रागों या रागिनियों में रचे गए पद नहीं। इनमें संगीत का तत्त्व है अवश्य पर वह प्राथमिक विशेषता नहीं है। यहाँ मुख्य वस्तु है कवि का भावाशय, अतः संगीत का मूल्य औपचारिक है। यह समृद्ध कला-सृष्टि भी है, अतएव अर्थ और

ध्वनि में प्रायः एकता और सामंजस्य विद्यमान है ।

गीतिकाव्य में तार्किक ज्ञान नहीं, सहज ज्ञान की अवस्थिति को लक्षित करती हुई महादेवीजी कहती हैं कि तर्क से परे इन्द्रियों की सहायता के बिना भी हमारी आत्मा अनायास ही जिस सत्य का ज्ञान प्राप्त कर लेती है, उसकी अभिव्यक्ति में गेय स्वर-सामंजस्य का विशेष महत्त्व रहा है । यहाँ वह शुष्क ज्ञान से पृथक् सहज बोध का निर्देश करती हैं । आत्मा को मन या अन्तर्जगत् मान लेने से इस वक्तव्य की बोधव्यता बढ़ जायगी । भाव-स्थिति स्वतः अमूर्त्त व्यापार है, पर उसे सत्य का संवेद्य या स्वाभाविक ज्ञान बौद्धिक आधार भी देता है । यह सहज ज्ञान एक ओर भावमय या सरस बना रहता है और दूसरी ओर वाणी को भाव-प्रलाप मात्र बनने नहीं देता । अतः गीतिकाव्य मानव-संस्कृति का उच्चार हो जाता है । उसकी उच्चतर साहित्यिक स्थिति का यही रहस्य है । इसी कारण वह न अलाप मात्र है, न प्रलाप मात्र । निश्चय ही महादेवीजी का गीतिकाव्य गम्भीर मनोदशा, सुसंस्कृत व्यक्तित्व और समृद्ध शब्द-संकेतों तथा अर्थ-ध्वनियों का व्यक्तीकरण है ।

उन्होंने साहित्यिक गीतों को लोकगीतों से भिन्न वस्तु अवश्य माना है, पर दोनों के मूल में एक-सी प्रवृत्ति की अवस्थिति स्वीकार की है । गीत प्रकृत्या मानवी सुख-दुःख के उद्गार हैं, अतएव लोकगीत और साहित्यिक गीत में कोई मूलभूत अन्तर नहीं है । दोनों की भाषा, भाव और छन्दों के भीतर साम्य के सूत्र मौजूद हैं । साहित्यिक गीतों में चिन्तन, कल्पना या रचना-सम्बन्धी समृद्धि और तज्जन्य सूक्ष्म व्यंजना-व्यापार सम्भव होता है, पर लोकगीतों में मानवीय अनुभूतियाँ अपने प्रकृत रूप में अभिव्यक्त होती हैं । महादेवीजी ने इन लोकगीतों का आकर्षण अनुभव किया है और कहा है कि 'मेरे गीत अध्यात्म के अमूर्त आकाश के नीचे लोक-गीतों की धरती पर पले हैं ।' महादेवीजी का गीतिकाव्य लोक-गीतों से कदाचित् समुचित प्रेरणा नहीं ले पाया । यह मात्र आकर्षण है, जिसका यहाँ उल्लेख हुआ है, कोई सुनिश्चित प्रभाव नहीं ।

वह रहस्य-गीतों के विषय में कहती हैं कि उनका 'मूलाधार भी आत्मानुभूत अखंड चेतन है ।' आत्मानुभूत ज्ञान ही गीतिकाव्य की प्रकृति में अन्तर्युक्त हो पाता है । रहस्य-गीतों के अन्तर्गत ज्ञान इतना प्रत्यक्ष नहीं हो पाता कि वह बुद्धि की परिधि में आ जाय और भाव इतना सूक्ष्म और अव्यक्त नहीं हो पाता कि वह हृदय की सीमा में न आ पाए । यहीं रहस्य और गीत के मूल तत्त्व एकान्वित होते हैं । "रहस्य-गीतों में आनन्द की अभिव्यक्ति के सहारे ही हम चित्त और सत् तक पहुँचते हैं ।" महादेवीजी ने न केवल ज्ञान और भाव को चिन्तन की भूमि पर एकत्र किया है, वरन् सौन्दर्य के माध्यम की बात भी कही है । वस्तुतः रहस्य-गीत भावात्मक परिपूर्णता के सोपान हैं । भावात्मक या आभ्यंतर पूर्णता का अभिप्राय यह है कि रहस्यानुभूति वस्तुतः एकान्तिक है, लोक-संग्रही नहीं । निश्चय ही महादेवीजी के गीतों की भी यही विशेषता है । उनके काव्य की आध्यात्मिकता पृष्ठभूमि है अवश्य, पर वह धार्मिक रूढ़ियों का नहीं, दार्शनिक मनोवृत्ति का परिणाम है । यह दार्शनिक वृत्ति अन्ततः व्यक्तिगत चेतना है, जिसे अध्ययन, मनन और निदिध्यासन के अतिरिक्त बाह्य प्रभावों ने भी संगठित किया है ।

६

महादेवीजी का चिन्तन चिरन्तनता और सनातनता तथा व्यापकता और पूर्णता को लिये हुए है, अतएव प्रत्येक विषय अथवा कविता की धारा, प्रवृत्ति या विधा के अन्तर्गत वे इसी का सन्धान करती हैं। छायावाद को उन्होंने इसी व्यापक आधार पर निरूपित किया है। अवश्य ही उसे उदात्त पृष्ठभूमि दी जा सकी है। विचारकों ने छायावाद के सांस्कृतिक भाव-बोध का विवरण दिया है, पर महादेवीजी ने उसे दार्शनिक चेतना का प्रसार ही माना है। वह समझती हैं कि छायावाद ने मूर्त और अमूर्त विश्व को समन्वित करके उसे पूर्णता प्रदान की है। वह छायावाद के आविर्भाव का कारण कविता के बन्धनों से मुक्त होने की प्रवृत्ति में खोजती हैं।

जिस स्वच्छन्दता की प्रवृत्ति में उसका जन्म हुआ, उसे कवयित्री ने न चिन्तन में, न अपने काव्य में, महत्त्वपूर्ण वस्तु माना है। कदाचित् वह उक्त प्रतिक्रिया को मूल तत्त्व के रूप में स्वीकार नहीं कर पायीं। इसका प्रमुख कारण यह भी है कि नारी की सामाजिक सीमाएँ तथा उसकी नैतिक मर्यादाएँ उसे इस प्रकार की स्वच्छन्दता का अवकाश ही नहीं देतीं। अतएव आत्मानुभूति की व्यंजना को मुख्य वस्तु मानती हुई वह स्वच्छन्द को 'स्वच्छन्द छन्द' में ही सीमित कर लेती हैं। व्यक्तिगत सुख-दुःख ही छायावाद के उत्स हैं, जो अभिव्यक्ति के लिए आकुल रहे हैं। अतः छायावादी कविता स्वानुभूति-प्रधान होने के कारण वैयक्तिक उल्लास-विषाद की अभिव्यक्ति का सफल माध्यम बनी। वह इसका दूसरा प्रमुख तत्त्व 'प्रकृति की सौन्दर्य-चेतना' को मानती हैं, जिसके कारण अनेक रूपों में प्रकट एकरूपता महाप्राण बन जाती है। फलतः "मनुष्य के अश्रुमेघ के जल-कण और पृथ्वी के ओस-बिन्दुओं का एक ही कारण एक ही मूल्य है।" यहां सर्ववादी मान्यता स्पष्ट हुई है। यह छायावाद का मूल दर्शन नहीं है। प्रकृति पर चेतना का आरोप विशुद्ध दार्शनिक वस्तु है, यह नहीं कहा जा सकता। प्रकृति की सचेतनता मानवीय भावाक्षेप या मानवीकरण की आलंकारिक प्रवृत्ति का परिणाम भी है। उसे चेतनता का आभास देने वाला रूपक कहा जा सकता है। वस्तुतः प्रकृति अपने सौन्दर्य और मानव-सापेक्ष अस्तित्व के कारण छायावाद में महत्त्वपूर्ण स्थान पा सकी है। उसे परिव्याप्त चेतना का प्रतिबिम्ब मानने की प्रायः आवश्यकता नहीं पड़ी। महादेवीजी के काव्य में प्रकृति को सर्वत्र यही दार्शनिक आशय नहीं दिया गया। वह प्रतीक और अलंकरण भी है, दिव्य चेतना का व्यक्तीकरण ही नहीं।

महादेवीजी प्रकृति को अपने भावात्मक दृष्टिकोण के कारण कल्पनाशील सौन्दर्य से मंडित करती रही हैं। उनका वक्तव्य है कि छायावाद का कवि न प्रकृति के किसी रूप को लघु या निरपेक्ष मानता है, न अपने जीवन को; क्योंकि वे दोनों ही विराट् रूप-समष्टि में स्थिति रखते हैं और एक व्यापक जीवन में स्पन्दन पाते हैं।

प्रकृति जीवन का रूप-दर्शन है और जीवन प्रकृति का भावाकाश। यह विचारणा नितान्त वैयक्तिक और काल्पनिक कही जाएगी। सम्पूर्ण जगत् में एक ही सत्ता की व्याप्ति अनुभव करना जितना दार्शनिक अभिप्रेत है, उतना स्वानुभूत तत्त्व नहीं। छायावादी कविता में व्यष्टि और समष्टि का ऐसा एकीकरण सम्भव नहीं हुआ। इसे उसका लक्ष्य

या आदर्श अवश्य कह सकते हैं, जो उसकी कल्पनाशील प्रवृत्ति को लक्षित करता है। अतएव महादेवीजी छायावाद को प्रकृति के बीच जीवन का उद्‌गीथ कहती हैं।

प्रकृति पर आधारित यह काव्य स्वभावतः कल्पनाओं की बहुरंगी और विविध-रूपी सूक्ष्म रेखाओं से निर्मित हुआ। निश्चय ही महादेवीजी का काव्य कल्पनाशील है, पर दार्शनिक निरूपणों के कारण वह स्वतन्त्र वस्तु नहीं, परोक्ष सत्य का अपरोक्ष माध्यम है। प्रकृत छायावादी अनुभूति प्रायः प्रकृति की स्वतन्त्र सत्ता स्वीकार करती है, पर महादेवीजी के लिए वह मात्र रहस्य का व्यक्तीकरण है।

महादेवीजी इस मत का विरोध करती हैं कि छायावाद संघर्षमय यथार्थ जीवन से पलायन है, क्योंकि उसके निर्माण-युग में मध्यमवर्गीय चेतना का आभिजात्य मुखरित था, जिसमें सामाजिक क्षोभ और सांस्कृतिक असन्तोष के तत्त्व वस्तुतः सम्मिलित नहीं हो पाए थे। छायावाद भौतिक अस्तित्व की समस्याओं को अंतर्भुक्त नहीं करता। ये उस युग की अनिवार्यताएँ नहीं हैं। प्रसाद, निराला और पंत ने एक सीमा तक प्रत्यक्ष जीवन की चेतना आत्मसात की थी, पर महादेवी उससे असंपृक्त रहीं। वह स्थूल के स्थान पर सूक्ष्म की अभिव्यक्ति का निर्देश करती हैं। वह समझती हैं कि छायावाद स्थूल की प्रतिक्रिया से उत्पन्न हुआ था, अतः स्थूल को उसी रूप में स्वीकार करना उसके लिए सम्भव न हो सका। परन्तु उसकी सौन्दर्य-दृष्टि स्थूल के आधार पर नहीं, यह कहना स्थूल की परिभाषा को संकीर्ण कर लेना है।

महादेवीजी सूक्ष्म या सांकेतिक चित्रों के अतिरिक्त स्थूल को सूक्ष्म सौन्दर्यबोध का आधार तक स्वीकार कर लेती हैं। इस दार्शनिक परिणति को महादेवीजी उस सीमा तक स्वीकार करती रहीं कि उनका काव्य रहस्यवाद के क्षेत्र की वस्तु बन गया। उन्होंने छायावाद को अपने प्रियदर्शन का मात्र सोपान बनाया। उनकी वैयक्तिक अनुभूति स्वाभाविक मनोभावना न रहकर परिष्कृति और उदात्तीकृत रहस्य-जिज्ञासामयी प्रणय-भावना बन गई।

मैं समझता हूँ कि स्वाभाविक मानवीय अनुभूतियों का काव्य अ-श्रेष्ठ नहीं होता। महादेवीजी का सूक्ष्मतावादी दर्शन चरम-कोटि की कला नहीं है। अवश्य ही उनका काव्य अपने आन्तरिक गुणों के कारण श्रेष्ठ है, उपर्युक्त तत्त्वज्ञान के कारण नहीं।

महादेवीजी के अनुसार छायावादी अभिव्यंजना की सांकेतिकता का कारण भाव को रूपायित करने की आवश्यकता है। वह छन्द को भाषा के सौन्दर्य की सीमा कहती हैं और इसीलिए नई छन्द-योजना का समर्थन कर सकी हैं। शब्द-शोधन की कला उन्हें इसीलिए आवश्यक जान पड़ी कि सूक्ष्म भाव-बोधको अभिव्यक्ति देनी थी। अतएव प्रत्येक शब्द को ध्वनि, वर्ण और अर्थ की दृष्टि से नाप-तोल और काट-छाँटकर तथा कुछ नये गढ़कर अपनी सूक्ष्म भावनाओं को कोमलतम कलेवर दिया गया। यहाँ खड़ी बोली के पदावली-संस्कार, छन्द-निर्माण और संकेत-पद्धति की काव्य-शैली का अभिनव कौशल स्पष्ट किया गया है। महादेवीजी एक सचेत कलाकार रही हैं और इन क्षेत्रों में उन्होंने नवीन काव्याभिव्यंजना को यत्नपूर्वक सँवारा है। उनकी शैली में तरलता और मार्दव इसी कारण आ पाया है। छायावादी काव्य में उनकी शैली सर्वाधिक सांकेतिक है, जिसे

प्रतीक-पद्धति का नया रूप समझना चाहिए।

छायावाद के पराभव के कारणों पर महादेवीजी ने टिप्पणी की है। वह कहती हैं कि छायावाद सौन्दर्य-लोक की वस्तु है, प्रत्यक्ष जीवन की नहीं। इसीलिए वह अपूर्ण है। वह एक भावात्मक दृष्टिकोण है, बौद्धिक दृष्टिकोण नहीं। परवर्ती दृष्टिकोण भी अपूर्ण है, क्योंकि वह बौद्धिक है। जीवनानुभूति की न्यूनता से संयुक्त कल्पनातिशयी प्रवृत्ति को उन्होंने छायावाद के ह्रास का कारण माना है। यही उनके काव्य की सीमा का निदर्शन है। वह भावात्मक पूर्णता की बात कहती भी आयी हैं। वस्तु और भाव, सौन्दर्य और जीवन तथा बुद्धि और हृदय का एकीकरण ही संभवतः पूर्णता है। छायावाद को यथार्थ रूप में ग्रहण ही नहीं किया जा सकता, क्योंकि वह सुनिश्चित आध्यात्मिक रूढ़ियों अथवा वर्गीकृत सिद्धान्तों का संचय नहीं है, बल्कि व्यक्तिगत और स्वच्छन्द विचारों का निरूपण है। महादेवीजी ने इन सीमाओं या ह्रास के कारणों का वस्तुनिष्ठ विवेचन किया है। यह अत्यन्त साहस का कार्य है; क्योंकि अंततः यह अपने रचना-कार्य का ही सीमोल्लेखन है। यह वक्तव्य सारवान् और तथ्यपूर्ण है।

अस्तु, प्रकृति पर चेतन व्यक्तित्व का आरोप, कल्पनाओं की समृद्धि, स्वानुभूत सुख-दुःखों की अभिव्यक्ति को परस्पर सापेक्ष कहा गया है। ये ही छायावाद की मुख्य प्रवृत्तियाँ हैं। महादेवीजी छायावाद को करुणा की छाया में सौंदर्य के माध्यम से व्यक्त होने वाला भावात्मक सर्ववाद कहकर उसकी उपयोगिता को सिद्ध करती हैं। वह प्रकृत अनुभूति को अपरोक्ष अनुभूति की रहस्यमयता से मंडित करती हैं, यथा—छायावाद का कविधर्म के अध्यात्म से "आधुनिक दर्शन के ब्रह्म का ऋणी है, जो मूर्त और अमूर्त विश्व को मिलकर पूर्णता पाता है।" वह अपने इसी चिन्तन-क्रम के कारण छायावाद को अतिव्याप्त करती हुई उसे रहस्यवाद की समकक्षता प्रदान करती हैं, तथा "बुद्धि के सूक्ष्म धरातल पर कवि ने जीवन की अखंडता का भावन किया, हृदय की भावभूमि पर उसने प्रकृति में बिखरी हुई सौंदर्य-सत्ता की रहस्यमयी अनुभूति की, और दोनों के साथ स्वानुभूत सुख-दुःखों को मिलाकर ऐसी काव्य-सृष्टि उपस्थित कर दी, जो प्रकृतिवाद, हृदयवाद, अध्यात्मवाद, रहस्यवाद, छायावाद और अनेक नामों का भार संभाल सकी।" यहाँ छायावाद युग-विशेष की काव्य-प्रवृत्तियों का परिचायक शब्द-संकेत-मात्र है। वस्तुतः छायावाद के अन्तर्गत अध्यात्म की प्रवृत्ति अवस्थित रही है, पर वह यत्र-तत्र ही प्रकट हुई है। उसे मूल प्रवृत्ति नहीं कहा जा सकता। महादेवीजी ने अपने काव्य की विवेचना के रूप में ही कदाचित् छायावाद और रहस्यवाद को एक-दूसरे का पूरक माना है। एक सौंदर्य का दर्शन है, दूसरा सत्य का अन्वेषण। वास्तविक यह नहीं है।

महादेवीजी रहस्यवादी कवयित्री हैं, पर उनके काव्य में छायावादी काव्य-प्रवृत्तियां भी हैं। तथा—प्रकृति-प्रेम, सौंदर्य-कल्पना, सहानुभूति आदि सुविख्यात हैं। मैं समझता हूं कि महादेवीजी का साध्य रहस्यवाद है और साधन छायावाद। ये जैसे पूर्ण या निरपेक्ष सत्य और उसके सौंदर्य-रूपी माध्यम के पर्याय ही हैं अथवा ये अभिव्यंग्या स्थायी भाव और उसकी अभिव्यंजना के प्रतिरूप हैं। इस प्रक्रिया के कारण ध्वन्यर्थ को चाहे जितनी रमणीयता प्राप्त हो जाय, पर बेचारे वाच्यार्थ का सौन्दर्य सुरक्षित नहीं रह

पाता। महादेवीजी के काव्य में छायावाद का मूल चारुत्व नहीं है, क्योंकि उसे काव्य-पद्धति के रूप में अपनाया गया है, स्वतन्त्र सौन्दर्य-बोध या भाव-चेतना के रूप में नहीं।

७

महादेवीजी ने रहस्यवाद का भी स्वरूप-विवेचन किया है। दो महायुद्धों के बीच छायावाद और रहस्यवाद एक-दूसरे पर आश्रित चाहे रहे हों, पर उनमें पार्थक्य भी है। उनके अनुसार जब प्रकृति की अनेकरूपता में, परिवर्तनशील विभिन्नता में कवि ने एक ऐसा तारतम्य खोजने का प्रयास किया, जिसका एक छोर किसी असीम चेतन और दूसरा उसके ससीम हृदय में समाया हुआ था, तब प्रकृति का एक-एक अंश एक अलौकिक व्यक्तित्व लेकर जाग उठा। परन्तु इस सम्बन्ध में मानव-हृदय की सारी प्यास न बुझ सकी, क्योंकि मानव-सम्बन्धों में जब तक अनुरागजनित आत्मविसर्जन का भाव नहीं घुल जाता, तब तक वे सरस नहीं हो पाते और जब तक यह मधुरता सीमातीत नहीं हो जाती, हृदय का अभाव दूर नहीं होता। इसी से इस अनेकरूपता के कारण पर एक मधुरतम व्यक्तित्व का आरोपण करके उसके निकट आत्म-निवेदन कर देना, काव्य का दूसरा सोपान बना, जिसे रहस्यमय रूप के कारण ही रहस्यवाद का नाम दिया गया, महादेवीजी के प्रणयमूलक आत्मनिवेदनात्मक गीतिकाव्य का यह तात्विक स्पष्टीकरण है। वह रहस्यवाद के दार्शनिक या बौद्धिक अथवा साधनात्मक रूप को अकाव्योचित समझती हैं। रहस्यवाद और रागात्मक स्वरूप ही उनका अभीष्ट है। उनका कथन है कि अखंड चेतन से तादात्म्य का रूप रहस्यानुभूति में हृदय का प्रेम हो जाता है, वह बुद्धि का ज्ञेय ही नहीं रहता। अतएव "रहस्यवादी का आत्म-समर्पण बुद्धि की सूक्ष्म व्यापकता से सौन्दर्य की प्रत्यक्ष विविधता तक फैल जाने की क्षमता रखता है, अत: उसमें सत् और चित् की एकता में आनन्द सहज सम्भव रहेगा।" सत्, चित् और आनन्द की पूर्णता ही नहीं स्वयं रहस्यवादी की परिपूर्णता भी संभव है, क्योंकि मूर्त्त जगत् का यथार्थदर्शी अमूर्त जगत् का रहस्यवादी बनकर ही पूर्णता प्राप्त करता है। महादेवीजी रहस्यवाद को जीवन का पूर्णत्व मानती हैं। अखंड और व्यापक चेतन के प्रति आत्म-समर्पण अवश्य सम्भव है, क्योंकि रहस्यात्मक कृतियाँ उसका प्रमाण हैं। रहस्यानुभूति अलौकिक होती है, पर उसकी अभिव्यक्ति अलौकिक ही रहेगी, यथा—"अरूप की अभिव्यक्ति लौकिक रूपकों में ही तो सम्भव होगी।" यह व्यष्टिगत जीवन के परिष्कार और विकास पर निर्भर है कि अंतर्जगत् का समष्टिगत जीवन के साथ सामंजस्य स्थापित हो जाय।

क्या कविता के लिए आध्यात्मिक पृष्ठभूमि उचित है? महादेवीजी के अनुसार इसका निर्णय व्यक्तिगत चेतना ही करेगी। वह समझती हैं कि 'न वही काव्य हेय है, जो अपनी साकारता के लिए केवल स्थूल और व्यक्त जगत् पर आश्रित है और न वही जो अपनी सप्राणता के लिए रहस्यानुभूति पर।" उन्हें रहस्य-काव्य की संवेदनीयता के संबंध में कोई शंका नहीं है। हिन्दी के आधुनिक रहस्य-काव्य के सम्बन्ध में उनकी टिप्पणी है कि "उसने परा विद्या की अपार्थिवता ली, वेदान्त के अद्वैत की छाया मात्र ग्रहण की, लौकिक प्रेम की तीव्रता उधार ली और इन सबको सांकेतिक दाम्पत्य-भाव-सूत्र में बांधकर एक निराले स्नेह-सम्बन्ध की सृष्टि कर डाली, जो मनुष्य के हृदय को पूर्ण अवलम्बन

दे सका, उसे पार्थिव प्रेम से ऊपर उठा सका तथा मस्तिष्क को हृदयमय और हृदय को मस्तिष्कमय बना सका।" स्पष्टतः यह महादेवीजी की रहस्य-कविता के सूत्रों का ही विश्लेषण है। वह यह स्वीकार करती हैं कि यह वाद काव्य की रूढ़ि बना और अपनी अपार्थिव पार्थिवता तथा साधना की न्यूनता के कारण सहज ही सबको आकृष्ट कर सका। अतएव यह विकृत होता गया। अत्यन्त स्पष्ट रूप में वह कहती हैं कि "रहस्यवाद आत्मा का गुण है, काव्य का नहीं।" वह रहस्यवाद को मनःस्थिति और छायावाद को काव्य-कला समझती हैं। और यहीं कला स्वतन्त्र नहीं रह पाती। वह उसे आध्यात्मिकता या मूल जीवन-चेतना के उपयोग की वस्तु मानती आयी हैं। इसे उन्होंने काव्य-क्षेत्र में व्यवहृत किया है। अतः महादेवीजी के रहस्य-विषयक विवेचन को विदग्ध और प्रामाणिक कहना चाहिए। यह उनकी काव्य-कला की केन्द्रीय मनःस्थिति का निर्वचन है। इसे आप्तवचन माना जा सकता है।

८

महादेवीजी का काव्य-चिन्तन न केवल उनके सुसंस्कृत व्यक्तित्व और प्रबुद्ध विचारक का स्पष्ट निदर्शन है, बल्कि उनके काव्य को समझने में बड़ी दूर तक हमारा सहायक है। स्वयं महादेवीजी छायावाद-युग की प्रमुख, प्रतिष्ठित और प्रतिनिधि कवयित्री हैं, अतएव उनके विचार सिद्धान्तवाद के रूप में स्वीकार किये जाते हैं। छायावादियों की प्रवृत्तियों में कतिपय साम्य के सूत्र उपलब्ध हुए हैं और उन्हीं के आधार पर उस युग की विवेचना की जाती रही है। अवश्य ही उनमें पर्याप्त अन्तर मौजूद रहा है पर वह उनकी वैयक्तिक विशेषताओं का परिचायक समझा गया है। महादेवीजी मूलतः अध्यात्मवादी या रहस्यवादी हैं, पर अन्य सभी छायावादियों की यही केन्द्रीय मनःस्थिति नहीं है। अतएव महादेवीजी की कतिपय मान्यताओं की सीमाएँ यहाँ देखी-पहचानी गई हैं। वह छायावाद को वैयक्तिक ही नहीं, आत्मवादी अभिप्रेत भी प्रदान करती हैं। स्पष्टतः यही मतभेद का कारण है। छायावाद के अन्तर्गत सौन्दर्य की स्वाभाविक अनुभूति ही प्रत्यक्ष हुई है। महादेवीजी उसे अमूर्त सत्य का माध्यम मात्र मान लेती हैं। कदाचित् इसे सम्पूर्ण युग के परिपार्श्व में प्रमाणित नहीं किया जा सकेगा।

महादेवीजी का अध्ययन विशद है, मनन-प्रक्रिया समुन्नत है, और चिन्तन-क्रम एकदेशीय नहीं है। रहस्यवाद और छायावाद के विकास-क्रम का उन्होंने परिश्रमपूर्वक प्रामाणिक निरूपण किया है। उनका दृष्टिकोण अतिशय व्यापक है और वह सर्वत्र शाश्वत या चिरन्तन सत्य को अनुभव करने के लिए कृतसंकल्प है। पूर्णत्व की अपनी धारणा उन्हें अतिशय प्रिय है, जिसे स्थूल और सूक्ष्म, व्यष्टि और समष्टि, मूर्त और अमूर्त, हृदय और मस्तिष्क, सत्य और सौन्दर्य आदि के एकीकरण के रूप में निरूपित किया गया है। आशय यह है कि उन्हें पूर्णत्व का भी, शाश्वतलक्षी और असंकीर्ण द्रष्टा तथा आत्मवादी चिन्तक समझना चाहिए। उनका आत्म-दर्शन क्रमशः सर्ववाद के रूप में उत्कर्षित हुआ है, वह भाववादी द्रष्टा हैं और अध्यात्मवादी कवि। वस्तुवादी जीवन-दर्शन और यथार्थवादी काव्य के प्रति उनके मन में स्वभावतः संकोच का भाव विद्यमान है, पर उसे वह

अपनी व्यापक विचार-सरणी में समन्वित कर लेना चाहती हैं। अन्ततः वह सामंजस्य-वादी दृष्टिकोण को अपना लेती हैं। यह उनके अपने ही सिद्धान्त का विस्तार या पल्लव है। संक्षेप में, महादेवीजी का काव्य-चिन्तन प्रौढ़ और सुसंयत है, सुचिन्तित और कवित्वपूर्ण है. वह महादेवीजी के काव्य की अन्तरंग परीक्षा का विशिष्ट प्रतिमान है। स्पष्टतः उसकी सीमाएँ वे ही हैं, जो छायावादी काव्य-समीक्षा की हैं। वह वैयक्तिक साहित्य-सिद्धान्त है और उसमें वस्तु-निष्ठता का अभाव है।

और महादेवीजी का काव्य आत्माभिव्यंजक गीतिकाव्य का श्रेष्ठ उदाहरण है, जिसका मूल तत्त्व रहस्यवाद है और जिसकी काव्य-कला छायावाद की उत्कृष्ट उपलब्धियों से सुसम्पन्न है। वह वैयक्तिक और अलंकृति-पूर्ण गीति-काव्य होने के कारण सहज संवेद्य नहीं है, कम-से-कम संक्रामक तो नहीं ही है। पर यह गीति-कला विशिष्ट है और समृद्ध भी। महादेवीजी के गीति-काव्य का विशिष्ट व्यक्तित्व है, जो अपने पृथक् सौन्दर्य के कारण महत्त्वपूर्ण उपलब्धि बन गया है।

उनकी गीति-रचना का परिचय प्रायः 'मैं नीर-भरी दुःख की बदली' उक्ति से दिया जाता है। पर यह युक्तियुक्त नहीं है। वह **'तुम हो विधु के बिम्ब और मैं मुग्धा रश्मि अजान'** से चलकर **'बीन भी हूँ, मैं तुम्हारी रागिनी भी हूँ'** की स्थिति को प्राप्त करती हैं। **'है तुझे अंगारशय्या पर मृदुल कलियां बिछाना'** कालान्तर में ही वह कह पाती हैं। उसकी **'पंथ होने दो अपरिचित प्राण रहने दो अकेला'** की हठ न केवल **सब आंखों के आंसू उजले सबके सपनों में सत्य पला'** का अनुभव करती है, बल्कि समझती है कि **'अलि मैं कण-कण को जान चली, सबका क्रन्दन पहचान चली।'** महादेवीजी के भाव-विलास के ये कतिपय इंगित हैं। वह केवल अश्रुमुखी वियोगिनी नहीं हैं, वह रहस्यवादी भी हैं, अतएव वह रात के उर में दिवस की चाह का शर हैं, जिन्हें महादेवीजी की रहस्यानुभूति पर सन्देह है, वे उसे आरोपित वस्तु मान सकते हैं, पर विगत चालीस वर्ष की गीति-रचना और चिन्तन-सृष्टि से एकनिष्ठ रह पाने की उनकी शक्ति की प्रशंसा उन्हें भी करनी चाहिए। जो आलोचक सन्त-काव्य की नई आवृत्ति न देखकर निराश हुए हैं और महादेवीजी के रहस्यवाद को मृगचर्म समझते रहे हैं, उन्हें किसी उत्तर की अपेक्षा ही नहीं है।

यह सामान्य नियम है कि प्रतिभा नवनवोन्मेषशील होती है, वह आवर्तन नहीं करती, निर्माण करती है और यह नव्यता प्रत्येक युग की काव्य-कला को नई अंगसंगति और नवीन भाव-भंगिमा से मंडित करती है। महादेवीजी का लक्ष्य सुस्पष्ट है और पथ सुनिश्चित। वह कहीं भटकी नहीं, उन्होंने कहीं अपना मार्ग नहीं बदला और वह निरन्तर 'जाग तुझको दूर जाना' का अनुसरण करती रहीं।

अस्तु, महादेवीजी छायावाद-युग की रहस्योन्मुखी कृती, कवि और अंतर्मुखी सुधी काव्य-चिन्तक हैं और उनके ये दोनों रूप अवरोधी हैं। गीति-सीमा के अन्तर्गत जो कुछ वह स्पष्ट नहीं कर पायीं, उसे वह समीक्षात्मक निबन्धों में निरूपित कर सकी हैं। इन्हें अवश्य ही लक्षण और उदाहरण नहीं कह सकेंगे। यहाँ गीति-रचना कविकर्म है

और काव्य-चिन्तन अध्ययन-मनन का परिणाम। यह भूमिका या स्पष्टीकरण हैं, लक्षण-निरूपण नहीं। वह आलोचकों द्वारा किए गए आरोपों के उत्तर भी नहीं हैं।

महादेवीजी की यह महान् उपलब्धि है कि उनके काव्य, तत्त्व-चिन्तन और साहित्य-समीक्षण में कोई बाह्य या आभ्यन्तर विरोध नहीं है। इसका कारण यह है कि उनका व्यक्तित्व टूटा हुआ, अस्त-व्यस्त अथवा मुखौटा-धारी नहीं है। वह अतिशय सचेत और सुसंगठित है। प्रसादजी के शब्द उधार लूँ तो मैं कहूँगा कि 'उसमें इच्छा, क्रिया, ज्ञान मिल गये थे।' कथनी, करनी और रहनी की यह एकता जो रचना, विचार और जीवन के रूप में अविरोधी जान पड़े, कोई सामान्य विशेषता नहीं है। महादेवीजी के लेखन की सचाई और उसके स्थायित्व के सम्बन्ध में इसी कारण हमें निःशंक होना चाहिए।

कला-पक्ष

विश्वम्भर 'मानव'

किसी कृति के कलात्मक होने के लिए अनिवार्य गुण तो यही है कि कोई सुकवि हो। पर सुकवि हम किसे कहें, यह विवादास्पद हो सकता है। भावुक व्यक्ति सुकवि हो सकता है, शिक्षित व्यक्ति सुकवि हो सकता है, अभ्यास से सामान्य व्यक्ति सुकवि हो सकता है और केवल वाणी के अनुग्रह या प्रतिभा के बल पर कोई व्यक्ति अमर हो सकता है। केवल भावुकता के बल पर, केवल शिक्षा के बल पर, केवल अभ्यास के बल पर, और केवल प्रतिभा के बल पर, साहित्य के इतिहासों में अपने नाम छोड़ जाने वाले कवि किसी भी देश और किसी भी समृद्ध साहित्य में मिल सकते हैं। प्रकृति ऐसा अन्याय तो नहीं करती कि जिसे प्रतिभा दे, उसे हृदय न दे; जिसे हृदय दे, उसे शिक्षा प्राप्त करने का संयोग न दे और जिसने पुस्तकों का ढेर लगा दिया हो उसमें कहीं भी प्रतिभा की झलक न हो। पर प्रतिभा, भावुकता और विद्वत्ता के संयोग का वरदान शताब्दियों में किसी तुलसी, किसी रवीन्द्रनाथ, किसी जयशंकर प्रसाद और किसी महादेवी को मिल पाता है!

कला-पक्ष अभिव्यक्ति-पक्ष है। पर अभिव्यक्ति की पंखुरियाँ खोलने के लिए उस वस्तु-सुमन के स्वरूप पर भी विचार करना आवश्यक होता है जिसकी वे पंखुरियाँ हैं। महादेवी के हृदय से निकले गीतों का आलम्बन ब्रह्म है जो स्वयं निर्विकार रहने पर भी सभी परिवर्तनों की आश्रय-भूमि है, जो इस विराट् विश्व के मुकुर-भवन में अलक्ष्य रूप से बन्दी होकर समस्त प्रतिबिम्बों का आधार है, जिनमें 'नाम' 'रूप' की भ्रांति हो रही है, जो अखिल सौन्दर्य का अजस्र स्रोत है। प्रणय-निवेदन के लिए इससे ऊँचे, इससे स्थायी, इससे सुन्दर, इससे आकर्षक आलम्बन की कल्पना नहीं की जा सकती। जब प्रेम करना ही है, तो ऐसे स्नेही का सहारा क्यों न लिया जाय जो आत्मा को ऊँचा उठाये? जलना ही है तो ऐसे क्यों न जला जाय जिससे निर्मल कोमल आलोक फैले? रोना ही है, तो ऐसे क्यों न रोया जाय जो मन की मलिनता को धो दे? सौन्दर्योपासना करनी है, तो ऐसे सुन्दर से अनुराग क्यों न किया जाय जिसका रूप अक्षय हो? महादेवीजी की कला का जन्म अक्षय सौन्दर्य के मूल से, दिव्य प्रेम के भीतर से, अलौकिक प्रकाश की गुहा और पावन उज्ज्वल आँसुओं के अन्तर से हुआ है।

गीतों की परम्परा यों सीधी वेदों से स्थापित की जा सकती है पर हमारी भाषा की अमराई में सबसे पहला स्वर-सन्धान मैथिल-कोकिल विद्यापति ने किया। विद्यापति के पद मिथिला-नरेश के अंतःपुर को एक दिन गुंजायमान करते थे और आज भी उस भूमि में अपनी रसात्मकता के कारण सहस्र-सहस्र कोकिल-कंठी वनिताओं द्वारा हाट-बाट, उत्सव और एकान्त में गाए जाते हैं। इस माधुर्य ने ही बंगालियों के हृदय में यह लोभ उत्पन्न किया कि जिस प्रकार भी हो विद्यापति को बंगला-कवि सिद्ध किया जाय। बंगाल के अनेक गणमान्य वैष्णव कवियों पर विद्यापति का प्रभाव स्पष्ट लक्षित होता है। विद्यापति के पदों को गुनगुनाते ही मधुर कम्पन की असंख्य विद्युत् लहरियाँ समस्त शिरा-उपशिराओं में तीव्र गति से प्रवाहित होने लगती हैं। पर विद्यापति की भक्ति-भावना ने माधुर्य भाव का आश्रय लेकर राधा-कृष्ण के एकान्त जीवन के जिस लीला-रस को इन पदों से भरा, उसका आस्वादन स्थूल दृष्टि वालों को कठिन पड़ता है। यही कारण है कि विद्यापति को बहुतों ने घोर शृंगारी की संज्ञा दी ! विद्यापति के उपरांत कबीर ने अपनी खंजरी सँभाली और एकाग्रता की मस्ती में सैकड़ों पद उनके ज्ञान-निर्झर से निस्सृत हुए। उनका अधिकांश काव्य व्याकरण की अव्यवस्था से पंगु और हठयोग के ताने-बाने से उलझा हुआ है। तब एक आँधरा गायक उठा जिसने अपने इकतारे पर एक लाख पद तैरा दिए और अपनी बन्द आँखों से नवनीत-चोर के प्रेम की असंख्य रंगीनियों को चित्रित किया। सूर के सजग होते ही न जाने कितनी राग-रागिनियाँ सजग हो उठीं। उस गायक की तानें आज भी भारतीय संगीतज्ञों की साधना की वस्तु हैं पर सूर में भाव और भाव-विस्तार में कोई अनुपात नही है, अर्थात् उन्होंने एक-एक बात को अनेक पदों में गा-गाकर एकरस कर दिया है। यह बात उनके चार-पाँच हज़ार उपलब्ध पदों को एक ओर से पढ़ने पर अनुभव की जा सकती है। सूर के पदों का चयन जितना प्रभावशाली प्रतीत होता है, उतना उनका संग्रह नहीं। उनके समकालीन महात्मा तुलसीदास की 'गीतावली' और 'विनय-पत्रिका' भी इस क्षेत्र में महत्त्व रखती हैं, तुलसी भी सूर की भाँति राग-रागिनियों की प्रजा के सम्राट थे। 'गीतावली' की पृष्ठभूमि में कथानक की धारा बहती है, अतः वे पद उतने संगीतात्मक नहीं हैं जितने वर्णनात्मक। 'गीतावली' के कुछ प्रारम्भिक पद, जिनमें कोई-कोई पचास पंक्तियों तक का है, और विशेष रूप से उत्तरकाण्ड के पद, इसी प्रकार के हैं। विनय-पत्रिका' के कुछ पद प्रायः गाए जाते हैं, पर कुछ चुने हुए पद ही। उनमें से पचास से ऊपर तो संस्कृत की दीर्घ समास-पद्धति के अनुकरण के कारण बुद्धि के लिए यहाँ तक बोझिल हैं कि संगीत-प्रेमी तो क्या, साहित्य के विद्यार्थी के प्राण भी उनसे घबराते हैं और उनकी सबसे बड़ी उपयोगिता पुस्तक में प्रकाशित होना ही है। शेष पर उपदेश का रंग बहुत गहरा है, जिसे अधिक मात्रा में पचाना सहज नहीं है। पदावली के गुणों की बहुलता और दोषों की अत्यधिक न्यूनता को लेकर चलने वाला काव्य केवल एक ही 'दरद दिवानी' का है और वह है—मीरा। मीरा में स्वर-लहरियाँ ही जैसे साकार हो गई हैं। मीरा ने रो-रोकर गाया है; अतः उसके शब्द-शब्द में क्रन्दन बन्दी है, जिसके उच्चारण-मात्र से हृदय भर-भर उठता है। पर वह इतनी बावली भी थी कि भावावेश में कहने-न-कहने की सब बातें बिना हिचक के कह देती थी।

अर्वाचीन गीति-काव्य प्राचीत पदावली-साहित्य से भिन्न कोटि का है। पदावली साहित्य के साँचे भारतीय संगीत की राग-रागिनियाँ हैं और तुलसी को छोड़कर मात्राओं की पूर्ति का ध्यान सभी स्थलों पर विद्यापति, कबीर, सूर, मीरा आदि किसी ने नहीं रखा। वहाँ लय से सब पूरा हो जाता है। आधुनिक काल में उन ढाँचों की ओर थोड़ा-बहुत आग्रह केवल निराला जी का ही है। आज का गीति-काव्य अंग्रेज़ी और बंगला-गीति-काव्य की प्रतिस्पर्द्धा में खड़ा किया गया है। पर उसमें सब-कुछ अपना है --अपने पिंगल का अनुकरण है, अपनी भाव-भंगिमा है, अपना स्वर-संशोधन है। प्रसाद ने अपने नाटकों और 'लहर' पुस्तिका में, पन्त ने 'गुञ्जन' में और निराला ने 'गीतिका' में कुछ बहुत ही मधुर गीत हिन्दी-जगत् को भेंट किए हैं। गीति-काव्य के क्षेत्र में श्री हरिवंश-राय 'बच्चन' को विद्युत्-गति से सफलता और ख्याति प्राप्त हुई। उनकी रचनाओं में संक्षिप्तता, स्वर-माधुर्य, भाव-विभूति और आत्माभिव्यंजन के सभी अनिवार्य गुण एकत्र हैं वे स्वाभाविक जीवन के सफल गायक हैं। सुख-दुःख दोनों से उनका गहरा परिचय है। अनुभूति की कृत्रिमता उनमें कहीं नहीं पायी जाती। चिर वियोग के क्षेत्र में जैसे 'निशा निमंत्रण' अन्तर को कसक से भर देता है; वैसे ही मिलन के क्षेत्र में 'सत-रंगिनी','मिलन यामिनी' और 'प्रणय-पत्रिका' के गीत पाठक के मानस में सुख के असंख्य शतदल खिला जाते हैं। इसमें सन्देह नहीं कि इस युग के कवियों में 'बच्चन' जी अपने ढंग के अकेले गीतकार हैं। प्रसाद, निराला और पन्त को अपने-अपने क्षेत्र में अद्‌भुत सफलता मिली। ये तीनों ही कवि हिन्दी के प्रथम श्रेणी के कवियों में हैं। पर फिर भी तीनों में कुछ ऐसा है जो उनके गीति-काव्य को पूर्णता प्राप्त नहीं होने देता। प्रसाद के नाटकों में अधिकांश गीतों का भाव के भीतर भाव और उस भाव के भीतर भी भावों का गुम्फन होने से आकर्षण एकदम कुंठित हो गया है। 'लहर' में दो-एक गीतों को छोड़कर भाव का सूत्र चिन्तन की इतनी गहराई में मिलता है जहाँ पहुंचने का कष्ट पाठक सामान्य रूप से नहीं उठाता। निराला ने 'गीतिका' में सहज-भाव से नहीं लिखा। पहले उन्होंने साँचे तैयार कर लिए हैं और फिर उनमें शब्दों की स्थापना की है। लय और विशेष रूप से अनुप्रास का प्रयोग बहुत सचेष्ट होकर उन्होंने किया है। खराद की तराश उन रचनाओं में बहुत है। उनमें स्वरों का उतार-चढ़ाव तो है, पर भावों की गहराई नहीं, अलाप की मधुरता तो है, पर दर्द या आह्लाद की अतिशयता नहीं। पंत का 'गुञ्जन' आकर्षण का गुञ्जन है। उनकी रचनाओं में बाह्य सौन्दर्य की इन्द्रधनुषी रेखाएँ तो हैं, पर किसी गहरी चोट का निदर्शन उनमें नहीं है। इससे वे अन्तर में पैठती नहीं। संयोग-काल की 'आज रहने दो यह गृहकाज' जैसी विलक्षण माधुर्य-सम्पन्न रचना दूसरी दिशा में हैं ही नहीं।

'नीरजा' की सृष्टि के साथ गीति-काव्य की परम्परा महादेवी में जैसे अपनी पूर्णता को पहुंच गई। उनका मानस भी तरंगायित है पर वह तट को नहीं डुबाता; दर्शन की वह भी पंडिता हैं, पर माया और मन के विकारों पर ही दृष्टि गड़ाये रखना उनका काम नहीं; भाव-गाम्भीर्य उनमें भी है, पर शुष्कता बचाकर; भारतीय संगीत से उनका भी परिचय है, पर कलाबाज़ियों को नमस्कार करके; अलंकारों का प्रयोग वह भी करती हैं पर अनायास ही अकृत्रिमता से। उनके गीतों को अनेक बार दुहराने पर भी मन जैसे तृप्त

नहीं होता—

गूँजती क्यों प्राण-वंशी ?
शून्यता तेरे हृदय की
आज किसकी साँस भरती ?
प्यास को वरदान करती,
स्वर-लहरियों में बिखरती;
आज मूक अभाव किसने कर दिया लयवान वंशी ?
अमिट मसि के अंक से
सूने कभी थे छिद्र तेरे,
पुलक के अब हैं बसेरे,
मुखर रंगों के चितेरे,
आज ली इनकी व्यथा किन उँगलियों ने जान वंशी ?
गूँजती क्यों प्राण वंशी ?[1]

मैं पलकों में पाल रही हूँ यह सपना सुकुमार किसी का !
जाने क्यों कहता है कोई,
मैं तम की उलझन में खोई,
धूममयी वीथी-वीथी में
लुक-छिपकर विद्युत्-सी रोई

मैं कण-कण में ढाल रही अलि आँसू के मिस प्यार किसी का !
पुतली ने आकाश चुराया,
उर ने विद्युत्-लोक छिपाया,
अंगराग-सी है अंगों में
सीमाहीन उसी की छाया
अपने तन पर भाता है अलि जाने क्यों शृंगार किसी का !
मैं कैसे उलझूँ इति-अथ में,
गति मेरी संसृति है पथ में,
बनता है इतिहास मिलन का
प्यास भरे अभिसार अकथ में,
मेरे प्रति पग पर बसता जाता सूना संसार किसी का ?[2]

घिरती रहे रात ?
न पथ रुँधतीं ये
गहनतम शिलायें;

---

१. दीपशिखा, २. दीपशिखा ।

न गति रोक पातीं
पिघल मिल दिशायें
चली मुक्त मैं ज्यों मलय की मधुर वात
न आँसू गिने औ'
न काँटे सँजोये,
न पगचाप दिग्भ्रांत
उच्छ्वास खोये;
मुझे भेंटता हर पलक-पात में प्रात!
स्वजन! स्वर्ण कैसा
न जो ज्वाल धोया?
हँसा कब तड़ित् में
न जो मेघ रोया!
लिया साध ने तोल अंगार-संघात!
घिरती रहे रात?[1]

छन्द सभी मात्रिक हैं, और वे पूरे उतरते हैं! 'रश्मि' की दो रचनाएँ—अलि और पपीहे पर—दुर्मिल सवैया होने के कारण वर्णवृत्त में सम्मिलित हो सकती हैं; पर उनमें भी 'सगण' (।।s) का निर्वाह ठीक से नहीं हुआ, यद्यपि वर्ण प्रत्येक पंक्ति में प्रथानुसार २४ ही हैं।

मात्रिक छन्दों के अतिरिक्त अनेक लोक-गीतों में महादेवीजी ने नवीन प्राण-प्रतिष्ठा की है। गीतों में टेक की विविधता से एक प्रकार की नूतनता, मौलिकता और मुग्धता भरी हुई है। इनमें जो कोमलता, जो गूँज है उसकी प्रशंसा सामर्थ्य के बाहर है। केवल स्वर-साधन से उनके प्रभाव का परिज्ञान हो सकता है। उनमें संगीत का वह मोहन-मन्त्र है जो मन को लोरी देकर स्वप्नाविष्ट करने की शक्ति रखता है। 'नीरजा' से बढ़कर 'सान्ध्य-गीत' और 'सान्ध्य-गीत' से बढ़कर 'दीपशिखा' में उनकी स्वर-लहरी कोमल से कोमलतर और कोमलतर से कोमलतम हो गई है। जीवन के अगाध अकूल क्षार-सिन्धु से कितनी एकान्त रातों में व्यथित प्राणों की रई के संचालन से यह अमृत-मंथन हुआ है, कहा नहीं जा सकता।

आधुनिक हिन्दी-कविता के सम्बन्ध में यह शिकायत अभी तक बनी हुई है कि वह स्पष्टता से समझ में नहीं आती। शिकायत करने वालों में कुछ तो प्राचीन संस्कारों से पूर्ण व्यक्ति हैं, जिनका काम केवल नवीनता का विरोध करना है, पर अधिकतर व्यक्ति ऐसे हैं, जो वास्तव में काव्य के प्रेमी हैं, पर आधुनिक कविता की भाव-प्रणाली तथा वर्णन-पद्धति से परिचित न होने के कारण उसके रस को ग्रहण करने में असमर्थ रहते हैं।

आधुनिक कविता में शब्दों का सामान्य अर्थ सर्वत्र नहीं है। जब कवि समुद्र, निर्झर, मणि अथवा दीप का नाम लेता है तब उसका तात्पर्य आत्मा से होता है; जब

---

१. दीपशिखा।

तम कहता है तब निराशा अथवा अज्ञान की चर्चा करता है; जब हास्य अथवा रश्मि पर कविता लिखता है तब उसके दृष्टि-पथ में आशा और ज्ञान होते हैं; इसी प्रकार जब पथिक या पक्षी को संबोधन करता है तब वास्तव में साधक उसकी कल्पना में घूमता है । इस प्रकार आज की कविता प्रतीकों, समासोक्तियों, रूपकों और लाक्षणिक प्रयोगों की चहारदीवारी के भीतर भावों के उस भवन में जिसके द्वार तक विभिन्न वादों की सीढ़ियाँ गई हैं, जहाँ विचार और कल्पना पहरेदार हैं, बैठी है । उस तक पहुँचने के लिए थोड़े मानसिक श्रम और श्रद्धा के सम्बल की आवश्यकता है ।

महादेवीजी का काव्य अत्यधिक सांकेतिक है, इससे कहीं-कहीं दुरूह-सा लगता है । वह भी अपनी बातों को प्रतीकों के माध्यम से कहती हैं । इनमें कुछ प्रतीक तो परिचित होने के कारण बुद्धिगम्य रहते हैं—जैसे सागर संसार के लिए, तरी जीवन के लिए, जलचर वृन्द कुवासनाओं के लिए; अथवा तम अज्ञान के लिए, प्रकाश ज्ञान के लिए; इसी प्रकार वीणा के तार हृदयों के भावों के लिए; गायक साधक के लिए ।

कुछ प्रतीक, जिनका व्यवहार प्रचुरता से नहीं होता या भिन्न अर्थ में होता है, तात्पर्य ग्रहण कराने में थोड़ी बाधा उपस्थित करते हैं । शलभ की गणना चातक और मीन के साथ आदर्श प्रेमियों में होती रही है । पर महादेवीजी ने जहाँ आत्मा की दीपक रूप में कल्पना की है वहाँ शलभ को मोहमूलक सांसारिक आकर्षण मानकर उसकी अवज्ञा की है या फिर उसके प्रति दया दिखलाई है —

शलभ मैं शापमय वर हूं !
किसी का दीप निष्ठुर हूं !
शून्य मेरा जन्म था,
अवसान है मुझको सवेरा,
प्राण आकुल के लिए
संगी मिला केवल अँधेरा;
मिलन का मत नाम ले मैं विरह में चिर हूं ।
नयन में रह, किन्तु जलती
पुतलियाँ आगार होंगी,
प्राण में कैसे बसाऊँ ?
कठिन अग्नि-समाधि होगी !
फिर कहां पालूँ तुझे मैं मृत्यु-मन्दिर हूं ।[1]

शेष यामा यामिनि मेरा निकट निर्वाण !
पागल रे शलभ अनजान !
कर मुझे इंगित बता किसने तुझे यह पथ दिखाया ?
तिमिर में अज्ञातदेशी क्यों मुझे तू खोज पाया ?

---

१. सान्ध्यगीत ।

अग्निपन्थी मैं तुझे दूँ
कौन-सा प्रतिदान ?[1]

'इन हीरक से तारों को कर चूर बनाया प्याला' की उद्धरणी कल्पना की उत्कटता दिखाने के लिए कई लेखों में हुई है। तारे महादेवीजी के काव्य में लौकिक भावों के प्रतीक के रूप में प्रयुक्त हुए हैं। 'नीहार' की निम्नलिखित पंक्तियों को 'दीपशिखा' के अनेक उद्धरणों की संगति में मिलाकर पढ़िये। आश्चर्य है कि वे एक स्थल पर भी नहीं भटकी हैं।

इन हीरक-से तारों को
कर चूर बनाया प्याला,
पीड़ा का सार मिलाकर
प्राणों का आसव ढाला !

भीत तारक मूँदते दृग।
झर गए खद्योत सारे
तिमिर वात्या-चक्र में सब
पिस गए अनमोल तारे !

झर चुके तारक कुसुम जब !

राख से अंगार तारे झर चले हैं !

किसी भी एक निश्चित अर्थ से प्रतीक का प्रयोग होने पर कभी अर्थ में व्याघात नहीं उत्पन्न होगा। महादेवीजी के ऋतु-सम्बन्धी प्रतीक लीजिए। वे ग्रीष्म का प्रयोग रोष के लिए, वर्षा का करुणा के लिए, शिशिर का जड़ता के लिए, पतझर का दुःख के लिए और वसन्त का आनन्द के लिए करती हैं। यहाँ तक तो ठीक है। पर एक प्रतीक का प्रयोग एक ही भाव के लिए हो, उनके यहाँ ऐसा नियम नहीं है। जहाँ शिशिर से उनका तात्पर्य जड़ता से है, वहाँ मधुऋतु का अर्थ कहीं-कहीं चेतना से भी है। भाव के लिए ही उन्होंने कही 'वीणा के तार' लिखा है, कहीं 'कलियों के उच्छ्वास' और कहीं 'उज्ज्वल तारे।' बुद्धि के लिए कहीं उन्होंने 'जुगनू' लिखा है, कहीं 'नक्षत्र प्रकाश'। सुख के लिए जहाँ 'मधु' का प्रयोग करती हैं, वहाँ 'रश्मि' और 'मलय-पवन' का भी। आँसुओं का भाव उन्होंने 'नक्षत्रों' से भी ग्रहण किया है, 'मकरन्द' से भी, 'मोती' से भी और 'तुहिन-कण' से भी: जीवन का अर्थ वह 'तरी' से ही नहीं खींचतीं, 'वसन्त', 'प्याली' और 'लहर' से भी। जड़ता को 'शिशिर' में ही निहित नहीं कर दिया, 'रज' को भी उसके लिए अपनाया है। इच्छाओं के लिए किसी स्थल पर 'मकरन्द', किसी पर 'सौरभ', किसी पर इन्द्रधनुष के रंगों से काम निकाला है। कहने का तात्पर्य यह कि आकार अथवा वर्ण-साम्य पर प्रतीकों का अर्थ लगाते हुए भी प्रसंग पर बहुत-कुछ निर्भर रहना पड़ता है। प्रसंग का ध्यान न

१. दीपशिखा।

रखने से भ्रान्त हो जाना असम्भव नहीं। कुछ प्रतीक देखिए—

बिखरे-से हैं तार आज
मेरी वीणा के मतवाले।
तरी को ले जाओ मंझधार,
डूबकर हो जाओगे पार।[1]

इन कनक-रश्मियों में अथाह,
लेता हिलोर तमसिंधु जाग।

ढुलक जो पड़ी ओस की बूंद
विश्व के शतदल पर अज्ञात,
तरल मोती-सा ले मृदु गात,
नाम से जीवन से अनजान
कहो क्या परिचय दे नादान![2]

इसमें न पंक का चिह्न शेष,
इसमें न ठहरता सलिल लेश,
इसको न जगाती मधुप-भीर।[3]

क्या न तुमने दीप बाला?
यह न झंझा से बुझेगा
बन मिटेगा, मिट बनेगा
भय इसे है हो न जावे
प्रिय तुम्हारा पंथ काला।[4]

मुझे भेंटता हर पलक-पात में प्रात!
घिरती रहे रात![5]

खड़ी बोली उतनी ही पुरानी है जितनी ब्रज और अवधी। सूफी कवियों, तुलसी और रहीम ने यद्यपि अवधी को गौरव प्रदान किया, पर हिन्दी में एकछत्र राज्य रहा ब्रजभाषा का। कवियों की शताब्दियों की साधना से ब्रजभाषा में वह माधुर्य भर गया कि जब खड़ी बोली में पहले-पहल कविता प्रारम्भ हुई, तब वाणी में लोच की हीनता पर प्राचीन काव्य के प्रेमियों ने उस बालिका का गला घोंट देना चाहा। क्षुब्ध होकर ब्रजभाषा के अन्धभक्तों का विरोध बड़े आवेश के साथ पन्तजी ने 'पल्लव' के 'प्रवेश' में किया। आज स्थिति बदल चुकी है। जिन दिनों पं० महावीरप्रसाद द्विवेदी ने लेखनी संभाली थी, तब से अब तक एक विराट् परिवर्तन उपस्थित हो चुका है। इन थोड़े दिनों में किसी अन्य भाषा ने प्रेमचन्द, प्रसाद, रामचन्द्र शुक्ल, मैथिलीशरण गुप्त, अयोध्यासिंह उपाध्याय, महादेवी, पन्त, निराला और अज्ञेय-जैसे साहित्यकार उत्पन्न किए हों, पता नहीं।

---

१. नीहार, २. रश्मि, ३. नीरजा, ४. सान्ध्यगीत, ५. दीपशिखा।

हिन्दी के प्राय: सभी बड़े साहित्यकारों ने, जिनमें श्री मैथिलीशरण गुप्त और श्री सुमित्रानन्दन पन्त मुख्य हैं, खड़ी बोली को काव्योपयोगी बनाने में बड़ा श्रम किया है। यों प्रसाद में 'वचन' की गड़बड़ी, पन्त में स्त्रीलिंग-पुंलिंग का विचित्र सम्मिश्रण, निराला में मनोनुकूल समास और शब्द-निर्माण पाया जाता है। मैथिलीशरणजी व्याकरण-सम्मत भाषा लिखते हैं, पर तुक मिलाते समय अनुपयुक्त और भरती के शब्दों का प्रयोग करने लगते हैं। महादेवीजी से भी प्रारम्भ में कुछ असावधानियाँ हुई हैं, पर गिनी-चुनी।

भाषा उनकी अत्यन्त परिष्कृत, अत्यन्त मधुर और अत्यन्त कोमल है। उसमें कहीं कर्कशता का चिह्न नहीं। खड़ी बोली के कवियों में जो मसृणता उनकी भाषा में है, वह समरूप से किसी की भाषा में नहीं। पर्वत के टुकड़े नदी की धारा में बहुत दूर तक बहकर धीरे-धीरे अपने खुरदरेपन को खोते हुए जब चिकने हो उठते हैं, उस दूरी का पता उनकी भाषा से मिलता है। भाषा जैसे माधुर्य गुण की खराद पर उतार दी गई हो। इतना होते हुए भी मात्राओं की पूर्ति और तुक के आग्रह के लिए कुछ शब्दों का अंग-भंग, रूप-परिवर्तन और अंग-वार्द्धक्य हो गया है जैसे 'बतास', 'अधार', 'अभिलाषें, 'ज्योति', 'कर्णधार' आदि। केवल कविता में प्रयुक्त होनेवाले शब्दों का भी कहीं-कहीं प्रयोग है जैसे बैन (वचन) नैन (नयन), आन (आ), बयार (वायु), हौले (धीरे)। कोमलता के लिए कहीं 'जोड़' के लिए 'जोर' लिख दिया है। कई स्थानों पर 'यह' शब्द का प्रयोग महादेवीजी ने 'बहुवचन में किया है। 'यह' के स्थान पर 'ये' लिखना चाहिए। उपाध्यायजी ने भी यह भूल की है, पर उन्होंने भूमिका में उसे स्वीकार कर लिया है—"इस ग्रंथ (प्रिय-प्रवास) में आप कहीं-कहीं बहुवचन में भी 'यह' और 'वह' का प्रयोग देखेंगे। मैंने ऐसा संकीर्ण स्थलों पर ही किया है। मेरा विचार है कि बहुवचन में 'ये' और 'वे' का प्रयोग ही उत्तम है।" महादेवीजी की यह प्रवृत्ति-सी दिखाई देती है। उपाध्यायजी में यह दोष इसलिए क्षम्य है कि उन्होंने वर्णवृत्त लिए हैं। वर्णवृत्त में शब्दों की गिनती और लघु-गुरु का ध्यान रखना पड़ता है; अत: जहाँ ऐसे प्रयोग न बचाए जा सकें, वहाँ विवशता है। परन्तु महादेवीजी के गीतों और मात्रिक छन्दों के लिए यह आवश्यक नहीं है। वहाँ केवल मात्राओं की गिनती पूरी होनी चाहिए। 'यह' और 'ये' दोनों में मात्राएँ समान हैं। व्याकरण के इस बन्धन को तोड़ने के लिए केवल स्वरपात का तर्क ही उपस्थित किया जा सकता है। देखिए—

दुखमद के चषक यह नयन।
यह खिलौने और यह उर, प्रिय नई असमानता है।
उड़ रहे यह पृष्ठ पल के।

साहित्य-जगत् का यह एक बहुत बड़ा सत्य है कि जब कोई प्राणी पहले लेखनी उठाता है, तब उसकी रचनाओं में भाव कम और शब्दों का बाहुल्य अधिक होता है। कुछ दिनों के उपरान्त भाव और भाषा का सन्तुलन हो जाता है और एक दिन ऐसा भी आता जब वह थोड़े-से-थोड़े शब्दों में गहरे-से-गहरे भावों को सहज भाव से व्यक्त कर देता है। 'नीहार' में महादेवीजी अपनी प्रारम्भिक अवस्था में हैं। 'नीरजा' तक आते-आते उनके भावों और भाषा में मैत्री स्थापित हो गई है और 'दीपशिखा' में तो उनके काव्य में पूर्ण

प्रौढ़ता आ गई है। एक ही मेघ पर तीन ग्रन्थों में उनके तीन चित्र देखिये और यह देखिये कि समय की दूरी ने किस प्रकार उन्हें सामान्य चित्रण से अलंकार-विधान और अलंकार-विधान से मार्मिक बात कहने की शक्ति दी—

घोर तम छाया चारों ओर
घटाएँ घिर आईं घनघोर

घन बनूं वर दो मुझे प्रिय !
जलधि-मानस से नव जन्म पा
सुभग तेरे ही दृग व्योम में;
सजल श्यामल मंथर मूक-सा
तरल अश्रु विनिर्मित गात लें;
नित घिरूँ झर-झर मिटूँ प्रिय !
घन बनूँ वर दो मुझे प्रिय !

सिन्धु का उच्छ्वास घन है !

'नीहार' में आधुनिक हिन्दी कविता की कुछ अन्य विशेषताएँ—शब्दों के लाक्षणिक प्रयोग, अमूर्त वस्तुओं के लिए मूर्त योजनाएँ, भावों और प्राकृतिक रूपों के मानवीकरण—अधिक मात्रा में पायी जाती हैं; जिन्हें कुछ लोग चिढ़कर दोषों में गिनते हैं। 'नीहार' में सूनापन बिखरता, इच्छाएँ सिहरतीं, आशा मुस्कराती, करुणा ढुलकती, आहें सोतीं, शून्य गाता, प्रभात हँसता, किरणें मचलतीं, चाँदनी रोती है। वहाँ कामना की पलकें और मलयानिल की अलकें देखने को मिलती हैं। आगे के काव्य-ग्रंथों में ऐसे प्रयोग कुछ कम तो हो गए हैं, पर एकदम मिट नहीं गए। एक बार किसी लेखक की जो शैली निश्चित हो जाती है, वह फिर कठिनाई से बदलती है।

कविता गद्य नहीं है, अतः कवि की कल्पना में जिस क्रम से बातें घूमती हैं, उन सभी का उसी क्रम से ब्योरेवार उल्लेख करना न उसके लिए सम्भव है, और न आवश्यक। पर कहीं-कहीं उसकी दृष्टि में जो दृश्य रहता है उसके किसी प्रमुख अंग के छूट जाने से बिना अध्याहार किए अर्थ नहीं खुलता। नीचे का गीत लीजिए—

पुलक-पुलक उर, सिहर-सिहर तन,
आज नयन आते क्यों भर-भर ?

सकुच सलज खिलती शेफाली
अलस मौलश्री डाली-डाली;
बुनते नव प्रवाल कुंजों में
रजत श्याम तारों में जाली;
शिथिल मधु पवन, गिन-गिन मधुकण
हरसिंगार झरते हैं झर-झर !

---

१. नीहार, २. नीरजा, ३. दीपशिखा

पिक की मधुमय वंशी बोली,
नाच उठी सुन अलिनी भोली…

कोकिला के तान छेड़ते ही भ्रमरी नृत्य करने लगी। इसमें तो इतनी ही कल्पना से काम चल जायगा कि कोकिला के कूकते ही प्रभात होने का पता चला। प्रभात में अरुणोदय होगा। अरुणोदय होते ही कमल खिलेंगे। कमलों के खिलने पर भ्रमरी रसपान कर सकेगी। रसपान से आनन्द की उपलब्धि होगी। उसी मुग्धता की कल्पना में वह थिरक उठी है। पर 'बुनते नव प्रवाल कुंजों में रजत श्याम तारों से जाली' का अर्थ सहसा न खुल सकेगा। प्रवाल शब्द का उच्चारण करते ही उसका प्रसिद्ध अर्थ मूँगा यद्यपि ध्यान में आता है पर प्रसंग उद्यान का है; अतः वह ठहरता नहीं। 'किसलय' का अर्थ लेना होगा—अभी तो हैं ये नवल प्रवाल, नहीं छूटी तरु-डाल' ('पल्लव')। पर पल्लव भी सित-असित तारों से जाली कैसे बुन रहे हैं, समझ में नहीं आता! कल्पना करनी पड़ती है कि सम्भवतः कुंजों में ऊपर से चाँदनी छनकर बिखर रही है; अतः वृक्षों के नीचे ज्योत्स्ना और छाया का एक जाल-सा बन गया है। प्रसाद ने भी लिखा है—

लिपटे सोते थे मन में
सुख-दुख दोनों ही ऐसे
चन्द्रिका-अँधेरी मिलते
मालती-कुंज में जैसे[1]

यह तो निश्चित है कि ये रचनाएँ शृंगार के अन्तर्गत आएँगी। इनमें 'आश्रय' महादेवी और 'आलम्बन' उनका अलक्ष्य प्रियतम है। रूढ़ि के अनुसार 'रति' इनका स्थायी भाव है। विभिन्न रचनाओं में कहीं चाँदनी रात, कहीं पावस ऋतु, कहीं मलय-समीर उद्दीपन के रूप में आये हैं। सात्विकों में रोमांच, कम्प (सिहरन) और अश्रु का अधिक उल्लेख है। संचारियों में विषाद और स्मृति का बाहुल्य है। अभी संयोग पक्ष का रचनाओं में निदर्शन ही नहीं है; अतः विप्रलंभ शृंगार ही इनकी एकमात्र संज्ञा है। अध्यात्म-साधना को देव विषयक रति कहकर लक्षण ग्रन्थकारों ने उसे शृंगार की कोटि में रखा है। इच्छा होती है ऐसे उज्ज्वल रस का कोई और भला-सा नाम होता।

एक विद्वान् का कहना है कि महादेवी की प्रेम-व्यंजना में रसमग्नता नहीं, रसाभास है। उसके दो कारण उन्होंने दिए हैं। पहला यह कि आलम्बन अलक्ष्य है; दूसरे इस शृंगार में विरह-वेदना ही विरह-वेदना है, सुखात्मक अनुभूति की गुंजाइश बहुत कम है। हिन्दी के कुछ आलोचकों में यह प्रवृत्ति बढ़ रही है कि या तो वे प्राचीन स्थिर सिद्धान्तों को सभी स्थलों पर लगाते चलते हैं या काव्य में प्रवेश करने से पहले अपनी धारणाएँ निश्चित कर लेते हैं। रस-निष्पत्ति के प्रकरण में आचार्यों ने यह भी कहा है कि दर्शक या पाठक का भावज्ञ होना सबसे पहली आवश्यकता है। नाट्यशाला में यों दर्शकों के साथ पत्थर के खम्भे भी खड़े होते हैं, पर उनमें कोई रस की निष्पत्ति देखना चाहे तो उसे निराश ही लौटना पड़ेगा। तात्पर्य यह कि जिस प्रकार काव्य-प्रणेता में विधायक शक्ति का होना

---

१. आँसू।

आवश्यक है, उसी प्रकार पाठक में ग्राहिका शक्ति की अवस्थिति भी। यह तो हुई काव्य को सहानुभूतिपूर्वक न पढ़ने की बात। अब रही यह बात कि जिस रूप में महादेवीजी अनुभव करती हैं—साधारणीकरण के लिए—उसी रूप में हम भी अनुभव करते हैं या नहीं? सामान्य दृष्टि से महादेवीजी का यह प्रेम व्यक्तिगत प्रतीत होता है—वे हैं, उन का प्रियतम है, उस प्रियतम से उनका बिछोह हो गया, उस वियोग में वह रात-दिन रोती रहती हैं। बात यहीं समाप्त नहीं हो जाती। अपनी रचनाओं में स्वयं महादेवीजी एक प्रतीक मात्र हैं। अर्थात् आश्रय के रूप में महादेवी नहीं, हम सबकी आत्मा है। इस दृष्टि से महादेवी के गीत, महादेवी के न होकर आत्मा के गीत हैं। केवल उनके प्रेम के गीत होने पर भी इन गीतों में ऐसी कोई बात नहीं है जिसके कारण हम उनसे तादात्म्य का अनुभव कर सकें और आत्मा के गीत होने से तो किसी भावुक के लिए रस-मग्नता की कमी के खटकने की कोई बात ही नहीं उठती।

अलंकारों के क्षेत्र में महादेवीजी ने बड़ी सुरुचि का परिचय दिया है। काव्य में अलंकारों का विधान भावों को रमणीयता प्रदान करने के लिए होता है, या फिर उन्हें तीव्र अथवा स्पष्ट करने के लिए। उनका काव्य व्यंग्य-प्रधान है, अतः स्वभावतः उन्हें समासोक्ति से काम लेना पड़ा है। प्रस्तुत अर्थ से जहां अप्रस्तुत (किसी अन्य इच्छित) अर्थ का बोध होता है, वहां समासोक्ति होती है। यदि कहा जाय कि 'चन्द्रमा के दर्शन से कुमुदिनी खिल उठी' तो यह प्रकृति-जगत् का तो सत्य है ही; परन्तु कवि इस कथन के द्वारा इस बात का संकेत करना चाहता है कि कोई प्रणयिनी अपने प्रेमी को दूर से आते देख पुलकित हो उठी है। अन्तर में ज्ञान की रश्मियों के उदित होते ही अज्ञान का तम विदूरित होता है और जीव को अपूर्व विश्राम मिलता है। 'रश्मि' की प्रथम और 'दीपशिखा' की पचासवीं रचना में यही संकेत कवयित्री का है, यद्यपि उन स्थलों पर प्रभात के वर्णन भी अपने में पूर्ण हैं—

चुभते ही तेरा अरुण बान—
इन कनक रश्मियों में अथाह
लेता हिलोर तम सिंधु जाग;
बनती प्रवाल का मृदुल कूल
जो क्षितिज रेख थी कुहर-म्लान

सजल है कितना सवेरा!
राख से अंगार तारे झर चले हैं,
धूम बन्दी रंग के निर्झर खुले हैं,
खोलता है पंख रूपों में अंधेरा!
कल्पना निज देखकर साकार होते,
और उसमें प्राण का संचार होते,
तूलिका रख सो गया दीपक-चितेरा!

समासोक्ति से भी अधिक महादेवीजी ने रूपकों को अपनाया है। रूपक में उपमेय और उपमान की ऐसी एकरूपता प्रतिष्ठित की जाती है जिसमें आकृति, स्वभाव

अथवा कार्य का अभेद हो। निम्नांकित सांग-रूपक में कितना परिचित, कितना मार्मिक व्यापार किस सहज विदग्धता से अंकित हुआ है ! मानस से बादल उठें और कहीं टकराकर बरस जाएं, मोती बनने के लिए इतना ही तो यथेष्ट नहीं है। इसी आधार पर 'सुधि स्वाती की छांह' दोनों दिशाओं में कैसा गहन व्यापार छिपाए हुए हैं।

तरल मोती से नयन भरे !
मानस से ले उठे स्नेह-घन
कसक विद्यु, पुलकों के हिमकण,
सुधि स्वाती की छांह पलक की सीपी में उतरे ![1]

सन्ध्याकालीन एक और रम्य सांग-रूपक का निरीक्षण कीजिए जिसमें प्रकृति की वस्तुओं से ही उपमेय और उपमान दोनों चुन लिए गए हैं। कैसे दिव्य शान्त सौन्दर्य की अजस्र माधुर्य-धारा यहां बह रही है--

गोधूली अब दीप जला ले !
किरण-नाल पर घन के शतदल,
कलरव-लहर विहग-बुद्बुद् चल,
क्षितिज-सिन्धु को चली चपल
आभा-सरि अपना उर उमगा ले ![2]

अर्थालंकारों में उपमा ऐसा अलंकार है जिससे कोई अछूता नहीं बच सकता। हां, उसकी उपयुक्तता और सरसता के आधार पर ही एक कवि की भाव-भरी कल्पना का अन्तर दूसरे से आंका जा सकता है। रूप, गुण अथवा कर्म की समानता के लिए जो उपमान लाए जाएं वे अपने को सार्थक करें, यही उपमा में विशेष रूप से देखा जाता है। महादेवीजी की उपमाओं से बाह्य विधियों (वर्णसाम्य, गुणसाम्य, कर्मसाम्य) की पूर्ति तो होती ही है, साथ ही कहीं सुरुचि, कहीं भव्यता, कहीं पीड़ा, कहीं आर्द्रता, कहीं उपरामता—जिन्हें व्यंजित करना उनका लक्ष्य रहता है— शब्दों से स्वतः टपकती है—

अवनि अम्बर की रुपहली सीप में
तरल मोती-सा जलधि जब कांपता—[3]
बिखर जाती जुगनुओं की पांति भी,
जब सुनहले आंसुओं के हार-सी।[4]
कनक-से दिन, मोती-सी रात—[5]
बिखरती उर की तरी में
आज तो हर सांस बनती शतशिला के भार-सी है।[6]
रात-सी नीरव व्यथा, तम-सी अगम मेरी कहानी।[7]
तड़ित उपहार तेरा —
बादलों-सा प्यार है मेरा।[8]

---

१. दीपशिखा, २. दीपशिखा, ३. रश्मि, ४. रश्मि, ५. रश्मि, ६. दीपशिखा, ७. दीपशिखा ८. दीपशिखा।

वह सुनहला हास तेरा—
अंक भर धनसार-सा
उड़ जायेगा अस्तित्व मेरा[1]
तज उनका गिरि-सा गुरु अन्तर,
मैं सिकता-कण-सी आई झर।[2]

पीड़ा मेरे मानस से
भीगे पट-सी लिपटी है।

नीचे की पंक्तियों में 'उपमा', 'क्रम' और 'अपह्नुति' तीनों अलंकार एक साथ आए हैं—

एक प्रिय दृग-श्यामता-सा,
दूसरा स्मित की विभा-सा
यह नहीं निशि-दिन इन्हें
प्रिय का मधुर उपहार रे कह !

'नीरजा' की 'जागो बेसुध रात नहीं यह' गीत का आधार ही 'अपह्नुति' है। महादेवीजी की रचनाओं में 'उल्लेख' के भी बहुत स्पष्ट उदाहरण पाए जाते हैं। रश्मि की 'तुम हो विधु के बिम्ब और मैं···' रचना देखने योग्य है। फिर भी एक छोटा-सा उदाहरण लीजिए—

चित्रित तू मैं हूं रेखा-क्रम
मधुर राग तू मैं स्वर-संगम,
तू असीम मैं सीमा का भ्रम !

शब्दालंकारों की ओर अपनी रुचि महादेवी ने नहीं दिखलाई। शब्द-श्लेष शायद ही कहीं मिले। अनुप्रास जहाँ अपने-आप आ गया है, आ जाने दिया है। 'नीरजा' में एक स्थान पर यमक आ गया है—अनायास !

जगती जगती की मूक प्यास !

महादेवीजी के चित्र भी उनकी कला का एक अंग हैं। जिस प्रकार के चित्र 'दीपशिखा' में रक्षित हैं उसी ढंग का एक चित्र 'यामा' के बिलकुल प्रारम्भ में दिया हुआ है, जिससे यह आभास मिलता है कि 'दीपशिखा' के प्रस्तुत प्रकाशन की रूपरेखा 'यामा' के प्रकाशन-काल में ही उनके मस्तिष्क में अंकित हो गई थी। 'यामा' के चित्र बाह्य प्रकृति से सम्बन्ध रखते हैं और 'दीपशिखा' के आंतरिक हलचल से। 'यामा' के चित्रों से जैसे भव्यता, रम्यता, शान्ति अथवा सुषमा बरसती है, उसी प्रकार 'दीपशिखा' के चित्रों से प्रतीक्षा, उत्सुकता, अवसाद और आकुलता। इन चित्रों में विशेषकर उनके केश-विन्यास और आकृति-अंकन में—वे कहाँ तक मौलिक हैं और कहाँ तक उन्होंने प्राचीन तथा अर्वाचीन भारतीय अथवा विदेशी शैलियों का अनुकरण अथवा सम्मिश्रण किया है, इस प्रकार की विशिष्ट बातें उनकी चित्रकला का कोई मार्मिक अधिकारी

१. सान्ध्यगीत, २. नीरजा।

विवेचक ही बता सकता है। पर उनके काव्य सहयोगी-कला के विचार से ये चित्र अपनी सृष्टि में पूर्ण सफल रहे हैं। इनका वर्ण-विधान अत्यन्त उपयुक्त और अंगविन्यास आलेखन—विशेष रूप से नेत्रों की भावस्थितियाँ, कर की मुद्राएँ और पद-संचालन—इतना व्यंजक है कि यदि ये चित्र स्वतन्त्र रूप से भी भावुकों के सामने आते, तब भी उनकी दृष्टि को बहुत देर तक आकर्षित करते।

जैसे काव्य में आंतरिक सौन्दर्य की, उसी प्रकार चित्रों में नारी की अंग-माधुरी की एक विलक्षण सृष्टि महादेवी ने की है। पर इनकी सबसे बड़ी विशेषता उन भावों का सफल निदर्शन है जो उन विविध गीतों में बन्दी है, जिनकी बाह्य प्रतिकृतियाँ ये चित्र हैं।

चित्रों में रमणी मूर्तियों के साथ दीपक, शतदल अथवा काँटे आप प्रायः पायेंगे। ये तीनों क्रमशः आत्मा, भावना और पीड़ा के प्रतीक हैं। अपने गीतों में ही महादेवीजी ने इस बात को स्पष्ट कर दिया है—

> दीप मेरे जल अकंपित,
> घुल अचंचल!
> ले मिलेगा उर अचंचल,[1]
> वेदना-जल स्वप्न-शतदल।[2]
> फिर तुमने क्यों शूल बिछाए?[3]

इस प्रकार हम देखते हैं कि महादेवीजी के यहाँ एक ओर चित्रकला की गोद में काव्य-कला खेलती है और दूसरी ओर काव्य-कला की अमूर्तता रेखा और रंग के सहारे चित्रित (मूर्त्त) हो गई है। इन चित्रों को देखकर लगता है कि वृत्तियों की मूर्तियाँ यदि कहीं हुआ करतीं, तो ठीक ऐसी ही होतीं। फिर भी मेरी यह धारणा है कि काव्य-वधू का अंग अलंकृत करके ये चित्र अपनी स्वतंत्र सत्ता के साथ ही महत्त्व-विशेष खो बैठे हैं। यदि ये चित्र कला-पारखियों के सामने स्वतन्त्र रूप से आए होते तो महादेवीजी की ख्याति चित्रकार के रूप में भी उतनी ही हुई होती जितनी आज कवि के रूप में उन्हें मिली है। पर उनके काव्य के आलोक में उनके चित्रों की आभा मन्द पड़ गई। श्रेष्ठ कवि के रूप में लोग उन्हें जितना जानते हैं, उत्कृष्ट चित्रकर्त्री के रूप में उतना नहीं जानते। उधर जैसे ध्यान ही नहीं जाता। इसके लिए उत्तरदायी कोई और नहीं, वह ही हैं। विज्ञापन के इस युग में अपने और अपनी कला के प्रति वह एक प्रकार से आवश्यकता से अधिक उदासीन रही हैं।

---

१. दीपशिखा, २. दीपशिखा, ३. दीपशिखा।

वेदना और करुणा

कुमार विमल

महादेवी के भाव-पक्ष का विवेचन भी आवश्यक है। भाव-दृष्टि से इनकी कविताओं में विरह और विप्रलम्भ की प्रधानता है, अतः ईषत् एकरसता भी। किन्तु, शैली और शिल्प के अभिराम वेष्टन के कारण काव्य की यह भावगत एकरसता बहुत खलती नहीं है। शास्त्रीय दृष्टि से इनकी कविता में रति, विस्मय, शोक और शम—इन्हीं स्थायी भावों की प्रधानता है। इसी प्रकार सात्विक भावों के बीच रोमांच, कम्प, वैवर्ण्य और अश्रु तथा व्यभिचारियों के बीच ग्लानि, निद्रा, स्वप्न, उन्माद, भय, मोह, चपलता, स्मृति, वितर्क, आवेग, विषाद, निर्वेद, चिन्ता, शंका, त्रास, गर्व और व्रीड़ा का इनकी रचनाओं में पुष्कल विनियोग मिलता है। इनके भाव दो हैं—रति और करुणा। किन्तु इन्हीं दो भावों को रस-भूमि पर लयकारी स्वरूप देने से कवयित्री को काव्य का 'सर्वोत्तम' सुलभ हो गया है।

यह कहा जा सकता है कि महादेवी में मीरा अथवा आलवार भक्तिन अन्दाल की सर्वात्मना प्रपत्ति—आत्मसमर्पण—नहीं है। इनके पास एक झूठा अभिमान सर्वत्र चीन की दीवार बना रहता है। इस कारण इनकी रचनाओं में मानशून्यता, आशाबन्ध और समुत्कंठा का अभाव मिलता है। फलस्वरूप विरह की विरजा नदी को ये कभी पार नहीं कर पाती हैं। और, ऐसा भासित होता है कि इन्हें प्रिय की 'भावना' भले ही स्वीकार्य हो, किन्तु उनका आनुगत्य नहीं। इसलिए माधुर्य भाव को तरजीह देनेवाले विचारक यहाँ तक कह सकते हैं कि महादेवी के काव्य में प्रेम स्नेह नहीं बन सका है, क्योंकि स्नेह तो प्रेम का परिणत रूप है। सम्भवतः मान और अभिमान की अधिकता के कारण इनका मनोद्रव पिघल नहीं सका है। इसलिए इनका प्रेम न घृत-स्नेह बन सका है और न मधु-स्नेह। फलस्वरूप इनकी रचनाओं में प्रपन्नता का अभाव है। इनमें न दृप्त प्रपन्नता है और न आर्त्त प्रपन्नता ही।

यह धारणा आवश्यकता से अधिक कठोर है। वास्तविकता यह है कि महादेवी का मान—उदात्त एवं ललित—विश्रम्भ की अवस्था में प्रणय बन जाता है, जिसके चलते प्रेमास्पद के साथ अभेद की भावना जाग्रत हो जाती है—

> आकुलता ही हो गई तन्मय राधा
> विरह बना आराध्य द्वैत क्या कैसी बाधा!

महादेवी भी मूलतः अद्वय मिलन की आकांक्षिणी हैं। यह दूसरी बात है कि इन्हें युगमिलन महोत्सव प्राप्त न हुआ हो। इस धारणा की पुष्टि इस बात से होती है कि इनकी कविता में भक्ति की तन्मयता का तत्व यत्र-तत्र मिलता है। उदाहरण के लिए निम्नांकित कविता में—

क्या पूजन क्या अर्चन रे?
उस असीम का सुन्दर मन्दिर मेरा लघुतम जीवन रे!
मेरी श्वासें करती रहती नित प्रिय का अभिनन्दन रे!
पद रज को धोने उमडे आते लोचन से जल-कण रे!
अक्षत पुलकित रोम मधुर तेरी पीड़ा का चन्दन रे!
स्नेह भरा जलता है झिलमिल मेरा यह दीपक-मन रे!
मेरे दृग के तारक में नव उत्पल का उन्मीलन रे!
धूप बने उड़ते रहते हैं, प्रतिपल मेरे स्पन्दन रे!
प्रिय-प्रिय जपते अधर ताल देता पलकों का नर्तन रे!

उस प्रेमा भक्ति का संकेत मिलता है, जो रागानुरागा भक्ति की प्रथम अवस्था है। यहां प्रेमा भक्ति को ही नये सांचे में ढालकर उसके सभी उपकरणों—अर्चन, अभिनन्दन, कीर्तन, धूप-दीप, नैवेद्य, अक्षत और अर्घ्य—का अधिकरण आराधिका अथवा साधिका के शरीर को ही बतलाया गया है। अत: यहाँ विधि भक्ति के बाह्य उपकरणों को भले ही वर्जन हो, किन्तु इज्या का भाव तो व्यक्त हो ही जाता है।

माधुर्य भाव की दृष्टि से यह भी विचारणीय है कि महादेवी को मिलन से अधिक विरह ही प्रिय है। इसका कारण खोजते हुए हल्के ढंग से यह कहकर सन्तोष किया जा सकता है कि जब मिलन 'खट्टा अंगूर' बन जाय, तब विरह का काम्य बन जाना स्वाभाविक ही है। किन्तु, गहराई में जाने पर स्थिति कुछ भिन्न मालूम पड़ती है। कारण, महादेवी की विरह-साधना रसिक सम्प्रदाय की लगन-साधना से मिलती-जुलती मालूम पड़ती है। रसिक सम्प्रदाय में लगन एक प्रकार की भाव-साधना है। उक्त सम्प्रदाय में लगन का स्वरूप कुछ इस प्रकार है—आराध्य के नाम-जप, रूप-ध्यान और गुण-स्मरण से 'भाव' की उत्पत्ति होती है। इसका प्राथमिक उद्रेक विरह के रूप में ही होता है। इस विरह-दाह में ही प्रिय के मिलन की संभावनाएँ सन्निहित रहती हैं। और, विरह की यह कुकूलाग्नि तब तक उपशमित नहीं होती, जब तक प्रणयी आराध्य का साक्षात्कार नहीं होता। इस तरह लगन एक प्रकार की उत्कंठापूर्ण विरहानुभूति है, जिसे हम अनुराग की पूर्वदशा कह सकते हैं। इन लगन की परिणति 'प्रीति' में होती है। प्रीति लगन की सिद्धिदशा है और इसी प्रीति की दृढ़ता से महाभाव का उदय होता है। निश्चय ही महादेवी में लगन का यह क्रमिक विकास नहीं मिलता, किन्तु लगन की विद्यमानता निश्चित है। इसलिए लगन की विकसित अवस्था 'प्रीति' की जितनी भी स्थितियाँ हैं—जैसे, प्रणय, प्रेम, आसक्ति, लगन, लाग, अनुराग, नेह और प्रीति—उनमें से अधिकांश महादेवी की रचनाओं में विद्यमान हैं। लगन की भावना इन पंक्तियों में द्रष्टव्य है—

सो रहा है विश्व पर प्रिय तारकों में जागता है।

अथवा

सखि मैं हूं अमर सुहाग भरी
प्रिय के अनन्त अनुराग भरी!

अथवा

क्यों वह प्रिय आता पार नहीं?
... ...
स्पन्दन मिस प्रतिपल भेज रही
क्या युग-युग से मनुहार नहीं?

अथवा

मुस्काता संकेत भरा नभ
अलि क्या प्रिय आने वाले हैं?

अथवा

तुम्हें बांध पाती सपने में
तो चिर जीवन-प्यास बुझा
लेती उस छोटे क्षण अपने में।

महादेवी की रचनाओं में बिब्बोक के अलावा एक अजस्र तड़पन और किसी 'छलिया' से मिलने की लालसाभरी ललक के कारण मोट्टायित की अवस्थाएँ भी प्रचुर हैं। मोट्टायित की दशा में कवयित्री की 'इच्छा' का स्पष्ट उल्लेख मिलता है। जैसे—

ठहरो बेसुध पीड़ा को
मेरी न कहीं छू लेना।
जब तक वे आ न जगावें
बस सोती रहने देना।

अथवा

प्रतीक्षा में मतवाले नयन
उड़ेंगे जब सौरभ के साथ,
हृदय होगा नीरव आह्वान
मिलोगे तब क्या हे अज्ञात!

अथवा

तुम्हें बांध पाती सपने में
तो चिर जीवन प्यास बुझा
लेती उस छोटे क्षण अपने में।

अथवा

करुणामय को भाता है
तम के परदों में आना,
हे नभ की दीपावलियो!
तुम पल-भर को बुझ जाना।

इस प्रकार महादेवी की कविताओं में विच्छित्ति, बिब्बोक और मोट्टायित की प्रधानता है। 'सांध्यगीत' में बिब्बोक की मात्रा अधिकतम है। सामान्यतः मादन का उदाहरण नहीं के बराबर मिलता है। मादन की कमी का कारण मिलन के चित्रों अथवा मिलन की अनूभूतियों का अभाव है तथा बिब्बोक की अधिकता का कारण कवयित्री के हृदय में अपनी ससीमता, क्षुद्रता, निजत्व एवं वेदना का अभिमान है।

संयोग के नाम पर महादेवी की रचनाओं में केवल स्वप्न-संयोग मिलता है। जैसे—

अश्रु मेरे मांगने जब नींद में वह पास आया !
स्वप्न-सा हँस पास आया ।
हो गया दिव की हँसी से शून्य में सुरचाप अंकित;
रश्मि-रोमों में हुआ निस्पन्द तम भी सिहर पुलकित;
अनुसरण करता अमा का चाँदनी का हास आया !
नींद में वह पास आया !
... ...
अंक में तब नाश को लेने अनन्त विकास आया !
नींद में वह पास आया ![1]

यहाँ हमें स्वप्न-संयोग में ही प्रिया-प्रियतम के चिद्-विलास और परात्पर मिलन की झाँकी मिलती है। स्वप्न-संयोग के ऐसे अनेक उदाहरण महादेवी के काव्य में सुलभ हैं। किन्तु, इन उदाहरणों में एकरसता या एकस्वरता नहीं है, कारण इनका स्वप्न-संयोग कहीं मादनमूलक है, कहीं प्रेम-वैचित्र्यमूलक और कहीं विश्रम्भमूलक।

स्वप्न-संयोग की अधिकता से ही स्थापना समर्थित होती है कि महादेवी के काव्य में मूलतः कुंठित और अवदमित वासनाओं की उन्मेषपूर्ण अभिव्यक्ति है। हिन्दी के एकाधिक विद्वान् आलोचकों की ऐसी ही धारणा है।

निश्चय ही महादेवी की कविताओं में सपनों की अधिकता है। जब कभी इनका प्रिय मनुहार से द्रवित होता है, वह सपनों में आ जाता है—

बिछाती थी सपनों के जाल
तुम्हारी वह करुणा की ओर।

अतः 'नीहार' से 'दीपशिखा तक स्वप्न-मिलन या स्वप्न-संकेत की भरमार है। केवल 'रश्मि' कुछ अंशों में इसका अपवाद है। इसी कारण फ्रॉयड के स्वप्न-सिद्धान्तों के आधार पर यह कहा जा सकता है कि महादेवी ने प्राक्-चेतन को अचेतन की अपेक्षा बहुत अधिक बलवान बना लिया है। इसलिए इनमें दमित वासना की कुंठाएं अधिक हैं। प्राक्चेतन के सबल अधीक्षण के कारण इनके सपने भी अधिक छद्मवेशी बन गए हैं। वे आध्यात्मिक संकेतों का कनटोप पहनकर उपस्थित होते हैं। फ्रॉयड का कहना है कि प्राक्-चेतन के भय से वासनाएं केवल दमित ही नहीं होतीं; बल्कि वे वासनाएं जब स्वप्न में

१. साम्ध्यगीत।

उद्रिक्त होती हैं, तब भी उन्हें प्राक्-चेतन के अधीक्षण का भय बना रहता है। वे इसलिए वासनाएँ सपनों में भी सुअभिज्ञेय नहीं रहतीं, क्योंकि अचेतन से निकलते समय वे अधीक्षण के भय से छद्मवेश धारण कर लेती हैं। यही कारण है कि सपनों की व्याख्या सरल नहीं होती। अतः महादेवी के सपने भी खुली पुस्तक के पन्ने नहीं हैं, उन्हें समझने के लिए मानसिक व्यायाम और पारदर्शी सूझ की आवश्यकता है।

महादेवी की विरहजन्य अथवा करुणाजन्य वेदना के सम्बन्ध में मुख्यतः इतनी बातें कही जा सकती हैं —

१. वेदना महादेवी के काव्य की भाव-सीमा है।

२. वेदनानुभूति की तीव्रता के कारण महादेवी की कविताओं में उस आध्यात्मिक रंजना की प्रचुरता है, जिसमें रोमांटिक अवसाद और रहस्यवादी पीड़ा (रोमांटिक मेलांकली एण्ड मिस्टिक पेन) विद्यमान हैं।

३. महादेवी के विरह-गीत जहां वेदना-प्रवण अनुभूति के कारण अत्यन्त रिरिंसात्मक हो सके हैं, वहां इनकी दार्शनिक मान्यताएं अनुभूत विचार-सत्य नहीं बन सकी हैं।

४. किन्तु, इतना स्वीकार करना पड़ता है कि उनके वेदना-समन्वित विरह-गीतों में लैम्ब से मिलती-जुलती करुणा अवश्य है।

५. विरह ही महादेवी का आराध्य है और कवयित्री स्वयं उस विरह की आकुलता है। इसलिए इनकी वेदनानुभूति बेकली से भरी हुई है—

आकुलता ही आज हो गई तन्मय राधा।
विरह बना आराध्य द्वैत क्या कैसी बाधा ?

६. इस तरह विरह और वेदना की बहुलता के कारण हम महादेवी की रचनाओं में एक प्रकार की 'एकान्त-निष्ठा' (कल्ट ऑफ सालिच्यूड) पाते हैं—

अपने इस सूनेपन की
मैं हूं रानी मतवाली,
प्राणों का दीप जलाकर
करती रहती दीवाली।

७. और अन्तिम विशेषता यह है कि महादेवी की वेदना कल्पना-रंजक नहीं है इनकी वेदनानुभूति में कल्पना का वह माधुर्य है, जिसमें नारी-भावनाओं का हृदयलावण्य भरा रहता है, जैसे—

कौन आया था न जाने
स्वप्न में मुझको जगाने
याद में उन अंगुलियों के
हैं मुझे पर युग बिताने !

स्वप्न में स्पर्श-सुख देने वाली उन अंगुलियों की याद में जीवन व्यतीत करने की कल्पना अथवा साध कितनी मधुर है! सचमुच, ऐसी याद बड़ी मर्मन्तुद होती है।

महादेवी की वेदना का भी स्मृति से निबिड़ सम्बन्ध है। इन्होंने स्वयं ही मन को

वेदना का मदपी बनाने का क्षेय पूर्व-स्मृतियों को दिया है—

चल चितवन के दूत सुना
उनके पल में रहस्य की बात,
मेरे निर्निमेष पलकों में
मचा गये क्या-क्या उत्पात

जीवन है उन्माद तभी से
निधियां प्राणों के छाले,
मांग रहा है विपुल वेदना
के मन प्याले पर प्याले।

यहाँ यह स्मरणीय है कि वेदना महादेवी के काव्य का अर्थ है और करुणा उसकी इति। अतः करुणा ही इनके दुःखवाद का मेरुदण्ड है तथा इनकी वेदना का चरम-रूप भी।

किन्तु, महादेवी की यह करुणा छायावादी कवियों के वेदनावाद से बहुत भिन्न नहीं है। इनकी करुणा और उक्त वेदनावाद में मूलतः दो अन्तर हैं। एक यह है कि छायावादियों की वेदनानुभूति के पीछे काम करने वाला 'पराजय का भाव' इनकी करुणा के मूल में नहीं है। इनकी करुणा अनुभूति से अधिक अधीत है और दार्शनिक दृष्टियों से अगत्या प्रेरित है। अतः इसमें छायावाद की अनाविल वास्तविकता का कुछ अभाव है। दूसरे, महादेवी की करुणा में उन्नयन का अंश अधिक है। कुछ आलोचकों का कहना है कि कवयित्री ने 'अतिरिक्त काम' की अतृप्तियों का करुणा के माध्यम से प्रतीकात्मक प्रेषण किया है। इसलिए इनकी करुणा की अभिव्यक्ति में हम पारम्परीण बिम्बों का प्रचुर प्रयोग पाते हैं, जबकि अन्य छायावादियों की वेदनाभिव्यक्ति में हम उन व्यक्तिवादी बिम्बों की प्रधानता पाते हैं, जो प्रायः व्यक्तिगत अवचेतन से छनकर आते हैं, पारम्परीण बिम्बों की तरह सामूहिक अवचेतन से नहीं।

महादेवी के काव्य में करुणा की प्रधानता के मुख्यतः निम्नलिखित कारण हैं—

१. छायावाद की सामान्य वेदनावादी धारा,

२. करुण रस का परम्परा-स्वीकृत महत्त्व अथवा करुणा का रस-पक्ष,

३. बौद्ध दर्शन की महाकरुणा का प्रभाव,

४. असफल दाम्पत्य, और

५. वैयक्तिक रुचि तथा परिवेश।

इन कारणों में से प्रथम तीन को हम किंचित् विस्तार में समझने की चेष्टा करेंगे।

छायावादी काव्य मुख्यतः संवेदनाओं पर निर्भर रहा है और संवेदनाओं पर आधृत जीवन-दर्शन निस्सन्देह असन्तोषपूर्ण हुआ करता है। पुनः, संवेदनशील और भावुक होने के कारण छायावादी कवि पतली चमड़ी के हुआ करते हैं, जिससे परिवेशगत प्रतिक्रिया और राग-विराग का हलका स्पर्श भी उन पर सद्यः अंकित हो जाता है। भावुकता की इस अधिकता और नारी-हृदय-सुलभ आशु द्रवणशीलता के पिंजर में ही छायावादियों

की वेदना का कीर पलता रहा है । अतः सामान्यतः छायावादी काव्य वेदनाविह्वल हुआ करता है ।

इस वेदनावाद के दो प्रमुख पक्ष हैं—दुःख और आँसू । दुःख वेदना का अनुभूति-पक्ष है और आँसू उसका ऊहात्मक परिणाम । आँसू भी अन्तर्दशा-व्यंजक होने पर अनुभूति-प्रवण हो सकता है । जिसके पास संवेदना है, जीवन का कटु-मधु है, उसके पास अवश्य ही आँसू रहेगा । संभवतः इसीलिए रवि बाबू ने लिखा है कि प्रत्येक व्यक्ति एक ऐसा द्वीप है, जो अश्रुलवणाक्त सिन्धु से चतुर्दिक् घिरा हुआ है । किन्तु छायावाद के आँसू अधिकतर अन्तर्दशा-व्यंजक न होकर ऊहात्मक हैं । यही कारण है कि छायावाद को प्रारम्भ में ही यह आक्षेप सुनना पड़ा कि उनके आँसुओं में से निकलने वाले लोर में ग्लिसरीन की सहायता से गाल भिगोने वाले सिने-सितारों के 'नयन-जल' से अधिक वास्तविकता नहीं है ।

इस प्रसंग में प्रसाद का क्या कहना ! उन्होंने तो आँसू पर एक ग्रन्थ लिखकर छायावादियों के अश्रुओं का 'फलडगेट' ही खोल दिया । इनकी ये पंक्तियाँ द्विवेदी-युग के उपरान्त चलने वाले वेदनावाद के लिए वक्तव्य का महत्त्व रखती हैं—

> **जो घनीभूत पीड़ा थी**
> **मस्तक में स्मृति-सी छायी**
> **दुर्दिन में आंसू बनकर**
> **वह आज बरसने आई ।**[1]

इसका प्रभाव महादेवी पर भी पड़ा । फलस्वरूप ये मधुचक्र में लिपटे भ्रमर की तरह वेदना, करुणा और आँसू में आमूल-चूल डूब गईं—

> **जीवन विरह का जलजात !**
> **वेदना में जन्म करुणा में मिला आवास,**
> **अश्रु चुनता दिवस इसका अश्रु गिनती रात !**
> **जीवन विरह का जलजात !**
> **आंसुओं का कोष उर, दृग अश्रु की टकसाल**
> **तरल जलकण से बने घन-सा क्षणिक मृदु गात !**
> **जीवन विरह का जलजात !**
> **अश्रु से मधुकण लुटाता आ यहां मधुमास;**
> **अश्रु ही की हाट बन जाती करुण बरसात !**
> **जीवन विरह का जलजात !**
> **काल इसको दे गया पल आंसुओं का हार;**
> **पूछता इसकी कथा निश्वास ही में वात !**
> **जीवन विरह का जलजात !**

लगता है यह काव्य-खंड आँसुओं का चषक हो । इस छोटे-से गीत में संभवतः

---

१. आंसू ।

सात बार 'अश्रु' अथवा 'आँसू' का व्यवहार हुआ है। फलस्वरूप यह अनुभूति-श्लथ कविता उर्दू के शायरों की ऊहात्मकता के पास पहुँचती प्रतीत होती है—

एक दिन रोने जो बैठा मैं सनम की याद में
साठ नाले, सौ समुन्दर, लाख दरिया बह चले।

अथवा

सिरहाने मीर के आहिस्ता बोलो
अभी टुक रोते-रोते सो गया है।

अथवा

रोऊंगा आके तेरी गली में यार!
पानी ही पानी होगा हरेक घर के पास।

अथवा

किसी को किसी तरह इज्जत है जग में
मुझे अपने रोने से ही आबरू है।

किन्तु, इन उदाहरणों का यह आशय नहीं है कि महादेवी और अन्य छायावादियों के आँसू हिन्दी से अधिक उर्दू के समीप है। हिन्दी साहित्य में भी गलदश्रु भावुकता की तगड़ी परम्परा रही है। सूर की गोपियों के आँसू सूरज की तपिश को धता बताकर कंचुकी नहीं सूखने देते थे—

निसि दिन बरसत नैन हमारे।
सदा रहत पावस ऋतु हम पै जब तें स्याम सिधारे।
दृग अंजन लागत नहिं कबहूँ उर कपोल भये कारे।
कंचुकि नहिं सूखत सुनु सजनी उर बिच बहत पनारे।

केवल कंचुकी नहीं सूखती और कपोल-गुलाब काजर-झर से काले हो जाते, तो एक बात थी।

आँसुओं का यह माहात्म्य भक्तिकाल और रीतिकाल तक ही सीमित न रहा, वह द्विवेदी-काल के शुष्क कगारों को भी छू गया। हरिऔधजी की इतिवृत्तात्मक प्रतिभा और शब्द-शिल्प तक सायास सीमित रहने वाली उनकी काव्य-कला भी आँसुओं पर रीझ गई—

आँख का आँसू ढलकता देखकर जी तड़प करके हमारा रह गया।
क्या गया मोती किसी का है बिखर, या हुआ पैदा रतन कोई नया।
ओस की बूंदें कमल से हैं कढ़ी, या उगलती बूंद हैं दो मछलियां।
या अनूठी गोलियां चांदी कढ़ी, खेलती हैं खंजनों की लड़कियां।।

... ...

आँख के परदों से जो छनकर बहा, मैल थोड़ा भी रहा जिसमें नहीं।
बूंद जिसकी आँख टपकाती रहें, दिलजलों को चाहिए पानी वही।

छायावादियों का अश्रु-मोह इतना 'अभिनव' नहीं है कि उन पर ऐसी व्यंग्य-पक्तियों का शर-सन्धान उचित माना जाय—

कवि असली हो तो रो-रो कर इतना आंसू रोज बहाये,
पत्नी जिसमें कपड़े धो ले, पुत्र बैठकर खूब नहाये ।

आँसू जीवन के लिए अत्यंत आवश्यक है, उसकी मात्रा भले ही विवादास्पद हो।

पूरोत्पीड़े तड़ागस्य परीवाहः प्रतिक्रिया ।
शोके क्षोभे च हृदयं प्रलापैरेव धार्यते ।।

महादेवी के अश्रु-गीले गीत भले ही ऊहात्मक हों, किन्तु उनके आँसू सर्वथा अविश्वसनीय नहीं हैं । इन आँसुओं ने महादेवी को छायावादी वेदना की सम्राज्ञी का पद दिया है। 'नीहार' की 'वरदान' शीर्षक कविता इस पद को न्याय्य घोषित करती है। 'कागा सब तन खाइहो चुनि-चुनि खैवो मास, दो नैना मत खाइहो पिया-मिलन की आस' में व्यंजित नेत्रमोह से भी अधिक मोह कवयित्री ने अपनी जलपरी-सी दो पुरनम आँखों के लिए आराध्य के समक्ष लालसापूर्ण ढंग से निवेदित किया है—

तरल आंसू की लड़ियाँ गूंथ
इन्हीं ने काटी काली रात
निराशा का सूना निर्माल्य ।
चढ़ाकर देखा फीका प्रात ।

... ...

... ...

अशन जल का, जल ही परिधान
रचा था बूंदों में संसार
इन्हीं नीले तारों में मुग्ध
साधना सोती थी साकार
आज आये हो हे करुणेश !
इन्हें जो तुम देने वरदान,
गलाकर सारे अंग
करो दो आँखों का निर्माण ।

सचमुच कवयित्री को आँखों से अत्यंत मोह है ! कारण, उसे आँसू प्रिय हैं और उन आँसुओं का अधिकरण उसकी आँखें ही तो हैं। अतः प्रियतम के विरह में 'वाटर वर्क्स' बन जाने वाले नयनों को वह वरदान मानती है । 'नीरजा' की उनतालसवीं कविता में उसने वरदान-स्वरूप प्राप्त नयनों को अनेक सुन्दर विशेषणों —दुःख-मद का चषक, तममय विरह का दीपक, जीवन-सरित का सरसिज इत्यादि से विभूषित किया है—

अलि वरदान मेरे नयन !

... ...

पी उजाला तिमिर पल में
फेंकता रवि पात्र जल में
तब पिलाते स्नेह अणु-अणु
को छलकते नयन !

दुखमद के चषक यह नयन !
छू अरुण का किरण-चामर
बुझ गये नभ-दीप निर्भर
जल रहे अविराम पथ में
किन्तु निश्चल नयन !
तममय विरह दीपक नयन !
उलझते नित बुदबुदे शत
घेरते आवर्त आ द्रुत
पर न रहता लेश, प्रिय की
स्मित रंगे यह नयन !
जीवन-सरित-सरसिज नयन !

इस प्रकार महादेवी की वेदना और अश्रु कुछ विश्वसनीय हैं, अनुभूतिगत भी, केवल कल्पित नहीं। संवेदनीय वेदना का विश्लेषण करते हुए इन्होंने स्वयं ही इसके अनुभूति-पक्ष पर बल दिया है—"...वेदना को दूसरे के निकट संवेदनीय बनाने के लिए अपने हृदय की अतल गहराई की अनुभूति आवश्यक है और उसे व्यापकता देने के लिए जीवन की एकता का भावन।" अतः महादेवी को छायावादी वेदना की सम्राज्ञी का पद देना अनुचित नहीं है।

छायावादी वेदनावाद के प्रभाव के अलावा महादेवी के काव्य में करुणा की प्रधानता का कारण करुणा का परम्परा-स्वीकृत महत्त्व और करुण रस की सुखात्मकता है। करुण रस की सुखात्मकता तो दुःखांत नाटकों के प्रचलन, उसके काव्य-शास्त्रीय महत्त्व और रेचन-सिद्धांत से ही प्रमाणित है। सोफोक्लिज, यूरिपीडीज आदि के काल से अद्यावधि करुण रस का उद्रेक करने वाले दुःखांत नाटक कला-जगत् में रेखांकित महत्त्व रखते हैं। कारण यह है कि कारुणिक दृश्यों में जीवन का गाम्भीर्य अधिक होने के कारण उसमें 'सहानुभूति' की मात्रा अधिक होती है। इस 'सहानुभूति' से हमारी आत्मा का विस्तार होता है और आत्मा का विस्तार ही सुख है। वस्तुतः करुणा की अतल गहराई में डूबने पर व्यक्ति का सीमापारीण विशेषत्व और संकुचित व्यक्तित्व निमज्जित हो जाता है, फलस्वरूप उसके मल का परिहार हो जाता है।

भारतीय और पाश्चात्य साहित्य में करुणा का परम्परा-स्वीकृत महत्त्व है। महादेवी की करुणा पर भारतीय साहित्य की परंपरा-स्वीकृत करुणा का पुष्कल प्रभाव है। कवयित्री के उल्लेखों से ही यह सिद्ध होता है कि इनकी करुणा पर पाश्चात्य साहित्य का कोई प्रभाव नहीं है और न इनकी करुणा का संबंध उस पराजय अथवा निराशावाद से है, जिसने दावानल की द्रुतगति से भारत और भारत के बाहर भी बीसवीं शताब्दी के प्रथम चरण में एक लम्बे क्षितिज को घेरकर कुहर-म्लान कर दिया था। इसे सिद्ध करने के लिए महादेवी का एक ही लम्बा उद्धरण पर्याप्त होगा। वैदिक काल से लेकर छायावाद तक के काव्य को करुणा की विवृत्ति साबित करते हुए इन्होंने लिखा है—"करुणा हमारे जीवन और काव्य से बहुत गहरा संबंध रखती है। वैदिक काल ही में एक ओर

आनन्द-उल्लास की उपासना होती थी और दूसरी ओर इस प्रवृत्ति के विरुद्ध एक करुण भाव भी विकास पा रहा था । एक ओर यज्ञ-सम्बन्धी पशु-बलि प्रचलित थी और दूसरी ओर 'मा हिंस्यात् सर्वभूतानि' का प्रचार हो रहा था । इस प्रवृत्ति ने आगे विकास पाकर जैन-धर्म के मूल सिद्धान्तों को रूपरेखा दी । बुद्ध द्वारा स्थापित संसार का सबसे बड़ा करुणा का धर्म भी इसी प्रवृत्ति का परिष्कृत फल कहा जाएगा ।

"काव्य ने भी करुणा को महत्त्व दिया । हमारे दो महान् काव्यों में से एक को करुण भाव से ही प्रेरणा मिली है और दूसरा अपने संघर्ष के अन्त में करुण भाव में ही चरम परिणति पा लेता है । संस्कृत के उत्कृष्ट काव्यों में भी कवि अपने इस संसार को नहीं छोड़ता । भवभूति तो करुणा के अतिरिक्त कोई रस ही नहीं मानता और कालिदास के काव्यों में करुणा श्वासोच्छ्वास के समान मिली हुई है । अग्निवर्ण के दुःखद अंत में समाप्त होनेवाला 'रघुवंश',जीवन के सब उल्लास-उमंगों की राख पर दुष्यन्त से साक्षात् करने वाली 'शकुन्तला' यदि करुण भाव न जगा सके,तो आश्चर्य है । इस करुण भाव के भी कारण हैं । जहाँ भी चिन्तन-प्रणाली इतनी विकसित और जीवन की एकता का भावन इतना सामान्य होगा, वहाँ इस प्रकार का करुण भाव अनायास और स्वाभाविक स्थिति पा लेता है । 'आत्मवत् सर्वभूतेषु' की धारणा जब जीवन पर व्यापक प्रभाव डाल चुकी तब उसका बाह्य अन्तर पग-पग पर एक असंतोष को जन्म देता रहेगा । परम तत्त्व की व्यापकता और इष्ट की पूर्णता के साथ अपनी सीमा और अपूर्णता की अनुभूति ही निर्गुण-सगुणवादियों के विरह की तीव्रता का कारण है । यह प्रवृत्ति भी मूलतः करुण से सम्बद्ध रहेगी । करुणा का रंग ऐसा है जो जीवन की बाह्य रेखाओं को एक कोमल दीप्ति दे देता है । सम्भवतः इसी कारण लौकिक काव्य भी विप्रलम्भ शृंगार को बहुत महत्त्व और विस्तार देते रहे हैं । जब यह करुण-भावना व्यक्तिगत सुख-दुःख के साथ मिल जाती है, तब उन दोनों के बीच में विभाजन के लिए बहुत सूक्ष्म रेखा रहती है । भारतेन्दु-युग में भी हम एक व्यापक करुणा की छाया के नीचे देश की दुर्दशा के चित्र बनते-बिगड़ते देखते हैं । पौराणिक चरित्रों की खोज करुण-भावना की सामान्यता लिए होती है और देश, समाज आदि का यथार्थ चित्रण व्यक्तिगत विषाद को विस्तार देता है । खड़ी बोली के कवि संस्कृत काव्य-साहित्य के और अधिक निकट पहुँच जाते हैं । 'प्रिय-प्रवास' की राधा और 'साकेत' की उर्मिला का नये वातावरण में पुनर्जन्म उसी सनातन करुणा की प्रेरणा है और राष्ट्रगीतों और सामाजिक चित्रण में व्यक्तिगत विषाद को समष्टिगत अभिव्यक्ति मिली है । छायायुग का काव्य स्वानुभूतिमयी रचनाओं पर आश्रित है, अतः व्यापक करुण भाव और व्यक्तिगत विषाद के बीच की रेखा और भी अस्पष्ट हो जाती है । गीत में गाया हुआ पराया दुःख भी अपना हो जाता है और अपना सबका, इसी से व्यक्तिगत हार से उत्पन्न व्यथा एक समष्टिगत करुण भाव में एकरस जान पड़ती है ।

"इस व्यक्ति-प्रधान युग में व्यक्तिगत सुख-दुःख अपनी अभिव्यक्ति के लिए आकुल थे, अतः छायायुग का काव्य स्वानुभूति-प्रधान होने के कारण वैयक्तिक उल्लास-विषाद की अभिव्यक्ति का सफल माध्यम बन सका । समष्टिगत जीवन की बाह्य विकृति और आंतरिक विषमता की अनुभूति से उत्पन्न करुण भाव जो रूप पा सकता था, वह

भी गायक से भिन्न कोई स्थिति नहीं रखता था। वर्णनात्मक काव्यों में जो प्रवृत्ति कवि की सूक्ष्म दृष्टि और उसके हृदय की संवेदनशीलता को व्यक्त करती वह स्वानुभूतिमयी रचनाओं में उसका वैयक्तिक विषाद बनकर उपस्थित हो सकी। अतः इस विषाद के विस्तार में दूसरे केवल उसी का हाहाकार और उसे प्रेरणा देने वाली मानसिक स्थिति खोज-खोजकर थकने लगे।···करुण भाव के प्रति कवियों का झुकाव भारतीय संस्कार के कारण है पर उसे और अधिक बल सामयिक परिस्थितियों से मिल सका।···(छाया-वादी काव्य में व्यक्त) इस विषाद में व्यक्तिगत दुःखों का प्रकटीकरण न होकर उस शाश्वत करुणा की ओर संकेत है जो जीवन को सब ओर से स्पर्श कर एक स्निग्ध उज्ज्वलता देती है।···

"व्यापक चेतना से समष्टिगत चेतना की एकता के भावन ने पुरानी रहस्य-प्रवृत्ति को नया रूप दिया। धर्म और समाज के क्षेत्र में विधि-विधान इतने कृत्रिम हो चुके थे कि जीवन उनसे विरक्त होने लगा। अपने व्यक्तिगत जीवन और सामयिक प्रभाव के कारण कवि के लिए रहस्य सम्बन्धी साधना-पद्धति को अपनाना सहज नहीं था; पर सामंजस्य की भावना और जीवनगत अपूर्णता की अनुभूति ने उसके काव्य पर करुणा का ऐसा अन्तरिक्ष बुन दिया, जिसकी छाया में दुःख ही नहीं, सुख भी सब रंग बनते-मिटते रहे।

"राष्ट्र की विषम परिस्थितियों ने भी छायायुग की करुणा में एक रहस्यमयी स्थिति पायी। जैसे परम तत्त्व से तादात्म्य के लिए विकल आत्मा का क्रन्दन व्यापक है वैसे ही राष्ट्रत्व की मुक्ति में अपनी मुक्ति चाहने वाली राष्ट्रात्मा का विषाद भी विस्तृत है···छायावाद करुणा की छाया में सौन्दर्य के माध्यम से व्यक्त होने वाला भावात्मक सर्ववाद ही रहा है और उसी रूप में उसकी उपयोगिता है।"[1] इस प्रकार महादेवी की करुणा पर भारतीय साहित्य की परम्परा-स्वीकृत करुणा का प्रभाव सर्वथा स्पष्ट है।

पर न अब तक व्यथा का छन्द अन्तिम गा चुकी हूं

महादेवी के काव्य में करुणा की प्रचुरता का एक कारण व्यक्तिगत रुचि और परिवेश के साथ उनका असफल दाम्पत्य भी है। परिवेश की प्रतिक्रियाओं और आवेष्टन के प्रभावों ने महादेवी के गद्य-साहित्य में अधिक अभिव्यक्ति पायी है तथा असफल दाम्पत्य की अतृप्तियों और कुंठाओं ने उनके काव्य में। असफल दाम्पत्य ने उनके व्यक्तित्व और अन्तश्चेतना को ही विप्रलम्भ का अधिकरण बना दिया है, जिसे कवयित्री ने बौद्धिक आयास से अधिक अभिधात्मक और प्रकट नहीं होने दिया है। किन्तु यह एक निर्विवाद सत्य है कि व्यक्तिगत जीवन की स्थितियों और परिस्थितियों का कवि की कृतियों पर निश्चितरूपेण पर्याप्तप्रभाव पड़ता है। महादेवी ने भी इसे स्पष्टतः स्वीकार किया है— "देश-काल की सीमा में आबद्ध जीवन न इतना असंग होता है कि अपने परिवेश और परिवेशियों से उसका कोई संघर्ष न हो और न यह संघर्ष इतना तरल होता है कि उसके आघातों के चिह्न शेष न रहें।"[2] पुनः रवि ठाकुर के संस्मरण में कलाकार के व्यक्तिगत

---

१. महादेवी का विवेचनात्मक गद्य, पृ० ९५-१००।

२. पथ के साथी ; दो शब्द, पृ० १।

जीवन और उसकी कृति के सम्बन्धों पर अपनी धारणा व्यक्त करते हुए इन्होंने लिखा हैं—महान् साहित्यकार अपनी कृति में इस प्रकार व्याप्त रहता है कि उसे कृति से पृथक् रखकर देखना और उसके व्यक्तिगत जीवन की सब रेखाएँ जोड़ लेना कष्टसाध्य ही होता हैं। एक को तोलने में दूसरा तुल जाता है और दूसरे को नापने में पहला नप जाता है। वैसे ही जैसे घट के जल का नाप-तोल घट के साथ है और उसे बाहर निकाल लेने पर घट के अस्तित्व-अनस्तित्व का कोई प्रश्न ही नहीं उठता।"[1] महादेवी ने इस कथन में एक स्पष्ट सत्य को कुछ अस्पष्ट और रहस्य अवश्य बना दिया है, किन्तु यह रहस्यमय अस्पष्टता इस सत्य से उनके साक्षात् परिचय को प्रमाणित करने में कोई भ्रम पैदा नहीं कर सकी है इनके गद्य और कविता की भावधारा में जो महान अन्तर है, उसका सर्वोपरि कारण यह है कि गद्य-लेखन के क्षणों में बौद्धिक सजगता की वजह से कवयित्री अपने व्यक्तित्व की अभावमूलक वक्रता को छिपाने में समर्थ हो गई हैं। किन्तु कविता रचने के संशयमुक्त रागात्मक क्षणों की अनवधानतापूर्ण अकृत्रिम दशा में बौद्धिक आवरण के बीच छिपी हुई उनकी अतृप्तियाँ एवं कुंठाएँ राख के अन्दर सायास छिपाए गये स्फुल्लिगों की तरह अपने अस्तित्व का संकेत देने से न चूकी हैं।

महादेवी की करुणा और दुःखवाद पर बौद्ध दर्शन की करुणा और दुःखवाद का पुष्कल प्रभाव है। बौद्ध दर्शन के कर्मपक्ष का मूल और बोधि-प्राप्ति की उत्तरदशा करुणा ही है। यह बोधि चित्त का अनिवार्य गुण है। बोधिसत्व की प्राप्ति के बाद बुद्ध-हृदय में करुणा का संचार होता है। इस प्रकार बौद्ध-दर्शन करुणा को एक प्रकार का शील-विकास मानता है।

महादेवी ने बौद्ध-दर्शन की इस बहु-विचारित करुणा के सामान्य स्वरूप को स्पष्ट करते हुए लिखा है, 'बुद्ध होने का प्रयत्न करने वाला बोधिसत्व है और बोधिसत्व के लिए दो गुण आवश्यक होते हैं—महामैत्री और महाकरुणा। महामैत्री उसे अन्य प्राणियों के लाभ के लिए अपना सर्वस्व त्यागने की शक्ति देती है और महाकरुणा के कारण वह सबको दुःख से विमुक्त करने के लिए प्रयत्नशील रहता है।"[1]

बौद्ध-दर्शन की करुणा के इस 'सर्वभूतहित' ने महादेवी को बहुत प्रभावित किया है। 'रहस्यवाद' शीर्षक निबन्ध में इन्होंने महामैत्री और महाकरुणा के प्रसार एवं महत्त्व को दिखलाते हुए लिखा है, 'सर्वभूतहित' और 'मा हिंस्यात' की भावना बुद्ध-मत की महामैत्री और महाकरुणा में इतना विस्तार पा गई कि वह चरम विकास तक पहुँचाने वाला साधन ही नहीं, उसका लक्षण भी बन गई। अन्य मतों में करुणा परम तत्त्व के तादात्म्य का माध्यम मात्र है पर बुद्ध की विचारधारा में वह परम तत्त्व का स्थान ही ले लेती है। करुणा किसी परमतत्त्व से तादात्म्य के लिए स्थिति नहीं रखती, वरन् वह बोधिसत्व की स्थिति के अभाव का साधन और उसके चरम विकास का परिचय है। सबके प्रति महामैत्री और महाकरुणा से युक्त होकर ही बोधिसत्व बुद्ध होता है और

---

१. पथ के साथी, पृ० ४।
२. क्षणदा, पृ० १५।

निर्वाण तक पहुँचता है।"[1] अतः करुणा में छिपे सर्व-कल्याण के कारण ही महादेवी का कथन है कि "बुद्ध का मनुष्य समष्टि का मनुष्य है और उसका निर्वाण सबकी दुःख-मुक्ति में अपनी दुःख-मुक्ति है।" 'सान्ध्यगीत' में इन्होंने लिखा है—

आज करुणा-स्नात उजला
दुःख हो मेरा पुजारी।

पुनः 'यामा' के 'सान्ध्यगीत' वाले खण्ड में ही कवयित्री ने जो 'मृदु महान' शीर्षक चित्र बनाया है, उसमें भी मृणाल-विश और हस्त-मुद्रा से करुणा की देशना का प्रत्यक्षण है। उस चित्र की पीठ पर ये पंक्तियाँ अंकित हैं—

मेरे जीवन का आज मूक
तेरी छाया से हो मिलाप;
तन तेरी साधकता छू ले
मन ले करुणा की थाह नाप।

इसी प्रकार कवयित्री ने 'दीपशिखा' की चित्रमय कविता में अपने को करुणा का वाहक घोषित किया है—

मैं गति-विह्वल
पाथेय रहे तेरा दृग-जल
आवास मिले भू का अंचल
मैं करुणा की वाहक अभिनव!

इन पंक्तियों से संश्लिष्ट चित्र में भी कवयित्री ने करुणा का भार वहन करने वाली मुद्रा प्रस्तुत की है। 'दीपशिखा' के अनेक स्थलों में करुणा के प्रति लालसा-भरी ललक मिलती है। जैसे—

तापों से खारे जो विषाद से श्यामल,
अपनी चितवन में छान इन्हें कर मधुजल
फिर इनसे रचकर एक घटा करुणा की
कोई यह जलता व्योम आज छा आता!

अथवा

बिन मांगे तुमने दे डाला
करुणा का पारावार मुझे!
चिरसुख-दुख के दो पार मुझे

अथवा

देते हो तुम फेर हास मेरा निज करुणा जलकणमय कर
लौटाते हो अश्रु मुझे तुम अपनी स्मित के रंगों से भर।

... ...

अथवा

१. महादेवी का विवेचनात्मक गद्य, पृ० १२६।

नभ अपरिमित में भले हो पंथ का साथी सवेरा,
खोज का पर अन्त है यह तृण-कणों का लघु बसेरा।
तुम उड़ो ले धूलि का
करुणा-सजल वरदान !

इसी प्रकार 'रश्मि' में कवयित्री ने करुणा को ही जीवन का सच्चा मर्म माना है—

रजत रश्मियों की छाया में धूमिल घन-सा छा जाता
इस निदाघ से मानस में करुणा का स्रोत बह जाता
उसमें मर्म छिपा जीवन का
एक तार अगणित कम्पन का
एक सूत्र सबके बन्धन का
संसृति के सूने पृष्ठों में करुण काव्य वह लिख जाता !

करुणा की तरह महादेवी का दुःखवाद भी बौद्ध-दर्शन के दुःखवाद से प्रभावित है। यह दुःखवाद बुद्ध के धर्मचक्र-प्रवर्तन का मूलाधार है। इसके अनुसार सारा सृष्टि-प्रपंच ही दुःख है। यह दुःख राग या तृष्णा से पैदा होता है।

बौद्ध-दर्शन के दुःखवाद का प्रभाव महादेवी पर है, लेकिन अंशतः। महादेवी की रचनाओं में इस दुःखवादी दृष्टिकोण के अनात्मवाद का कोई प्रभाव नहीं मिलता है, क्योंकि इन्हें आत्मवाद प्रिय है। दूसरी बात यह है कि इस दुःखवाद के निर्वाण-सिद्धान्त से महादेवी ने कोई सीधा प्रभाव नहीं ग्रहण किया है। महादेवी की विचारधारा पर केवल बौद्ध-दर्शन के दुःखवाद और तद्गत महाकरुणा का प्रभाव है। इस प्रकार यह प्रभाव पूर्ण नहीं, आंशिक सिद्ध होता है।

महादेवी की रचनाओं में बौद्ध-दर्शन के दुःखवाद का यह आंशिक प्रभाव विविध रूपों में व्यक्त हुआ है। इस दुःखपूर्ण जगत् एवं जीवन की क्षणिकता ने कवयित्री के संवेदनशील हृदय को अनन्त वेदना और करुणा से परिप्लावित कर दिया है। किन्तु, संवेदनशीलता की अधिकता के कारण ये दुःख के प्रति ध्रुव-दृष्टि अर्जित नहीं कर सकी हैं। दुःख इनके समक्ष कभी आराध्य के समागम का सुन्दर साधक बनकर आता है और कभी दुःख ही इनका आराध्य बन जाता है। कुछ गीतों में इनका दुःखवाद जागतिक दृष्टि से इतना सामान्य हो जाता है कि ये सुख-दुःख के समन्वय-सिद्धान्त में विश्वास करने लगती हैं। उदाहरण के लिए—

सब आँखों के आँसू उजले सबके सपनों में सत्य पला।
जिसने उसको ज्वाला सौंपी
उसने इसमें मकरन्द भरा,
आलोक लुटाता वह घुल-घुल
देता झर यह सौरभ बिखरा,
दोनों संगी पथ एक, किन्तु कब दीप खिला, कब फूल जला ?

इन पंक्तियों में कवयित्री ने सुख-दुःख को एक ही आगम सत्य के दो पहलुओं के

रूप में स्वीकार किया है। इसलिए दुःख इनके समक्ष पशुओं को भड़काने वाला काष्ठ-कोशिक बनकर नहीं आ पाता। वह इनके लिए प्रेय बन जाता है और उस दुःख का एकान्त पथ इन्हें सुख की भीर-भरकम वाली 'राजडगर' से अधिक आनन्दप्रद प्रतीत होने लगती है —

पंथ होने दो अपरिचित, प्राण रहने दो अकेला!
... ...
दुखव्रती निर्माण उन्मद
यह अमरता नापते पद
बाँध देंगे अंक-संसृति से तिमिर में स्वर्ण बेला!
दूसरी होगी कहानी
शून्य में जिसके मिटे स्वर, धूलि में खोयी निशानी,
आज जिसपर प्रलय विस्मित
मैं लगाती चल रही नित
मोतियों की हाट औ चिनगारियों का एक मेला!

इस प्रकार कवयित्री में दुःख के प्रति इतनी आसक्ति बढ़ जाती है कि ये आराध्य को ही दुःख का प्रतिरूप मान लेती हैं—

तुम दुख बन इस पथ से आना
शूलों में नित मृदु पाटल-सा
खिलने देना मेरा जीवन;
क्या हार बनेगा वह जिसने
सीखा न हृदय को बिंधवाना!

इस गहन और उत्कंठ दुःखबोध के कारण कवयित्री में ऐसी अनन्त करुणा समीरित हो जाती है कि वह अपने जीवन की कृतार्थता किसी दुखिया के दुःख पर दो बूँद आँसू बहा देने में ही मान लेती हैं —

प्रिय जिसने दुख पाला हो
जिन प्राणों से लिपटी हो पीड़ा सुरभित चन्दन-सी
तूफानों की छाया हो जिसको प्रिय-आलिंगन-सी
जिसको जीवन की हारें हों जय के अभिनन्दन-सी
वर दो, मेरा यह आँसू
उसके उर की माला हो।

फलस्वरूप दुःख महादेवी को बहुत प्रिय है, क्योंकि इनके लिए दुःख जीवन का सबसे सुन्दर काव्य है। "ऐसा काव्य है, जो सारे संसार को एकसूत्र में बाँध रखने की क्षमता रखता है। हमारे असंख्य सुख हमें चाहे मनुष्यता की पहली सीढ़ी तक भी न पहुँचा सकें, किन्तु हमारा एक बूँद आँसू भी जीवन को अधिक मधुर, अधिक उर्वर बनाये बिना नहीं गिर सकता।"[1]

१. 'रश्मि' की भूमिका।

दुःखवाद से सम्बन्धित महादेवी की कविताओं में 'नीरभरी दुःख की बदली' अत्यन्त महत्त्वपूर्ण है। इनकी अन्तिम पंक्तियाँ और भी मार्मिक हैं—

विस्तृत नभ का कोई कोना
मेरा न कभी अपना होना
परिचय इतना, इतिहास यही
उमड़ी कल थी, मिट आज चली !

सतही ढंग से इन पंक्तियों में जीवन एवं जगत् से पराजित किसी चरणहारे की निष्ठा आस्थाहीनता झलकती है। लगता है, जीवन की वस्तुनिष्ठता का परित्याग कर महादेवी फ्रेंच कवयित्री हीपियस की तरह निराश और ममत्वहीन होकर किसी ऐसी मृग-मरीचिका के पीछे दौड़ रही हैं जिसका अस्तित्व कम-से-कम इस जगत् में नहीं है। हीपियस ने लिखा है—

आई वीप विदाउट टीयर्स ऑफ़ ए वो
विदाउट फेथ;
आइ नीड दैट ह्विच डजनाट एक्जिस्ट इन दिस वर्ल्ड,
ह्विच डजनाॅट एक्जिस्ट इन दिस वर्ल्ड।

किन्तु महादेवी की ये पंक्तियाँ इतनी अर्थस्वल्प सिद्ध नहीं होती हैं। इनमें महादेवी का स्वर भावना से ऊपर दर्शन के स्तर पर अवस्थित है।

एक शायर का भी ऐसा ही ख़याल है—

बरमजारे मा गरीबां नै चिरागं नै गुले,
नै परे परवाना सोजद नै सदाये बुलबुले।

महादेवी की ये पंक्तियाँ दर्शन के धरातल पर हैं। विस्तृत नभ के किसी कोने को अपना बना लेना मोह या आसक्ति है। बौद्ध-दर्शन ने जीवन के समग्र दुःखों का कारण इस आसक्ति को ही माना है। मानव-जीवन इन आसक्ति-सम्भूत दुःखों से भरा हुआ है—अनिच्छित का सम्पर्क दुःखद है, इच्छित का वियोग दुःखद है और ईप्सित की अनुपलब्धि दुःखद है। आसक्ति बलिष्ठ होकर ऐसी एषणा बन जाती है, जो इस जीवन के बाद भी फलीभूत होना चाहती है। फलस्वरूप जीव को उसकी पूर्ति के लिए विभिन्न योनियों में भटकना पड़ता है।

महादेवी ने बौद्ध-दर्शन से केवल 'दुःखवाद' को ही नहीं अपनाया है, बल्कि बौद्ध-दर्शन से 'सर्वं क्षणिकं' ने इन्हें प्रभावित किया है। समग्र सृष्टि के प्राणी और पदार्थ सत्ता में किस प्रकार नश्वर क्षणिकता का कुटिल कीट घर कर गया है—इसका पता कवयित्री को है। सृष्टि की सुषमा में सोयी-छिपी क्षणिकता ने इन्हें बार-बार झकझोरा है—

न रहता भौंरों का आह्वान
नहीं रहता फूलों का राज
कोकिला होती अन्तर्धान
चला जाता प्यारा ऋतुराज
असम्भव है चिर सम्मेलन

न भूलो क्षणभंगुर जीवन !
अथवा
भुला डालो जीवन की साध
मिटा डालो बीते का लेश
एक रहने देना यह ध्यान
क्षणिक है यह मेरा परदेश !

महादेवी को बौद्ध-दर्शन के अलावा बुद्ध के व्यक्तित्व ने भी प्रभावित किया है। इसके अनुसार "बुद्ध के व्यक्तित्व में दो विशेषताएँ ऐसी हैं, जिनका संयोग सहज नहीं— कठोर बुद्धिवाद और कोमल मानवीय तत्त्व। उनके बुद्धिवाद के सामने तो आधुनिक वैज्ञानिक युग का बुद्धिवादी भी बड़ा भावुक जान पड़ेगा। आज का बुद्धिवादी अध्यात्म की उपेक्षा करके भी अपने अहम् की पूजा-अर्चा में आस्तिक भक्त बन जाता है।"[1] बुद्ध की इस बौद्धिकता की प्रशंसा करते हुए महादेवी ने 'करुणा का सन्देशवाहक' शीर्षक निबन्ध में लिखा है कि "अपनी विशुद्ध बौद्धिकता के बल पर ही वे युगों से बद्धमूल विश्वासों का विरोध करने खड़े हुए और तर्क की सहज स्वाभाविकता के कारण ही हर दिशा में उनकी यात्रा विजय-यात्रा ही सिद्ध हुई; पर उनकी असीम शुष्क बौद्धिकता में मानवीय सौहार्द की अतिव्याप्ति आश्चर्य का कारण बनती रहती है।" इसीलिए बुद्ध विशुद्ध बौद्धिक और सहज मानव हैं। पुनः बुद्ध के व्यक्तित्व का मूल्यांकन करते हुए इन्होंने लिखा है, "संसार के धर्म-संस्थापकों की पंक्ति में बुद्ध ही ऐसे अकेले हैं, जिन्होंने मनुष्य के सम्बन्धों में सामंजस्य लाने के लिए परमात्मा की मध्यस्थता नहीं स्वीकार की, मनुष्यता उत्पन्न करने के लिए किसी पारलौकिक अस्तित्व का सहारा नहीं लिया। जिस निर्मम बौद्धिकता के साथ वे अपने वचनों को भी तर्क की कसौटी पर कसकर ही स्वीकार करने के लिए कहते हैं, उसी के साथ वे जीवन के अन्तिम क्षणों में अपने संस्थापित धर्म के लिए कोई उत्तराधिकारी नहीं चुनते। उल्टे अपने योग्य और प्रिय शिष्य से कह देते हैं—'गुरु नहीं रहा यह न समझना, आनन्द ! मेरे द्वारा जो धर्म-विनय उपदिष्ट हुआ है, प्रज्ञप्त हुआ है, मेरे न रहने पर वही तुम्हारा गुरु है।"

इस प्रकार महादेवी को बुद्ध के व्यक्तित्व की विशुद्ध तार्किकता और पूर्ण मानवता ने अत्यधिक प्रभावित किया है। बुद्ध के व्यक्तित्व और जीवन-दर्शन से ऋजु प्रभाव ग्रहण करने वाली महादेवी की कविताओं में 'नीरजा' की यह कविता अत्यन्त स्पष्ट है—

जाग बेसुध जाग !
अश्रु-कण से उर सजाया त्याग हीरक-हार,
भीख दुख की माँगने फिर जो गया प्रतिद्वार,
शूल जिसने फूल छू चन्दन किया सन्ताप
सुन जगाती है उसी सिद्धार्थ की पद-चाप;
करुणा के दुलारे जाग !

---

१. क्षणदा, पृ० १०।

शंख में ले नाश मुरली में छिपा वरदान
दृष्टी में जीवन अधर में सृष्टी ले छविमान
आ रचा जिसमें स्वरों ने प्यार का संसार
गूंजती प्रतिध्वनि उसी की फिर क्षितिज के पार
वृन्दाविपिन वाले जाग !
रात के पथहीन तम में मधुर जिसके श्वास
फैल भरते लघुकणों में भी असीम सुवास;
कंटकों की सेज जिसकी आँसुओं का ताज
सुभग! हँस उठा उस प्रफुल्ल गुलाब ही सा आज,
बीती रजनी प्यारे जाग !

'यामा' में इस कविता के ऊपर बुद्ध का चित्र भी दिया हुआ है। वस्तुतः ये पंक्तियाँ बोधिसत्वों में सर्वोपरि, करुणा के चरमोन्नत निदर्शन अवलोकितेश्वर बुद्ध को लक्ष्य कर लिखी गई हैं। महाभिनिष्क्रमण-काल की निर्मोही घड़ियों के वीतराग बुद्ध ने भी कवयित्री को अत्यधिक प्रभावित किया है। 'दीपशिखा' की ये पंक्तियां—

व्यथा प्राण हूँ नित्य सुख का पता मैं
घुला ज्वाल से मोम का देवता मैं
सृजन-श्वास हो क्यों गिनूँ नाश के क्षण !

बुद्ध के तत्कालीन व्यक्तित्व से प्रभावित होकर ही लिखी गई हैं।[1]

यह स्पष्ट है कि महादेवी के अलावा किसी अन्य छायावादी कवि में बुद्ध का प्रभाव जीवन-दर्शन नहीं बन सका है। अतः बौद्ध-दर्शन के दुःखवाद और महादेवी की रचनाओं में उसके अन्वय को किंचित् विस्तार से समझना आवश्यक है।

महादेवी ने दुःखवाद को यथावत ग्रहण नहीं किया है।

किन्तु, इस भौतिक प्रत्यक्षता और जागतिक वस्तुनिष्ठता से महादेवी के दुःखवाद का कम सम्बन्ध है। वह एक प्रकार की आध्यात्मिक जल्पना और कल्पना की कुहक से आच्छन्न है। जैसे—

सेतु शूलों का बना बांधा विहर वारीश का जल;
फूल-सी पलकें बनाकर प्यालियाँ बांटा हलाहल;
दुःखमय सुख, सुखभरा दुख
कौन लेता पूछ जो तुम ज्वाल-जल का देश देते ?

अथवा

विरह का युग आज दीखा, मिलन का लघु पल सरीखा,
दुःख-सुख में कौन तीखा, मैं न जानी औ न सीखा!
मधुर मुझको हो गये सब मधुर प्रिय की भावना ले !

अथवा

१. इन पंक्तियों की पृष्ठभूमि में अंकित चित्र भी इसे समर्थित करता है।

जिसकी विशाल छाया में
जग बालक-सा सोता है
मेरी आँखों में वह दुःख
आँसू बनकर खोता है!

महादेवी के दुःखवाद की दूसरी विशेषता यह है कि इन्होंने दुःख अथवा विषाद को भी आनन्द की तरह स्थायी या सत्-सदृश मान लिया है; जबकि बौद्ध-दर्शन दुःख को एक प्रकार की ऐसी कर्मजन्य विकृति मानता है, जिसका निरोध या शमन सम्भव है, अर्थात् दुःख सान्त है। किन्तु महादेवीजी के अनुसार "आदिम युग से आज तक मनुष्य अपने हृदय और बुद्धि का परिष्कार करता आ रहा है; पर इस क्रम के किसी भी बिन्दु पर उसकी मानसिक तथा बौद्धिक वृत्ति का तारतम्य नहीं टूटा। किसी भी युग में मनुष्य जीवन की धोई-पोंछी स्लेट पर अपने अनुभवों की वर्णमाला नहीं आरम्भ करता। मनुष्य के आँसू, हँसी के कारण भिन्न हो सकते हैं; परन्तु उनके मूलगत विषाद एक ही रहेंगे।"[1] इस तरह महादेवी दुःख अथवा विषाद को भी आनन्द की तरह चिर-स्थायी मानती हैं।

महादेवी और बौद्ध-दर्शन के दुःखवाद या करुणा की धारणाओं में पर्याप्त अन्तर है। भगवान् बुद्ध के प्रति भक्तिमय अनुराग के कारण उनके दर्शन का प्रकारान्तर प्रभाव महादेवी के साहित्य में अवश्य लक्षित होता है, किन्तु यह प्रभाव इतना अनिश्चित और स्थिति-स्थापक है कि इसकी मौलिकता संदिग्ध नहीं हो पाती है। महादेवी की रहस्य-भावना, प्रणयानुराधना और विरह-व्यंजना किसी अलक्ष्य सत्ता के विश्वसनीय सोपानों पर आरोहण-उत्सुक दीख पड़ती हैं। बुद्ध की महाकरुणा के आचार-पक्ष से महादेवी की कविता का कोई सम्बन्ध नहीं है। तीसरे, निजत्व की अभिमानिनी और अपनी 'लघु सीमा'—

जब असीम से हो जायेगा
मेरी लघु सीमा का मेल,
देखोगे तुम देव! अमरता
खेलेगी मिटने का खेल!

से भी बिब्बोक प्राप्त करने वाली कवयित्री आत्मवाद को छोड़ बौद्ध-धर्म के अनात्मवादी दर्शन से किस प्रकार अपना सामंजस्य स्थापित कर सकती हैं! इस तरह बौद्ध-दर्शन और महादेवी की करुणा अथवा दुःखवाद में साम्य जितना पृथुल है, उससे अधिक उनका वैषम्य ही प्रकृष्ट है। महादेवी की रचनाओं में क्षणभंगुरता के विश्वास से जो करुण रेखा खिंच जाती है, वह अवश्य ही बौद्ध-दर्शन के दुःखवाद का प्रभाव मानी जा सकती है। अतः निष्कर्ष रूप में हम कह सकते हैं कि महादेवी के साहित्य में बौद्ध-दर्शन की करुणा अथवा दुःखवाद को 'नया जन्म' ही नहीं लेना पड़ा है, बल्कि वह कुछ नूतन संस्कारों से उपेत भी हो गया।

१. क्षणदा, पृ० ६७।

महादेवी के काव्य में क्षणभंगुरता के प्रति विश्वास भी बौद्ध क्षणिकवाद के दार्शनिक स्तर की गरिमा से हीन है। महादेवी की 'क्षणभंगुरता' के अपवाद भी हैं और कहीं-कहीं इनकी 'क्षणभंगुरता' मौलिक तत्त्व के बाह्य रूप-परिवर्तन मात्र का हेत्वाभास भी पैदा कर देती है।

आंखों में रात बिता जब
विधु से पीला मुख फेरा
आया फिर चित्र बनाने
प्राची में प्रात चितेरा।[1]

अथवा

विकसते मुरझाने को फूल
उदय होता छिपने को चन्द
शून्य होने को भरते मेघ
दीप जलता होने को मन्द
यहां किसका अनन्त यौवन?
अरे अस्थिर छोटे जीवन !

... ...

सखे ! यह है माया का देश
क्षणिक है मेरा-तेरा संग ;
यहां मिलता कांटों में बन्धु!
सजीला-सा फूलों का रंग ;
तुम्हें करना विच्छेद सहन
न भूलो हे प्यारे जीवन ![2]

अथवा

स्निग्ध अपना जीवन कर क्षार
दीप करता आलोक प्रसार
जलाकर मृत पिण्डों में प्राण
बीज करता असंख्य निर्माण
सृष्टि का है यह अमिट विधान
एक मिटने में सौ वरदान !

अन्य उदाहरणों से यह बात और भी स्पष्ट हो जाती है कि महादेवी पर बौद्ध धर्म का प्रभाव साम्प्रदायिक एतावत्व के साथ नहीं पड़ा है। अपनी अनुभूतिजन्य निष्पत्तियों को पुष्ट बनाने में इन्होंने आवश्यकतानुसार इस प्रभाव का उपयोग किया है। इसलिए जिन प्रश्नों पर बौद्ध-दर्शन मौन है, उनसे सम्बन्धित सन्दर्भों में इनके हिन्दू

---

१. आधुनिक कवि, पृ० ६।
२. वही, पृ० १८।

संस्कार अनायास ही मुखर हो गए हैं। उदाहरण के लिए हम जन्मान्तर या पुनर्जन्म की बात ले सकते हैं। इन दो पंक्तियों—

रजकण पर जलकण हो बरसी
नव जीवन अंकुर बन निकली।

से कुछ वैसी ही ध्वनि निकलती है, जबकि बौद्ध-दर्शन में जन्मान्तर या पुनर्जन्म की लोक-प्रचलित अर्थ में स्पष्ट स्वीकृति नहीं है।

महादेवी के दु:खवाद के इस विस्तृत विश्लेषण के बाद यह कहने के लिए लाचार होना पड़ता है कि महादेवी सुख और दु:ख के स्वरूप को स्पष्ट नहीं कर सकी हैं। 'यामा का दार्शनिक आधार' शीर्षक निबन्ध में नन्ददुलारे वाजपेयी ने अत्यन्त मौलिक निष्कर्ष प्रस्तुत करते हुए उचित ही लिखा है कि "महादेवी ने सुख और दु:ख के स्वरूप को अस्पष्ट ही रख छोड़ा है। उन्होंने दु:ख के आध्यात्मिक स्वरूप और सुख के भौतिक स्वरूप को सामने रखकर विचार किया है। किन्तु इसके विपरीत सुख का एक आध्यात्मिक और दु:ख का एक भौतिक स्वरूप भी है, जिसकी ओर उनकी दृष्टि नहीं गई। दु:ख की तामसिक, राजसिक और सात्विक तीनों अभिव्यक्तियाँ हो सकती हैं, उसी प्रकार सुख की भी। यह सब-कुछ उस संवेदन पर अवलम्बित है, जिससे सुख और दु:ख का नि:सरण होता है। महात्मा बुद्ध ने दु:ख को आध्यात्मिक अर्थ में लिया है, उसी प्रकार भारतीय दर्शनों ने 'आनन्द' का आध्यात्मीकरण कर लिया है। इसलिए भौतिक आधार पर सुख और दु:ख का जो व्यतिरेक महादेवी ने दिखाया है, उसे मैं उनकी व्यक्तिगत सात्विकता का परिणाम मान सकता हूँ। उसे दार्शनिक सत्य या काव्य की कसौटी मानने के लिए तैयार नहीं हूँ।"

महादेवी और प्रकृति

पद्मसिंह शर्मा 'कमलेश'

हम जिसे छायावादी युग कहते हैं उसकी सबसे बड़ी विशेषता उसमें प्रकृति का ऐसा समावेश है, जो कई शताब्दियों पश्चात् दिखाई दिया। इसीलिए कुछ आलोचकों ने भावनाओं के लिए प्रकृति से लिये गए प्रतीकों की बहुलता छायावाद में देखी तो वे छायावाद को प्रतीकों द्वारा व्यंजना की वस्तु ही मानकर चलने लगे। इससे और कुछ पता चले या न चले, इतना अवश्य है कि छायावाद में प्रकृति ने कवि की अभिव्यक्ति के लिए पग-पग पर सहायता की है। प्रकृति को अलग कर लिया जाय तो छायावाद पंगु हो जाता है।

प्रश्न यह उठता है कि छायावाद में प्रकृति का यह प्राधान्य क्यों है, हमारी सम्मति में इसके दो कारण हैं। एक तो यह कि वैदिक काल से लेकर संस्कृत-साहित्य के पूर्वकाल तक जो प्रकृति परम आकर्षणपूर्ण व्यक्तित्व लिए हुए थी वह उत्तरकालीन संस्कृत-साहित्य और उसके परिणामस्वरूप हिन्दी-साहित्य में रीति-काल तक निर्वासित-सी रही। काव्य में उसका प्रयोग या तो उपदेशात्मकता के रूप में हुआ या आलंकारिक रूप में। इन दोनों रूपों में वह व्यक्तित्वहीन रही। आधुनिक युग में अंग्रेज़ी-साहित्य में स्वतन्त्र रूप से प्रकृति का प्रयोग होने से अंग्रेज़ी शिक्षा के माध्यम द्वारा हमारे यहाँ के कवियों पर उसका तो प्रभाव पड़ा ही, साथ ही वैदिक तथा संस्कृत-साहित्य के अध्ययन से भी उस ओर कवियों का ध्यान गया और उसकी प्रतिक्रियास्वरूप प्रकृति भी रूढ़िमुक्त हो गई। दूसरी बात यह है कि छायावादी कवि का कोमल और कल्पनाशील हृदय इस लोक के व्यवहार से संतुष्ट नहीं हो सका। उनकी असाधारण मानसिक स्थिति के कारण उन्हें अपने हृदय की बात समझने वाला कोई हाड़-मांस का जीव नहीं मिला। प्रसाद, निराला, पन्त और महादेवी—चारों ही छायावाद के महान समर्थक हैं, इसीलिए वे कल्पना-लोक के निर्माण की ओर प्रवृत्त हुए। एकाकी जीवन में सामाजिक प्राणी जी बहलाने के लिए पशु पक्षी भी पालते देखे गये हैं और इस प्रकार अपने सन्तोष के लिए उपक्रम करते पाये गये हैं। यह साधारण मनुष्यों की बात है। कवि-जैसा असाधारण व्यक्ति तो प्रकृति के कण कण में अपनापन अनुभव करने लगा। पन्त ने तो छाया तक से बाँह खोलकर गले लगने और प्राणों को शीतल करने की भीख माँगी है। यह मनोवैज्ञानिक कारण है। छायावादी कवि ने अपने हृदय की व्यथा-कथा कहने के लिए ही प्रकृति को पुनःप्रतिष्ठित किया। कारण, वह जानता था कि उसका

सजातीय सम्भवत: उसके प्रति सहानुभूति नहीं भी दिखाए तब इस उपेक्षित जड़-प्रकृति को क्यों न अपने लिए चेतन कर लिया जाय और यह ठीक भी है। प्रकृति के भीतर भी तो वही सत्ता कार्य करती है, उसमें भी तो वैसी ही चेतना है, वैदिक और संस्कृत कवि ने भी तो उसे सजीव और चेतनायुक्त माना ही है, तब फिर हिन्दी कविता अपने नये युग में क्यों न प्रकृति को अपना कण्ठहार बनाती। यह स्वाभाविक था। इस प्रकार चाहे परिस्थिति की प्रतिक्रिया समझा जाय या मनोवैज्ञानिक कारण, छायावाद में प्रकृति की महत्त्व-स्थापना अवश्यम्भावी हो गई।

महादेवी वर्मा ने अपने काव्य में प्रकृति को उचित स्थान दिया है। उनकी विराट् तक पहुँचने की साधना के मार्ग में प्रकृति सदैव उनके साथ रही है। उन्होंने छायावाद और प्रकृति के सम्बन्ध का स्पष्टीकरण करते हुए लिखा है—"छायावाद ने मनुष्य के हृदय और प्रकृति के उस सम्बन्ध में प्राण डाल दिए जो प्राचीन काल से बिम्ब-प्रतिबिम्ब के रूप में चला आ रहा था और जिसके कारण मनुष्य को अपने दुःख में प्रकृति उदास और सुख में पुलकित जान पड़ती थी। छायावाद की प्रकृति घट, कूप आदि में भरे जल की एकरूपता के समान अनेक रूपों में प्रकट एक महाप्राण बन गई, अत: अब मनुष्य के अश्रु, मेघ के जलकण और पृथ्वी के ओस-बिंदुओं का एक ही कारण, एक ही मूल्य है। प्रकृति के लघुतृण और महान वृक्ष, कोमल कलियाँ और कठोर शिलाएँ, अस्थिर पर्वत, निबिड़ अंधकार और उज्ज्वल विद्युत्-रेखा मानव की लघुता-विशालता, कोमलता-कठोरता, चंचलता-निश्चलता और मोह-ज्ञान का केवल प्रतिबिम्ब न होकर एक ही विराट् से उत्पन्न सहोदर है। जब प्रकृति की अनेकरूपता में, परिवर्तनशील विभिन्नता में कवि ने ऐसा तारतम्य खोजने का प्रयास किया, जिसका एक छोर किसी असीम चेतन और दूसरा उसके समीप हृदय में समाया हुआ था, तब प्रकृति का एक-एक अंश एक अलौकिक व्यक्तित्व लेकर जाग उठा।"[1]

इससे स्पष्ट है कि महादेवीजी एक ओर प्रकृति में उस विराट् की छाया देखती हैं और दूसरी ओर अपनी छाया भी देखती हैं। महादेवी ही नहीं, हिन्दी के छायावाद के सभी प्रमुख कवियों ने ऐसा ही किया है। प्रकृति इस प्रकार कवि के हृदय से भिन्न नहीं रह जाती, वह उसी के जीवन का अंश बनकर सम्मुख आती है। इसे यदि हम चाहें तो प्रकृति से तादात्म्य की संज्ञा दे सकते हैं। महादेवीजी के काव्य में यह प्रवृत्ति विशेषत: मिलती है। एक कविता में वह संध्या से अपनी तुलना करती हुई कहती हैं—

प्रिय सान्ध्य गगन, मेरा जीवन!
यह क्षितिज बना धुँधला विराग,
नव अरुण अरुण मेरा सुहाग,
छाया-सी काया वीतराग,
सुधि भीने स्वप्न रंगीले घन

---

१. यामा, 'अपनी बात', पृ० ६।

साधों का आज सुनहलापन,
घिरता विषाद का तिमिर गहन
संध्या का नभ से मूक मिलन--
यह अश्रुमती हँसती चितवन ।[1]

अर्थात् संध्या का आकाश ही मेरा जीवन है। धूमिल क्षितिज वैराग्य है, लालिमामय सूर्य मेरा सुहाग है, संध्या की छाया मेरी आकर्षणरहित काया है, रंग-बिरंगे बादल स्मृतिमय स्वप्न हैं, सुनहलापन मेरी साधें हैं, गहन अन्धकार उमड़ता हुआ विषाद और संध्या का आकाश से मूक मिलन मेरी अश्रुपूर्ण हँसती हुई दृष्टि है। पूरी कविता में अपने जीवन की छाया संध्या के आकाश में प्रतिबिम्बित है।

उसी प्रकार 'मैं बनी मधुमास आली'[2], 'मैं नीर-भरी दुःख की बदली[3]', 'विरह का जलजात जीवन'[4],'रात-सी नीरव व्यथा तम-सी अगम तेरी कहानी'[5]आदि कविताओं में उन्होंने प्रकृति से तादात्म्य किया है। कभी-कभी वह तादात्म्य के लिए विरोधी तत्त्वों को लेकर भी अपना काम चलाती हैं। ऐसी कविताओं में वह अपनी विशालता और अभावहीनता का परिचय देती हैं। उदाहरण के लिए नीचे की पंक्तियाँ देखिए—

जग करुण करुण, मैं मधुर-मधुर
दोनों मिलकर देते रजकण
चिर करुण मधुर सुन्दर-सुन्दर
जग पतझर का नीरव रसाल,
पहने हिमजल की अश्रुमाल
मैं पिक बन गाती डाल-डाल
सुन फूल-फूल उठते पल-पल
सुख-दुःख मंजरियों के अंकुर।

प्रकृति से अधिक सुखी और वैभवशालिनी कवि की आत्मा किस प्रकार प्रकृति को सौन्दर्य और शृंगार से युक्त बनाती है, यह इस कविता में द्रष्टव्य है।

महादेवीजी ने दूसरे रूप में प्रकृति का उपयोग उसका मानवीकरण करके किया है। यह प्रवृत्ति अंग्रेजी की देन है, ऐसा माना जाता है, पर महादेवीजी ने इसका खण्डन करते हुए वेदों में उषा, मरुत्, अग्नि आदि के सम्बन्ध में लिखी गई ऋचाओं में मानवीकरण की प्रवृत्ति देखकर उसे अपनी ही वस्तु माना है। जो कुछ भी हो, मानवीकरण महादेवीजी के प्रकृति-वर्णन की दूसरी विशेषता है। यों तो प्रकृति सजीव है और स्थान-स्थान पर उसके ऐसे चित्र मिल सकते हैं, परन्तु कुछ कविताएँ तो ऐसी हैं, जो हिन्दी की निधि कही जा सकती हैं। नीचे दो चित्र दिये जाते हैं। एक चित्र तो वसन्त की मधुरिमामयी रात्रि का है और दूसरा वर्षा का है। दोनों में नारी के दो रूपों की भव्य झाँकी है —

---

१. यामा, पृ० १; २. वही, पृ० १४७; ३. वही, पृ० २११; ४. वही, पृ० १३०; ५. दीपशिखा, पृ० ३६ ।

धीरे-धीरे उतर क्षितिज से
आ वसन्त रजनी !
तारकमय नव वेणी बन्धन,
शीश फूल शशि का कर नूतन,
रश्मि वलय, सितघन अवगुण्ठन,
मुक्ताहल अभिराम बिछा दे
चितवन से अपनी
पुलकती आ वसन्त रजनी ।[1]
रूपसि तेरा घन-केश-पाश !
श्यामल-श्यामल, कोमल-कोमल,
लहराता सुरभित केश-पाश ।
सौरभ भीना, झीना गीला
लिपटा मृदु अंजन-सा दुकूल;
चल अंचल से झर-झर झरते
पथ में जुगनू के स्वर्ण फूल;
दीपक से देता बार-बार
तेरा उज्ज्वल चितवन विलास
रूपसि तेरा घन-केश-पाश ।[2]

महादेवी के मानवीकरण में प्राकृतिक वस्तुएँ ही नहीं, कभी-कभी विराट् प्रकृति भी बँध जाती है । महादेवीजी ने एक कविता में उस विराट् सत्ता को—परम तत्त्व को अप्सरा का रूप दिया है । उसमें प्रकाश और अंधकार को उसका सफेद और काला वस्त्र, सागर-गर्जन को मंजीरों की रुनझुन, झंझा को अलक-जाल, मेघों की ध्वनि को किंकिणी का स्वर, रवि-शशि को चंचल कुण्डल, तारों को माँग के अमोल मोती, चपला को विभ्रम, इन्द्रधनुष को स्मिति और हिमकणों को स्वेद-बिन्दु का रूप दिया है—

लय गीत मदिर, गति ताल अमर
अप्सरि तेरा नर्तन सुन्दर
आलोक तिमिर सित असित चीर
सागर-गर्जन रुनझुन मँजीर
उड़ता झंझा में अलक जाल
मेघों में मुखरित किंकिण स्वर
अप्सरि तेरा नर्तन सुन्दर
रवि शशि तेरे अवतंस लोल,
सीमन्त जटित तारक अमोल,
चपला विभ्रम, स्मिति इन्द्रधनुष,

१. यामा, पृ० १२२; २. वही, पृ० १३२ ।

हिमकण बन झरते स्वेद निकर
अप्सरि तेरा नर्तन सुन्दर ।[1]

इस मानवीकरण में जैसे विराट् प्रकृति के ही अंग रूप प्रकृति के समस्त उपादान बताये गए हैं, उसी प्रकार कहीं-कहीं उन्होंने अपना अंग भी प्रकृति को कहा है—

मेरी निश्वासों में बहती रहती झंझावात,
आँसू में दिन-रात प्रलय के घन उत्पात,
कसक में विद्युत् अन्तर्धान ।[2]

इससे पता चलता है कि प्रकृति उनके आराध्य का भी प्रतिबिम्ब है और उनका भी। ऐसी स्थिति में वह अपने प्रियतम से कभी भिन्न कैसे रह सकती हैं ? इस अभिन्नता के अनुभव के कारण ही वह कभी-कभी प्रकृति के उपकरणों से शृंगार करके अपने को प्रियतम के प्रति समर्पित करने की तैयारी करती दिखाई देती हैं—

रंजित कर दे यह शिथिल, चरण,
ले नव अशोक का अरुण राग।
मेरे मण्डन को आज मधुर
ला रजनी गंधा का पराग ।।
यूथी की मीलित कलियों से अलि दे मेरी कवरी सँवार।
पाटल के सुरभित रंगों से,
रंग दे हिम-सा उज्ज्वल दुकल
गुँथ दे रशना में अलि गुंजन
से पूरित झरते बकुल-फूल
रजनी से अंजन माँग सजनि दे मेरे अलसित नयन सार ।[3]

उनके रहस्यवाद की कोमलता का कारण यही प्रकृति है। 'लाए कौन सन्देश नए घन' या 'मुसकाता संकेत-भरा नभ अलि क्या प्रिय आने वाले हैं' तथा ऐसी प्रकृति की सुषमा उन्हें प्रियतम का सन्देश देने वाली जान पड़ती है। परन्तु कभी-कभी प्रकृति उन्हें उपदेश देती हुई भी दिखाई देती है। 'आँसुओं के देश में' शीर्षक गीत[4] में झरता हुआ सुमन, निश्चल तृण, बेसुध कोकिल और प्यासी चातकी अपनी मुद्रा और मानसिक स्थिति से उस जीवन की व्यथा का संकेत कर जाते हैं, जो दिवस भी अपने अमिट सन्देश से नहीं कर पाया था।

यह बताया झर सुमन ने
यह बताया मूक तृण ने,
यह कहा बेसुध पिकी ने
चिर पिपासित चातकी ने
सत्य जो दिव कह न पाया था, अमिट संदेश में
आंसुओं के देश में?'

---

१. यामा, पृ० १८०। २. वही, पृ० १७६। ३. वही, पृ० १६५। ४. दीपशिखा, कविता १७।

यहाँ प्रकृति के उपमानों के नष्ट होने से जीवन के नष्ट होने का आभास मिलता है। इसे प्राकृतिक दर्शन कहते हैं। कवि पंत की 'परिवर्तन' नामक प्रसिद्ध कविता में भी यही दर्शन है। लेकिन महादेवी ने ऐसा कम ही किया है। वह प्रकृति को अपनी सजीव संगिनी, जीवन का अंग समझती हैं। ऐसे दृष्टिकोण वाले कवि को प्रकृति बराबर नाश का सन्देश नहीं दे सकती। यह ध्रुव सत्य है।

महादेवी के अधिकांश प्रकृति के चित्र उनके अपने भावों के ही प्रतिबिम्ब हैं। परन्तु कहीं-कहीं स्वतन्त्र दृश्य-चित्रण भी उन्होंने किया है। 'हिमालय' के निम्नांकित चित्रण में किस प्रकार रूप और रंग की सजीवता है, यह देखते ही बनता है—

तू भू के प्राणों का शतदल।
सित क्षीर-फेन हीरक रज से
जो हुए चाँदनी में निर्मित
पारद की रेखाओं में चिर
चांदी के रंगों से चित्रित
खुले रहे दलों पर दल झलमल
सीपी से नीलम से द्युतिमय
कुछ पिंग अरुण, कुछ सित श्यामल
कुछ सुख चंचल, कुछ दुःख मंथर
फैले तम से कुछ तूल-विरल,
मँडराते शत-शत अलि-बादल।[1]

आलंकारिक रूप में महादेवीजी ने अन्य कवियों की भाँति ही उपमान ग्रहण किए हैं। उनके उपमान अधिकतर वसन्त और पावस दो ऋतुओं से लिए गए हैं। साधना-पथ पर बढ़ते हुए साधक की आँखों में आँसू और होंठों पर मुसकान दो ही संबल-रूप पदार्थ होते हैं। पावस आँसू से सम्बद्ध है और वसन्त मुसकान से। रंग भी उज्ज्वल और काला विशेष रूप से आए हैं। इन ऋतुओं से सम्बन्धित पक्षियों में भ्रमर, चातक, मयूर, कोकिल, चकोर आदि विशेष रूप से आए हैं। फूलों में कमल, हरसिंगार और गुलाब का उल्लेख बहुत हुआ है। वैसे 'नीहार', 'रश्मि', 'नीरजा', 'सान्ध्यगीत' और 'दीपशिखा' इन क्रमशः प्रकाशित ग्रन्थों में कोई ऐसा समय नहीं, जिसका वर्णन उनकी कविता में न हो। सागर, पृथ्वी और आकाश तीनों के उपकरणों का प्रयोग करने में वह सिद्धहस्त हैं। वसन्त और पावस में इनकी बदलती हुई छटा का दिग्दर्शन उन्होंने बार-बार कराया है। 'दीपशिखा' में पतंग प्राणों के तिल-तिल कर जलने के लिए आतुर दीख पड़ता है। प्रेम के लिए प्राणोत्सर्ग करने वाले के प्रतीक के लिए ही वह बार-बार आया है। दोपहरी का एक भी चित्र महादेवीजी के काव्य में नहीं है। प्रभात, संध्या और रात, तीन के ही चित्र या तीन के ही उपकरण अनेक भावों की व्यंजना के लिए आए हैं। इन दृश्यों के अंकन या इनके उपकरणों को भावों की अभिव्यक्ति का माध्यम बनाने में महादेवीजी ने वैभव-विलास की

---

१. दीपशिखा, कविता १४४।

ही दृष्टि रखी है। जैसा कि श्री विश्वम्भर 'मानव' ने कहा है—हमारी साधिका ब्रह्म की सुहागिन है। उस महान् ऐश्वर्यशाली की प्रेमिका के लिए चाँदी, सोना, मोती, प्रवाल, नीलम, पुखराज सामान्य वस्तुएँ न होंगी तो किसके लिए होंगी।" इन वस्तुओं के सहारे प्रकृति के उपकरणों को उन्होंने और भी सुषमामय बना दिया है।

प्रकृति महादेवी के लिए शृंगार की वस्तु है; प्रियतम की ओर संकेत करने वाली सहचरी है, उसकी आत्मा की छाया है, ब्रह्म की छाया है। उसके जीवन का अपरिहार्य अंश है। अपने असीम की ओर बढ़ती हुई महादेवी प्रकृति के कण-कण से परिचित होती हुई आगे बढ़ी हैं और सबका क्रन्दन पहचानकर आश्वस्त-सी हो गई हैं।[1] उनकी दृष्टि गहरी भी है और विशाल भी। इसका कारण स्वयं उन्होंने बता दिया है, जो उनके दृष्टिकोण को समझने के लिए किसी प्रकार की टिप्पणी की आवश्यकता नहीं समझता—

"जड़ चेतन के बिना विकासशून्य है और चेतन जड़ के बिना आकाशशून्य। इन दोनों की क्रिया-प्रतिक्रिया ही जीवन है। चाहे कविता किसी भाषा में हो, चाहे किसी 'वाद' के अन्तर्गत, चाहे उसमें पार्थिव विश्व की अभिव्यक्ति हो, चाहे अपार्थिव की और चाहे दोनों के अविच्छिन्न सम्बन्ध की, उसके अमूल्य होने का रहस्य यही है कि वह मनुष्य के हृदय से प्रवाहित हुई है।"[2]

आरम्भ में जैसे जीवन के प्रति उनकी दृष्टि विस्मय-भरी थी वैसा ही प्रकृति के प्रति भी था। वह सीधे-सादे दृश्य-चित्रण में ही सन्तुष्ट हो जाती थीं अथवा प्रकृति की सुःख-दुखःमयी स्थिति से प्रसन्न या विषादमग्न हो जाती थीं। उनकी वृत्ति तटस्थ दर्शक की थी, लेकिन धीरे-धीरे वह उसके भीतर डूबती गई हैं और प्रकृति उनकी अनुभूति का अंग बन गई है। यही कारण है कि 'सांध्य-गीत' तथा 'दीपशिखा' के अधिकांश गीतों में प्रकृति अनुभूति का अंग बनकर ही आयी है।

दुःख और निराशा, विरह और विकलता, त्याग और सहिष्णुता उनके जीवन में बौद्ध प्रभाव से आए हैं, जिनके लिए प्रकृति से भी वह प्रेरणा पाती हैं। दुःख के सुखद परिणाम की अभिव्यक्ति निम्न पंक्तियों में कितनी कुशलता से हुई है--

जब मेरे शूलों पर शत-शत
मधु के युग होंगे अवलम्बित,
मेरे क्रन्दन से आतप के
दिन सावन हरियाले होंगे
तब क्षण-क्षण मधु प्याले होंगे?

अपने दुःख में भी, अभाव में भी वह कोई ऐसी बात नहीं देखतीं, जिसके लिए वह

१. महादेवी की रहस्य-साधना, पृष्ठ ७६
अलि मैं कण-कण को जान चली
सबका क्रन्दन पहचान चली
—'दीपशिखा', कविता ५१

२. यामा, पृष्ठ ११ ३. वही, पृष्ठ २२६।

संतापित हों। वह अपनी हीनता में भी केवल यही वरदान चाहती हैं—

घन बनूँ वर दो मुझे प्रिय !
जलधि मानस से नव जन्म पा
सुभग तेरे ही दृग व्योम में,
सजल श्यामल मंथर मूक-सा
तरल अश्रु विनिर्मित गात ले
नित घिरूँ झर-झर मिटूँ प्रिय
घन बनूँ वर दो मुझे प्रिय !''[1]

इस प्रकार प्रकृति ने उनके भावपक्ष का ही नहीं, कलापक्ष का भी शृंगार किया। प्रतीकों द्वारा व्यंजना तो और कवियों ने भी की है, पर उसे अपने जीवन-दर्शन —ससीम का असीम से तादात्म्य—के लिए प्रकृति को माध्यम बनाना उनकी अपनी विशेषता है। उनके काव्य में प्रकृति इतनी घुल-मिल गई है कि उसे विश्लेषण के लिए अलग करके देखना भी कठिन है। हिन्दी के वर्तमान कवियों में महादेवीजी ने प्रकृति के द्वारा अपनी भावनाओं को परिपूत अभिव्यक्ति दी है और विराट् की प्रेमानुभूति के लिए उनके व्यक्तित्व को विशालता तथा भव्यता दी है। यही उनके लिए प्रकृति की सबसे बड़ी देन है।

...ामा, पृष्ठ १४३।

सौन्दर्यानुभूति

आनन्द प्रकाश दीक्षित

सौन्दर्य का प्रथम साक्षात्कार वस्तु-विशेष के आकार अथवा उसके रूप-बोध के साथ सम्पन्न होता है और उसकी अन्तिम परिणति गृहीता की चेतना के सम्पर्क में अनुभूति के रूप में होती है। जगत् के साथ पहला सम्पर्क-क्षण मनुष्य को उनके वैभिन्न्य और वैचित्र्य के प्रति औत्सुक्यपूर्ण कौतूहल से विचलित कर देता है और उसके अन्दर में आनन्द की तरंगवती धारा प्रवाहित कर देता है। अतः वैचित्र्य को ही सौन्दर्य का आधार स्वीकार कर लें तो उसकी अवस्थिति वस्तुगत माननी होगी। आरम्भिक स्थिति में व्यक्ति का मन सौन्दर्य का भोक्ता है और उसकी चेतना सौन्दर्य का निश्चय करने में महत्त्वपूर्ण सहायता प्रदान करती है, ऐसा ज्ञान नहीं रहता। इस बात का बोध नहीं रहता कि सौन्दर्य की प्रतिष्ठा वस्तु में नहीं, अपितु उसकी दृष्टि में ही अधिक सम्भव होती है। मनुष्य में इस चेतना का विकास शनैः-शनैः होता है कि वस्तु का सौन्दर्य व्यक्ति-सापेक्ष, अथवा बहुत-कुछ व्यक्ति-सापेक्ष भी होता है।

औत्सुक्यपूर्ण कौतूहल की आरम्भिक भावना व्यक्ति-मन के प्रसादन के हेतु प्रायः मृदुल-कोमल को ही अपना आश्रय-स्थल बनाती है और प्रायः दृश्य-जगत् के बीच ही प्रसार पाती रहती है। चेतना के विकास और जगत् के नाना रूप-व्यवहारों की परिचिति और अनुभूति के साथ-साथ हमारा मन केवल अनेक वस्तुओं के वैविध्य के बीच में संचरित होता हुआ भी जब एक ही वस्तु के अनेक रूपों का भी परिचय लाभ प्राप्त करने लगता है, तब गृहीता की दृष्टि अपनी चेतना के सहारे सौन्दर्य का ऐसा पट बुनने लगती है जो उसकी कल्पना पर निर्भर और जीवन के राग-विरागात्मक भावों और उन्हें उभारने वाली वस्तुओं के सामंजस्य पर आश्रित रहता है।

स्थूल से आन्तरिक सूक्ष्म की ओर धावित होने का यह क्रम, वैचित्र्य और अनेकता से एकता की ओर धावित होने का क्रम बन जाता है। जगत् के नाना रूप-रंगों के बीच अनेकता में भी एकता की खोज करने वाला मन, बुद्धि और हृदय में से कभी एक का और कभी दूसरे का सहारा लेता हुआ मार्ग ढूँढ़ने लगता है। बुद्धि की प्रेरणा उसे ज्ञान के क्षेत्र में घुमाती है और हृदय की प्रेरणा उसकी रागात्मकता को छेड़कर जगा देती है और व्यक्ति कलाकार के रूप में मनचाहे माध्यम के सहारे दृश्य-जगत् के साथ-साथ अन्तर्जगत्

के दृश्य भी उपस्थित करने लगता है। बाहरी रूपाकारों में आन्तरिक उत्फुल्लता का रंग भरने लगता है। ऐसी दशा में प्रायः उसके मन का बाल या कैशोर-औत्सुक्यपूर्ण कुतूहल किसी अदृश्य सत्ता के प्रति निष्ठावान बन जाता है, जिसके परिणामस्वरूप जगत् का सारा प्रसार ही कलाकार को उस सत्ता से परिचालित-सा प्रतीत होने लगता है और उसकी निष्ठा जगत् के सारे रूपों के प्रति एक विशेष रागात्मक सम्बन्ध से जोड़ देती है। इसका एक सीधा परिणाम यह होता है कि कलाकार की आँखों के सामने से सुरूप और कुरूप का भेद हट जाता है और उसे सारी प्रकृति ही सुन्दर जान पड़ने लगती है। वह दोनों रूपों को उपस्थित करता चलता है और सब रूपों में एक ही सत्ता का आभास पाकर उसका चित्त सबके प्रति मुग्धता और आह्लाद से भर जाता है। इस रूप में, वह सौन्दर्य के माध्यम से आनन्द की सम्प्राप्ति तो करता ही है, अखंड एकता के सत्य को भी साथ ही ग्रहण करता चलता है। रहस्यवाद और सर्वचेतनावाद की भूमिका यही है।

अनुभूति की इस स्थिति की कलाकार में दो दिशाएँ सम्भव हैं जिनके द्वारा वह इस अनुभूति को अभिव्यक्ति देता या दे सकता है। एक, वह सर्वत्र एक ही सत्ता का दर्शन या अनुभव करता हुआ केवल उस असीम और अनन्त की कल्पना में भी लीन रह सकता है और दूसरे, जगत् के नाना रूपों में उसीकी छवि का प्रसार देखकर व्यावहारिक धरातल पर मनुष्य की एकता और जीवन की अखण्डता का बोध कराने में प्रवृत्त हो सकता है। ऐसा कलाकार जीवन के नाना रूपों के चित्रण के माध्यम से उस विराट् शक्ति की ही सूचना देता है, किन्तु पहले प्रकार के कलाकार के सदृश आत्मनिष्ठ या अन्तर्मुख न होकर समाजनिष्ठ और बहिर्मुख हो जाता है। पहला कलाकार महादेवी के समान होता है और दूसरा तुलसीदास के।

जो कलाकार सौन्दर्य के इस राग-द्वेषात्मक, सुख-दुःखात्मक रूप का सामंजस्य करके उसको ग्रहण नहीं कर पाते, वे अन्तर्वृत्तियों के सहज उन्मीलन-जनित सौन्दर्य के स्थान पर वस्तु के बाहरी आकार-प्रकार में ही उसकी खोज करते भटकते हैं और रागात्मकता की अपेक्षा शब्दों की आभूषावृत्ति को प्रश्रय देते और कला को कला के लिए स्वीकार करते हैं।

महादेवीजी कला का लक्ष्य कला नहीं मानतीं। कला व काव्य का भी लक्ष्य है अखंड सत्य की प्राप्ति। यह प्राप्ति जीवन से दूर रहकर नहीं अपितु उसी के बीच से रास्ता निकालकर ही हो पाती है और इस प्राप्ति में सौन्दर्य एक माध्यम बन जाता है। इस अखण्ड सत्य तक सौन्दर्य के माध्यम से पहुँचते हुए कलाकार और गृहीता को आनन्द का अनुभव होता रहता है। अतः सौन्दर्य जहाँ जीवन की अखण्डता और एकता का प्रतिष्ठाता है वहां आनन्द का प्रसारकर्त्ता भी है। इस सिद्धान्त को प्रस्तुत करते हुए, इसीलिए, महादेवीजी ने कहा है, "कला का सत्य जीवन की परिधि में सौन्दर्य के माध्यम द्वारा व्यक्त अखण्ड सत्य है।"[1] अथवा "सत्य काव्य का साध्य और सौन्दर्य साधन है। एक अपनी एकता में असीम रहता है और दूसरा अपनी अनेकता में अनन्त, इसी से साधन के परिचय

---

१ दीपशिखा, भूमिका, पृ० ६।

स्निग्ध खण्ड रूप से साध्य की विस्मयभरी अखण्ड स्थिति तक पहुँचने का क्रम आनन्द की लहर पर बैठता हुआ चलता है।"[1]

'जीवन की परिधि' और 'अनेकता में एकता' की चर्चा इसलिए आवश्यक हुई कि केवल व्यक्ति-सम्बन्ध से सौन्दर्य का विचार करें तो देश-भेद से व्यक्ति-व्यक्ति के बीच इतना अधिक रुचि-वैचित्र्य दिखाई देगा कि न तो सौन्दर्य का ही एक रूप निश्चित किया जा सकेगा, न ही सामंजस्य का। इस वैचित्र्य के कारण उपस्थित अव्यवस्था से बचने का एकमात्र रास्ता है सम्पूर्ण जीवन को स्वीकार करना। वस्तुतः कलागत सौन्दर्य "जीवन की पूर्णतम अभिव्यक्ति पर आश्रित है, केवल बाह्य रूपरेखा पर नहीं।"[2] जगत् की क्षुद्रतम वस्तु भी इस दृष्टि से महत्त्वपूर्ण है और प्राणि-जगत् की अनेकात्मक गतिशीलता से लेकर अन्तर्जगत् की रहस्यमयी विविधता तक सब स्थितियाँ सौन्दर्य के अन्तर्गत गृहीत होती हैं। यहाँ तक कि "छोटा, बड़ा, लघु, गुरु, सुन्दर, विरूप, आकर्षक, भयानक कुछ भी कला-जगत् से बहिष्कृत नहीं किया जाता।"[3]

कला-जगत् में सुन्दर और विरूप दोनों का एक-साथ स्थान है। "व्यष्टि और समष्टि में समान रूप से व्याप्त जीवन के हर्ष-शोक, आशा-निराशा, सुख-दुःख आदि की संख्यातीत विविधता को स्वीकृति देने के लिए ही कला-सृजन होता है।"[4] किन्तु संसार में सुन्दर और विरूप जीवन-सापेक्षता में घट या बढ़कर भी दिखाई दे सकते हैं। संसार में प्रत्येक सुन्दर वस्तु उसी सीमा तक सुन्दर है, जिस सीमा तक वह जीवन की विविधता के साथ सामंजस्य की स्थिति बनाये हुए है और प्रत्येक विरूप वस्तु उसी अंश तक विरूप है जिस अंश तक वह जीवन-व्यापी सामंजस्य को छिन्न-भिन्न करती है।"[5] किन्तु सुन्दर की हमारे जीवन में जैसी स्वाभाविक स्थिति है, वैसी विरूप की नहीं है। सौंदर्य से हमारा परिचय अभिव्यक्ति का है और विरूप से औपचारिक। दोनों एक ही सामंजस्य की ओर इंगित करते हुए भी परस्पर भिन्न हैं। 'सौंदर्य अपने समर्थन के लिए जिस सामंजस्य की ओर इंगित करता है विरूपता भी अपने विरोध के लिए उसी की ओर संकेत करती है, पर दोनों के संकेत में अन्तर है। प्रत्येक सौन्दर्य-खण्ड अखण्ड सौन्दर्य से जुड़ा है और इस तरह हमारे हृदयगत सौन्दर्य-बोध से भी जुड़ा है, पर विरूप व्यापक सामंजस्य का विरोधी होने के कारण हमारे भीतर कोई स्वभावगत स्थिति नहीं रखता। सौन्दर्य से हमारा वह परिचय है जो अनन्त जलराशि में एक लहर का दूसरी लहर से होता है, पर विरूपता से हमारा वैसा ही मिलन है जैसा पानी में फेंके हुए पत्थर और उससे उठी लहर में सहज है।"[6] इतना ही नहीं, सौन्दर्य की चिर-नवीनता उसे काव्य के लिए ग्राह्य बना देती है और विरूपता साधारण होकर उस सीमा में स्थान नहीं पाती। "सौन्दर्य चिर-परिचय में भी नवीन है पर विरूपता अति परिचय में नितान्त साधारण बन जाती है। इसी से सौन्दर्य की रहस्यानुभूति ही अन्तहीन काव्य-पक्ष में नये परिच्छेद जोड़ती रहती है।"[7]

---

१. दीपशिखा, भूमिका, पृ० १।
२. वही, पृ० ६।
३. वही, पृ० ७।
४. वही, पृ० १८।
५. वही, पृ० २०।
६-७ वही, पृ० २८।

सौन्दर्य की अनुभूति एक प्रकार से रहस्यानुभूति ही है। बाह्य जगत् ही नहीं—, अन्तर्जगत् में होने वाले व्यापार भी हमारे लिए कम महत्त्वपूर्ण नहीं होते। स्थूल और सूक्ष्म के सामंजस्य में ही जीवन है, केवल स्थूल या केवल सूक्ष्म की अपनी चाहे जैसी स्थिति हो, जीवन के लिए उनका महत्त्व नहीं है। कर्म का जितना महत्त्व है, उससे कम भाव का नहीं है। "हमारे जीवन में सूक्ष्म और स्थूल की जैसी समन्वयात्मक स्थिति है, वही कला को केवल स्थूल या केवल सूक्ष्म में निर्वासित न होने देगी। जब हम एक व्यक्ति के कार्य को स्वीकार करेंगे तब उसकी पटभूमिका पर बने हुए वायवी स्वप्न, सूक्ष्म आदर्श, रहस्यमयी भावना आदि का भी मूल्य आंकना आवश्यक हो जाएगा।"[1] अन्तर्जगत् की यह स्थिति रहस्यानुभूति में आनन्द की प्रतिष्ठा करती है, अतः सौंदर्यानुभूति को रहस्यानुभूति मान लेने पर उसमें आनन्द को स्वीकार करना सहज हो जाता है। इसी से महादेवीजी का कथन है : "व्यापक अर्थ में तो यह कहा जा सकता है कि प्रत्येक सौन्दर्य या प्रत्येक सामंजस्य की अनुभूति भी रहस्यानुभूति है। यदि एक सौन्दर्य-अंश या सामंजस्य-खण्ड हमारे सामने किसी व्यापक सौन्दर्य या अखण्ड सामंजस्य का द्वार नहीं खोल देता तो हमारे अन्तर्जगत् का उल्लास से आन्दोलित हो उठना सम्भव नहीं। इतना ही नहीं किसी कर्म के सौन्दर्य और सामंजस्य की अनुभूति भी रहस्यात्मक हो सकती है, इसी से मनुष्य ऐसे कर्मों का आलोक-स्तम्भ बना-बनाकर जीवन-पथ में स्थापित करता रहा है।"[2]

सौन्दर्यानुभूति से अलौकिक रहस्यानुभूति तक का यह यात्रा-पथ जीवन की विविधता को उसके सत्य एवं अखण्ड रूप में ग्रहण करने के कारण ही आनन्दमय बन जाता है। बुद्धि जिस रहस्य को ज्ञेय के रूप में ग्रहण करती है, हृदय का व्यापार उसे ही प्रेय बनाकर उपस्थित करता रहता है। प्रेय का यह व्यापार चाहे कितना ही अलौकिक क्यों न हो, कला के क्षेत्र में लौकिक भूमि पर ही संचरण करता है। रागात्मकता माधुर्य भाव का पल्ला पकड़कर ही आगे बढ़ती है। रहस्य की भूमि पर अन्तर्जगत् की अनुभूति भी बाह्य जगत् के समान ही सहज हो उठती है। दूसरे शब्दों में, अखंड चेतना से तादात्म्य का रूप केवल बौद्धिक भी हो सकता है, पर रहस्यानुभूति में बुद्धि का ज्ञेय ही हृदय का प्रेय हो जाता है। इस प्रकार रहस्यवादी का आत्म-समर्पण बुद्धि की सूक्ष्म व्यापकता से सौन्दर्य की प्रत्यक्ष विविधता तक फैल जाने की क्षमता रखता है, अतः उसमें सत् और चित् की एकता में आनन्द सहज सम्भव रहेगा[3] तथा रहस्यद्रष्टा जब खण्डरूपों से चलकर अखण्ड और अरूप चेतन तक पहुंचता है तब उसके लिए अपने अन्तर्जगत् के वैभव की अनुभूति भी सहज हो जाती है और बाह्य-जगत् की सीमा की भी। अपनी व्यक्त अपूर्णता को अव्यक्त पूर्णता में मिटा देने की इच्छा उसे पूर्ण आत्मदान की प्रेरणा देती है। यदि इस तादात्म्य के साथ माधुर्य भाव न होता तो यह ज्ञाता और ज्ञेय की एकता बन जाता, भावभूमि पर आधार-आधेय की एकता नहीं।[4]

---

१. दीपशिखा, भूमिका, पृ० ६।
२. वही, पृ० २७-२८।
३. वही, पृ० २९।
४. वही, पृ० ३१।

सौन्दर्य और रहस्यानुभूति सम्बन्धी इन मान्यताओं के विस्तृत स्पष्टीकरण की यहाँ आवश्यकता इसलिए हुई कि महादेवी के काव्य के सम्बन्ध में विचार की सही दिशा अपनायी जा सके। महादेवीजी की इन मान्यताओं के अनुरूप ही उनका काव्य भी है, किन्तु इसका यह अर्थ नहीं कि उन्होंने मान्यताओं को व्यावहारिक रूप देने के लिए ही काव्य की रचना की है। इसके विपरीत शायद यह कहना ठीक होगा कि अनुभूति के बल पर उपस्थित काव्य को जब चिन्तन का सहारा मिला तब उन्होंने अपनी भूमिकाओं में उस अनुभूत सत्य को ही वाणी देने का प्रयास किया है। अस्तु।

महादेवीजी के काव्य में अपने ढंग की सुख-दुःखात्मक विविधता भी है और अखण्ड सत्य की अनुभूति भी। उनमें सौन्दर्य के प्रति औत्सुक्यपूर्ण जिज्ञासा भी है और माधुर्यपूर्ण तरल भावुकता भी। सान्द्र अनुभूति को उपस्थित करने की शक्ति भी है और चित्रमय अंकन की सहज कलाकारिता भी। फिर भी महादेवीजी के काव्य की प्रसार-भूमि यद्यपि जीवन और जगत् भले ही हो तथापि जीवन के प्रति उनका दृष्टिकोण जितना आन्तरिक अनुभूतिपरक है उतना बाह्य अनुभवपरक नहीं। पहले ही कहा जा चुका है कि इस दृष्टि से महादेवी तुलसीदासजी से भिन्न स्थिति रखती हैं। जीवन और परिस्थितियों का सामाजिक सन्दर्भ में, जैसा रूप अंकित होना चाहिए या हो सकता है, महादेवीजी या तो उससे परिचित होकर भी उससे अपरिचित ही बने रहना चाहती है, या उसे पहचानती ही नहीं है। अतः उनके काव्य में अनुभूति की गीतात्मक तन्मयता तो हैं, किन्तु विराट् सामाजिकता नहीं है। सुख-दुःख से उनका परिचय है अवश्य किन्तु उनके विविध रूपों के उद्घाटन में, अनेक घटनाओं के बीच उसके प्रकाशन में, उनकी वृत्ति नहीं रमती। परिणामतः उनका काव्य बाह्य प्रकृति में ही अभिव्यक्ति का सन्तोष ग्रहण करता है। उसके भी केवल प्रातः, सन्ध्या और रात्रि के चित्र ही उन्हें रुचिकर प्रतीत होते हैं। ऋतुओं में वसन्त और वर्षा ही उन्हें विशेष उल्लेखनीय ज्ञात होती है। मानवीय रूपों में नारी-रूप ही उन्हें मोहता है।

'नीहार' से 'दीपशिखा' तक के पूरे पांच चरणों में महादेवी सहज औत्सुक्य के रहस्य से ऊपर उठती हुई अन्ततः ऐसे स्थल पर पहुँच गई हैं जहां वह दृढ़ता के साथ कह पाती हैं—'हुए शूल अक्षत मुझे धूलि चन्दन' अथवा अश्रु-हास की समान महत्ता स्वीकार करती हैं।

एक ही उर में पले, पथ एक से दोनों चले हैं,
पलक पुलिनों पर, अधर- उपकूल पर दोनों खिले हैं।
एक ही झंकार में युग अश्रु, हास घुला चुकी हूं।

और 'दुःख से आविल, सुख से पंकिल' जीवन को वह भली-भांति समझ चुकी हैं, किन्तु 'नीहार' और 'रश्मि' में गूंजने वाला उनका उल्लास आज भी पूर्णतया खोया नहीं है। 'रश्मि' में महादेवी ने जिस 'कनक-से दिन, मोती-सी रात, सुनहली साँझ, गुलाबी प्रात' को देखकर जग के चित्राधार की ओर जिज्ञासु-भाव से देखा था, उसका आकर्षण नष्ट नहीं हुआ है, केवल आन्तरिक अनुभूति में अपेक्षाकृत अधिक स्थैर्य लक्षण प्रकट हो आये हैं। जीवन-बोध की, 'कण-कण' को जान लेने की जितनी तीव्र गन्ध 'दीपशिखा' में

है, इतनी ही उससे पूर्व की कृतियों में प्रकृति-बोध की मादकता भी है। न 'दीपशिखा' में प्रकृति-बोध समाप्त हुआ है, न उससे पूर्व की कृतियों में जीवन-बोध । फिर भी महादेवी की रचनाओं का मूल सौन्दर्याधार तो प्रकृति ही है— बाह्य प्रकृति। प्रकृति का चित्रण करते हुए महादेवी वर्ण, ध्वनि, गन्ध, स्पर्श और रस आदि के ऐसे सूक्ष्म ऐन्द्रियबोध जागृत करती हैं कि पाठक का संवेदनापूर्ण हृदय कहीं भी उल्लास-शिथिल नहीं होता। सौन्दर्य के इतने भिन्नवर्णी चित्र महादेवी ने आंके है कि यहाँ सबका उल्लेख नहीं किया जा सकता। कुछ दो-चार चित्र भी सामने रखे जा सकें तो बहुत है।

महादेवी ने मुख्यत: उषा, संध्या और रात्रि के ही चित्र अंकित किये हैं। किन्तु इन चित्रों में भिन्नता इतनी है कि कोई भी एक-दूसरे से मिलता-जुलता नहीं है, अत: आकर्षण में दूसरे से कम नहीं है। उषा के पाँच भिन्न चित्र देखें। 'रश्मि' की पहली कविता 'चुभते ही तेरा अरुण बान', 'नीरजा' में 'मत अरुण घूँघट खोल री', 'सान्ध्यगीत' में 'ओ अरुण-वसना,' तथा 'आज सुनहली बेला' और 'दीपशिखा' की 'सजल है कितना सबेरा' कविताओं में पहली में प्रात:कालीन स्वर्णवर्णी सुषमा, जागरण की गति-भंगिमा और वातावरण की मादकता का दृश्य अंकित है तो दूसरी में तारक-कुसुम चुनने वाली सलज्ज नवोढ़ा का सौन्दर्य उभर रहा है। सलज्ज अरुणवर्णी उषा, अम्बर के तारक-कुसुम नभ की हाट में सजे रजनी-रूपी नायिका के मोती का रूप और नव इन्द्रधनुषी मेघ लहरियों में बिछलती-इठलाती यौवनमत्त उषा का मूर्तिमन्त, मानवीकृत रूप उसकी ललित चेष्टाओं के माध्यम से बड़ी सहृदयता और सावधानी से अंकित किया गया है। 'ओ अरुण-वसना' में नव-वधू का रूप सामने आता है तो 'आज सुनहली वेला' में भावी परिवर्तनों के संकेतों से विह्वल चित्त की वर्तमान सौन्दर्य को पकड़ लेने की ललक है और 'सजल है कितना सबेरा' में रात्रि के घन-कुहासे को चीरकर उपस्थित होने वाली उल्लसित उषा का स्वागत है। लेकिन ये सब चित्र केवल उषा के ही नहीं हैं, निशा की सापेक्षता में उषा के चित्र हैं, अत: पट-परिवर्तन का-सा परिणामकारक मोह-जाल फैलाते हैं।

उषा के समान ही सन्ध्या के भी कई चित्र हैं: 'रश्मि' में संध्या का आगमन, 'अथक सुषमा का सृजन-विनाश' का सूचक बनता है, प्रात:काल से सन्ध्याकाल तक बदलते आकाशी रंग-रूपों पर रात्रि का अंधकार घिर आता है तो कहे बिना नहीं रहा जाता—

गुलालों से रवि का पथ लीप,
जला पश्चिम में पहला दीप,
विहंसती संध्या भरी सुहाग,
दृगों से झरता स्वर्ण-पराग,
उसे तम की बढ़ एक झकोर,
उड़ा कर ले जाती किस ओर ?
अथक सुषमा सृजन का विनाश,
यही क्या जग का श्वासोच्छ्वास ?

'सान्ध्यगीत' की सन्ध्या भी अपने रूपाकर्षण में मोहक है। 'यह सन्ध्या फूली सजीली' में पुन:

आज सुनहली रेणु मली सस्मित गोधूली ने।
रजनीगन्धा आँज रही है नयनों में सोना।
हुई विद्रुम, वेला नीली।

का रोमांचक चित्र है और अन्त में पूर्वकथित सिद्धांत भी 'सृष्टि भरने पर गर्वीली' शब्दों में दुहरा दिया गया है किन्तु 'दीपशिखा' में 'गोधूली अब दीप जला ले' कविता में केवल सान्ध्य-सौन्दर्य के बीच उभरती रजनी का स्वागत ही है, परिवर्तन का संकेत देकर किसी सिद्धान्त से उसका सिरा जोड़ने का प्रयत्न नहीं है। सान्ध्य-रंगों को देखकर महादेवी इतना ही कहती हैं—

कुमकुम से सीमन्त सजीला,
केशर का आलेपन पीला,
किरणों की अंजन-रेखा,
फीके नयनों में आज लगा ले।

अथवा यह कि—

किरण-नाल पर घन के शतदल,
कलरव-लहर विहग बुद-बुद चल।
क्षितिज-सिन्धु को चली चपल,
आभा-सरि अपना उर उमगा ले।

उषा-वर्णन की भाँति न तो सन्ध्या-वर्णन की बहुलता ही है और न वैसी विविधता ही, किन्तु रजनी के कई रूप महादेवीजी की कविताओं में अवश्य मिलते हैं। महादेवीजी 'प्रिय, सान्ध्यगगन मेरा जीवन' कहती अवश्य हैं, किंतु संध्या के उतने चित्र नहीं उरेहतीं। सबसे अधिक उनका मन रमा है रात्रि-वर्णन में। रात्रि के प्रति उनका आकर्षण 'नीहार' और 'रश्मि' में पुलक भरा है, 'नीरजा' में प्रानेशमय और 'सान्ध्यगीत' तथा 'दीपशिखा' में निर्वाणोन्मुख। 'नीहार' की निम्नांकित पंक्तियाँ संपूर्ण कविता के हर्ष-विषादमय वातावरण में मृदुल संवेदन और अन्तर्भावों को ही जागृत नहीं करतीं, बल्कि पाठक को मिलन के मादक व्यापार में विभोर भी करती है। शब्दों का ऐसा अर्थमय प्रयोग कम ही देखने को मिला करता है—

रजनी ओढ़े जाती थी,
झिलमिल तारों की जाली।
उसके बिखरे वैभव पर
जब रोती थी उजियाली।।
शशि को छूने मचली-सी,
लहरों का कर-कर चुम्बन।
बेसुध तम की छाया का,
तटिनी करती आलिंगन।।

सौन्दर्य की अखण्ड प्रतिमा की तरह रजनी महादेवीजी के भावार्चन का लक्ष्य बनती रही है। वसंत ने शरीर और प्रकृति को जिस नवीन चेतना की गांठ खोलकर

अकस्मात् ही हर्ष-निर्भर बना दिया है उसी से रजनी-रानी के अंगों को भी सहेज दिया है। शरद-ज्योत्स्ना में नहाई हुई रजनी नहीं, वसंत रजनी ही महादेवी जी का ध्यान आकर्षित करती है। उसकी रूप-सज्जा के लिए उनका उपक्रम देखने योग्य है। पुलक, हास संकोच और सिहरन का ऐसा क्रम है कि प्रिया का प्रिय से मिलन के पूर्व से लेकर उसके अंत तक का चित्र आँखों के सामने नाचने लगता है। प्रकृति पर नारी-भाव का आरोप तो महादेवी जी ने बार-बार किया है,'किन्तु धीरे-धीरे उतर क्षितिज से आ वसंत-रजनी' कविता में प्रसाधन-सौन्दर्य और आन्तरिक उल्लास का जैसा चित्र अंकित किया है, वह स्थायी प्रभाव डालता है। यदि इस कविता में नवोढ़ा का लजीला-सजीलापन है तो 'नीरजा' की ही दूसरी कविता 'रूपसि, तेरा घन केश-पाश' में सद्यस्नाता का उद्दीपक सौन्दर्य अंकित है। उच्छ्वसित वक्ष, मलयज बयार बन जाने वाली निश्वास, स्निग्ध लटें और पास ही कहीं कूजने वाली मयूरी—सारा दृश्य ही ऐसा है कि अनजाने ही मन छूने के लिए बेकल हो उठे, लेकिन यह बेकली रूप के लुटेरे की बेकली नहीं है, उदास जग-शिशु की मां के आंचल में मुंह छिपा लेने की बेकली है। प्यार का ऐसा रूप, शीतलता का ऐसा स्पर्श भी कितना सुखद होता है, कितना सुन्दर। इन्हीं कविताओं की तुलना में 'नीरजा' की ही 'ओ विभावरी' कविता रखकर देखें, कितनी सीधी और कैसी संकेतात्मक है। 'सान्ध्यगीत' की 'जाग-जाग सुकेशिनी री' में महादेवी का स्वर बदल गया है। उल्लास और आवेग की तीव्रता से स्थिरता आने लगी है, थिरकन अवशिष्ट है। एक अलस-सा भाव, तन्द्रिलता-सी और किसी का पथ देखती प्रेमिका की भाव-तन्मयता-सी ही इस कविता में व्याप्त दीखती है और 'दीपशिखा' की 'सपने जगाती आ' शीर्षक कविता में उपस्थित रजनी सांसारिक सुख-दुःख के सन्दर्भ में केवल मृदुल लेप के लिए उपयोगी बन गई है।

उषा, सन्ध्या और रजनी के रूपचित्र तो केवल उदाहरण के लिए ले लिए गए। वस्तुतः महादेवी जी की कविताओं का सौन्दर्य ही इस बात में है कि उनकी किसी भी रचना से प्रकृति और मानव भाव को अलग-अलग करना सरल नहीं है। प्राकृतिक दृश्यों ने उनकी कल्पना को छेड़कर जगा दिया है, उनकी रागात्मकता को रहस्य का पथ प्रदर्शित किया है। प्रकृति के साथ भाव-तरंग के मिश्रण के कारण ही उन्हें 'तारिकाएँ चकित-सी अनजान-सी' जान पड़ती हैं और एक कुतूहल जाग उठता है कि 'दूर के संगीत-सा वह कौन है?' महादेवीजी के सामने कभी प्रकृति कालिका बनकर उपस्थित नहीं होती, सदैव वर-वेशिनी ही बनकर आती है। उन्हें 'अवनि अम्बर की रूप-सीप में, तरल मोती-सा जलधि ही कांपता' नहीं दिखाई देता, अपितु वारिद में विद्युत् की मुस्कान भी दिखाई देती है। सित मेघ, दीपकों से जुगनू और फेनमय मुक्तावली से तारकों को देखकर उनका उल्लास कई गुना हो आता है। वह मधुमास और नीरभरी बदली भी बनती हैं तो भी उनके उल्लास में कोई न्यूनता नहीं आती। उन्हें तो यही लगता है—

आज मधुर विषाद की घिर करुणा आई यामिनी।
बरस सुधि के इन्दु से, छिटकी पुलक की चाँदनी।

'दीपशिखा' में अवश्य उन्हें उस प्रिय की समीपता और अपनी निर्वाणोन्मुखता का ऐसा ज्ञान हो आया है कि उन्हें कहना पड़ा—

थम गया मदिर विलास, सुख का वह दीप्त हास,
टूटे सब वलय हार, व्यस्त चीर अलक-पाश,
बिंध गया अजान आज किसका मृदु-कठिन तीर ?

किन्तु प्राकृतिक सौन्दर्य के प्रति उनका आकर्षण रहस्यवाद की ऊँचाइयों में बदला-सा भले ही लगता हो, लुप्त नहीं हुआ है। जो बात महादेवी पहले चित्रों के माध्यम से कहती थीं, उसे 'दीपशिखा' में वह प्रतीकों और विरोधाभासों के माध्यम से कहती रहती हैं। अन्तर इतना ही है कि जो महादेवी किसी समय अल्हड़ बनी कभी निरवरोध कहती थीं—'मैं मतवाली इधर, उधर प्रिय मेरा अलबेला-सा है' वह अब इस अवस्था को पार करके स्थैर्य-धैर्य की एक ऐसी भूमि पर पहुंच चुकी हैं जहाँ वह कहती हैं—

आज तार मिला चुकी हूँ ।
सुमन में संकेत-लिपि,
चंचल विहग स्वर-ग्राम जिसके
वात उठता, किरण के
निर्झर झुके, लय-भार जिसके,
वह अनामा, रागिनी अब साँस में ठहरा चुकी हूँ ।
सिन्धु चलता मेघ पर,
रुकता तड़ित का कण्ठ गीला
कंटकित सुख से धरा,
जिसकी व्यथा से व्योम नीला,
एक स्वर में विश्व की दोहरी कथा कह चुकी हूँ ।

किन्तु प्रकृति का उनका साथ आज भी छूटा नहीं है। अब वह प्रकृति की छवि के चित्र नहीं आँकतीं, मानव की छवि में ही प्रकृति का रूप अंकित करती हैं, फिर चाहे वह करुण रूप ही क्यों न हो। करुण को भी इस प्रकार की अभिरामता दे देना भी इसीलिए सम्भव हुआ है कि वह सुख-दुःख के सामंजस्य में ही विश्वास रखती हैं। अतः कहती हैं—

तरल मोती से नयन भरे ।
मानस से ले, उठे स्नेह घन,
कसक-विद्युत् पुलकों के हिमकण,
सुधि-स्वाती की छाँह पलक की सीपी में उतरे ।

तब वस्तुतः महादेवीजी की समस्त सौन्दर्य-निधि उसी एक की आराधना में अर्पित है, हृदय के समस्त भाव उसी को समर्पित हैं। और जो उसे समर्पित है वह सुन्दर ही हो सकता है, या सुन्दर ही बनाकर दिया जा सकता है। अतएव महादेवीजी की उक्तियों में अनुभूति का भेद चाहे जैसा हो, सौन्दर्य में अन्तर कभी नहीं आता। उसी के ऐश्वर्य से प्रकृति भी ऐश्वर्यमयी ही दीखती है, अतएव नीलम के बादल, प्रवाल-

सी उषा, मोती-सी रातें, मोती-से तारे, मोती-सी आँसू की बूँदें, सोने के दिन और संध्या में स्वर्ण-पराग ही उन्हें दिखाई देता है, बादलों में बिजली नीलम के मन्दिर में हीरक प्रतिमा बन जाती है, मेघ-चूनर स्वर्ण-कुंकुम में बसाकर रँगी जाती है और निशि-वासर कनक और नीलम के यानों पर दौड़ते जान पड़ते हैं। प्रकृति के ये रंग कहीं उनकी कविता में रंगीनी, कोमलता, स्फूर्ति, और आह्लाद के चित्र अंकित करते हैं, कहीं सौन्दर्य की क्षण-कता का परिचय देते हैं। इतना ही नहीं, महादेवीजी को प्रकृति यदि उल्लास से गुद-गुदाती है तो विरह के क्षणों में कम्प, रोमांच आदि सात्विकों की अभिव्यक्ति का सहारा भी बन जाती है। देह पर प्रकृति का आरोप करते हुए महादेवीजी उन स्थितियों का भी सुघर चित्र अंकित करने में अत्यन्त कुशलता प्रदर्शित करती हैं। सुकुमारता में ये चित्र अनूठे हैं और अनूठेपन में ही सुन्दरता का अधिवास है।

महादेवीजी की सौन्दर्यानुभूति के सम्बन्ध में यहाँ भाषागत सौन्दर्य का विचार करना उचित न होगा। उसके साथ न्याय करने के लिए पृथक् लेख की आवश्यकता है, अतएव उनके द्वारा व्यक्त किये गए सौन्दर्य सम्बन्धी विचारों के संदर्भ तक ही इस लेख की सीमा मानना उचित है।

शिल्प-साधना

जयनाथ 'नलिन'

आलम्बन और आश्रय के सम्बन्ध की रागात्मक अभिव्यक्ति ही काव्य है। रागात्मक सम्बन्ध के तीन भाग किये जाते हैं, उन्हें तीन मंज़िलें, सोपान या यात्रा-खण्ड भी कहा जा सकता है। ये हैं आलम्बन के स्वरूप की जिज्ञासा, सम्बन्ध-बोध और सम्बन्धानुभूति। चित्र-दर्शन, स्वप्न-दर्शन, प्रत्यक्ष-दर्शन, गुण-श्रवण आदि से आश्रय के हृदय में आलम्बन के स्वरूप की जिज्ञासा होती है। यही उसे प्रेरित करती है कि आलम्बन का सान्निध्य उसे प्राप्त हो। सान्निध्य (यथार्थ या काल्पनिक) प्राप्त करके स्वरूप-बोध होता है। बिना स्वरूप-बोध हुए सम्बन्ध-स्थापना की कामना न उगती है और न पनपती है। कामना जब गहन राग या वासना का रूप ले लेती है, तब सम्बन्धानुभूति बन जाती है।

आलम्बनगत उपकरणों से आकर्षित होकर ही आश्रय में जिज्ञासा उत्पन्न होती है। ये उपकरण हैं शारीरिक रूप-सुषमा, परिधान, प्रसाधन, कर्म-गुण-स्वभाव, चेष्टाएँ आदि। दूसरे उपकरण हैं बाह्य परिवेश आदि। काव्य में इन्हें ही उद्दीपन कहा जाता है। सम्बन्ध-बोध या सम्बन्ध-कल्पना हो जाने पर सम्बन्धानुभूति होने लगती है। ये उपकरण उस रागात्मक अनुभूति को और भी तीव्र करते हैं। इन उपकरणों को दो भागों में रखा जा सकता है—प्राकृतिक और स्वनिर्मित। यही विभावन-व्यापार कहलाता है। आलम्बन-आश्रय के सम्बन्ध-बोध, सम्बन्ध-कल्पना, सम्बन्धानुभूति, जिज्ञासा को भावना-व्यापार कहते हैं। दोनों के बिम्बात्मक चित्रण को अभिव्यंजना, शिल्प या कलापक्ष।

महादेवीजी का प्रिय परोक्ष भी है, प्रत्यक्ष भी। अतीन्द्रिय अगोचर होते हुए भी इन्द्रियगम्य है। वह सूक्ष्मातिसूक्ष्म है और गोचरागोचर ब्रह्माण्ड-विस्तार के अणु-अणु में व्यापक विराट् भी। उसका स्वरूप बहुत-कुछ कबीर के द्वैताद्वैत विलक्षण गुण वाले कन्त के समान है। रति का आलम्बन होने के कारण वह निर्गुण निर्विशेष नहीं रह जाता। उसे शरीरी रूप में प्रत्यक्ष नहीं किया जा सकता। उसके प्रति जिज्ञासा का उदय होगा, सृष्टि-विस्तार के दर्पण में उसके मानस-प्रवेशी असाधारण, असामान्य और अनुपमेय सौन्दर्य के प्रतिबिम्ब को देखकर, उसके सौन्दर्य-शर-वेधन की प्रतिक्रिया का अनुभव करके।

चुभते ही तेरा अरुण वाण।
बहते कण-कण से फूट फूट
मधु के निर्झर-से सजल गान।

इन कनक रश्मियों में अथाह
लेता हिलोर तम-सिंधु जाग।
बुद-बुद से बह चलते अपार
उसमें विहगों के मधुर राग।
बनती प्रवाल का मृदुल कूल
जो क्षितिज रेख थी कुहर-म्लान।[1]

यह सुकुमार प्रभात की सुषमा-स्वर्णाभ प्रथम झलक का सावयव चित्रण है। काव्यशिल्पी ने प्रथम अरुण सूर्य-रश्मि को बाण के प्रतीक द्वारा अभिव्यक्त किया है। यदि किसी रस-सम्पन्न पदार्थ (रसभरी, अंगूर आदि) पर शराघात किया जाय तो उसमें से रस फूट पड़ेगा। उस रस-पदार्थ की राशि को वेध दिया जाय तो निश्चय ही रस की धाराएँ बह निकलेंगी। सृष्टि के कण-कण में लबालब रस भरा है, किरण-बाण के लगते ही वह फूटकर बह निकलता है। रश्मि-बाण सिद्ध होकर कण-कण से वह नहीं बह निकलता, जिसका जीभ से आस्वादन किया जाय; बल्कि मधु के झरनों के गान बह निकलते हैं। प्रथम किरण के धरती पर आते ही भ्रमर गुंजारने लगते हैं, विहग कलरव कर उठते हैं, पूजाघरों में अर्चना-गान गूँज उठते हैं— लगता है, कण-कण से गीत मुखरित हो रहे हैं। चारों ओर संगीत सुनकर कल्पना की जा सकती है कि कण-कण में संगीत भरा था—यहां परिणाम से तथ्य का अनुसंधान हुआ। 'सजल' विशेषण से प्रभावशीलता और अभिसिंचनशीलता दो गुणों को गान में स्थापित किया गया है। गान में आगे बढ़ने, प्रसारित होने और मानस को डुबा देने के गुण होते हैं। एक बात और; संघर्ष या टूटने से शब्द उत्पन्न होता है। किरणों के आघात से कण टूटते हैं, तो उनमें शब्द विस्फोट-सिद्धान्त के अनुसार उत्पन्न होगा ही।

किरणों के उदय होने से पूर्व अन्धकार की तह-सी जमी रहती है। सम्पूर्ण धरातल पर सुप्त मनुष्य के समान अचल क्रियाहीन जड़वत् तम-सिंधु फैला दीखता है। सच है, किरणें तारों के रूप में अँधेरे पर पृथक्-पृथक् नहीं पड़तीं; प्रकाश के रूप में पड़ती हैं तो भी किरणें हैं पृथक्-पृथक् ही प्रकाश-तारों या धागों के रूप में। कल्पना की आँखों में ऐसे ही दृश्य उतरता है कि अन्धकार के आवरण पर किरणें अलग-अलग पड़ रही हैं।

तब झिलमिलाती किरणों के बीच-बीच में तम-कालिमा काँपती-सी मालूम होगी रश्मि-आलोकित भाग ऊपर उठा हुआ और अनालोकित काला भाग नीचे दबा हुआ मालूम होगा। तरंगित समुद्र में ऐसा ही दृश्य देखा जाता है। लहरें ऊपर उठी हुई और शेष जल नीचे रहता है। क्रियाशीलता कम्पन ही जागरण है; निस्तरंगता, जड़ता की नींद। किरणों के पड़ने से तिमिर-समुद्र तरंगायित मालूम होता है। ऊषा के उदयकाल में पूर्ण प्रकाश नहीं होता आलोक-तिमिर मिले-जुले-से रहते हैं। ऐसे ही समय विहग चहचहाते-गाते हैं। विहग-स्वरों से ही अर्द्धनिद्रित प्राणी-तिमिर आलोक-मिश्रित समय (पपेली फटने के समय) का आभास पाते हैं—ठीक इसी प्रकार जैसे बहते बुलबुलों से समुद्र के तरंगायित

१. यामा, पृष्ठ ६६।

होने का। क्षितिज तम—सिंधु के तट हैं, जो प्रवाल (मूँगे) के समान झीनी अरुण आभा से रँग जाते हैं। मूँगा चमकीला लाल नहीं, मद्धिम लाल होता है। दोनों में यथार्थ धर्म-साम्य स्थापित हुआ है। सभी उपमानों का चुनाव कमाल का है। यहाँ इतना और कह देना आवश्यक है कि चित्र वसन्तकालीन ऊषा के उदय का है। सुबह पाँच बजे यह दृश्य किसी विस्तृत समतल मैदान में, जब सूर्य क्षितिज रेखा से किसलयों का पर्दा उठाकर झाँक रहा हो, प्रत्यक्ष देखा जा सकता है।

प्रकृति के असीम विस्तार में वह अतीन्द्रिय सुषमा का लबालब ज्वार उमड़ता देखती है। उत्तेजक वातावरण में साधिका के हृदय में रतिभाव आकुल हो उठता है। उन्माद की दशा में विरहिणी उसे पत्र लिखना चाहती है।

> **कैसे संदेश प्रिय पहुँचाती ?**
> **दृगजल की सित मसि है अक्षय,**
> **मसि प्याली झरते तारक द्वय,**
> **पल-पल के उड़ते पृष्ठों पर,**
> **सुधि से लिख श्वासों के अक्षर,**
> **मैं अपने ही बेसुधपन में,**
> **लिखती हूँ कुछ, कुछ लिख जाती।**[1]

आँखों में अजस्र अश्रु-जल की स्याही भरी है, लेकिन वह सफेद है। सफेद कागज पर सफ़ेद स्याही से लिखा जाय, तो न लेखक ही पढ़ सकेगा, न पाठक। साथ ही पत्र-पृष्ठ लगातार अश्रु बरसने से इतने भीग जाएँगे कि सब लिखा-लिखाया पुत जाएगा। विरह दशा की बेताबी में साँसों की गति बहुत तीव्र हो जाती है। हर साँस भाषा-रचना में तीव्रता से लीन है, भावावेग में लिखना बहुत है। शक नहीं, पृष्ठों का भी अनन्त भण्डार लेखिका के पास है, लेकिन क्षणों की गति इतनी तेज है कि प्रत्येक साँस का शब्द अंकित होने से पहले ही अनन्त पल-पृष्ठ तेजी से उड़ जाते हैं। समय की गति-तीव्रता अमाप्य है, तब सन्देश सही रूप में कैसे लिखा जाय ?—असम्भव। प्रत्येक पल-पृष्ठ अमाप्य तीव्रता से उसी की ओर उड़ा जा रहा है तो कुछ-का-कुछ जो भी लिखा जायेगा उसके पास पहुँच जाएगा। खण्डित-अखण्डित, अस्पष्ट, अश्रु-भीगे, विरह-बेताब, वेदना-ताप, झुलसे साँस प्रत्येक क्षण पर अंकित होंगे। यही अक्षर विरहिणी के हृदय को सही अभिव्यक्ति देंगे। उन्माद, बेसुधी, छटपटाहट, बेबसी, अवकाशहीन भावावेग की दशा में भाषा की सही रचना कभी हो ही नहीं सकती। पत्र-लेखन-दशा का रूपक उपस्थित करने के लिए स्याही, दवात, लेखनी, कागज, अक्षर के लिए जो उपमान उपस्थित किए गए हैं, हिन्दी में वे अलभ्य हैं। रहस्यवादी अभिव्यंजना का, इस संदर्भ में यह आदर्श नमूना है।

महादेवी के काव्य में रूपकों का समृद्ध भण्डार भरा है। विरह-साधिका होने के कारण विरह-सम्बन्धी रूपक अधिक संख्या में हैं—और भावोत्कर्षकारी भी है। इस संदर्भ

---

१. यामा, पृष्ठ १५६।

में 'विरह का जलजात जीवन, विरह का जलजात',[1] 'प्रिय सान्ध्यगगन मेरा जीवन,'[2] 'शलभ मैं शापमय वर हूं,'[3] 'मैं नीर-भरी दुःख की बदली,'[4] 'दीपशिखा' के पाँचवें गीत का तीसरा पद[5] और अठारहवें गीत के अन्तिम तीन पद[6] देखे जा सकते हैं। ये हैं सांगरूपक, निरंगरूपक तो प्रत्येक पद में मिल जाएँगे। जहाँ प्रकृति का वैयक्तीकरण करने के लिए मानव अवयवों को गिनाकर, उसका शरीरी रूपक-गठन करने के लिए या स्वयं को प्रकृति पर आरोपित करके उसका शरीरी रूप उपस्थित करने के लिए रूपक-विधान किया गया है, वहाँ महादेवीजी उतना ही असफल रही हैं, जितनी वह भावप्रधान, अनुभाव-प्रधान, आत्मनिवेदन-प्रधान और दृश्य-प्रधान रूपकों में सफल हैं। इस सम्बन्ध में 'धीरे-धीरे उतर क्षितिज से आ वसन्त रजनी,'[7] 'ओ विभावरी',[8] 'शून्य मन्दिर में बनूँगी आज मैं प्रतिमा तुम्हारी',[9] 'मैं बनी मधुमास आली'[10] आदि रचनाएँ देखी जा सकती हैं।

इन रूपकों में कहीं तो धर्मसाम्य, रूपसाम्य, स्थितिसाम्य का अभाव है, कहीं शरीरी रूपसाम्य का अभाव। इनमें से कुछ की समीक्षा प्रतीक-विवेचन के अन्तर्गत कर दी गई है।

काव्य और व्यावहारिक जीवन में उपमा का प्रयोग सर्वाधिक होता है। इसका प्रयोग जितना सरल है, उतना ही कठिन भी। कठिन इसलिए कि एक ही उपमान से व्यापक अर्थ-व्यापार इससे होता है। ऐसा उपमान तलाश करना जो रूपक, प्रतीक या अन्योक्ति के समान व्यापक अर्थ का अभिव्यंजक हो, अत्यन्त पैनी, विस्तारदर्शी, प्रबुद्ध प्रतिभा की ही सामर्थ्य है। सर्वोत्कर्षकारी उपमान वही कहलाएगा जो आकार, रूप, गुण, भाव, क्रिया, प्रभाव की दृष्टि से अतीत, वर्तमान और भविष्य को भी अपने में समाविष्ट किए हो।

कुछ उपमाएँ देखिए—

मोम-सा मन घुल चुका अब
दीप-सा तन जल चुका है।[11]
नव मेघों को रोता था
जब चातक का बालक मन।
मेरे मन बालशिखी में
संगीत मधुर बन जाता।[12]
चकित-से विस्मित-से दृग बाल।
अकारण यह शैशव-सा हास।

---

१. यामा, पृष्ठ १३८।
२. यामा, पृष्ठ २०३।
३. यामा, पृष्ठ २१८।
४. यामा, पृष्ठ २२७।
५. दीपशिखा, पृष्ठ ७८।
६. दीपशिखा, पृष्ठ १००।
७. यामा, पृष्ठ १३०।
८. यामा, पृष्ठ १६८।
९. यामा, पृष्ठ २१२।
१०. यामा, पृष्ठ, १५८।
११. दीपशिखा, गीत २३।
१२. यामा, पृष्ठ ८४।

तरंगों से द्रुत पद सुकुमार ।
मुकुर-से तेरे प्राण ।[1]
विहग शावक-से जिस दिन मूक
पड़े थे स्वप्ननीड़ में प्राण ।[2]

मोम तनिक-से ताप से पिघल जाता है। विरह-सन्ताप से मन पिघल गया है। मोम का कोई पदार्थ (बत्ती) जब पिघलता है, तब पिघले मोम की गोल-गोल बूँदें रपटती दीखती हैं। सारा मोम पिघल जाने पर बूंदें पिघले हुए मोम में विलीन हो जाती हैं। सारा मोम द्रवित तरल स्निग्ध पदार्थ बन जाता है। मन भी ऐसा द्रवणशील, तरल पदार्थ बन गया है। अब सन्ताप-द्रवित आँसू भी फिसलते नहीं आते। 'मोम-सा मन घुल चुका' में व्यंजना से सन्ताप के आधिक्य, मन की द्रवणशीलता, प्रिय-साधना में संपूर्ण विनाश—इन सबके चित्र भी प्रिय की निष्ठुरता, प्रेयसी की एकांतनिष्ठा और प्रिय के प्रति करुणा का अनुरोध समाया है। दीप के संबंध में भी यही समझिए।

'चातक का बालक मन', 'मन बालशिखी', 'दृगबाल,' 'शैशव-सा हास,' 'विहग शावक-से प्राण' में बालक और शैशव दो उपमान प्रयुक्त हुए हैं। बालक और चातक का हठ सर्वविदित है। बालक जिस बात पर अड़ जाय, मनवाकर ही मानता है। चातक भी स्वाति-जल पीकर ही चैन लेता है। बालक अबोध होता है। साधिका का अबोध मन-मोर भी आलम्बन श्यामघन को देखकर गा उठता है। आलम्बन के सुषमा-प्रभाव, शीतलतादान, आश्रय के मन की मुग्धता की व्यंजना 'बालशिखी' में है। बालक भोले होते है। थोड़ी-सी विलक्षणता, असाधारणता, असामान्यता पर विस्मित-चकित हो जाते हैं। यहाँ बालक के स्वाभाविक भोलेपन, चपलता और मुग्धता को आँखों में स्थापित किया गया है। विहग-शावक से भी प्राणों की अबोधावस्था, शैशव, निष्क्रिय, परिधिबद्ध अवस्था की व्यंजना की गई है। शैशव से शिशु की स्वभाव-निर्मलता, निष्कपटता, स्वच्छन्दता मधुरता, सुकुमारता, क्षीणता, लघुता का अर्थ लिया गया है। इन उपमानों में पदार्थ से गुण-स्वभाव, गुण-स्वभाव से क्रिया, साकार से निराकर, निराकार से साकार, असाध्य से साम्य की व्यंजना पूरी सफलता से हुई है। साथ ही ध्यान देने की बात यह भी है कि एक शब्द (बालक) कितने विभिन्न अर्थों का बोधक है।

कवयित्री की अभिव्यंजना में भाव-विशेष या स्थिति-विशेष की सूक्ष्मता,[4] भिन्न

---

१. यामा, पृ० १२६।

२. वही, पृ० १०५।

३. प्रिय मेरा निशीथ नीरवता में आता चुपचाप।
मेरे निमिषों से भी नीरव है उसकी पदचाप।
यामा, पृ० १०७।

४. पीड़ा मेरे मानस-से भीगे पट-सी लिपटी है।
यामा, पृ० २६।

गुण-स्थापना[1], विपरीत और विरोधी स्वभाव-समावेश[2], विपरीत परिणाम[3], विपरीत क्रिया[4], उक्ति-वक्रता[5], लक्षणा[6], व्यंजना आदि सभी प्रकार के उदाहरण मिल जाते हैं।

अद्वैतवाद की काव्यात्मक अभिव्यक्ति ही रहस्यवाद है। अद्वैतवाद के अनुसार आत्मा अंश है, परमात्मा अंशी। माया के व्यवधान या विभाजक-कर्मों के द्वारा परमात्मा से आत्मा अलग हो गई है। ज्ञान या प्रेम-साधना से आत्मा फिर परमात्मा में मिल जाती है। दोनों का सम्बन्ध समुद्र और लहर के समान है।[7] परमात्मा और आत्मा की एक-रूपता को कवयित्री ने अनेक उपमानों द्वारा व्यक्त किया है। इसमें सर्वाधिक सूर्य और दीपक को लिया गया है।[8] परमात्मा को विधु, जलराजि, ऋतुराज, निद्रा, ज्योतिविस्तार, प्रकाश, ज्वाला, बादल और आत्मा को रश्मि, उर्मि, मधुश्री, स्वप्न, तारक, उत्ताप, बिजली के द्वारा अभिव्यक्त किया गया है।[9] सूर्य और दीपक की सम्बन्ध-कल्पना को छोड़कर शेष उपमेय-उपमानों में कोई नवीनता नहीं, पुराने रहस्यवादी और भक्तों ने भी प्रायः भगवान् और भक्त, साध्य-साधक और प्रियतम-प्रेयसी का अखण्ड सम्बन्ध

---

१. लय बनी मृदु वर्तिका, हर स्वर जला बन लौ सजीली।
फैलती आलोक-सी, झंकार मेरी स्नेह-गीली।

—दीपशिखा, गीत ५

२. ज्वाल का मोती संभाले मोम की यह सीप।
सृजन के शत दाग थामे प्रलय दीपाधार।

—दीपशिखा, गीत ४

३. प्यास वह पानी हुई इस पुलक के उन्मेष में,
शलभ जलकर दीप बन जाता निशा के शेष में।

—दीपशिखा, गीत १७

४. क्षर हुए, दुःख में मधु भरने,
तपे प्यास का आतप हरने,
इनसे धुलकर धूल भरे सपने उजले निखरे।

—दीपशिखा. गीत १०

५. स्वजन स्वर्ण कैसा न जो ज्वाल धोया,
यह उड़ते क्षण पुलक भरे हैं
सुधि से सुरभित स्नेह धुले
ज्वाला के चुम्बन से निखरे हैं।

— दीपशिखा, गीत १२

६. जीवनपावस रात बनाने सुधि बन आया कौन।

—यामा, पृ० १३३

७. यामा, पृ० ९४।

८. यामा, पृ० १४५-१४६; दीपशिखा, गीत ४२, ४५, ४६।

९. यामा, पृ० १०३-१०४।

इन्हीं प्रतीकों के द्वारा दिखाया है।

अप्रस्तुत-विधान में सर्वाधिक भावाभिव्यंजक प्रतीक है। अर्थ-सम्पन्नता और अभिव्यंजना की दृष्टि से इसकी समता की जा सकती है, तो अन्योक्ति से। प्रतीक में अर्थ इसी प्रकार समाया है, जैसे बीज में वृक्ष की टहनियाँ, पत्ते, फूल और फल आदि। प्रतीक भी धर्मसाम्य को अभिव्यक्ति देने में जितना अधिक समर्थ होगा, उतना ही वह काव्य के लिए उपयोगी होगा--प्रतीक (प्रति+इक) का अर्थ है, और भुका हुआ। अभिव्यक्ति की सुबोधता-दुर्बोधता का ध्यान रखकर प्रतीक-कल्पना की जाती है। आलम्बन और आश्रय साकार होने पर भावन और विभावन-व्यापार को अभिव्यक्त करने के लिए प्रतीक-विधान की आवश्यकता कम पड़ती है। आलम्बन सूक्ष्म, परोक्ष, निराकार होने पर रहस्यमयी अनुभूति भी बन जाता है, तब तो प्रतीक एक अनिवार्य उपकरण हो जाता है। भावन और विभावन दोनों व्यापार गुह्य—रहस्यमय बन जाने पर उन्हें प्रतीकों द्वारा ही प्रकट किया जाता है। यही कारण है, निर्गुण माधुर्य भक्ति में जो प्रतीक-विधान मिलता है, वह सगुण भक्ति या लौकिक काव्य में नहीं।

महादेवीजी की काव्य-साधना का आलम्बन है परोक्ष या सूक्ष्म। उनकी साधना रहस्यात्मक है, तब रहस्यमयी अनुभूति या व्यापार को अभिव्यक्ति देने के लिए प्रतीक-पद्धति का आधार लेना ही पड़ेगा। मैं समझता हूँ, कबीर के बाद हिन्दी में दो ही काव्य-साधक प्रतीक-विधायक हुए—प्रसाद और महादेवी। कबीर के प्रतीकों में जो अटपटा-पन, अर्थदुरूहता, अभिधा का बहिष्कार और अर्थ का बलात् समावेश है, वह प्रसाद और महादेवी में नहीं। महादेवी के प्रतीक तो और भी स्पष्ट हैं—अभिधार्थ की अँगुली वे नहीं छोड़ते। साथ ही वह एक प्रतीक प्रस्तुत करके उसके सभी अंगों का उल्लेख करके सांगरूपक भी खड़ा कर देती हैं। तब तो दुर्बोधता रहती ही नहीं।

प्रतीक-रूप में महादेवीजी ने दीपक का सबसे अधिक प्रयोग किया है। जैसे तुलसी के प्रेम या भक्ति का आदर्श है चातक और कबीर के प्रेम का आदर्श सती और सूरमा, वैसे महादेवी की प्रेम-साधना का प्रतीक है दीपक। चातक विश्वमंगल विधायक घनश्याम के करुणा-वारि के लिए छटपटाता है; वर्षा, ओले, तूफान की परवाह नहीं करता; दीपक उस आलोक-पिण्ड सूर्य की साधना करता है जिसका अरुण-बाण चुभते ही कण-कण से मधु के निर्झर से सजल गान बह निकलते हैं।

दीपक अपने ही हृदय के अक्षुण्ण स्नेह में तिल-तिल जलकर राख होता जाता है तो भी प्रतीक्षापथ को अपने स्वर्णिम प्रकाश से अभिसिंचित करता है। सघन अंधकार से रुद्ध अतीत और कुहासे के समान धुंधला भविष्य। पीछे लौटना असंभव और आगे बढ़ने में प्रकाश-परीक्षा, तो भी उत्ताल तरंगों में तैरता, आँधियों के आघात सहता, असीम की ओर अग्रसर है। ऐसे बेधड़क प्रेमी से ही प्रेम की रीति सीखी जा सकती है।

क्षार होता जाता है गात,
वेदनाओं का होता अन्त,
किन्तु करते रहते हो मौन,
प्रतीक्षा का आलोकित पथ,

सिखा दो ना नेही की रीति
अनोखे मेरे नेही दीप ।[1]
कुहरे-सा धुंधला भविष्य हैं
है अतीत तम घोर ।
कौन बता देगा जाता यह
किस असीम की ओर ।[2]

आरम्भ में दीपक का जो निरूपण हुआ है, देखने में वह आलम्बन-सा लगता है, लेकिन वह है शुद्ध रूप में प्रेरक, प्रकाश-दर्शक, प्रेम और साधना का आदर्श या गुरु। इसलिए वह उद्दीपन-रूप में प्रस्तुत है। साधनाभिलाषी, जिज्ञासु बनकर कवयित्री उससे स्नेह की रीति सिखाने का अनुनय करती है---'सिखा दो ना' में एक प्रकार का ऐसा अनुरोध और जिज्ञासु का शिशु-सुलभ भोलापन है, जिसे व्यावहारिक घरेलू भाषा में 'निहोरा' कहा जाता है। अपने आलम्बन का आभास पा जाने, उसके विरह की अनुभूति करने, उसके प्रति अकम्पित चिरन्तन प्रेम हो जाने पर साधिका स्वयं दीपक बन युग-युग तक जलने और उसके हाथ से बुझ जाने की कामना करती है।

दीप-सी युग-युग जलूँ
पर वह सुभग इतना बता दे।
फूंक से उसकी बुझूं
तब क्षार ही मेरा पता दे।[3]

प्रेम-साधना के एकांत लोक में, विरह-विष दंशन के बीहड़ में, सन्नाटे के निर्जन में, निष्ठा के शून्य निलय में, भाव-योग के कक्ष में पहुँचकर साधिका का हृदय (आत्मा) चिरन्तन स्नेह-पुंज दीपक बनकर जलने लगता है। प्रियतम के पथ को आठों याम आलोकित करते रहने के लिए साधना का दीपक जलाती रहती है—न जाने कब आ जाय। सिहरते, पुलकते, मुस्कराते, मद-विह्वल हो झूमते, भोले-भाले दीपक को जलाती रहती है। उसे समझाती हैं—

सारे शीतल कोमल नूतन,
माँग रहे तुझसे ज्वाला-कन
विश्व-शलभ सिर धुन कहता, मैं
हाय न जल पाया तुझ में मिल।
सिहर-सिहर मेरे दीपक जल।
मेरी निश्वासों से द्रुततर,
सुभग न तू बुझने का भय कर,

१. (नीहार) यामा, पृ० ५३।
२. (रश्मि) यामा, पृ० ७८।
३. (सान्ध्यगीत) यामा, पृ० २३७।

मैं अंचल की ओट किये हूँ,
अपनी मृदु पलकों से चंचल।
सहज सहज मेरे दीपक जल।
तम असीम तेरा प्रकाश चिर,
खेलेंगे नव खेल निरन्तर,
तम के अणु-अणु में विद्युत-सा
अमिट चित्र अंकित करता चल।
सरल सरल मेरे दीपक जल।
तू जल-जल कितना होता क्षय,
वह समीप आता छलनामय,
मधुर मिलन में मिट जाना तू,
उसकी उज्ज्वल स्मित में घुल खिल।[1]

साधिका की प्रेम-साधना की विरह-ज्वाला से आलोकित जिस दीपक से प्रेम-विरह-साधना की चिनगारियाँ जड़-चेतन, नवीन, निर्बल साधक माँग रहे हैं, सिर धुन-धुन, तड़प-तड़पकर, बेताब होकर मायालिप्त प्राणी उस प्रेम की आग में न जल पाने के कारण-- वैसी विरह-साधना न कर पाने के कारण पछताकर रह जाता है, उस साधक-दीप का क्या कहना ! यह आश्वासन कि साधिका उसे बुझने न देगी— सबल संकल्प, अचल निष्ठा, अखण्ड आस्था के अंचल से उसे ओट किये है; साथ ही उसके क्षय होने से ही छलनामय उससे आ मिलेगा, तब कौन-सा दीपक है जो हँसते-हँसते न जलता रहे ? आगे चलकर साधिका स्वयं दीपक बन जाती है।

शलभ मैं शापमय वर हूँ
किसी का दीप निष्ठुर हूँ।
ताज है जलती शिखा
चिनगारियाँ शृंगार माला,
ज्वाल अक्षय कोष-सी
अंगार मेरी रंगशाला,
नाश में जीवित किसी की साध सुन्दर हूँ।[2]

'दीपशिखा' में महादेवी विविध दीप-रूपों में उतरी हैं। 'दीपशिखा' उनकी अकम्पित अजस्र साधना की प्रतीक है। 'दीपशिखा' के एक चौथाई गीत दीप की साधना के विभिन्न रूप उपस्थित करते हैं। कभी उच्छलित तूफ़ानी समुद्र, उमड़ती घटाएँ, कौंधती बिजलियाँ, प्रकम्पित दिशाएँ उनके साधना-दीप के लिए मंगल-गान गाती हैं[3], कभी आतंक जड़ित तारों के मुद्रित नयन, सनसनाते ध्वंस, उन्मत्त आँधी, कड़कती बिजली

१. (नीरजा) यामा, पृ० १४५, १४६।
२. यामा, पृ० २१८।
३. दीपशिखा, गीत १।

की हृदय-कम्पी घड़ियों में बुझे दीपक जला, कवयित्री दीपक-रागिनी गाती है।[1] कभी आरती-बेला समाप्त होने, शंख-घड़ियाल, वंशी-वीणा के मन्द पड़ जाने, प्रणत शिरों के विसर्जित हो जाने पर भयंकर झंझावात में 'ज्योति का यह लघु प्रहरी' पुजारी बनकर जागता है,[2] कभी वह गोधूलि को दीप जलाने के लिए कहती है,[3] रात कितनी बीत चुकी, कितनी शेष है, इसके जानने की कामना नहीं, केवल जलना ही उसकी साधना है।[4]

मैं क्यों पूछूँ यह विरह-निशा
कितनी बीती क्या शेष रही
उर का दीपक चिर स्नेह अतल
सुधि लौ शत झंझा में निश्चल
सुख से भीनी दुःख से गीली
वर्ती-सी सांस अशेष रही।[5]

साधक आत्मा का पूर्ण स्वरूप जैसा दीपक के प्रतीक द्वारा अभिव्यक्त होता है, वैसा शलभ, चातक, चकोर, कमल, कुमुदिनी, मछली आदि से नहीं। रहस्यवादी काव्य में तो और भी नहीं। दीपक स्नेह (तेल) और साधक स्नेह (प्रेम) में अँधेरी रात (विरह-वेदना-तिमिर-आवृत) भर जलता रहता है। दोनों ही जलकर अन्धकार (अज्ञान-माया) को नष्ट कर पथ आलोकित करते रहते हैं। दीपक से दीपक जलता है और साधक अन्य साधकों में विरह-चिनगारी जलाता है। दोनों ही तिल-तिल जलकर अंशी सूर्य और परमात्मा के निकट पहुंचते हैं। दीपक की ज्योति अपने अंशी ज्योति के अनन्त सूर्य और पिण्ड में और साधक की आत्मा परमात्मा में विलीन हो जाती है। दीपक लौ जलाए रहता है, साधक लौ लगाए रहता है। स्नेह, लौ और ज्वाला ने श्लेष द्वारा भी दीपक को साधक का सच्चा प्रतीक बना दिया है।

दीपक के बाद ध्यान जाता है रात पर। वसन्त रजनी[6], रूपसि[7], मिलन-यामिनी[8], विभावरी[9], सुकेशिनी[10], सपने जगाती आ[11], इन गीतों में रात को प्रतीक रूप में रखा गया है। गीत संख्या १, ४ और ५ में प्रेयसी, गीत संख्या २ में वात्सलयमयी जननी, गीत

१. दीपशिखा, गीत ५।
२. दीपशिखा, गीत १३।
३. दीपशिखा, गीत १८।
४. दीपशिखा, गीत ४२।
५. दीपशिखा, गीत ३६।
६. (नीरजा) यामा, पृ० १३०।
७. (नीरजा) यामा, पृ० १४०-१४१।
८. (नीरजा) यामा, पृ० १५४।
९. (नीरजा) यामा, पृ० २४४।
१० (सान्ध्य) यामा, पृ० २४४।
११ दीपशिखा, गीत ३२।

संख्या ३ में सखी और गीत संख्या ६ में दूती प्रेरक या पथदर्शिका बन कर प्रस्तुत हुई है। गीत संख्या २ में कवयित्री रात से अनुरोध करती है—

नत स्निग्ध लटों से छा दे तन,
पुलकित अंगों में भर विशाल,
झुक सस्मित शीतल चुम्बन से,
अंकित कर इसका मृदुल भाल,
दुलरा दे ना बहला दे ना,
यह तेरा शिशु जग है उदास।

गीत संख्या ३ में कवयित्री अनुनय करती है—ऐ मेरी चिरमिलन यामिनी, सघन तिमिर बन घिर आ, सितारे भी छिप जाएँ, समीर की साँसों और हरसिंगार के झरने का भी शब्द न हो, लहरें सो जाएँ, कलियां न रोएँ, चातक पी-पी न पुकारे, क्योंकि आज—

सीमित को असीम में चिर लय
एक हार में हों शत-शत जय
सजनि ! विश्व का कण-कण मुझको
आज कहेगा चिर सुहागिनी !

और गीत संख्या ६ में प्रात: के अभिषेक को 'हर दृग सजाती आ' का अनुरोध है।

गीत संख्या १, ४ और ५ में केन्द्रीय भाव एक ही है—प्रेयसी आत्मा को प्रिय-मिलन के लिए प्रेरणा। गीत संख्या १ और ४ में आत्मा को अभिसार के लिए तैयार किया जा रहा है। गीत संख्या ५ में जड़ता की माया में सोती आत्मा को जगाया जा रहा है। सभी में प्रिय की 'पदचाप'[1] सुनाई दे रही है।

शुक्लाभिसारिका मुग्धा वसन्तरजनी की शृंगार-सज्जा देखिए—

तारकमय नव वेणी बन्धन
शीश फूल कर शशि का नूतन
रश्मि-वलय सित घन अवगुंठन
मुक्ताहल अभिराम बिछा दे चितवन से अपनी।
मर्मर की सुमधुर नूपुर ध्वनि,
अलिगुंजित पद्मों की किंकिणि,
भर पद-गति में अलस तरंगिणि,
तरल रजत की धार बहा दे मृदुस्मित से सजनी।[2]

---

१. सुन प्रिय की पदचाप हो गई पुलकित यह अवनी।
प्रिय की पदचाप मदिर गा मलार री।
दिवस की पदचाप चंचल आ रही है निकट प्रतिपल।

२. (नीरजा) यामा, पृ० १३०।

पुलकित स्वप्नों की रोमावलि,
कर में हो स्मृतियों की अंजलि,
मलयानिल का चल दुकूल अलि,
थिर छाया-सी श्याम विश्व को आ अभिसार बनी
सकुचती आ वसंत-रजनी ।

ऊपर वसन्त-रजनी का जो रमणीय रूप संघटित हुआ है, उससे अभिसारिका का कोई भी स्वरूप हमारी आँखों में चित्रित नहीं होता। किरणों से वलय, भौरों से समाविष्ट कमलों से किंकणी, तरंगिणी से चरण, स्वप्नों से रोमावली, स्मृतियों से अंजलि का कोई आकार सामने नहीं आता। न किरणें और न कमल हाथों और कमर के चारों ओर लिपटे रहते हैं। जिन उपमानों की कल्पना शृंगार-सज्जा के लिए की गई है, वे सब विस्तृत अनन्त भूखण्ड में बिखरे पड़े हैं। केवल आंशिक धर्म-साम्य के कारण वे उपमेय-धर्म नहीं निभा सकते। वसन्त-रजनी की नारी-रूप कल्पना वैसी ही है, जैसे केशव की पावस रजनी की काली या 'पंचवटी' की शिव या पार्वती के रूप की कल्पना। रजनी का वैयक्तिकरण तो किसी सीमा तक ग्राह्य हो सकता है, पर सावयव रूप प्रस्तुत करना कल्पना का बहुत अच्छा उपयोग नहीं कहला सकता।

वीणा और तार भी प्रतीक रूप में अनेक बार प्रयुक्त हुए हैं। वीणा का प्रयोग कहीं कवयित्री के निजी जीवन, कहीं हृदय के अर्थ में किया है। 'जर्जर बीन लेकर बिखरे तारों को जोड़कर, पीड़ा का भार लेकर अनन्त की ओर कैसे आऊँ?'[1] जब वह कहती है, तो उसी अर्थ को प्रकट करती है जिसको प्रकट करने के लिए सूर ने 'जर्जर तरी' का प्रयोग किया। जीवन के बिखरे तत्त्वों को उसी ने एकत्र किया, वही गाने को कहता है।[2] साधिका के प्राणों का तार-तार गा उठता है।[3]

वीणा द्वारा जीवन (विश्व-जीवन) को भी व्यक्त किया गया है। समस्त सृष्टि को वीणा की संज्ञा दी गई है। वह जब कहती है, 'इस जादूगरनी वीणा पर क्षण भर गा लेने दो गायक', तब साधिका के शरीर, हृदय और जगत् का अर्थ व्यक्त होता है।[4] समस्त जगत, सृष्टि या विशाल भू-मण्डल का अर्थ व्यंजित करने के लिए नीचे की पंक्तियाँ देखी जा सकती हैं—

तन्द्रिल निशीथ में ले आये
गायक तुम अपनी अमर बीन,
प्राणों में भरने स्वर नवीन।
तममय तुषारमय कोने में
छेड़ा तब दीपक राग एक।
प्राणों-प्राणों के मन्दिर में
जल उठे बुझे दीपक अनेक।

---

१. यामा, पृ० ४६, ७३।
२. यामा, पृ० ६१।
३. यामा, पृ० ६५।
४. यामा, पृ० १५२, १३३।

तेरे गीतों के पंखों पर
उड़ चले विश्व के स्वप्न दीन ।[1]

प्रलय की निस्तब्ध संज्ञाहीन बर्फीली रात में नाद-ब्रह्म का स्फोट हुआ। जड़ में जीवन का उदय हो गया। उसके दीपक-राग (चेतना-स्वर, नाद-विस्फोट) से अनेक बुझे दीपक जल उठे—प्रलय-निद्रा में सुप्त आत्माएँ जाग उठीं। स्पष्ट है, यहाँ नाद से सृष्टि के उदय का सिद्धान्त प्रतिपादित है। वीणा में स्वर है, झंकार है। स्वर शब्द है, झंकार कम्पन है। कम्पन ही क्रियाशीलता है, चेतना है, गति है। नाद भी गतिशील है। नाद अमर है। जीवन गतिशील है, अमर भी है—अनादि है, अनन्त है। इतिहास भी नहीं जानता, जीवन का आरम्भ कब हुआ। इसलिए वीणा को जीवन का प्रतीक मानना अत्यन्त उपयुक्त है।

प्रेम, विरह-वेदना, प्रेमानुभूति, प्रेमबोध आदि को तीर के द्वारा अभिव्यंजित किया गया है।[2]

तीर चुभने पर प्राणी पीड़ा से तड़पता है। विरह-वेदना (प्रेम-पीड़ा) से भी प्रेमी छटपटाता है। परिणाम या प्रतिक्रिया की समानता के कारण दोनों समान हैं। कबीर ने भी प्रेम को शर या हथियार इसीलिए माना है। इस कल्पना का मूल है मदन के पुष्पबाण।

दीपक के साथ ही दीपक-राग का सम्बन्ध है। कहा जाता है, दीपक-राग गाने पर बुझे दीपक जल उठते हैं। तब दीपक-राग का लाक्षणिक अर्थ होता है, स्नेह और ज्वाला; स्नेह का प्रेम, अर्थ है चिकनाई, भावना, राग, अनुराग, और ज्वाला का अर्थ है प्रकाश। प्रकाश का अर्थ है ज्ञान, बोध, चेतना आदि। दीपक-राग को भी महादेवीजी ने ज्ञान, चेतना और भावना का प्रतीक माना है। उस परम चेतन परोक्ष सत्ता ने 'तममय, तुषारमय कोने में छेड़ा तब दीपक-राग एक', तब 'जल उठे बुझे दीपक अनेक'।[3] दीपक-राग का उल्लेख 'दीपशिखा' में कई बार हुआ है।[4] साधिका घोरतम को विदीर्ण करने के लिए दीपक-रागिनी गाती है। दीपक के अवयवों को उपमान बनाकर, राग के अंगों को उपमेय बनाकर, वह बहुत अच्छा रूपक निर्माण करती है—

---

१. (सांध्यगीत) यामा, पृ० २४०।

२. चुभते ही तेरा अरुण बाण।—यामा, पृ० ६९।
किस सुधि-वसन्त का सुमन-तीर?—यामा, पृ० ७०।
रात के उर में दिवस की चाह का शर हूँ।—यामा, पृ० २१८।
बिंध गया अजान आज किसका मृदु कठिन तीर?—दीपशिखा, गीत २१।
स्वर्णशर से साथ के घन ने लिया उर वेध।—दीपशिखा, गीत ४।

३. (सांध्यगीत) यामा, पृ० २४०।

४. जो न प्रिय पहचान पाती?
किस लिए हर साँस में मैं सजल दीपक-राग गाती।
—दीपशिखा, गीत १६।

सब बुझे दीपक जला लूँ ।
घिर रहा तम, आज दीपक रागिनी अपनी जगा लूँ ।
लय बनी मृदु वर्तिका, हर स्वर जला बन लौ सजीली ।
फैलती आलोक-सी, झंकार मेरी स्नेह गीली ।
इस मरण के पर्व में मैं आज दीपावली मना लूँ ।[1]

दर्पण को माया-व्यवधान[2] और शलभ को मायालिप्त जीव[3] का प्रतीक माना गया है । एकाध जगह शलभ को प्रेम भी कहा गया है ।[4]

यहाँ महादेवी के काव्य-शिल्प की भी संक्षिप्त झाँकी देख लेनी चाहिए । प्राकृतिक परिवेश में वह अपने किसी भाव को उपस्थित करती हैं । प्रकृति अधिकतर उद्दीपन-रूप में प्रस्तुत रहती है । यह प्राकृतिक परिवेश-चित्रण कहीं-कहीं इतना अधिक हो जाता है कि पाठक भ्रमवश इसे शुद्ध प्रकृति-चित्रण (आलम्बन रूप में) समझ बैठता है । प्रकृति के अनेक चित्र उपस्थित करके अन्त में निज को उपस्थित करती है । 'यामा', पृ० १ पर चाँदनी रात, वसन्त और प्रभात को परिवेश (उद्दीपन रूप) में उपस्थित करके, छः पंक्तियों के बाद प्रियतम के प्रथम परिचय की बात कही गई है । 'यामा', पृ० ६ पर चाँदनी रात, समुद्र की लहरों, मलयानिल, कलियों, सौरभ, छिपता चाँद और उगता प्रभात उपस्थित करके बाईस पंक्तियों के बाद दो पंक्तियों में अपनी मुग्धता का उल्लेख किया है । इसी प्रकार यामा, पृ० ४५ पर चाँदनी रात, प्रभात-दीपक पर जलते शलभ, पावस और उगते हुए चाँद के दृश्य उपस्थित करके चौदह पंक्तियों के बाद अपने प्रियतम की प्रतीक्षा का उल्लेख करती हैं ।

प्रकृति-परिवेश को एक-दो जगह जीवन-बाधाओं और माया-व्यवधानों के रूप में[5] दो-चार बार प्रेयसी अभिसारिका के रूप में[6], कहीं-कहीं समान भावानुभूति-लीन प्रेमिका के रूप में[7] चित्रित किया गया है, कवयित्री के मानसिक विकास के साथ परिवेश कम होता गया है, भाव-चित्रण बढ़ता गया है । भाव-साधना के अन्तिम शिखर पर पहुँचकर तो महादेवी भावहीनता की मूर्च्छना-भरी धूप-गन्ध बन गई हैं, जिनकी सुवास और स्वर-लहरी से हिन्दी-साहित्य अभिषिक्त है ।

---

१. दीपशिखा, गीत ५ ।
२. टूट गया वह दर्पण निर्मम । यामा, पृ० १६७ ।
रहने दो रज का मंजु मुकुर । यामा, पृ० १६६ ।
३. यामा, पृ० २१८, १३७, १७१ ।
४. यामा, पृ० १६३ ।
५. यामा, पृ० १८ ।
६. यामा, पृ० १४५ ।
७. यामा, पृ० १३१, १३४ ।

गद्य-गरिमा

सूर्यप्रसाद दीक्षित

देवीजी छायावाद-युग की विशिष्ट गद्यकर्त्री हैं। 'श्रृंखला की कड़ियाँ', 'साहित्यकार की आस्था तथा अन्य निबन्ध', 'अतीत के चलचित्र', 'स्मृति की रेखाएँ, 'पथ के साथी' और 'क्षणदा' आदि गद्य-कृतियाँ इस युग की अक्षुण्ण-निधि हैं। उनके काव्य-ग्रन्थों की भूमिकाएँ उस युग-मात्र की भूमिकाएँ हैं। देवीजी यहाँ भावुक भावना की स्थिति पर आती हैं। उनकी कारयित्री और भावयित्री प्रतिभा का सम्मिलन वस्तुतः आलोचक एवं आलोच्य वस्तु का सम्मिलन है। कवि के स्पष्ट सिद्धान्त पृथक् काव्यशास्त्र निरूपित करते हैं, जो आत्म-प्रतीति के साथ-साथ गद्यात्मकता का प्रामाणिक साक्ष्य प्रस्तुत करने में सक्षम हैं। ग्रन्थ को आचार्यों ने कवियों (कवि-कर्म) की कसौटी (?) कहा है। पद्य की एक मार्मिक उक्ति रचना में चमत्कार, लावण्य एवं सरसता की सृष्टि कर सकती है, पर गद्य को सांगोपांग उत्कृष्ट होना आवश्यक होता है। अभावों का प्रकटीकरण पद्य की अपेक्षा गद्य में अधिक सरलता से उपलब्ध है। अस्तु, गद्यकार को आद्यन्त बड़ी सतर्कता, संयम और सन्तुलन का निर्वाह करना होता है। महादेवीजी के सम्बन्ध में एक और भी विलक्षणता है; वह मूलतः कवि हैं जो तीव्र संवेदनशीलता के आवेग में अपने गीले गानों द्वारा हृदयवाद की प्रतिष्ठा करती हैं। कवि की भावुकता रसात्मक व रागात्मक होकर आत्मस्फूर्ति, अजस्र-प्रवाह (Spontaneous overflow) में परिणत हो जाती है, अतः वहाँ वैचारिक पक्ष का आग्रह अधिक तीव्र नहीं होता है। काव्य दृश्यतत्त्व के निकट है और मूर्छातत्त्व से किंचित् पृथक्। गद्य उसके विपरीत वैचारिकता का अधिक आश्रय लेकर हार्दिकता की उपेक्षा करता है। महादेवीजी की सफलता का यही मूल रहस्य है कि वह एक साथ भाव और विचार का सम्पर्क निर्वाह कर लेती हैं, कवित्व के भावुक-क्षणों में वह संवेग से प्रेरित होकर हृदय की अतलवर्ती परिधियों का संस्पर्श करती हैं, तो गद्य-लेखन के समय वह चिन्तन के क्षणों में आत्मलीन होकर वैचारिक समस्याओं के अनेक विकल्प, विश्लेषण और विवेचन प्रस्तुत करती हैं। उनकी इस साधना का निश्चित परिणाम है कि उनका सारा साहित्य (गद्य एवं पद्य) भाव और विचार, बुद्धि और हृदय संकल्प और विकल्प आदि एक ही प्रक्रिया से परिचालित और आन्दोलित है।

विद्वान् का गद्य प्रायः गरिष्ठ होता है किन्तु देवीजी पर यह उक्ति पूर्णतः चरितार्थ

नहीं हो पाती। उनकी गद्यात्मकता कहीं भी गरिष्ठता, क्लिष्टता और अरोचकता का कारण नहीं हो पाती। गद्य-लेखन में उनकी सम्पन्न अनुभूतियाँ वैचारिक निष्कर्ष का स्वरूप धारण करके प्रकट हुई हैं. परिणामत: वहाँ भी बौद्धिकता का आतंक नहीं है, प्रत्युत हृदय की सुकुमार वृत्तियों का अन्त:प्रकाशन भी है। काव्य और कला, छायावाद, रहस्यवाद, प्रगतिवाद आदि युगीन समस्याओं पर गम्भीर विवेचन करती हुई भी वह अपनी अभिव्यक्ति को इतना सरस-सम्प्रेषणीय और प्रभावोत्पादक बना देती हैं कि उसे स्पष्ट ही एक पृथक् गद्यकाव्य का नाम देना पड़ता है। अपने रेखा-चित्रों में वह स्थूल और सूक्ष्म दोनों अवयवों को सतर्क निरीक्षण द्वारा संगठित करके अपनी मूक अनुभूतियों को भी सशब्द कर देती हैं, हरेक पात्र का अन्तर्बाह्य निरूपण, उसका वायवी रूपांकन और उसकी मानसिक ग्रन्थियों का उद्‌घाटन इतनी सरसता और सुघरता के साथ कर सकना सामान्य कार्य नहीं है। अध्ययन-मनन के बाद चिन्तन की जो स्थिति होती है उस पर अधिष्ठित होकर वह बाह्य जीवन की स्थूलता और अन्तर्जीवन की सूक्ष्मता का सिद्धान्त प्रतिपादित करती हैं। जीवन के सत्यं, शिवं एवं सौन्दर्य पक्ष को समुपस्थित करने के लिए वह अपने कृतित्व का नया मापदण्ड निर्धारित करती हैं जो परम्परा-घोषित न होकर नितान्त अभिनव है, महादेवी का गद्य आद्यन्त केवल वैचारिक ही नहीं है, उसमें मानसिक ग्रन्थियों के साथ ही हृदयवादी आस्था भी प्रमाणित हुई है। काव्य की वैयक्तिक भावभूमि यहाँ निर्वैयक्तिकता के आँचल पर प्रशस्त हो उठी है। चिन्तन की मौन अनुभूतियाँ गद्य में सक्रिय हो रही हैं इसलिए वह यहाँ विचारक की अपेक्षा सुधारक अधिक हैं। नारी-आन्दोलन उनकी गद्य-कृतियों में कुछ चरण आगे और बढ़ गया है। उनकी मुक्त, निस्पृह और उदासीन वेदना स्फुट ललकार और कर्मशील प्रेरणा के रूप में परिणत हो गई है। वह यहाँ तटस्थ तथा असंपृक्त नहीं हैं। उन असंख्य निरीह प्राणियों की घोर यंत्रणा के बाद वह दयनीय जीवन की असहायता से अपना मौन व्रत भंग करके गद्य-क्षेत्र में उतर पड़ी हैं और उस वर्ग को अपनी रागात्मक व बौद्धिक सहानुभूति देती हैं।

देवीजी के प्राक्कथनों के पीछे उस युग की अनिवार्यता का एकाग्रही स्वर है। कवित्व के क्षेत्र में अधिक प्रगल्भ नहीं है। काव्य की भावधारा अन्तर्मुखी होकर वैयक्तिक संवेदना में खो गई है। वहाँ चिन्तन और विविध समस्याओं के निरूपण के लिए अवकाश नहीं है। छायावादी काव्य स्वत: एक अस्पष्ट व्यंजना है और रहस्य का आवरण डाल देने पर वह और भी दुरूह, गोपनीय और विस्मयकारक बन गया है, अत: यह उन कवियों का अनिवार्य दायित्व था कि वह प्रतीकों की रहस्यात्मकता, अनुभूतियों की महत्ता और आलम्बन की रूपात्मकता को अधिक सशब्द करके गद्य के माध्यम से प्रकट करें। प्रत्येक छायावादी कवि इसीलिए व्याख्याता बन गया है। इस काव्य के मूल में एक सरल प्रतिक्रिया भी रही है। अत: साहित्यिक प्रतिवादों, सिद्धान्तों तथा अभिनव भाव-भूमियों की स्पष्ट घोषणा करने के लिए प्राक्कथनों में इन्हें मुखर होना पड़ा है। देवीजी के काव्य में एक साथ अनुभूति की तीव्रता, दर्शन की बोझिलता और चिन्तन की बौद्धिकता समाहित हो जाती है, अत: उन्हें स्पष्ट करने के लिए पृथक् रूप से एक पूर्वाभास की अपेक्षा रहती है। इन भूमिकाओं में पंत की भाँति न यह अपना स्वशब्दवाची मूल्यांकन

करना चाहती हैं और न निरालाजी की भाँति अपने गर्वोक्त अहं प्रतिवादी विपक्षियों पर प्रहार करना चाहती हैं। उनका कवि स्वयं बड़ा सहिष्णु है और वह आत्म के प्रति मौन है। पर युग की मिटती हुई आस्थाओं के रक्षणार्थ देवीजी अत्यन्त दूरदर्शिता के साथ सयत्न हो उठी है, गिरते हुए विश्वासों को वह पुनः प्रतिष्ठित करना चाहती हैं और इस यान्त्रिक सभ्यता में साहित्य की उपयोगिता को सिद्ध करने का उपक्रम खोजती हैं।

महादेवीजी प्रारम्भिक रूप से कवि हैं और शनैः-शनैः क्रमशः प्रौढ़ता के विकास के साथ नम्र-पथ पर उतरती जाती हैं। भाव से विचार, हार्दिकता से बौद्धिकता और राग से दर्शन की बुद्धि के साथ गद्य-लेखन में वह अधिकाधिक प्रवृत्त होती हैं। काव्य-ग्रन्थों की भूमिकाओं के पीछे उनकी कुछ विवशताएँ हैं। छायावाद के प्रवर्त्तन-युग में अनुकूल समीक्षकों के अभाव के कारण उन कृतिकारों को स्वयं निर्णायक बनना पड़ा है, वस्तुतः गद्य इनकी आत्मरक्षा का साधन है; और उनकी सृजन-प्रक्रिया का स्वानुभूत साक्ष्य है। देवीजी के संयम का यह निश्चित परिणाम है कि उनकी भूमिकाओं में न आत्म-विज्ञापन का मन्तव्य है और न प्रतिक्रिया की बौखलाहट। वह विशुद्ध आत्मचिन्तन और स्वस्थ युग-दर्शन है। प्राचीन शास्त्र, वैज्ञानिक सभ्यता और उपयोगितावाद का यह नया समझौता है जिसे भारतीय संस्कृति के परिपार्श्व में रखकर परखा गया है। देवीजी अपने चिन्तन के अन्तराल से लोक-सहानुभूति से उत्प्रेरित हैं जिसे आधार में रखकर वह समसामयिक विचारणाओं में उलझाती हैं। भारतीय वाङ्मय को सन्दर्भ में रखकर तथ्यातथ्य की परीक्षा केवल बहुज्ञता-प्रदर्शन के लिए नहीं है, अपितु वह लेखिका के अभिमतों की पुष्टि का साधन है। उनका उल्लेख प्रासंगिक है, इसलिए औपनिषदिक भावधारा और पुरातन संस्कृति का उल्लेख समानुपातिक क्रम में व्याघात उत्पन्न नहीं कर पाता।

आलोच्य गद्य-लेखन भाव-सम्पदा की दृष्टि से तो महत् है ही पर शिल्प और रचनातन्त्र की दृष्टि से अपनी विशेष उपयोगिता रखता है। यह महादेवीजी की प्रायोगिक सिद्धि है कि वह एक साथ अपने निष्कर्षों को बौद्धिक विचारणा और काव्यात्मक रसात्मकता के परिपार्श्व से अनुप्राणित करके प्रस्तुत करती हैं। उनके रेखाचित्र केवल अभिधेय ही नहीं हैं, उनमें विवेच्य वस्तुओं के बहुरंगी चित्र हैं, जो विषम-स्थिति की तीखी अनुभूति उत्पन्न करते हैं। साथ ही अपनी अभिव्यक्ति-कौशल और भावभंगिमा द्वारा नूतन शिल्प की सृष्टि करते हैं। इन विवेचनों में भावात्मकता का सन्तुलित संयोग हिन्दी-गद्य के लिए एक नवीन आविष्कार है। और मैं समझता हूँ इसका गौरव प्रथम बार देवीजी को ही प्राप्त होता है। यही उनकी विशिष्ट गद्य-गरिमा है जिसका युगपत विकास और उसकी गतिविधि का संकेत प्रयोजनीय है, प्रत्येक पात्र उनकी तीव्र सवेदना का फल है, जिसकी सृष्टि लेखिका ने अपने हृदय-रस से अभिषिक्त करके की है। इस अन्तर्ज्वाला में तप कर एक-एक वाक्य निखर उठा है, इसलिए आत्म-संस्मरण के संदर्भ में भद्रतापूर्वक पात्रों के चटकीले रूप-रंग-दर्शन की सूक्ष्म रेखाओं और घटनाओं की क्रमबद्धता का सफल निर्वाह हो सका है।

महादेवी का गद्य तत्त्व-चिन्तन और सौन्दर्योद्घाटन का सम्यक निर्वाह करता

है। वह जीवन की मार्मिक अनुभूति के कारण संवेदना और रसात्मक अभिव्यंजना द्वारा अपने दुरूह विषय को भी प्रेषणीय बना देती हैं। गद्य-कला में केवल बौद्धिक-विलक्षणता ही नहीं लेखिका की आत्मा का अंश भी है। दर्शन, अध्यात्म और मनुष्य की स्वच्छ मनोवृत्ति का संयम उनके गद्य में अवलोकनीय है, जल पृथ्वी पर तट बनाता है, ऊँचे-नीचे कगारों में बाँधता है पर धरती के नीचे जल-थल से, ज्वाला से, शिलाखण्डों से और अनेक धातुओं से अनायास ही मिल जाता है, उनके बीच तट, रेखाओं का प्रश्न नहीं उठता। प्रस्तुत उदाहरण उनकी विवेचना-शक्ति, दार्शनिक गहनता और सूक्ष्म निरीक्षण की तल्लीनता का प्रमाण उपस्थित करता है। चिन्तन के पश्चात् निष्कर्ष निर्धारित करते समय उनका विषय बड़ा उदात्त और उसकी अभिव्यक्ति-प्रणाली बड़ी उत्प्रेरक सिद्ध होती है। वैज्ञानिक युग के कवि-कर्म के प्रति उनका निर्देश इस ओज गुण का स्मरण कराता है। "आज के कवि को अपने लिए अनागरिक होकर भी संसार के लिए गृही, अपने प्रति वीतराग होकर भी सबके प्रति अनुरागी, अपने लिए संन्यासी होकर भी सबके लिए कर्मयोगी होना होगा?" इन चिन्तनों में रससिद्धता की परिव्याप्ति विशेष उल्लेखनीय है।

महादेवीजी का गद्य काव्य की भाँति गोपनीय रहस्यानुप्राणित और अप्रत्यक्ष नहीं है। वह सौन्दर्य चमत्कार की सृष्टि से हमारी जिज्ञासा-वृत्ति को दिग्भ्रमित नहीं करता अपितु अपनी प्रौढ़ वैचारिक अन्विति से हमारी मानसिक दृष्टि को प्रशस्त करता है। गद्य में वह किसी महत् संदेश का आकुल आग्रह लेकर प्रकट होती हैं। काव्य की भाँति यहाँ वह आत्मानन्द या स्वान्तःसुख की आत्मप्रतीति या वैयक्तिक आत्मरोदन की एकाकी अभिव्यक्ति नहीं रखतीं अपितु किसी विषम समस्या के अन्तर्मन्थन से उद्भूत अपने चिन्तन का निष्कर्ष प्रतिपादित करती हैं। गद्य के क्षेत्र में देवीजी युग के प्रति एक असह्य वेदना, एक व्यापक प्रतिक्रिया और विकल मानसिक अशान्ति लेकर अवतरित होती हैं। काव्य के सीमित कलेवर में जीवन की विचित्रतासूचक जिस विडम्बना का पर्दाफाश वह नहीं करना चाहतीं, उसकी पूर्ति गद्य में करती हैं। गद्य में उदात्त, अनुदात्त, सात्विक, अभिजात अथवा विद्रोहात्मक स्वरों का कोई निषेध नहीं है। वह अपने स्वाधीन विचार के लिए ही गद्य की परिधि में बैठती हैं। छन्दों की जिस स्थिति को साहित्यिक कलेवर नहीं दे पाता उसे वह गद्य के अध्ययन से सजाकर, सँवारकर प्रस्तुत करती हैं। अस्तु, उनके गद्य की विवेच्य सामग्री पद्य की अपेक्षा बड़ी विराट और उनकी परिधि बड़ी प्रशस्त है। समाज की वर्तमान कार्यप्रणाली के प्रति लेखिका असहिष्णु है। नारी-जीवन के प्रति पुरुष-वर्ग का जो पाशविक अत्याचार युग-युग से निरन्तर होता आ रहा है उसके प्रति वह असहिष्णु हो उठी हैं, और साथ ही आज के प्रति आधुनिकता के अमर्यादित स्वरूप, बीभत्स लक्षणों के प्रति आशंकित हैं। इस द्विविधा का स्पष्टीकरण पद्य में सम्भव और सम्यक् नहीं है। गद्य का आश्रय लेने का यह प्रमुख कारण है। इसके अतिरिक्त छायावाद की रहस्यात्मक वृत्तियों का जो खण्डन और छिद्रान्वेषण समसामयिक युग में मूर्धन्य आचार्यों द्वारा किया जाता रहा है उसकी पुष्टि और अपने अभिमत का दृढ़ पुनर्स्थापन इसी गद्य के क्षेत्र में सुविधेय रहा है। काव्य-ग्रन्थों—'दीपशिखा', 'यामा', 'आधुनिक कवि' आदि के प्राक्कथन इन्हीं मतों के विवेचन-हेतु प्रस्तुत हुए हैं। साहित्य

की समसामयिक प्रवृत्तियों अर्थात् प्रगतिशीलता, यथार्थवाद, गीतिकाव्य छायावाद और विविध शास्त्रीय समस्याओं यथा काव्य और कला तथा अन्य आध्यात्मिक व दार्शनिक चिन्तनों जैसे विज्ञान, जीवन, संघर्ष, आनन्द, प्रत्यक्ष, परोक्ष आदि से सम्बद्ध प्रश्नों पर विचार-विमर्श करने का उपयुक्त धरातल उन्हें गद्य की भूमि पर मिलता है, यहाँ उनकी तथ्यान्वेषी प्रवृत्ति, कवि की अन्त:प्रतीति के संदर्भ-सहित लोक-जीवन का स्पर्श करती है। भाव से विचार की ओर, सूक्ष्म से विराट् की ओर, प्राकृत-वृत्ति से वास्तविकता की ओर उनका संचरण आधुनिक विकास की दृष्टि से बड़ा समानुपातिक और सर्व-सापेक्ष्य है। हिन्दी-गद्य के विकास में देवीजी की यह विलक्षणता है कि वह आवेश में विवेचन का संयम नहीं खो देतीं और विवेचन की तहों में जाकर भाव की सरसता भुला नहीं पातीं। उनके प्रतिपाद्य तथ्यों में जहाँ गूढ़ व्यंग्य और कुछ सत्य का समावेश है, वहीं उनकी प्रति-भावन-पद्धति बड़ी कुतूहलपूर्ण, रमणीय तथा ललित है। उपयोगिता के परिप्रेक्ष्य में लालित्य का यह संयोग—मैं समझता हूँ महादेवीजी के गद्य-साहित्य का मेरुदण्ड है।

महादेवी के पद्य में आत्मपीड़न के कारण परस्पर व्यवच्छेदात्मकता और असामंजस्य परिलक्षित है किन्तु गद्य-साहित्य इसके प्रतिकूल विचारों की स्वतन्त्रता, एक-स्वरता और आनुषंगिकता के लिए प्रख्यात है। काव्य-क्षेत्र में उनकी आस्था अन्तर्मुखी है। गद्य में वह बहिर्मुखी और आध्यात्मिक, रागात्मक तथा कवित्वपूर्ण अभ्यास से नितांत पृथक् यहाँ लोक संवेद्य विषमताओं से संप्रेरित होकर गूढ़ चिंतन में तल्लीन होती हैं। गद्य में उनका जीवन और संयत मन, कल्पित समाजादर्श के साथ प्रतिष्ठित हुआ है। अस्तु, गद्य के स्वरों में उनकी आत्म-सत्यता अधिक-से-अधिक असंदिग्ध हो उठी है। उनकी अनुभूतियाँ यहाँ कल्पना की झाँकी सजाती हैं जिनमें यथार्थ का सच्चा निरूपण है। दार्शनिक मीमांसा के अवसर पर वह बड़े विराट् रूपकों का आयोजन करती हैं। जीवन को ऐसे वृक्ष से समानता देना जो कहीं जड़ में अव्यक्त है, कहीं पत्रों मे लहलहाता है, कहीं फूलों में सुन्दर है, कहीं फलों में उपयोगी है और कहीं बीज में सृजनशील, यह उनकी अभिव्यक्ति की चरम सिद्धि है।

रेखाचित्रों में देवीजी की गद्य-कला का उत्कृष्ट प्रमाण सुरक्षित है। उनका एक-एक शब्द स्पष्ट आकृति में भास्वरता धारण कर लेता है; कहीं-कहीं चिन्तन की गहनता के कारण क्रमबद्धता अवश्य खण्डित हो जाती है। पर जो विवेच्य भाव उनकी संवेदना का लक्ष्य बना है वह इन चित्रों की रंगीनी से साकार हो उठा है। पात्रों की एकरूप जीवन-घटना, दिनचर्या, परिवेश और आकृतिपूर्ण नाटकीयता, गतिशीलता और यथार्थ संवेदना के साथ अभिव्यक्त हुई हैं। इनके कारण दुरूह वचन-वक्रता गत्यवरोध नहीं कर पाती, संस्मरणों और अनेक शिल्पों का प्रयोग तथा प्रवर्त्तन करती है। मुख्यत: वर्णनात्मक-विवेचनात्मक, रूपात्मक, आलोचनात्मक, व्यंग्यात्मक और उद्धरणात्मक शैलियाँ यहाँ प्रस्तुत हैं। उनके सूक्त-कथन पृथक् भाष्य की अपेक्षा रखते हैं। आर्ष वाक्यों की भाँति वह सूत्रबद्ध विचार प्रकट करती हैं जिसकी स्पष्ट व्याख्या के लिए पर्याप्त अवकाश चाहिए। छायावाद की व्याख्या में उसे तत्त्वत: कृति के बीच में जीवन का उद्गीथ कहना इसी प्रकार की गम्भीर उक्ति है, 'ममता श्रद्धामय आत्मदान है', 'कला चिरंतन है, सौंदर्य सनातन है,

सत्य शाश्वत है' और 'क्रांति स्वयं एक साधना है', आदि इस प्रकार के सूक्त-कथन हैं।

भाषा के क्षेत्र में देवीजी का गद्य अभिनव है। वह भावानुकूल भाषा का निर्माण करने में समर्थ हैं। हास्यरसपूर्ण प्रसंगों में उनका प्रत्येक शब्द क्रीड़ा करता है। भक्तिन के कर्मकांड और दिनचर्या के वर्णन में उनकी शब्दावली सरस हो उठती है। संवेदना की सृष्टि करते हुए वही शब्द अन्तःक्रंदन करते हैं और व्यंग्यात्मक प्रसंगों में हमें मर्माहित करते हैं। चिन्तन की तह में डूबकर प्रत्येक शब्द अर्थ-गौरव से भिन्न होकर व्याख्येय हो जाता है, और आत्मामीमांसा का रस विकीर्ण करता है। कुछ शब्दों की सृष्टि उनकी विलक्षण सूझ की परिचायक है,'धृतराष्ट्रता' आदि ऐसे ही शब्द हैं। दीर्घ काव्यात्मक एवं ललित रूपकों की सृष्टि में लेखिका का रचना-कौशल निर्विवाद प्रमाणित है। 'पथ के साथी' में उनके लक्षण कवित्वपूर्ण उद्भावनाओं के साथ सशब्द होकर निखर उठे हैं। वर्णन को साकारकरके महादेवी ने उसके चित्रण की परंपरा निभाई है। 'कपड़े की सिकन जैसी चीनी की नाक' कथन केवल वर्णन ही नहीं बल्कि चित्र समक्ष रख देता है। प्राकृतिक दृश्यों, बाह्य पदार्थों और परिस्थितियों को उन्होंने अपने रचना-कौशल द्वारा और भी अधिक सजीव और सरस कर दिया है।

अन्ततः यह सहज स्वीकार्य है कि महादेवीजी गद्य के क्षेत्र में असाधारण सिद्धि-सम्पन्न लेखिका हैं। पद्य की अपेक्षा गद्य कहीं अधिक भावप्रवण, विचारविदग्ध और विविधतापूर्ण है। कहीं-कहीं आलंकारिकता, रूपकात्मकता और कृत्रिमता का मोह रचनात्मक और भावबोध को असाध्य, दुरूह और वक्र बना देता है। फिर भी उनका उक्ति वैचित्र्य, उनका विवेचनात्मक अन्तर्बोध और उनकी लाक्षणिक प्रतीति बड़ी सरस तथा प्रेषणीय है। 'आत्म' से परे 'पर' की ओर अधिगमन करके वह यहाँ अधिक व्यापक भूमि पर प्रतिष्ठित होती हैं और विश्व की अनेकरूपता के अनुकूल अपनी अभिव्यक्ति को विविधा बनाकर हृदयस्पर्शी कर देती हैं। उनके निष्कर्ष जहाँ संतुलित, युग-सापेक्ष्य और स्वस्थ हैं वहीं उनका शिल्प सुरुचि-संपन्न, कलात्मक तथा विलक्षण है। उनकी गद्य-गरिमा ने हिन्दी के गद्य-युग को अपनी अनमोल वाग्विभूति से परिपूर्ण किया है और स्वयं उनके अन्तर्बाह्य रहस्यों का विश्वस्त उद्घाटन करके पाठक को समुचित गति-दिशा और प्रेरणा प्रदान की है।

दीपशिखा

नगेन्द्र

इस युग में 'दीपशिखा' का प्रकाशन एक घटना है। महादेवीजी के ही शब्द उधार लेकर हम कहेंगे कि "जीवन और मरण के इन तूफानी दिनों में रची हुई यह कविता ठीक ऐसी ही है जैसे झंझा और प्रलय के बीच स्थित मन्दिर में जलने वाली निष्कम्प दीपशिखा।"

इस पुस्तक का महत्त्व एक और दृष्टि से भी है। आज छः-सात वर्षों के बाद महादेवीजी के साधना-मन्दिर का द्वार खुला है और करुणा के स्नेह में जलती हुई इस दीपक की लौ को अब भी एकाकीपन में तन्मय और विश्वास में मुस्कराती हुई देखकर हिन्दी के विद्यार्थी का सशंक मन उत्फुल्ल हो उठा है।

'दीपशिखा' में ५१ गीत हैं, और प्रत्येक गीत का अर्थवाही एक चित्र है। इन चित्रों का कला की दृष्टि से क्या मूल्य है, यह कहने का तो मैं अधिकारी नहीं हूं; परंतु इस प्रकार का चित्रित गीत-प्रकाशन हिन्दी के लिए एकदम नई चीज है। इसके अतिरिक्त प्रत्येक गीत कवयित्री की अपनी ही हस्तलिपि में मुद्रित है। इस मुद्रण से जहां नवीनता तो सचमुच और भी बढ़ गई है, वहाँ लिपि के सुन्दर न होने से पुस्तक की स्वच्छता में क्षति भी अवश्य हो गई है।

हिन्दी में—विश्व के लगभग सभी साहित्यों में—गीत-परम्परा आदिकाल से ही चली आती है। या यों कहिए कि कविता का मूल रूप ही गीत है। गीत के इतिहास पर दृष्टि डालने से उनके दो प्रयोजन मिलते हैं—

आत्म-निवेदन और मनोरंजन।

इसमें आत्म-निवेदन अधिक मौलिक है। उनको प्रयोजन के अतिरिक्त प्रेरणा भी कहना उचित है। परन्तु मनोरंजन भी कम प्राचीन नहीं है। आखेट-प्रिय आदिम पुरुष के वियोग में उसकी गृहिणी आदिम नारी ने आज से न जाने कितने युग पूर्व अपने एकाकी मन और गृह-कर्म से भारी शरीर को हलका करने के लिए गीत का आविष्कार किया था। 'कामायनी' के पाठकों को याद होगा कि मनु के मृगयार्थ वन में चले जाने पर श्रद्धा का हाथ तकली से और मन अनायास गीत की कड़ी से उलझ जाता था।

इस अवस्था में आकर गीत के दोनों प्रयोजनों का समन्वय हो जाता है। धीरे-

धीरे ये ही दोनों प्रयोजन अनेक रूप में बिखरते गए। आत्म-निवेदन पार्थिव और अपार्थिव अवलम्बों के अनुसार अलौकिक विरह-मिलन की कविता में फूट उठा; मनोरंजन उत्सव-पर्वों के गीतों में; और कहीं-कहीं ये दोनों ही मिलकर एक हो गए।

इस प्रकार गीत मानव-मन के हर्ष-विषाद का सहज वाहक है, जो अब तक अपनी परिभाषा को अक्षुण्ण बनाए हुए है। महादेवीजी ने भी इसी से मिलती-जुलती गीत की परिभाषा की है: "गीत का चिरन्तन विषय रागात्मिका वृत्ति से सम्बन्ध रखने वाली सुख-दुःखात्मक अनुभूति ही रहेगा''साधारणतः गीत व्यक्तिगत सीमा में सुख-दुःखात्मक अनुभूति का वह शब्द-रूप है जो अपनी ध्वन्यात्मकता में गेय हो सके।"

'दीपशिखा' के गीतों में आत्म-निवेदन की प्रेरणा है, मनोरंजन स्पष्टतः ही उनका प्रयोजन नहीं है। परन्तु वह आत्म-निवेदन किस प्रकार का है, यह प्रश्न सरल नहीं है। साधारण रूप से यह कह देना कि इनमें अज्ञात के प्रति विरह-निवेदन है या रहस्योन्मुख प्रेम की अभिव्यक्ति है अथवा लौकिक धरातल पर कवि की अपनी अतृप्त वासना की प्रेरणा है—प्रश्न को और भी जटिल बना देना है। इस आत्म-निवेदन की प्रकृति को समझने के लिए तो कवि के व्यक्तित्व के विश्लेषण का सहारा लेना पड़ेगा।

'दीपशिखा' के गीतों का अध्ययन करने पर हमारे मन में तीन प्राथमिक धारणाएँ बनती हैं—

एक; 'दीपशिखा' कवि के अपने मन का प्रतीक है।

दो; 'दीपशिखा' में फ़ारसी की शमअ की तरह ऐन्द्रिय वासना की दाहक ज्वाला नहीं है, वरन् करुणा की स्निग्ध लौ है; जो मधुर-मधुर जलती हुई पृथ्वी के कण-कण के लिए आलोक वितरित करती है।

तीन; और इस जलने के पीछे किसी अज्ञात प्रिय का संकेत है जो उसे असीम बल और अकम्प विश्वास प्रदान करता है।

महादेवी के काव्य में इसी प्रकार के संकेत मिलते हैं, और इन संकेतों की व्याख्या में हिन्दी-आलोचकों ने सारा अध्यात्म एवं वेदान्त समाप्त कर दिया है। उनकी यह व्याख्या महादेवी को परमार्थी योगी की पदवी पर भले ही प्रतिष्ठित कर दे, परन्तु उनके काव्य की आत्मा अर्थात् उनकी अनुभूति के स्वरूप को समझने में अणुमात्र भी सहायक नहीं होती।

इस विषय में मैं पहले ही निवेदन कर दूँ कि मुझे आधुनिक काव्य की आध्यात्मिकता में एकदम विश्वास नहीं है। काव्य का सम्बन्ध मानव-मन से है, और मन में किसी प्रकार की अपार्थिवता नहीं है। भारतीय दर्शन ने भी उसे सूक्ष्मेन्द्रिय ही माना है। हमारे साहित्य-शास्त्र में भी जहाँ काव्य की अनुभूति-अभिव्यक्ति का विवेचन है, पार्थिव जीवन के ही स्थायी-संचारियों का वर्णन है और रस की अलौकिकता भी अन्त में लौकिक ही ठहरती है। यह बात नहीं कि मुझे आध्यात्मिक की सत्ता मान्य नहीं। मैं मानता हूँ एक ओर चित्तवृत्ति के संयम और निरोध से और दूसरी ओर उसकी एकाग्रता के अभ्यास से आत्म-चिन्तन और रहस्यानुभूति सम्भव है—और कम-से-कम कबीर की रहस्यानुभूति कल्पना की क्रीड़ा अथवा धार्मिक दम्भ कभी नहीं थी। परन्तु बुद्धि के इस युग में, जैसाकि

महादेवीजी ने स्वयं अपनी भूमिका में स्वीकार किया है, इस प्रकार की रहस्यानुभूति कम-से-कम एक नवीन शिक्षा-दीक्षा में पोषित बुद्धिजीवी के लिए सम्भव नहीं। एक बार व्यक्तिगत चर्चा करते समय भी जब मैंने अपना यह मन्तव्य उनके सम्मुख रखा तो उन्होंने स्पष्ट रूप में इसकी सत्यता स्वीकार की थी। अतएव 'दीपशिखा' के गीतों की अनुभूति पार्थिव माने बिना काम नहीं चल सकता। उसका विश्लेषण करने पर तीन तत्त्व हमको मिलते हैं—जलने की भावना, विश्व के प्रति गीला-करुणा भाव और अज्ञात प्रिय का संकेत।

इनमें से तीसरे भाव के मूल में तो स्पष्टतः काम का स्पन्दन है ही; जलने की भावना में असन्तोष और अतृप्ति-भावना भी अनिवार्य है। इन दोनों को अगर संयुक्त कर दें, तो पहला कारण और दूसरा कार्य हो जाता है। और वास्तव में सभी ललित कलाओं के—विशेषतः काव्य के और उससे भी अधिक प्रणय-काव्य के—मूल में अतृप्ति काम की प्रेरणा मानने में आपत्ति के लिए स्थान नहीं है।

महादेवीजी का एकाकी जीवन उनके काव्य में स्पष्ट रूप से प्रतिबिम्बित है। किसी अभाव ने ही उनके जीवन को एकाकिनी बरसात बना दिया है, सुख और दुलार के आधिक्य ने नहीं। अतिशय सुख और दुलार की प्रतिक्रिया से उत्पन्न दुःख का आकर्षण 'यामा' और 'दीपशिखा' की सृष्टि नहीं कर सकता, परन्तु इस अतृप्ति को स्थूल शारीरिक अर्थ में ग्रहण करना महादेवीजी के संस्कृत एवं संयत व्यक्तित्व के प्रति अपराध होगा। क्योंकि, और नहीं तो स्वभाव से ही पुरुष और स्त्री कवियों के लिखे हुए प्रणय-गीतों में उनकी प्रकृति के अनुसार अन्तर मिलना अनिवार्य है। पुरुष कवि का प्रणय-निवेदन अधिक व्यक्त, अतएव ऐन्द्रिय एवं रोमानी होगा। स्त्री का प्रणय-निवेदन संयत, अतएव गार्हस्थिक होगा। पुरुष में रोमांस की उन्मुक्तता होगी, नारी में स्थायित्व का बंधन। अतएव स्वीकृत रूप से लौकिक तल पर स्त्री-कवि का प्रणय एकमात्र स्वकीया का घरेलू प्रणय ही हो सकता है। स्त्री अपनी प्रकृति के कारण और बहुत-कुछ अंशों में सामाजिक रीति-नीति के कारण न तो असंयत उद्‌गारों को ही व्यक्त कर सकती है और न स्वकीया की सौमित्र-रेखा से बाहर ही जा सकती है। प्राचीन लोक-गीतों की गायिकाओं से लेकर होमवती, 'उषा' 'चकोरी' आदि आधुनिक हिन्दी कवयित्रियों तक यह बात अनिवार्य रूप से मिलेगी। जहाँ कहीं भी लौकिक प्रणय की स्वीकृति है, वहाँ स्वकीया-भाव ही है। मीरा के अपार्थिव प्रेम में भी स्वकीया-भाव का आग्रह मिलता है।

स्वकीया की भावना छोड़कर तो स्त्री के पास सिर्फ एक ही उपाय रह जाता है—अपार्थिव प्रणय अथवा अज्ञात के प्रति प्रणय-निवेदन। यह प्रणय-निवेदन मूलतः पार्थिव प्रेम पर आश्रित होते हुए भी तत्त्वतः उससे भिन्न होता है। अर्थात् इसमें ऐन्द्रियता सूक्ष्म-से-सूक्ष्म होती हुई अतीन्द्रियता-सी प्रतीत होने लगती है, यानी उसका संस्कार हो जाता है। परन्तु यह निश्चित है कि प्रणय-निवेदन में जो स्पन्दन होगा, वह प्रच्छन्न रूप से उसी आरम्भिक प्रेम का ही होगा।

सन्त कवियों तथा सगुण भक्तों ने अपनी अभुक्त वासनाओं को एक ओर तो भगवान के चरणों पर उँडेलकर और दूसरी ओर सचराचर में वितरित करके उनका

संस्कार किया था। वह विश्वास और साधना का युग था। भगवान की प्रीति तब आज की अपेक्षा अधिक सरल थी। आज का कवि भगवान् से नाता जोड़ने में अपने को असमर्थ पाता है। उसके लिए मानव-जाति से प्रीति बढ़ाना अपेक्षाकृत सरल है। इसलिए आज वासना के संस्कार की यही पद्धति व्यवहार्य है। महादेवीजी के जीवन में सन्तों की आत्म-साधना देखना तो उपहास्य होगा; परन्तु अपनी वासना का परिष्कार करने के लिए उन्होंने साधना की है और अब भी कर रही हैं; इसको अस्वीकार करना अनुचित होगा। उन्होंने बड़ी लगन से आध्यात्मिक साहित्य का अध्ययन किया है। अपने आस-पास के प्राणियों के साथ परिवार-सम्बन्ध जोड़ा है। पीड़ित वर्ग की सक्रिय सेवा में आनन्द लिया है। मैं समझता हूँ कि उनका काफ़ी समय आध्यात्मिक साहित्य के अध्ययन और मनन में बीतता है। अतएव उनके गीतों में जो रहस्य-संकेत मिलते हैं वे पूर्णतः स्वानुभूत सत्य न होते हुए भी एकदम छायावाद-युग के कवि-समय-मात्र भी नहीं हैं। प्रत्यक्ष रूप से नहीं, तो अध्ययन के सहारे ही कवि को उनसे थोड़ा-बहुत परिचय अवश्य है।

यही बात कण-कण के प्रति बिखरी हुई उनकी स्नेह-विगलित करुणा के लिए भी कही जा सकती है। बुद्धि के प्रति ममत्व और दर्शन के अध्ययन का प्रभाव उस पर स्पष्ट रूप से पड़ा है—"इन गीतों ने पराविद्या की अपार्थिवता ली, वेदान्त के अध्ययन की छायामात्र ग्रहण की, लौकिक प्रेम से तीव्रता उधार ली और इस सबको कबीर के सांकेतिक दाम्पत्य-भावसूत्र में बाँधकर एक निराले स्नेह-सम्बन्ध की सृष्टि कर डाली, जो मनुष्य के हृदय को अवलम्ब दे सका, उसे पार्थिव-प्रेम से ऊपर उठा सका तथा मस्तिष्क को हृदयमय और हृदय को मस्तिष्कमय बना सका।

इस प्रकार, 'दीपशिखा' के गीतों में जिन तत्त्वों की ओर निर्देश किया गया है, वे तीनों एक-दूसरे से कार्य-कारण-सम्बन्ध में बँधे हुए हैं और कवि के अपने जीवन के सम्बन्ध से भी उनका पूरी तरह व्याख्यान हो जाता है।

यहाँ तक तो हुआ 'दीपशिखा' की प्रेरक अनुभूति का विश्लेषण, जो उनके गीतों को समझाने में सहायक हो सकता है। परन्तु उनका मूल्यांकन करने के लिए अनुभूति की प्रकृति नहीं, उसकी शक्ति का विवेचन करना होगा। यानी अब हमें यह देखना है कि 'दीपशिखा' को जिस अनुभूति से प्रेरणा मिली है, उसमें कितनी तीव्रता है।

इस दृष्टि से हमें निराश होना पड़ेगा। कारण स्पष्ट है। इस अनुभूति के मूल में जो काम का स्पन्दन है, उसके ऊपर कवि ने चिन्तन और कल्पना के इतने आवरण चढ़ा रखे हैं कि स्वभावतः उसकी तीव्रता दब गई है। और उसको टटोलने पर बहुत नीचे गहरे में एक हल्की-सी धड़कन मिलती है। साथ ही अनुभूति को पुंजीभूत होने का अवसर नहीं मिला। उसका वितरण प्रयत्नपूर्वक किया गया है, इसलिए वह तीव्र न रहकर हल्की-हल्की बिखर गई है। स्पष्ट शब्दों में, इन गीतों में लोक-गीतों की जैसी माँस की उष्ण गन्ध प्रायः निःशेष हो गई है। दूसरी ओर बुद्धिजीवी महादेवीजी में सन्त या भक्त कवियों का-सा विश्वास और समर्पण भी सम्भव नहीं हो सका। इसलिए उनके हृदय में अज्ञात के प्रति भी जिज्ञासा ही उत्पन्न हो सकी है, पीड़ा नहीं। कुल मिलाकर यह कहना होगा कि 'दीप-शिखा' की प्रेरक अनुभूति छाँह-सी सूक्ष्म और मोम-सी मृदुल तो है, परन्तु हूक-सी तीव्र

नहीं । एक स्थान पर स्वयं कवयित्री ने ही अपने गीत की बड़ी सुन्दर व्याख्या की है—

खोजता तुमको कहां से आ गया आलोक सपना
चौंक खोले पंख तुमने याद आया कौन अपना
कुहर में तुम उड़ चले किस छांह को पहचान ।

स्वाभावतः छांह को पहचानकर कुहर में उड़ने वाले इन गीतों में विस्मय-भरे मधुर संकेत तो स्थान-स्थान पर मिलेंगे, परन्तु लपककर हृदय को पकड़ने वाली पंक्तियाँ दुर्लभ हैं।

मधुर संकेतों के कुछ उदाहरण लीजिए—

तम ने वर्ती को जाना है,
वर्ती ने यह स्नेह, स्नेह ने रज का अंचल पहचाना है
चिर-बन्धन में बांध मुझे घुलने का वर दे जाना है
सुधि विद्युत् की तूली लेकर
मृदु व्योम फलक-सा उर उन्मन
मैं घोल अश्रु में ज्वाला-कण
चिर मुक्त तुम्हीं को जीवन के बन्धन हित विकल दिखा जाती ।

हार' से लेकर 'दीपशिखा' तक आते-आते महादेवीजी की अनुभूति ने सूक्ष्मता और स्थिरता में जितनी वृद्धि की है, तीव्रता में उतनी क्षति भी भोगी है। इसका अर्थ यही है कि महादेवीजी का मन क्रमशः व्यक्तिगत पीड़ा को लोकव्यापी बनाता हुआ दुःख-सुख का सामंजस्य स्थापित करता रहा है। यह सामंजस्य सर्वप्रथम हमें 'नीरजा' में मिलता है; परन्तु फिर भी उसमें व्यक्ति की पुकार दुर्बल नहीं पड़ी। 'सान्ध्य-गीत' में आकर जिस अनुपात से पीड़ा का अव्यक्तीकरण हुआ है, उसी अनुपात से उसमें अनुभूति की तीव्रता भी कम हो गई है। 'दीपशिखा' इसी दिशा में एक अगला कदम है। 'सान्ध्य-गीत' में जहाँ दुःख और सुख का सामंजस्य पूर्ण हुआ था, वहां 'दीपशिखा' में दुःख अपना दर्शन खोकर सुख को समर्पण कर बैठा है। पीड़ा की ज्वाला यहाँ दीपशिखा बन गई है, जो पृथ्वी के कण-कण को आलोक वितरित करके अपना घुल जाना ही वरदान मानती है। इस प्रकार 'दीपशिखा' की अनुभूति में एक तो रज के प्रति ममत्व और दूसरे विश्वासमय अबन्ध गति—ये दो नवीन तत्त्व मिलते हैं जिनके लिए हमारे युग-जीवन की प्रवृत्तियाँ उत्तरदायी हैं।

महादेवीजी के गीतों में कला का मूल्य अक्षुण्ण है। भाषा के रंगों को हल्के-हल्के स्पर्श से मिलाते हुए मृदुल-तरल चित्र आंक देना उनकी कला की विशेषता है। पन्त की कला में जड़ाव और कढ़ाई है, फलतः उनके चित्रों की रेखाएँ पैनी होती हैं। महादेवी की कला में रंग-घुली तरलता है, जैसी कि पंखुड़ियों पर पड़ी हुई ओस में होती है।

'सान्ध्य-गीत' में सन्ध्या की पृष्ठभूमि होने के कारण उनके चित्रों में रंगों का वैभव अधिक था; परन्तु 'दीपशिखा' के गीतों में उसके चित्रों की ही तरह केवल दो रंग हैं—हल्का नीला और सफेद। जहां कहीं अधिक रंगों का प्रयोग भी है, वहां ये सभी रंग इस प्रकार मिला दिये गए हैं कि किसी की स्वतन्त्र सत्ता न रहे—इसीलिए तो इन चित्रों में

पारद के मोतियों-जैसी कोमलता आ गई है—

> रात-सी नीरव व्यथा, तम-सी अगम मेरी कहानी
> फेरते हैं दृग सुनहले आँसुओं का क्षणिक पानी
> श्याम कर देगी इसे छू प्रात की मुसकान !

महादेवी के गीतों में प्रयुक्त चित्र-सामग्री अत्यन्त परिमित है । इसलिए 'नीरजा' के बाद ही महादेवीजी के आलोचक को उनसे पुनरावृत्ति की शिकायत है । और यह शिकायत जितनी उचित है उतनी ही सकारण भी । एक कारण तो यही है कि कवि की अनुभूति का क्षेत्र ही सीमित है । दूसरा कारण यह है कि उसने 'सांध्य-गीत' और 'दीपशिखा' के गीतों को एक निश्चित पृष्ठभूमि दी है—'सांध्य-गीत' को सन्ध्या की, 'दीपशिखा' को रात्रि की । यह सच है कि 'दीपशिखा' तक पहुंचते-पहुंचते 'नीरजा' और 'सांध्य-गीत' की पुनरावृत्तियों से ऊबा हुआ पाठक एक बार तो सचमुच झुंझला उठता है—वे दीपक और बादल के छायाचित्रों के टुकड़े नाना प्रकार के आकार और वेश धारण करके उनके काव्य के आधार-फलक पर उड़ते-तैरते दिखाई देते हैं । बादल के चित्रों से तो कवि को बेहद मोह है । परन्तु झुंझलाहट उतर जाने पर यदि वह धैर्य-पूर्वक सूक्ष्म-दृष्टि से देखेगा तो उसे सूक्ष्म अवयवों की तरह-तरह की बारीकियां मिलेंगी । जैसे —

> तैर-तम-जल में जिन्होंने ज्योति के बुद्बुद् जगाए,
> वे सजीले स्वर तुम्हारे क्षितिज-सीमा बाँध आये ।
> हँस उठा कब अरुण शतदल-सा ज्वलित दिनमान ।

गीत की अपनी तकनीक होती है । वह अपने जन्म से ही वन्य कण्ठों में पला है । इसलिए उसकी गति और लय में, यहाँ तक कि उसकी शब्दावली में भी—वन्य संस्कार वर्तमान रहते हैं । यह असम्भव है कि एक सफल कलाकार कला-गीतों की रचना करते हुए इन वन्य-गीतों की पंक्तियों को अनायास ही न गुनगुना उठे । सचमुच पाठक के संस्कार भी बिना इन स्पर्शों के गीत को गीत मानने के लिए तैयार नहीं होते । महादेवी जी इस ओर प्रारम्भ से ही सचेत रही हैं । 'दीपशिखा' की भूमिका में उन्होंने लोक-गीतों का प्रभाव स्वीकार भी किया है । 'नीरजा' के कुछ गीतों की लय और शब्दावली में इस प्रकार के मधुर और मुखर संस्कार मिलते हैं । 'पथ देख बिता दी रैन, मैं प्रिय पहचानती नहीं' या 'मुखर पिक हौले-हौले बोल, हठीले हौले-हौले बोल'—जैसी पंक्तियों को गुनगुनाते हुए पाठक के मन में लोक-गीतों की समानान्तार पंक्तियाँ आप-से-आप दौड़ जाती हैं । 'दीपशिखा' में भी 'मैं न यह पथ जानती री' या 'कहाँ से आए बादल काले'—जैसी पंक्तियों में कुछ ऐसा ही सौंदर्य है, यद्यपि उतना नहीं जितना 'नीरजा' के गीतों में है । इस प्रकार प्रचलित लोक-गीतों की वन्य गति-लय में अमूल्य काव्य-सामग्री भरकर महादेवीजी ने खड़ी-बोली की कविता में गीत के माध्यम को अमर कर दिया है ।

गीत के आन्तरिक रूप का विश्लेषण यदि किया जाय तो वह कुछ इस प्रकार होगा ।

कभी अनायास ही कवि के मन में कोई बात चमक जाती है और चिन्तन की हल्की-हल्की आंच से गल-गलकर वह एक पंक्ति के रूप में ढल जाती है। यही गीत की पहली पंक्ति है जो प्रायः चिन्तन का परिणाम होती है। इसके उपरांत कवि उसमे सम्बद्ध अन्य धूमिल भावनाओं को रूप देने का प्रयत्न करता है और गीत के अगले पदों की सृष्टि होती है। बस, इसी सृजन-प्रक्रिया में एक साथ कवि की मूल अनुभूति व्यक्त होकर शब्दों की पकड़ में आ जाती है और सारा गीत चमक उठता है। अनुभूति-प्राण गीतों के सृजन का यही इतिहास है। बच्चन के कुछ भाव-दीप्त गीत इसके साक्षी हैं। परन्तु 'दीपशिखा' के अधिकांश गीतों में अनुभूति की तीव्रता के अभाव में ऐसा नहीं हो पाया। उनमें चिन्तन के प्राधान्य के कारण पहली पंक्ति के संकेत ही अधिक मधुर होते हैं।

'दीपशिखा' की भूमिका का महत्त्व उसके गीतों से कम नहीं है। उसके विषय में सविस्तार चर्चा फिर कभी की जायगी। इस समय तो यही कहना पर्याप्त होगा कि आधुनिक तथाकथित प्रगतिशील या समाजवादी आलोचना की हलचल में काव्य के शाश्वत सत्यों के सहारे इस भूमिका में छायावाद की भव्य व्याख्या की गई है जिसका स्थान हिन्दी आलोचना के इतिहास में अमर रहेगा।

नीरजा

विजयेन्द्र स्नातक

महादेवी वर्मा की रचनाओं में 'नीरजा' का स्थान कई दृष्टियों से महत्त्वपूर्ण है, रसानुभूति के उत्कर्ष के साथ अभिव्यंजना का क्रमिक विकास 'नीरजा' में स्पष्ट परिलक्षित होता है। 'नीरजा' कवयित्री की काव्यानुभूति का तीसरा सोपान है, किन्तु इस सोपान तक पहुँचते-पहुँचते उसे मंज़िल की आभा-मंडित चोटियाँ दिखाई पड़ने लगी हैं। कल्पना का प्राधान्य अब क्षीणतर होकर चिन्तन और अनुभूति के रूप में परिवर्तित हो गया है, आनन्द और उल्लास का स्निग्ध आलोक कवयित्री के अन्तर में 'नीरजा' के विकास में सक्षम होकर उसे हर्ष के वातावरण में विचरण करने की प्रेरणा दे रहा है। श्री रायकृष्णदास के शब्दों में—'नीरजा' में 'नीहार' का उपासना-भाव और भी सुस्पष्टता और तन्मयता से जाग्रत हो उठा है। इसमें अपने उपास्य के लिए केवल आत्मा की करुण अधीरता ही नहीं, अपितु हृदय की विह्वल प्रसन्नता भी मिश्रित है। 'नीरजा' यदि अश्रुमुखी वेदना के कणों से भीगी हुई है तो साथ ही आत्मानन्द के मधु से मधुर भी है। मानो, कवयित्री की वेदना, कवयित्री की करुणा अपने उपास्य के चरण-स्पर्श से पूत होकर आकाश-गंगा की भाँति इस छायामय जग को सींच देने में ही अपनी सार्थकता समझ रही है।" इन पंक्तियों में 'नीरजा' को अश्रुमुखी वेदना के कणों के साथ आत्मानन्द के मधु से मधुर कहा गया है। संसार को अपनी शान्त-स्निग्ध भावधारा से आप्लावित करने वाली 'नीरजा' को कवयित्री की उत्कृष्ट और महत्त्वपूर्ण रचना हमने प्रारम्भ में इन्हीं विशिष्ट गुणों के कारण कहा है। 'नीरजा' में काव्यानुभूति के उत्कर्ष के साथ आनन्दानुभूति के मनोरम स्थलों का भी अभाव नहीं है।

'नीरजा' महादेवीजी के अनुभूति एवं चिन्तन-प्रधान अट्ठावन गीतों का संकलन है। काव्यांगों की दृष्टि से यह मुक्तक गीति-काव्य के भीतर आती है। अन्तर्मुखी सूक्ष्म भावनाओं को व्यक्त करने के लिए गीति-काव्य सर्वश्रेष्ठ साधन स्वीकार किया जाता है। यद्यपि गीत शब्द के विषय में आज-दिन भ्रांतियों का अभाव नहीं—सभी शीर्षक-हीन लघुकाय कविताओं को लोक गीति-काव्य के नाम से व्यवहृत करते हैं। गीति-तत्त्व के अभाव में हमने अनेक कविताओं को गीति-काव्य में परिगणित होते देखा है, किन्तु गीत की यदि सीमा-मर्यादा निर्धारित की जाय तो संगीत और काव्य के समुचित समन्वय को ही 'गीत'

कहा जा सकता है। संगीत के अन्तर्गत उसका प्रधानकर्म गेयता का होना नितांत आवश्यक है। महादेवीजी के गीतों में हम इन दोनों तत्त्वों के पूर्ण समावेश के साथ अन्तर्दर्शन और आत्म-निष्ठता की प्रधानता देखकर उनकी प्रभावोत्पादकता पर मुग्ध हुए बिना नहीं रह सकते। 'नीरजा' के गीतों में रागात्मक अनुभूति की तीव्रता एक ऐसा समाहित प्रभाव उत्पन्न करती है कि कुछ क्षणों के लिए मानसिक आवेगों का प्रसार गीत के भाव के अतिरिक्त कहीं और जाता ही नहीं। कहना न होगा कि ऐसा मोहक प्रभाव गीतों के कला-पक्ष की परिपूर्णता के कारण उत्पन्न नहीं होता और न उसकी संगीतात्मकता का ही यह फल है—यह तो निश्चय ही गीतों के अन्तराल में समाविष्ट सूक्ष्म भाव-गरिमा है जो पाठक को अपने में लीन किये रखने की अनुपम शक्ति रखती है। जिन पदों में यह भाव-अभिव्यंजना की दुर्बोधता या भाव की अति सूक्ष्मता के कारण अव्यक्त रह गया है, वहाँ कलापक्ष के चमत्कार पर पाठक नहीं रीझता। 'नीरजा' में ऐसे अनेक गीत हैं जो अपनी भाव-वस्तु की गहनता के कारण अज्ञेय-से बने रह जाते हैं। उनकी यह अज्ञेयता क्यों है यह जानने के लिए कवयित्री की भावाभिव्यंजन शैली की अपेक्षा भाव-वस्तु का अनुशीलन ही अधिक आवश्यक है। भाव-प्रसार की क्षमता जिन गीतों में न्यून मात्रा में है उनमें भी गेयता और आत्मनिष्ठ भावना का अभाव नहीं है।

जैसा कि हमने प्रारम्भ में कहा है कि 'नीरजा' के गीत अनुभूति और चिन्तन-प्रधान होने के कारण 'नीहार' और 'रश्मि' से गीतों से अधिक आत्म-चेतनापूर्ण हैं। आत्म-चेतना की जागृति गीति-काव्य की आत्मा है। अपने हृदय का हर्ष-विषाद प्रकट करने के लिए गीत एक ऐसा सरस माध्यम है जिसमें हमारी भावना और अनुभूति को प्रतिफलित होने का पर्याप्त अवकाश मिलता है। महादेवीजी ने स्वयं गीत का स्वरूप स्पष्ट करते हुए लिखा है कि "गीत का चिरन्तन विषय रागात्मिका-वृत्ति से सम्बन्ध रखने वाली सुख-दुःखात्मक अनुभूति से ही है। साधारणतः गीत व्यक्तिगत सीमा में सुख-दुःखात्मक अनुभूति का वह शब्दरूप है, जो अपनी ध्वन्यात्मकता में गेय हो सके।" 'नीरजा' के गीतों में उक्त परिभाषा को पूर्ण रूप से चरितार्थ होते पाते हैं।

'नीरजा' के गीत-तत्त्व के मूल रूप को समझने के लिए उसकी अभिव्यंजना-शैली के अन्य उपादानों को हृदयंगम करना भी आवश्यक है। महादेवीजी ने जिस युग में काव्य-क्षेत्र में पदार्पण किया वह छायावाद का उत्कर्षकाल था, छायावादी अभिव्यंजना इतनी समृद्ध और परिपुष्ट हो चुकी थी कि उसमें निम्नकोटि के प्रतिभाहीन कवि के पाँव जमना सम्भव न था। महादेवीजी ने छायावादी काव्य-प्रणाली की अभिनव मान्यताओं को स्वीकार करके भी उसमें अपना व्यक्तित्व सबसे पृथक् रखा, इसी व्यक्तित्व की स्थापना में उन्हें छायावादी प्रवृत्तियों में नूतनता का संचार करना पड़ा, जो उनकी रहस्यानुभूति का मूल बीज है। महादेवीजी के कवि-व्यक्तित्व की विशिष्टता उनके काव्य-वैशिष्ट्य का प्राण है, छायावाद का मूल दर्शन समझने में उन्होंने अपना नवीन मौलिक दृष्टिकोण प्रस्तुत किया, और हमें यह कहने में संकोच नहीं कि छायावाद के मूल दर्शन को जिस समग्रता के साथ इन्होंने पहचाना कदाचित् प्रसाद जी को छोड़कर किसी अन्य छायावादी कवि ने उतनी व्यापकता से उसे ग्रहण नहीं किया। छायावाद के दर्शन का मूल उन्होंने 'सर्वात्म-

वाद' में बताकर अपनी काव्यधारा में केवल प्रकृति के प्रति ही प्रीति व्यंजित नहीं की, प्रत्युत जड़-चेतन सभी में सार्वत्रिक प्रीति एवं प्रणय-निवेदन देखा। इस सर्वात्मवाद का आदर्श भले ही प्राचीन आत्मवादी दर्शनों या उपनिषदों के समान ब्रह्मपरक न हो, किन्तु इसमें प्रिय के प्रति आकुल आत्मा की पुकार बड़े ऊर्जस्वित स्वर में गूँजती है। 'उपनिषदों का आत्मवाद दर्शन के चक्रव्यूह में आकर फँस गया था और शंकर के अद्वैत-सिद्धान्त के प्रवर्तन से पहले तक वैराग्य-भावना के प्रचार का ही प्रकारान्तर से साधन बना रहा। महादेवीजी ने अपनी कविता में रहस्यभावना को स्थान देते हुए यद्यपि अद्वैत मत की अवहेलना नहीं की है, किन्तु उनका अद्वैत-काव्य की मृदुल-मोहक सरणियों में होकर माधुर्य सिक्त हो गया है। उनकी रहस्य-भावना में भक्तों और निर्गुणियों की रूढ़ि के अनेक स्थलों पर समावेश होने का कारण भी उनकी आत्म-निवेदन की परम्परा तथा यही 'मधुरतम व्यक्तित्व की सृष्टि' कहा जाता है। काव्यात्मक परिच्छेद में रहस्य-भावना के साथ ईश्वरोन्मुख प्रेम की अभिव्यक्ति चिर-अनादि से चली आ रही है, कवयित्री ने 'नीरजा' के इस प्रकार के प्रेम का बड़ा सजीव और सुन्दर वर्णन किया है। इस वर्णन में जिस अलौकिक 'प्रिय' का आह्वान, मिलन, विछोह, निवेदन, उत्सर्ग और समर्पण है वह भौतिक अस्तित्व न रखते हुए भी उसी प्रकार भौतिक है जिस प्रकार कबीर, जायसी आदि की रहस्यवादी कविता में। अन्तर्मुखी भावनाओं की प्रधानता के कारण महादेवीजी अपनी रचनाओं में प्राकृतिक सुख दुःख अथवा उसके सामंजस्य का कोई उल्लेख नहीं करतीं। प्राकृतिक दृश्यों का बाह्य-अंकन भी इसी कारण उनकी कविता में अपेक्षाकृत विरल है। यह ठीक है कि अन्य छायावादी कवियों की भाँति वह भी प्राकृतिक पदार्थों को चेतन अस्तित्व प्रदान करती हैं और कल्पना के द्वारा उन्हें मूर्त रूप देकर उनमें भावनाओं का आरोप भी करती हैं, किन्तु इस प्रक्रिया में उनकी अपनी मौलिकता निर्माण-चातुरी में है, उनके उपकरण अन्य छायावादी कवियों से कुछ इतर कोटि के होते हैं, इसीलिए उन्हें छायावादी होने पर भी रहस्यवादी कोटि में मूर्धन्य स्थान प्राप्त है। रहस्यवाद का प्रसार चिन्तन-क्षेत्र में ही होता है। अपनी पहली रचना 'नीहार' से ही महादेवीजी अद्वैतवाद का सहारा पाकर इस ओर अग्रसर हुई हैं, किन्तु 'नीरजा' में आकर वह चिन्तन-मात्र से अद्वैत-भावना को पल्लवित नहीं करती। अनुभूति का आश्रय भी उनका सम्बल बनकर उन्हें रहस्योन्मुख करता है। 'नीरजा' की कविताओं में तो वह प्रियतम को अपने अन्तर में बसा हुआ देखकर तुष्ट भी होती हैं। आत्म-साक्षात्कार का आनन्द पाकर जैसे साधक परितोष पाता है, वैसा ही परितोष भाव 'नीरजा' की अनेक कविताओं में व्यक्त हुआ है। जिन कविताओं में कल्पना का विशेष आग्रह न होकर अनुभूति को चित्रित किया गया है, निस्संदेह वहाँ काव्यानन्द के साथ एक प्रकार की नैसर्गिक रसानुभूति भी उपलब्ध होती है।

रहस्यवादी कविता में आत्मा और परमात्मा के विरह का वर्णन मिलन और दर्शन की अपेक्षा अधिक मार्मिक और आकर्षक होता है। 'नीरजा' में भी विरह-दशा का वर्णन बहुत ही श्लाघ्य और मनोरम है। प्रियतम के विरह से भी जीवन की सार्थकता का अनुभव हो सकता है, जीवन को विरह का जलजात बताते हुए 'नीरजा' के विरहजन्य उपादानों से ही निर्माण का विवरण प्रस्तुत किया गया है—

बिरह का जलजात जीवन, बिरह का जलजात !

वेदना में जन्म करुणा में मिला आवास,
अश्रु चुनता दिवस इसका अश्रु गिनती रात,
जीवन बिरह का जलजात !

आँसुओं का कोष उर, दृग अश्रु की टकसाल,
तरल जल-कण से बने घन-सा क्षणिक मृदु गात,
जीवन बिरह का जलजात !

प्रिय की अनुभूति के वर्णन अद्वैत-भावना के साथ 'नीरजा' में स्थान-स्थान पर उपलब्ध होते हैं । प्रियतम का सान्निध्य पाकर आत्मा अहंकार से तृप्त नहीं होती वरन् वह बेसुध-सी होकर उसमें तादात्म्य-सुख पाती है, उसे प्रिय-परिचय की आकांक्षा भी नहीं रहती, जग-परिचय की इच्छा नहीं रहती, स्वर्ग और अपवर्ग में लय होने की स्पृहा भी नि.शेष हो जाती है—

तुम मुझमें प्रिय ! फिर परिचय क्या !
तारक में छवि प्राणों में स्मृति,
पलकों में नीरव पद की गति,
लघु उर में पुलकों की संसृति
भर लाई हूं तेरी चंचल
और करूँ जग में संचय क्या
तुम मुझमें प्रिय ! फिर परिचय क्या !

तादात्म्य के स्वरूप-वर्णन में महादेवीजी ने दोनों का पार्थक्य जिस काव्यमयी शैली से लय किया है, वह निराला के 'तुम तुंग हिमालय श्रृंग और मैं चंचलगति सुर-सरिता' का ध्यान दिला देता है । यथार्थ में, प्रेयसि और प्रियतम के पृथक् अस्तित्व का भ्रम ही हमारे मोहपाश का कारण है, उसे समझने से दोनों की एकता समझी जा सकती है—

चित्रित तू मैं हूँ रेखा क्रम,
मधुर राग तू, मैं स्वर संगम,
तू असीम मैं सीमा का भ्रम,
काया छाया में रहस्यमय !
प्रेयसि प्रियतम का अभिनय क्या !

संसार के समस्त पदार्थों में गति और परिवर्तन उपस्थित करने वाला असीम शक्ति-युत प्रिय विश्व के कण-कण में व्याप्त रहकर भी हमें दूर लगता है और विरही आत्मा युग-युगान्तर से करुण विलाप करके उसकी वियोग-ज्वाला में जलती रहती है । 'नीरजा' के 'पथ देख बिता दी रैन मैं प्रिय पहचानी नहीं' गीत में प्राकृतिक दृश्यों की अवतारणा करके इस भाव को बड़ी सरस शैली में व्यक्त किया है । अपनी रहस्यानुभूति को लौकिक रूप के द्वारा व्यक्त करने में महादेवीजी को आशातीत सफलता मिली है । 'रश्मि' और 'नीहार' में भी लौकिक रूपकों की प्रचुरता है, किन्तु 'नीरजा' में तो इनकी

छवि देखते ही बनती है। इन रूपकों में भी छटा उस स्थल पर और दीप्तिमय हो जाती है जब कवयित्री अपने अन्तर के हर्षातिरेक में बेसुध होकर गीत लिखने बैठती है। हृदय की सच्ची अनुभूति के अंकन में लीन होकर जब वह गा उठती हैं तब उसमें न कहीं कृत्रिमता रहती है, और न कहीं अस्पष्टता। नीचे के गीत में स्वाभाविक सरल भाव की स्निग्ध व्यंजना देखकर महादेवीजी का कला का मूल्यांकन करिए—

बीन भी हूँ मैं तुम्हारी रागिनी भी हूँ !
नयन में जिसके जलद वह तृषित चातक हूँ;
शलभ जिसके प्राण में वह निठुर दीपक हूँ
फूल को उर में छिपाये विकल बुलबुल हूँ
एक होकर दूर तन से छाँह वह चल हूँ,
दूर तुमसे हूँ अखण्ड सुहागिनी भी हूँ !
नाश भी हूँ मैं अनन्त विकास का क्रम भी,
त्याग का दिन भी, चरम आसक्ति का तम भी,
तार भी, आघात भी, झंकार की गति भी,
पात्र भी, मधु भी, मधुप भी, मधुर विस्मृति भी,
अधर भी हूँ और स्मित की चाँदनी भी हूँ,
बीन भी हूँ मैं तुम्हारी रागिनी भी हूँ !

आत्मा का परमात्मा के प्रति आकुल प्रणय-निवेदन 'नीरजा' के गीतों में प्रचुर मात्रा में है। रहस्यवाद की भावना को व्यक्त करने के लिए साधारणतः चार मुख्य स्तरों का क्रमिक विकास होता है जो महादेवीजी की 'यामा' में संकलित चारों कृतियों में देखा जा सकता है। वैयक्तिक सुख-दुःख की सीमा को पार करके जब आत्मा दुःख-वेदना के द्वारा भी सुख और हर्ष का अनुभव करने लगती है, तभी भावात्मक रहस्यवाद का चरम उत्कर्ष काव्य में आता है। भावनात्मक रहस्यवाद के चित्र प्रस्तुत करने वाले कवि में लौकिक सुख-दुःख को अलौकिक में लीन करने की क्षमता होना अनिवार्य है। महादेवी ने स्वयं लिखा है—'नीरजा' और 'सान्ध्य-गीत' मेरी उस मानसिक स्थिति को व्यक्त कर सकेंगे जिससे अनायास ही मेरा हृदय सुख-दुःख में सामंजस्य का अनुभव करने लगा।" यही कारण है कि 'नीरजा' में व्यक्त वेदना के गीत आनन्द का पथ प्रशस्त करते हैं, दुःख का नहीं। यह वेदना अलौकिक होकर आत्मानन्द से परिपूर्ण हो जाती है और प्रियतम के पास ले जाने में सहायक होती है। 'नीरजा' का पहला गीत जिस अश्रु-नीर को लेकर अवतीर्ण होता है वह 'दुःख से आविल सुख से पंकिल' है। वह 'जीवन-पथ' का दुर्गमतम तल, अपनी गति से कर सजल सरल' युग-तृषित तीर को शीतल करता है। 'कौन तुम मेरे हृदय में' गीत लिखते हुए भी इसी प्रकार की वेदना के मधुर रूप को अंकित किया गया है। 'पा लिया मैंने किसे इस वेदना के मधुर क्रय में ?' कहकर वेदना द्वारा ही उसकी प्राप्ति कही गई है। वेदना और दुःख की स्थिति को महादेवीजी सदैव उच्च स्थान देती हैं—'दुःख मेरे निकट जीवन का ऐसा काव्य है जो सारे संसार को एक सूत्र में बाँध रखने की क्षमता रखता है।" दुःख के आत्मिक रूप को उन्होंने अपनी कविता में मुखरित किया है।

प्रियतम के आह्वान में भी दुःख-मार्ग का संकेत इस बात का द्योतक है कि वे दुःख को त्याग, उत्सर्ग और समर्पण का साथी-संगी मानती हैं।

दुःखवाद 'नीरजा' के गीतों में जहाँ कहीं व्यक्त हुआ है वहाँ लौकिक सीमाओं से ऊपर अलौकिक आनन्द-पथ को प्रशस्त करता हुआ ही है—

तुम दुःख बन इस पथ से आना !
शूलों में नित मृदु पाटल-सा, खिलने देना मेरा जीवन,
क्या हार बनेगा वह जिसने सीखा न हृदय को बिंधवाना,
नित जलता रहने दो तिल-तिल, अपनी ज्वाला में उर मेरा,
इसकी विभूति में फिर आकर अपने पद-चिह्न बना जाना।
तुम दुःख बन इस पथ से आना।

दुःख में अपने अस्तित्व को लीन करके आत्मानन्द लाभ करना ही जीवन की सार्थकता है, 'मिटने वालों की बेसुध रंग-रंलियाँ' ही विश्व में सौरभ, राग, आलोक और हास्य की सृष्टि करती हैं।

मेरे हंसते अधर नहीं जग की आँसू-लड़ियाँ देखो
मेरे गीले पलक छुओ मत मुर्झाई कलियां देखो

गीत में इसी भाव की सुन्दरतम व्यंजना है।

इस दुःख से संतप्त होने पर आत्मा की तितिक्षा इतनी हो जाती है कि वह सब-कुछ सहने में अपने को समर्थ पाती है। मृत्यु का भी भय उसे रंचमात्र आतंकित नहीं करता। संसार की समस्त विभीषिकाओं पर विजय पाकर परमात्मा के मिलन के लिए उन्मुख आत्मा सतत अपने पथ पर अग्रसर होती रहती है—

कमलदल पर किरण अंकित चित्र हूं मैं क्या चितेरे ?
है युगों का मूक परिचय देश से इस राह से,
हो गई सुरभित यहाँ की रेणु मेरी चाह से,
नाश के निश्वास से मिट पाएँगे क्या चिह्न मेरे ?
नाच उठते निमिष पल मेरे चरण की चाप से,
नाप ली निस्सीमता मैंने दृगों की माप से,
मृत्यु के उर में समा क्या पाएँगे अब प्राण मेरे ?

प्रिय के अद्वैत भाव के साथ अपने भीतर-बाहर समाविष्ट पाकर साधिका को उसकी पूजा-अर्चना का उपक्रम आडम्बर प्रतीत होता है। अपने जीवन को ही वह असीम का सुन्दर मन्दिर मानती है और फिर 'क्या पूजा क्या अर्चन रे !' कहकर इस बाह्या-डम्बर की उपेक्षा करती है। सचमुच ही 'नीरजा' के विरह, दुःख, वियोग और अद्वैतपरक गीतों में एक ऐसी चमक है जो एक साथ मानस को आलोक से परिपूर्ण कर देती है। जैसे रात्रि के तमाच्छन्न आकाश में उल्का का प्रकाश सहसा फैलकर उजियाले की दिव्य छटा दिखाता है वैसे ही इन गीतों का आलोक भी; जहाँ कहीं गम्भीर चिन्तन में कवयित्री नहीं उतरी है, वहाँ काव्य के चरम-सौन्दर्य का दर्शन होता है।

'नीरजा' में महादेवीजी की चिन्तन-दिशा में अवश्य उल्लेखनीय परिवर्तन हुआ। आत्मा और परमात्मा के अस्तित्व के साथ इसमें प्रकृति या विश्व का अस्तित्व भी रागात्मक सम्बन्ध स्थापित करता हुआ दृष्टिगत होता है। द्वैत-रहित होकर ही संकल्प-विकल्प की द्विविधा मिटती है। जब कोई भिन्नता नहीं रह जाती तब फिर यह जड़-चेतन सभी तद्रूप भासने लगता है—

यह क्षण क्या द्रुत मेरा स्पन्दन,
यह रज क्या नव मेरा मृदु तन,
यह जग क्या लघु मेरा दर्पण
प्रिय तुम क्या चिर मेरे जीवन।

'नीहार' और 'रश्मि' की कविताओं में प्रकृति उनके साथ सहानुभूति प्रकट करती थी, किन्तु 'नीरजा' में आकर कवयित्री को विश्वास हो चला है कि उसके प्रिय के आगमन की बेला सन्निकट है। उनके आगमन से पहले चिर सुहागिनी का आभरण उन्हें अपने अंग-प्रत्यग पर सजाना है। अतः वसन्त-रजनी को शृंगार करने के लिए उत्साहित करती है—प्रकृति की वसन्तकालीन छटा का भी इसी प्रसंग में चित्रण कवयित्री ने कर दिया है—

तारक मय नव वेणी बंधन
शीश फूल कर शशि का नूतन
रश्मि वलय सित घन अवगुंठन
मुक्ताहल अविराम बिछा दे चितवन से अपनी
पुलकती आ वसंत रजनी।

'नीरजा' की मूल भावना का यथार्थ परिचय देने वाली उनकी 'मधुर-मधुर मेरे दीपक जल' कविता है। इस गीत में दीपक कवि के व्यक्तित्व का प्रतीक है। अपने सुकुमार कोमल शरीर को, अपने जीवन के प्रत्येक अणु को दीपक की वर्त्तिका की भाँति जलाती हुई कवयित्री अपने प्रियतम का पथ आलोकित करना चाहती है। अपने को मोम की भाँति गलाकर आलोक फैलाने वाली दीपशिखा में विश्व-कल्याण और संसार-सेवा का जो उदात्त आदर्श दृष्टिगत होता है वह काव्य का ही नहीं, संसार का आदर्श है—

युग-युग प्रतिदिन प्रतिक्षण प्रतिपल
प्रियतम का पथ आलोकित कर
सौरभ फैला विपुल धूप बन,
मृदुल मोम-सा घुल रे मृदु तन,
दे प्रकाश सिन्धु अपरिमित,
तेरे जीवन का अणु गल-गल।

भाव-पक्ष के साथ ही 'नीरजा' की काव्य-सामग्री बहुत समृद्ध है। प्रकृति के अनेक सुन्दर दृश्य-चित्र, रजनी और दिवस के वर्णन, जहाँ हमारी भावनाओं को उत्तेजित और अनुभूति को तीव्र बनाते हैं वहाँ साथ-ही-साथ प्रकृति-वर्णन के भी सुन्दरतम

स्थल प्रस्तुत करते हैं। विभावरी, वसन्त, रजनी, यामिनी आदि के द्वारा कवयित्री ने भावोत्कर्ष की शैली का अच्छा परिचय दिया है । 'नीरजा' में गीतों के साथ लोक-गीतों और उर्दू शैली से रूपान्तर करके नवीन गीतों का प्रयोग दृष्टिगत होता है। गीति-काव्य की नूतन शैली को दृष्टि में रखकर यदि 'नीरजा' के छन्द, लय, संगीत, ध्वनि, ताल आदि पर विचार किया जाय तो निस्सन्देह वह छायावादी युग की इस दिशा में अन्यतम श्रेष्ठ रचना है । 'नीरजा' में गीति-काव्य का पूर्ण विकास है, इसमे तो सन्देह का अवकाश है ही नहीं ।

महादेवी के रेखाचित्र

गोपालकृष्ण कौल

चित्र भावना की नीरव अभिव्यक्ति होता है। उसमें रेखाएँ और रंग बिना भाषा के ही बोल उठते हैं। किन्तु चित्र केवल रेखाओं और रंगों से ही नहीं, शब्दों से भी खींचे जाते हैं। अभिव्यक्ति के लिखित प्रकार के रूप में भावना के चित्रण के लिए शब्द और रेखाएँ समान उपकरण हैं—दोनों ही रहस्यमय अनुभूति को मानस की गहराई से सतह पर लाकर अभिव्यक्त करने का प्रयत्न करते हैं।

महादेवी वर्मा ने अपनी रहस्यमयी भावनाओं को अभिव्यक्त करने के लिए शब्दों और रेखाओं—दोनों को ही अपनी कला का उपकरण बनाया है। चित्रण में उन्हें विशेष रुचि है। उनके गीति-काव्य में अनेक शब्द-चित्र हैं। जैसे शेक्सपियर और कीट्स के सामने नया भाव आते ही—उसके नये-नये चित्र भी बनने लगते थे और उन्होंने अपने काव्य में भावों का चित्रीकरण करके भावनाओं को एक साकारता-सी प्रदान की, वैसे ही महादेवी वर्मा की रहस्यमयी भावना की अभिव्यक्ति अपने काव्य में प्रतीकों के छोटे-छोटे चित्र प्रस्तुत करके होती है। महादेवी कवि के साथ कुशल चित्रकार भी हैं। शायद इसीलिए काव्य में भी चित्र बनाती हैं। 'दीपशिखा' काव्य-संग्रह में महादेवीजी के चित्रों के गीत और गीतों के चित्र हैं। उसमें उन्होंने रेखा और शब्द—दोनों में ही कविता को आकार प्रदान किया है। जैसे चित्रकार प्रकृति के अनेक सुन्दर-असुन्दर उपकरणों को रेखांकित करके चित्र में भावना को रूप प्रदान करता है, उसी प्रकार महादेवी रहस्यमयी भावनाओं की अभिव्यक्ति के लिए अपने काव्य-चित्रों को प्रस्तुत करने में प्रकृति के अनेक उपकरणों को प्रतीक के रूप में प्रयोग करती हैं। वर्षा से करुणा, ग्रीष्म से क्रोध, पतझर से दुःख, वसन्त से आनन्द को संकेत द्वारा अभिव्यक्त करती हैं। सुख के लिए वह 'मलय-पवन', 'मधु' और 'रश्मि' आदि शब्दों का प्रयोग करती हैं। आँसू के लिए उन्होंने 'मकरन्द', 'नक्षत्र' और 'तुहिन कण' आदि शब्दों का प्रयोग किया है। जीवन के प्रतीक के रूप में उन्होंने 'तरी' 'प्याली' 'लहर' आदि शब्दों का प्रयोग किया है। इस प्रकार स्पष्ट शब्दों में भावाभिव्यक्ति न करके, प्रतीकों से रहस्यमय भावना को अभिव्यक्त करने की शैली चित्रकार की शैली है, क्योंकि जब कवि मात्र शब्द से अपने को अभिव्यक्त नहीं कर पाता तभी वह ऐसे प्रतीक-चित्र प्रस्तुत करता है। किन्तु यह उसकी मजबूरी नहीं, बल्कि उसके

कलागत सौन्दर्य की विशेषता बन जाती है।

महादेवी वर्मा अपने गीति-काव्य में व्यक्ति-प्रधान हैं,समाज की अभिव्यक्ति का उसमें अभाव है। उसमें वह व्यष्टि हैं, समष्टि नहीं। वैसे उसमें प्रकृति के विराट् सौन्दर्य के दर्शन किए गए हैं, जड़ में चेतन के स्पन्दन को अनुभव किया गया है, किन्तु जो चेतन का यथार्थ रूप है—जन-जीवन, उसके दर्शन का उसमें अभाव है। इसलिए गीति-काव्य में उनकी व्यक्ति-साधना है। प्रियतम के रूपमें 'ब्रह्म' उनका साध्य, विरह उनकी साधना और परमात्मा से मिलने को बेचैन आत्मा उनकी साधिका है। गीति-काव्य में वह प्रेमिका हैं, प्रणयिनी हैं। प्रेम की अतृप्त प्यास, विरक्तिमय अनुराग, वासनाहीन विरह-पीड़ा और एक अज्ञात ईश्वरीय सौन्दर्य के प्राकृतिक सौन्दर्य में दर्शन—उनके काव्य के विषय हैं। वह वेदना, करुणा और दुःख की कवि हैं। 'रश्मि' की भूमिका में उन्होंने लिखा है—

"संसार साधारणतः जिसे दुःख और अभाव के नाम से जानता है वह मेरे पास नहीं है। जीवन में मुझे बहुत दुलार, बहुत आदर और बहुत मात्रा में सब-कुछ मिला है; उस पर पार्थिव दुःख की छाया नहीं पड़ी। कदाचित् यह उसी की प्रतिक्रिया है कि वेदना मुझे इतनी मधुर लगती है।"

जो पार्थिव है, उससे उनकी विरक्ति है। उनका दुःख आध्यात्मिक है और वेदना में अलौकिक अनुराग का रस है। किन्तु पार्थिव और स्थूल मानकर काव्य में उन्होंने जन-जीवन के समष्टि-रूप समाज की यथार्थ और जाग्रत चेतना को स्थान नहीं दिया। वैसे रीति-काव्य व्यक्ति-प्रधान कला-साधना है, किन्तु समाज के प्रति कवि के जागरूक दृष्टि-कोण की झलक उसमें प्रतिबिम्बित हो सकती है, यदि कवि का समाज के प्रति कोई जागरूक दृष्टिकोण हो। वर्तमान समाज में व्याप्त दुःख, दैन्य विषमता और उत्पीड़न की झलक उनके गीति-काव्य में नहीं, क्योंकि उसमें जो दुःख और वेदना है वह भी उनके अलौकिक प्रेम की विरह-पीड़ा के लक्षण मात्र हैं। इसीलिए उन्होंने काव्य के अधिकांश उपमान और प्रतीक भी प्रकृति से ग्रहण किए हैं, जन-जीवन से नहीं। किन्तु महादेवी के रेखाचित्रों में समाज के प्रति आकर्षण है। गीति-काव्य में जो कला व्यक्ति-प्रधान थी, रेखाचित्रों में वह समाज-प्रधान हो गई है। जन-जीवन में व्याप्त दुःख, दैन्य और उत्पीड़न के चित्रों को उन्होंने शब्दों की रेखाओं से चित्रित किया है। इन रचनाओं में समाज के प्रति महादेवीजी के एक जागरूक दृष्टिकोण के दर्शन होते है।

रेखाचित्र लिखने की शैली लेखकों को चित्रकला से प्राप्त हुई है। टेढ़ी-मेढ़ी रेखाओं से बने 'स्केच' चित्रकार की जीवन के प्रति होने वाली सजीव अनुभूति की साकार अभिव्यक्ति करते हैं। रेखाओं से जीवन के विविध रूपों को आकार देने की प्रणाली की विशेषता को अपनाकर ही शब्दों द्वारा जीवन के विविध रूपों को साकार करने वाले शब्द-चित्रों को 'रेखाचित्र' की संज्ञा प्रदान की गई। रेखाचित्र न कहानी है और न गद्यगीत; न निबन्ध है और न संस्मरण; वह एक स्वतन्त्र कला है। रेखाचित्र केवल व्यक्तियों का ही नहीं, स्थान, वातावरण और भावात्मक व्यक्तित्व का भी खींचा जाता है। रेखा चित्रकार और कैमरामैन का काम एक-सा है। जैसे कैमरामैन, जो जैसा

है उसको वैसा ही कैमरे द्वारा चित्रित करने का प्रयत्न करता है, किन्तु यथातथ्य चित्रण में मात्र कैमरे का लेन्स ही काम नहीं करता बल्कि कैमरामैन की 'ऐंगिल' देने और 'पोज' लेने की पैनी दृष्टि भी बड़ा काम करती है। रेखा-चित्रकार भी एक पैनी दृष्टि रखता है। वह वस्तु या व्यक्ति में स्थित अनेक प्रभावों और प्रतिक्रियाओं के दर्शन करके मात्र शरीर का ढांचा ही नहीं खींचता, बल्कि मन, आत्मा और जीवन की विशेषताओं का भी नक्शा अपनी रेखाओं में प्रस्तुत करता है। 'रेखाचित्र' की सीमा बड़ी नहीं हो सकती। उसका अधिक विस्तार उसके सौन्दर्य को नष्ट कर देता है। उसमें गठन होना चाहिए और शब्द-रेखाओं में अभिव्यक्ति की शक्ति। 'थम्ब-नेल स्कैच' लघुतम रेखाचित्र का आधुनिकतम नमूना है, जिसमें चार-छः पंक्तियों में ही चित्र प्रस्तुत किया जाता है। ऐसे रेखाचित्र अभी हिन्दी में नहीं लिखे जाते। किन्तु रेखाचित्र 'लिरिक' नहीं है, इसलिए कलाकार व्यक्ति का रेखा-चित्रण करते हुए भी समाज को नहीं भूल सकता। वह व्यक्ति-प्रधान होकर सबल रेखाचित्र नहीं अंकित कर सकता। इसके लिए उसे जन-जीवन का सामीप्य प्राप्त करना अनिवार्य है।

इसीलिए गीति-काव्य में व्यक्ति-प्रधान महादेवी का भावना रेखाचित्रों में समाज-प्रधान हो गई है। रेखाचित्रों में उनकी अनुभूति मात्र प्रणयिनी की अनुभूति नहीं। उनमें मातृत्व की ममता, बहन का स्नेह और नारीत्व की विविध अनुभूतियों की अभिव्यक्ति है। उनमें जन-जीवन में व्याप्त दुःख, दैन्य, अशिक्षा, उत्पीड़न आदि के प्रति विराट् सहानुभूतिपूर्ण करुणा और ममता है—कहीं-कहीं विद्रोह भी है, किन्तु वह ममता और करुणा से अभिभूत है। किन्तु महादेवी की कला में यदि कहीं जन-जीवन और समाज का प्रतिबिम्ब मिलता है तो इन रेखाचित्रों में ही, इसलिए महादेवी के साहित्य में इनका विशिष्ट स्थान है। दूसरे इन रेखाचित्रों का सम्बन्ध महादेवी के जीवन से है। जिन पात्रों का चित्रण इनमें हुआ है वे कलाकार की जीवन-कथा का हृदय छूने वाले अंग हैं। 'अतीत के चलचित्र' की भूमिका में उन्होंने लिखा है—

"इन स्मृति-चित्रों में मेरा जीवन भी आ गया है। यह स्वाभाविक भी था। अंधेरे की वस्तुओं को हम अपने प्रकाश की धुँधली या उजली परिधि में लाकर ही देख पाते हैं; उसके बाहर तो वे अनन्त अन्धकार के अंश हैं। मेरे जीवन की परिधि के भीतर खड़े होकर चरित्र जैसा परिचय दे पाते हैं वह बाहर रूपान्तरित हो जायगा।"

यद्यपि 'स्मृति की रेखाएं', 'अतीत के चलचित्र' और 'पथ के साथी' में महादेवीजी के जीवन-स्मरण भी निहित हैं, फिर भी उनमें रेखाचित्र ही अधिक हैं। उनके रेखा-चित्रों के पात्र ऐतिहासिक महापुरुष नहीं बल्कि भारतीय जन-जीवन के वे कुरूप चिह्न हैं जो कुछ तो अशिक्षा और शोषण से दीन और सरल बन गए हैं और कुछ महादेवी की ममता और करुणापूर्ण सहानुभूति से। दलित और पिछड़ा हुआ मानकर जिन व्यक्तित्वों की हम उपेक्षा कर देते हैं, महादेवी ने अपनी विराट् सहानुभूति के सहारे उनका अंतरंग अध्ययन कर इन रेखाचित्रों में प्रस्तुत किया है। इनमें कहीं-कहीं दबा हुआ विद्रोह भी मुखरित होता है। विशेषत: भारतीय नारीत्व के विविध रूपों का अध्ययन भी इनमें प्रस्तुत किया गया है।

'स्मृति की रेखाएँ' में पहला रेखाचित्र एक देहाती वृद्ध महिला का है, जिसका नाम भक्ति है, जो अशिक्षा और अज्ञान के अन्धकार में अनेक दुर्गुणों के साथ कुछ ऐसे गुण भी रखती है, जो उसके व्यक्तित्व का प्रबल आकर्षण हैं। दूसरा चित्र एक चीनी फेरीवाले का है, जो अपने देश को छोड़कर अपनी खोई हुई बहन को तलाश करने के लिए कपड़े की फेरी लगाता फिरता है। विगत जीवन में उसने कितना कष्ट और व्यथा उठाई, इसका चित्र महादेवी की करुणापूर्ण शब्द-रेखाओं में उभरकर सामने खड़ा हो जाता है। इसके अतिरिक्त इस संग्रह में गांव की गरीबी, पहाड़ी श्रमपूर्ण अभावग्रस्त जीवन, धोबियों की पारिवारिक झांकी के मन हिला देने वाले भावनापूर्ण रेखाचित्र हैं।

'अतीत के चलचित्र' में पहले रेखाचित्र में श्रमजीवी ग्रामीण नौकर के जीवन की झांकी है, जो घर से छुटपन में भाग आता है और महादेवी के परिवार में बचपन से प्रौढ़ावस्था तक ईमानदारी से काम करता है—भृत्य रामू के चरित्र के गुण-दोष उभरकर सामने आ गए हैं।

दूसरे रेखाचित्र में एक बाल-विधवा का चित्रण है, जो परिवार के अत्याचार और उपेक्षापूर्ण वातावरण में बिना बोले ही घुट-घुटकर अपना जीवन बिताती है। बिना बोले ही उसकी करुण आंखें उसके जीवन की तमाम वेदना को व्यक्त करती हैं।

तीसरे रेखाचित्र में विमाता के दुर्व्यवहार से पीड़ित निरीह बालिका का चित्रण है।

चौथे रेखाचित्र में भंगियों के पारिवारिक चित्रण के साथ उपेक्षित भारतीय नारीत्व के रूपदलित समाज की नारी सबिया का कर्मठ चरित्र है, जो अशिक्षित और पीड़ित होते हुए भी उत्सर्ग की महान भावना से अनुप्राणित है।

सब्जी बेचने वाले अन्धे अलोपी, बदलू कुम्हार और कर्मठ पहाड़ी महिला लक्ष्मी के रेखाचित्र जन-जीवन के विविध रूप हैं।

इन चित्रों के चरित्र लेखिका के विगत और वर्तमान से साक्षात् सम्बन्ध रखते हैं, इसलिए इन संग्रहों में रेखाचित्र ही नहीं हैं, रेखाचित्र के अतिरिक्त संस्मरण भी हैं जिन्हें व्यक्ति-प्रधान निबन्ध भी कहा जा सकता है, किन्तु इन चलचित्रों और स्मृति की रेखाओं में जो रेखाचित्र हैं, उनमें विशेष बल है और वे हिन्दी साहित्य के लिए गौरव की वस्तु हैं। चीनी फेरीवाले के रेखाचित्र को हिन्दी के प्रसिद्ध संस्मरण-लेखक और रेखा-चित्रकार बनारसीदास चतुर्वेदी ने साहित्य में चिर-स्मरणीय रेखाचित्र बताया है। अलोपी, रामू, बदलू और सबिया के रेखाचित्र भी हिन्दी में अपने ढंग के सर्वप्रथम और सफल रेखाचित्र हैं।

महादेवीजी के रेखाचित्रों में पात्र स्वयं कम बोलता है, इसलिए संवाद कम हैं किन्तु जितने संवाद हैं वे चरित्र की सूत्र रूप में व्याख्या करने में समर्थ हैं। लेखिका स्वयं उनके विषय में अधिक बोलती है, किन्तु उसके बोलने में ही चरित्र बोल उठता है। क्योंकि इन रेखाचित्रों में संस्मरण के अंश भी विद्यमान हैं, इसलिए लेखिका की दृष्टि चरित्रों को चारों ओर से घेरे रहती है। वह चरित्र को अपनी ममता और करुण सहानु-

भूत की गोद में बैठाकर उसकी रेखाएँ खींचती हैं। महादेवी कवि हैं, इसलिए रेखाओं में भावना और कल्पना के रंग भरती हैं। वह सादी रेखाओं से ही चित्र को नहीं खींचतीं। उनके वाक्य लम्बे होते हैं किन्तु शिथिल नहीं—उनमें भावनाओं की अभिव्यक्ति की प्रभावपूर्ण चुस्ती है। इन रेखाचित्रों में चरित्र की अतल गहराई में घुसकर मानवीय भावनाओं के मोती चुन-चुनकर सतह पर लाने का सफल प्रयास है। वह केवल रेखाओं में आकृति और मुद्रा को ही अंकित नहीं करतीं, मन के सूक्ष्म-भावों को भी उभारकर शब्द-रेखाओं में बाँधने का प्रयत्न करती हैं। हिन्दी में रामवृक्ष बेनीपुरी चोटी के रेखाचित्रकार हैं किन्तु उनके रेखाचित्र कहानी या कथा-प्रधान होते हैं और आकृति प्रमुख होती है, किन्तु महादेवी के रेखाचित्रों में कहानी के साथ कविता भी रहती है। पं० बनारसीदास चतुर्वेदी ने अधिकतर बड़े लोगों के रेखाचित्र और संस्मरण लिखे हैं, किन्तु महादेवी ने जीवन में आने वाले उन उपेक्षित चरित्रों को अपनाया है, जिनमें भारतीय समाज की ज्वलंत समस्याएँ साकार हैं।

इन रेखाओं में लेखिका का समाज के प्रति एक जागरूक दृष्टिकोण भी है। कवि के रूप में जितनी वह पार्थिव समस्याओं से दूर हैं—इन रचनाओं में उतनी ही समीप हैं। यद्यपि इनमें लेखिका युग-चेतना के अनुरूप विद्रोहिणी नहीं, फिर भी उसमें जैसे बुद्ध की करुणा और माता के विराट् मातृत्व के दर्शन होते हैं। वह घृणा से अधिक ममता और सहानुभूति में विश्वास करती हैं, इसलिए उनकी विद्रोह की आग पर करुणा और सहानुभूति का हिम आच्छादित है, फिर भी कहीं-कहीं वह दबाया नहीं जा सका है। विशेषतः नारी के प्रति होने वाले अत्याचार से वह व्याकुल हो उठती हैं। लछमा का चित्र खींचते हुए नारी पर होने वाले पुरुष के अत्याचार के प्रति वह कह उठती हैं—

"एक पुरुष के प्रति अन्याय की कल्पना से ही सारा पुरुष-समाज उस स्त्री से प्रतिशोध लेने को उतारू हो जाता है और एक स्त्री के साथ क्रूरतम अन्याय का प्रमाण पाकर भी सब स्त्रियाँ उसके अकारण दण्ड को अधिक भारी बनाये बिना नहीं रहतीं।"

'अतीत के चलचित्र' के छठे संस्करण में व्यभिचार से उत्पन्न सन्तान की माँ को समाज जब सहन नहीं कर सकता और जबकि अबोध नारी को धोखा दिया गया है, तब वह कह उठती हैं—

"यदि ये स्त्रियाँ अपने शिशु को गोद में लेकर साहस से कह सकें कि बर्बरो! तुमने हमारा नारीत्व, पत्नीत्व सब ले लिया, पर हम अपना मातृत्व किसी प्रकार न देंगी, तो इनकी समस्याएँ तुरन्त सुलझ जाएँ।"

इस प्रकार इन रेखाचित्रों में विद्रोही वाणी भी है। इनमें सामाजिक चेतना है। ये रेखाचित्र जीवन के प्रति महादेवी के दृष्टिकोण का परिचय देने के लिए उनकी सामाजिक कला की श्रेष्ठ रचनाएँ हैं, जिनमें व्यक्ति में समय की जागरूक समस्याओं की हलचल को देखने का प्रयत्न किया गया है।

महादेवी में रेखाचित्र लिखने की प्रबल शक्ति है। वह एक चित्रकार हैं और गीति-काव्य में भावना-चित्रों को प्रस्तुत करने वाले श्रेष्ठ कलाकार हैं। यद्यपि संस्मरण का संस्पर्श होने से उनकी कुछ रचनाएँ पूर्ण रेखाचित्र नहीं कही जा सकतीं, किन्तु उनमें भी रेखाचित्रों के स्फुट अंश दिखाई पड़ते हैं। हिन्दी में छायावादी शैली के गद्य, सबल रेखाचित्र और भावना में संस्मरण की दृष्टि से 'स्मृति की रेखाएं' और 'अतीत के चलचित्र' उनकी सबल और ऐतिहासिक रचनाएं हैं जिनमें उनका रेखा चित्रकार का रूप प्रधान है।

अतीत के चलचित्र

आशा गुप्त

मेरे हँसते अधर नहीं जग की आँसू लड़ियाँ देखो।
मेरे गीले पलक छुओ मत मुर्झाई कलियाँ देखो ॥

—महादेवी

महादेवी वर्मा आधुनिक युग की प्रमुख कवयित्री के रूप में अधिक ख्यात हैं। परन्तु जब साहित्य-अध्येता उनके गद्य-साहित्य से थोड़ा भी परिचय प्राप्त करता है तो यह स्पष्ट हो जाता है कि कवयित्री का गद्यकार रूप कम महत्त्वशाली नहीं है। कतिपय आलोचक तो उन्हें अपेक्षाकृत सफल गद्यकार मानते हैं। उनकी अल्पसंख्यक गद्य-रचनाओं में से अधिकांश 'स्मृति की रेखायें', 'अतीत के चलचित्र' में संगृहीत हैं। महादेवीजी ने इन अतीत चित्रों को लिपिबद्ध करके प्रकाश में लाने के दो कारण स्पष्ट किये हैं। एक तो इस रूप में उन अतीत के चित्रों की चमक समय के साथ धुँधली नहीं पड़ेगी, जिनके सम्पर्क ने लेखिका के चिन्तन की दिशा बदली और संवेदना को गति दी है। दूसरे, उन्हें यह भी आशा है कि उन अधूरी रेखाओं और धुँधले रंगों की समष्टि में किसी सहृदय पाठक को अपनी छाया की एक रेखा मिल जायगी। ये तथाकथित अकिंचन व्यक्ति अपने क्षत-विक्षत् जीवन में सिमटे किसी खिलौने की हाट या प्रदर्शनी का उपकरण नहीं, जो साहित्य-जगत् उनसे अपना मनोरंजन करना चाहे। उस दशा में उन्हें अपनी स्मृति-निधि से इन रत्नों को प्रकाश में लाना खेदजनक ही प्रतीत होगा। एक बात और। इन संस्मरणों के धुँधले आलोक में जो लेखिका का व्यक्तिगत जीवन झाँक रहा है वह भी उस राख से अधिक महत्त्व नहीं रखता जो बहुत समय तक सजीव रखने के लिए ही अंगारों को घेरे रहती हैं।

'अतीत के चलचित्र' में कुल मिलाकर ग्यारह संस्मरण-कथाएँ हैं। इनके अतिरिक्त करुणा से भीगी और वेदना से सिक्त एक अधूरी कथा स्नेह में समृद्ध उस बूढ़े की हैं जिसे इन संस्मरणों की प्रेरणा का श्रेय मिला है। महादेवीजी ने उसका परिचय एवं सम्बद्ध घटनाएँ सर्वथा गोपन रखी हैं। फिर भी उस अपरिचित वृद्ध में कुछ ऐसा भीगापन है कि नेत्र सहसा आर्द्र हो जाते हैं और शेष संस्मरणों का दीन पीड़ापरक और विषाक्त जीवन मानस-चक्षु के समक्ष उभर-उभर आता है। अतः अपूर्ण होकर भी उस

कथा में पूर्णता का बल है। लेखिका ने इन अतीत चित्रों में अपनी सम्पूर्ण भावना और जीवन के साथ समाज के शोषित, दीन-दुःखी, पीड़ित और दलित वर्ग का यथार्थवादी रूप प्रस्तुत किया है। ये पात्र न तो कोई पौराणिक या ऐतिहासिक महापुरुष हैं और न समाज के प्रतिष्ठित उच्चवर्ग के समृद्ध-अंग। वे तो जन-जीवन के ऐसे कुरूप चिन्ह हैं जो या तो अशिक्षा और शोषण के कारण दीन एवं सरल हैं या निर्धारित नियमों के अपवाद बनकर समाज की घोर उपेक्षा के पात्र हुए हैं। महादेवीजी की कोमल करुण स्मृतियों का वितान एक ओर समाज के श्रमजीवी वर्ग रामा भृत्य, नेत्रहीन अलोपीदीन कुंजड़े, बदलू कुम्हार और कर्मठ पहाड़िन लछमा पर तना है और दूसरी ओर उनके हृद्गत आर्त्तनाद को बाल-विधवा मारवाड़िन, मातृहीना बिन्दा, परित्यक्ता भगिन सबिया, बाल-विधवा माँ और वेश्या-पुत्री की सिसकियाँ मुखर कर रही हैं। कदाचित् घीसा-जैसे कर्तव्य-रत जिज्ञासु दीन शिष्यों को दृष्टि में रखकर ही महादेवी ने कहा है कि "कितने अच्छे-अच्छे लोग हैं जो जीवन में आगे बढ़ने का अवसर नहीं पाते और यों ही मर जाते हैं।" बेडौल घड़ों के निर्माता बदलू कुम्हार को समुचित प्रोत्साहन द्वारा प्रतिष्ठित कलाकारों की कोटि में लाकर महादेवी ने मानो गण्यमान्य कलाकारों को दिखा दिया कि 'कला उन्हीं का पैतृक अधिकार नहीं, कल्पना उन्हीं की क्रीतदासी नहीं।' नेत्रहीन अलोपीदीन का सफल कर्मठ जीवन उस युवक-वर्ग के लिए चुनौती है जो निराशा और असमर्थता का मर्सिया गाकर अकर्मण्य जीवन को स्तुत्य मानता है। बुन्देलखण्ड के कुरूप रामा भृत्य ने वर्मा-परिवार के बच्चों को मोहित करके जीवन के इस चिरन्तन सत्य पर पुनः प्रकाश डाला है कि "बालक केवल जीवन को पहचानता है। जहाँ जीवन से स्नेह-सद्भाव की किरणें फूटती जान पड़ती हैं वहाँ तक व्यक्त विषय रेखाओं की उपेक्षा कर डालता है और जहाँ द्वेष-घृणा आदि के धूम से जीवन ढका रहता है वहाँ वह बाह्य सामंजस्य को भी ग्रहण नहीं करता।"

इसी प्रकार महादेवी के आत्मरुद्ध कलाकार की छटपटाहट युग-युग से समाज द्वारा पीड़ित, तिरस्कृत और परम उपेक्षित नारी के लिए है, वह नारी जो उनके अनुसार "माता, भगिनी, पत्नी, पुत्री आदि के उनके सम्बन्धों से वात्सल्य, ममता, स्नेह आदि असंख्य भावनाओं से तथा कोमल कठोर साधनाओं की विविधता से पुरुष को भूमिष्ठ होने से चितारोहण तक घेरे रहती है और मृत्यु के उपरान्त भी उसे स्मृति में जीवित रखने के लिए उग्रतम तपस्या से नहीं हिचकती, जो आदिम काल से आज तक विकास-पथ पर पुरुष का साथ देकर उसकी यात्रा को सरल बनाकर उसके अभिशापों को स्वयं झेलकर और अपने वरदानों से जीवन में अक्षय शक्ति भरती रही है।"[1] पर पुरुष ने उसे कभी मदिरा से अधिक महत्त्व नहीं दिया। सबसे अधिक भारतीय नारी इस समाज वैषम्य में जैसी अपमानित, प्रताड़ित, अधिकारों से वंचित और व्यक्तित्वहीन प्राणी है वह आज स्वयंसिद्ध है। हिन्दू समाज के उसी अर्द्धांग की दयनीय दशा परित्यक्ता सबिया,

---

१. महादेवी का विवेचनात्मक गद्य।

पुर्नविवाहिता बिट्टो, अविवाहित माँ, वेश्या-पुत्री, बाल-विधवा मारवाड़िन तथा पहाड़िन लछमा में प्रतिबिम्बित है।

काव्य-जगत् की भावुक तथा सामयिक प्रणयिनी महादेवी यहाँ धरती की बेटी, माँ और बहन के रूप में अवतरित हुई हैं। लेखिका के अन्तस् का कोना-कोना मानो हिंदू-जाति की इस रूढ़िग्रस्त एवं अभिशप्त नारी के अछूते बचपन, असमय में ढलते यौवन और तिरस्कृत बुढ़ापे के साथ हाहाकार कर उठा है।

यथार्थ और आदर्श तथा सामयिक समस्या से विधवा नारी के विषादमय जीवन का ज्वलन्त उदाहरण किशोरी बींदनी है जो समाधि जैसे घर में लोहे के प्राचीर से घिरे फूल के समान, बिना संगी-साथी और आमोद-प्रमोद के, निरन्तर वृद्धा होने की साधना में लीन थी। चौथा संस्मरण भंगियों के पारिवारिक चित्रण के साथ रूप-दलित समाज की नारी सबिया का है जो अशिक्षित होते हुए भी उत्सर्ग की महान् भावना से अनुप्राणित है। सबिया की उस एकांत स्थिति एवं अनोखे व्यक्तित्व में महादेवीजी ने पौराणिक नारी की झलक देखी है जिसने जीवन की सीमा-रेखा किसी अज्ञात लोक तक फैला दी थी। क्योंकि सबिया उन महिलाओं में नहीं है जो पति के हरेकपन को उसके बँगले, कार, वैभव आदि के पासंग पर रखकर भारी कर सकती है। उसकी गणना न उनमें हो सकती है जिनके यातना-मन्दिर के द्वार पर स्वयं धर्म के कठोर और सजग पहरेदार हैं, और न उनमें जिनके उद्भ्रान्त मस्तकों पर समाज की नंगी तलवार लटकी रहती है। वह तो सब प्रकार से स्वच्छन्द एवं स्वतन्त्र नारी है। यदि उसे जीवन के लिए मृत्यु से लड़ना पड़ा तो वह न मरने के लिए जीवन से संघर्ष करती रही, परंतु समाज की नृशंसता देखिए कि अपनी पति-भक्ति एवं कर्तव्यनिष्ठा के लिए न तो प्रतिष्ठित मध्य-वर्ग में उसकी गणना हो सकी और न निम्नवर्ग के बन्धु-बान्धवों की सहानुभूति उपलब्ध हुई। ऐसे समाज पर विक्षुब्ध महादेवी अपने अन्तर में तीव्र आक्रोश सँजोये मानो समस्त पुरुष-जाति को अपनी क्रोधाग्नि में भस्मसात् कर डालना चाहती हैं। आप कहती हैं : "पुरुष भी विचित्र है, वह अपने छोटे-से-छोटे सुख के लिए बड़े-से-बड़ा दुःख दे डालता है और ऐसी निश्चिन्तता से मानो वह स्त्री को उसका प्राप्य दे रहा है। उन्हीं कर्तव्यों को वह चीनी से ढकी कुनैन के समान मीठे मीठे रूप में चाहता है।" लेखिका को समाज के मनोविज्ञान का जैसा परिचय समतल में मिला वैसा ही पर्वत की विषम भूमि पर उपलब्ध हुआ। पर्वत से घिरी हुई उन घाटियों में यही निष्कर्ष मानो सूक्ति-रूप में गूँजता है कि "एक पुरुष के प्रति अन्याय की कल्पना से ही सारा पुरुष-समाज उस स्त्री से प्रतिशोध लेने को उतारू हो जाता है और एक स्त्री के साथ क्रूरतम अन्याय का प्रमाण पाकर भी सब स्त्रियाँ उसके अकारण दण्ड को अधिक भारी बनाए बिना नहीं रहतीं।" स्त्री-पुरुष के संबंधों को लेकर महादेवीजी का वक्तव्य किसी किताबी ज्ञान पर आधारित नहीं है, अपितु वह इस चिरंतन सत्य तक मौलिक जीवन के तथ्यों के सहारे पहुँची हैं। यही कारण है कि उनमें संस्मरण अधिकांशतः नारी की अभिशप्तावस्था और परवशता का चित्र उपस्थित करते हैं और विधवा परित्यक्ता नारी के जीवन-चित्रों की यह तलखी प्रकारांतर से उनकी आत्मा का विद्रोह स्वर प्रतिध्वनित करती है।

१९. छायावाद : नामवरसिंह
२०. महादेवी वर्मा : गंगाप्रसाद पांडेय
२१. छायावाद पुनर्मूल्यांकन : सुमित्रानन्दन पन्त
२२. महादेवी की काव्य-साधना : सत्यपाल 'चुघ'
२३. हिन्दी साहित्य — बीसवीं शताब्दी : नन्ददुलारे वाजपेयी
२४. विचार और अनुभूति : नगेन्द्र
२५. छायावाद की प्रासंगिकता : रमेशचन्द्र शाह

○ ○ ○